北京市住房和城乡建设委员会　编

2019
北京市房地产年鉴
BEIJING REAL ESTATE YEARBOOK

中国发展出版社
CHINA DEVELOPMENT PRESS

图书在版编目（CIP）数据

北京市房地产年鉴. 2019/北京市住房和城乡建设委员会主编.
—北京：中国发展出版社，2019.10
ISBN 978-7-5177-1055-4

Ⅰ. ①北… Ⅱ. ①北… Ⅲ. ①房地产业-北京-2019-年鉴
Ⅳ. ①F299.271-54

中国版本图书馆 CIP 数据核字（2019）第 217954 号

书　　名：北京市房地产年鉴. 2019
主　　编：北京市住房和城乡建设委员会
出版发行：中国发展出版社
联系地址：北京市西城区裕民东路 3 号 9 层　100029
经 销 者：新华书店等
印 刷 者：北京彩蝶印刷有限公司
开　　本：880×1230mm　1/16
印　　张：22
字　　数：330 千字
版　　次：2019 年 10 月第 1 版
印　　次：2019 年 10 月第 1 次印刷
定　　价：298.00 元

联系电话：（010）68990642　68990692
购书热线：（010）68990682　68990686
网络订购：http：//zgfzcbs. tmall. com//
本社网址：http：//www. develpress. com. cn

《北京市房地产年鉴 2019》编委会

《北京市房地产年鉴 2019》编辑部

目　　录

第一章

特稿

北京市房地产年鉴 2019

2019年市住房城乡建设系统工作会报告

2019年1月30日

2018年是贯彻党的十九大精神的开局之年，是改革开放40周年。全市住房城乡建设系统以习近平新时代中国特色社会主义思想为指导，全面深入学习贯彻党的十九大精神，坚持首善标准，牢固树立“四个意识”，不断提高“四个服务”水平，着力建设长效管理机制，各项工作取得扎实成效。

一、调控供需两端与规范秩序并重，房地产市场平稳运行

一是坚持“房住不炒”定位，深入贯彻落实房地产调控要求。全市继续严格执行住房、商办类项目调控政策，加强需求端管控，保持市场监管高压态势，同时加强宣传解读，合理引导市场预期。完善限房价项目销售管理措施，遏制炒房、保护刚需。加强国有土地上住宅拆分管理，严禁住宅拆分炒卖。提高办事效率，缩短购房资格审核时间到1个工作日，自行成交房屋可网上申请购房资格审核，取消房源核验和强制存量房资金监管。修订存量房屋买卖合同示范文本以及经纪服务合同示范文本，规范当事人及经纪机构行为。

二是从供给端发力，加大新建商品住房供应力度。积极做好项目开工建设和上市服务协调工作，大力增加中心城区和发展新区住房供应，努力满足普通居民家庭购房需求。全年新建商品住房上市8.5万套，比2017年翻了一番。2017年已供地600万平方米商品住房中，45个项目已开工，开工面积445万平方米，开工推进率达74%。

三是保持执法高压态势，维护市场秩序。针对社会关切项目，严查炒房、冒头就打。加强商办项目监管，健全管理台账，坚决遏制新增“商改住”现象。创新商品房预售项目售前约谈机制，做好售前预防；开展持续巡查和专项检查，新开盘项目实现全覆盖。严查开发企业及代理机构无证售房、违规宣传、为个人规避限购代办工商注册登记等违法违规行为。开通打击“黑中介”投诉举报热线，严查克扣租金押金及强迫贷款、采取软暴力威胁租户等违法违规行为；结合扫黑除恶专项行动，对群众投诉多的问题企业进行专案处理；针对哄抬房租、打隔断群租、转租、室内甲醛超标等问题，逐一调查处理，并及时回复举报人。规范网络房源发布，多次集中约谈、治理主要网站，下架违规房源信息92万余条，冻结违规账户约7万个。市区住建执法部门共检查门店4097家，立案处罚723起，曝光200余家，责令关停门店300余家。

四是加快发展和规范管理住房租赁市场，完善租购并举的住房制度。加快住房租赁监管平台建设，依托平台强化住房租赁市场监管监测和服务，目前平台租赁合同备案量已突破100万条，通过与相关部门共享备案信息，为租房人办理居住证、积分落户、子女就学、公积金提取等提供租住证明服务，将“为承租人赋权”落到实处。针对媒体报道的租金过快上涨、租金贷、长租公寓企业爆仓等

热点问题，研究制定了相关政策措施，进一步规范住房租赁服务企业经营行为及融资行为，保护承租人权益。

2018 年市场秩序向好，供求关系改善，房地产市场运行平稳。据统计数据，年内各月新建商品住房同比、环比价格指数基本稳定，二手住房同比、环比价格指数总体有所下降。2018 年 12 月，北京市二手住房实际成交均价 5. 89 万元/平方米，同比下降 0. 3%。全市商品房销售 696 万平方米，新开工 2321 万平方米；房地产开发投资 3873 亿元，同比增长 3. 4%，其中建安投资 1160 亿元，完成全年计划的 111. 6%。

二、健全住房保障政策，群众居住条件持续改善

一是加大政策性住房建设筹集力度。优化项目审批方式，加快推进前期手续办理，会同有关部门制定了进一步优化政策性住房项目建设审批制度的意见。全年新开工保障房 5. 4 万套，完成 5 万套年度任务的 109%。

多主体、多渠道增加租赁住房供应，满足多层次租住需求，稳定租金水平。出台了关于发展租赁型职工集体宿舍的意见，鼓励将闲置商场、写字楼、酒店、厂房等改建为租赁型职工集体宿舍，解决城市运行和服务保障人员基本居住问题，2018 年 15 个项目、18 万平方米实现开工，可提供宿舍 4100 套（间）。出台关于加强北京市集体土地租赁住房试点项目建设管理暂行意见，从加快项目手续办理、提升规划设计水平等八个方面，全面推进项目建设。2017 年供地的 39 个集体土地租赁房项目，截至 12 月底已开工 12 个，可提供房源 1. 2 万套。

二是保民生促发展，持续完善审核分配体系。强化以区为主，加强统筹协调，完善工作机制，提升公租房审核分配效率和准确性。全年分配公租房 3. 2 万套，其中实物房源 2. 6 万套、新增发放市场租房补贴 5700 户，超额完成市政府下达的 1. 5 万套分配任务。大力推进“互联网+政务服务”模式，公租房及共有产权住房实行网上申请。规范共有产权住房配售流程和关键节点，严把审核、摇号、签约等关键环节，科学确定价格及份额，全年网申共有产权住房 2. 9 万套。会同有关部门制定了优化住房支持政策、服务保障人才发展的意见。以配租公租房为主，配售共有产权住房、发放人才租房补贴为辅，在人才就业创业聚集区域就近解决居住需求。积极探索扩大公租房覆盖范围，面向城市运行和服务保障人员专项配租 2735 套，面向高校青年教师专项配租 1035 套。

三是加大后期使用监管力度，进一步提高保障房规范化管理水平。坚持三位一体的后期管理模式，打造标本兼治的使用监管体系。以“零容忍”的态度，加大公租房巡查力度和频次，取消违规转租转借家庭各类保障房资格，退回承租房屋，记入不良信用档案。对涉嫌违规代理公租房出租的中介企业，由属地房管部门给予高限处罚。在加大执法力度的同时，加强人脸识别、智能门禁等信息技术运用，实现公租房使用监管从“人防”向“人防+技防”转变，目前全市 66 个公租房小区已安装人脸识别设备。为进一步提高公租房规范化、专业化、市场化运营管理水平，在发挥市保障房中心示范引领作用基础上，将北投集团打造为第二个市级保障房平台，解决各类人才住房需求。同时，加快推动区级平台公司组建工作，截至 12 月底，全市有 14 个区成立了区级保障性住房平台公司。

四是完善棚改政策，圆满完成棚户区改造任务。出台规范棚户区改造计划管理工作意见，从严把控棚改项目前期审核、规划条件、退出机制等流程标准。创新棚改模式，严格落实“五方认定”机

制，积极开展项目征拆安置补偿、资金平衡和开发建设方案审核工作，棚改完成率、群众满意度实现“双提升”。全年完成棚户区改造 3.43 万户，完成年度 2.36 万户任务的 146%。

三、推进老旧小区综合整治，任务目标超额完成

市委和市政府高度重视老旧小区综合整治和老楼加装电梯工作，蔡书记和陈市长多次现场调研指导，市政府制定了《老旧小区综合整治工作方案（2018—2020 年）》，同时大力推进老楼加装电梯工作。按照“基层组织、居民申请、社会参与、政府支持”的实施方式，各区和相关单位积极推进，纳入 2018 年全市计划的老旧小区整治项目，已有 35 个实现进场施工。全年加装电梯开工 990 部，完工投入使用 378 部，超额完成全年任务计划。为巩固老旧小区整治成果，研究制定了《关于建立北京市实施综合改造老旧小区物业管理长效机制的指导意见》，初步形成了以精治共治法治为引领的老旧小区综合整治工作新模式。

为落实《2018—2020 年地下空间整治专项行动实施方案》，市区住建部门重点整治了地下旅馆、经营性宿舍和安全隐患突出的普通地下室，共清理 468 处，超额完成挂账整治任务。

四、加大改革创新力度，房屋管理工作进一步加强

2018 年 5 月，市政府印发《关于加强直管公房管理的意见》，明确了“切实加强直管公房规范管理”和“积极推动核心区历史文化街区平房直管公房申请式退租”的政策措施。市住建委修订完善了公有住房租赁合同示范文本，研究制定公有住房租金标准动态调整机制。深入研究老城历史文化街区平房直管公房申请式退租的具体政策，实现与现有保障房政策的有效衔接。全市推进直管公房违规转租转借的清理整治工作，共清理 1939 户，涉及 5279 人。

进一步加强房屋征收拆迁管理，明确被征收拆迁房屋交付前后房屋使用安全责任，建立健全征收拆迁现场安全管理机制。加强重点工程征收拆迁服务力度，统筹中心城区国有土地上房屋征收及宅基地上房屋拆迁腾退政策，加强棚改项目征收拆迁补偿方案预审和审核工作。“党委领导、政府主导、党建助力、阳光征拆，一把尺子量到底”，已成为可复制、可推广的征拆工作新模式。

为加大农村危房改造力度，印发了农村 4 类重点对象和低收入群众危房改造工作方案（2018—2020 年）及工作流程，对 10 个远郊区 2017 年农村危房改造任务完成情况和 2018 年工作落实情况进行了检查。

规范物业行业发展，建立企业信用信息系统，通过官方网站和北京市公共信用信息服务平台公布企业信用信息，实现对物业企业的动态管理，全年累计曝光 152 家物业服务企业；试行业主共同决定平台，发布“北京业主”APP，降低投票成本，保障业主投票的公开、公平和透明，目前已上线 600 个小区。

2018 年全市落私、房产测绘、房屋科研等各项工作也在扎实推进之中。

五、坚持首善标准、增强治理能力，工程质量安全水平稳步提升

一是持续提高工程质量现代化治理能力。完善质量管理法规规定，制定建设单位委托质量检测、采购结构性材料到货检验规定，进一步强化落实建设单位质量责任；引导企业和工程项目完善质量管理工作机制，健全质量管理标准化体系；完善新建住宅交付使用前房屋查验制度。

开展建设工程监理报告制度试点和轨道交通工程双重预防机制试点。启用新版系统，实现竣工验收备案工作全程电子化。加强装配式混凝土建筑建设质量全过程管控，促进设计与施工有效衔接。推进实施混凝土构件驻厂监造制度，强化对预制混凝土构件生产企业质量行为管理。完善驻厂监理各项管理机制。开展工程质量检测单位能力验证工作，完成对109家建筑工程质量检测机构和30家混凝土搅拌企业的监督抽查。各区严格落实预拌混凝土生产质量日常监督管理职责，对区域内预拌混凝土企业进行监督执法检查做到常态化、制度化。

二是进一步强化安全生产管理。着力构建建设工程安全风险分级管控和隐患排查治理双重预防体系，发布房屋建筑和市政基础设施工程重大生产安全事故隐患判定导则和工程施工安全风险分级管控技术指南。紧抓施工现场火灾防控，开展为期两年的建筑施工安全专项治理行动。组织安全生产标准化考评，全年受理并审查835家施工企业申请，考评合格率达到97.4%。全市建设系统共发生生产安全事故22起，死亡23人，全年未发生较大及以上事故，住建领域安全生产形势总体平稳。

三是全力管控施工扬尘。严格落实《北京市蓝天保卫战2018年行动计划》，制定实施建设工程施工现场扬尘治理专项行动工作方案。严格落实围档、物料堆放覆盖、土方开挖湿法作业、路面硬化、出入车辆清洗、渣土车辆密闭运输“六个百分之百”，工程出口两侧各100米路面实行包干净、包秩序、包美化的“三包”管理。严格落实空气重污染、大风等极端恶劣天气各项预警措施。轨道交通工程实施常态化绿色施工，新开工轨道交通工程暗挖竖井实现全封闭施工。加大扬尘执法检查和处罚力度，对291家扬尘治理不达标的企业进行全市通报批评，对68家企业停止投标资格30天至180天，同时移送至城管执法部门进行处罚。

四是加强重点工程安全质量监管。市区住建部门全力保障北京城市副中心、北京大兴国际机场、冬奥会场馆、世园会、环球主题公园、“三城一区”等重大建设任务，实施招投标关口前移、手续并联办理等措施，加快办理项目开工手续。2018年，重点工程完成建安投资1327.7亿元，超额完成年度投资任务；其中京张铁路、京雄铁路、京沈客专、京唐铁路、城际联络线一期和丰台火车站改建工程等6个续建项目，完成建安投资106.4亿元，完成年度计划的123%。

六、强化建筑市场管理，行业发展环境不断优化

一是深化工程建设项目审批制度改革，大力推动优化营商环境政策落地。全面推行电子化招投标，招投标监管服务事项实现全程网上受理、网上审批、网上办结，大幅降低企业交易成本。推进社会投资建设项目招投标改革，对社会投资房屋建筑工程项目，建设单位可以自主决定发包方式。施工许可审批实现网上发证，并将原有的前置审批调整为承诺制，施工许可申报材料由原有的13项压缩为5项，社会投资项目施工许可审批时限由15个工作日缩减至6个工作日。开展社会投资建设项目联合验收，切实提高企业办理验收工作效率。

二是加强建筑市场秩序整治，推进落实加强事中事后监管、减轻企业负担、加快行业信用体系建设三大任务。践行“放管服”改革工作要求，全面实行以保函方式缴纳工资保证金。落实优化营商环境的要求，取消施工合同备案，开展市场准入负面清单研究。

三是推进建筑行业发展。实施全过程工程咨询试点，启动企业资质告知承诺审批试点，截至目前全市共有148家企业选择告知承诺方式向我委申报资质升级、增项等事项。报请住房城乡建设部同意

在本市开展“住房城乡建设领域专业人员岗位培训考核合格证书”电子化试点工作。

七、大力发展建筑科技，行业绿色发展成效显著

一是强化建筑科技管理。围绕重点工程项目开展技术攻关，组织完成绿色公共建筑设计关键技术研究及应用、装配式构件套筒灌浆连接关键技术等重点科技成果鉴定50项。开展2018年度北京市BIM应用示范工程征集工作，全市34个项目入选。继续推进11个试点小区的智慧化建设，实现物业服务管理、机电设备运维管理等功能与服务平台的对接联通。

二是大力推进建筑节能。推进超低能耗建筑协同发展，印发超低能耗农宅建设示范项目应用技术导则和超低能耗建筑技术导则，推动成立京津冀超低能耗建筑产业联盟。着力建立建材绿色供应链，积极与河北省、首钢集团协调建立绿色砂石生产基地，绿色砂石专列进京，实现“公转铁”运输砂石超过10万吨。建立公共建筑节能绿色化改造机制，受理奖励资金申报612万平方米，119万平方米通过综合验收。继续组织对公共建筑实施电耗限额管理。

三是推动绿色建筑发展量质齐升。继续推动政府投资公益性项目和大型公共建筑等全面执行绿色建筑高星级标准，2022冬奥会永久性场馆中的新建建筑以及中关村科学城、怀柔科学城、北京大兴国际机场等新建重大项目全面执行绿色建筑三星级标准。

四是多措并举推进装配式建筑发展。加强装配式建筑专家委员会管理工作，确定北京市第一批装配式专家名单。启动北京市装配式建筑项目管理服务平台的建设。积极开展部品市场供需信息监测，加强使用引导和供需调控。全市新开工装配式建筑面积1377万平米，占全市新开工面积的29%。

五是加强建筑垃圾综合治理。从建筑垃圾产生、运输到消纳处理等各环节，建立共管共治的综合管理机制。推进建筑废弃物资源化综合利用，联合11个委办局发布实施《关于进一步加强建筑废弃物资源化综合利用工作的意见》。截至2018年12月底，全市已建成建筑垃圾现场资源化综合利用设施点位93个，其中正在运行点位77个，年设计处置能力达8500万吨。

八、各项基础工作扎实推进

全面推进依法行政各项工作，全系统大力推广实施“双随机”执法。切实抓好行政处罚案卷评查、行政处罚职权调整等各项工作，纳入年度考核的11项行政执法考核指标均满分完成。

认真落实市委、市政府关于“平安北京”建设各项工作部署，着力做好“扫黑除恶”“雪亮工程”“群租房”整治等重点工作。紧紧围绕全市各项重大应急保障任务，市、区住建委圆满完成了重大节日（活动）值守应急、空气重污染应对等各项工作。实现安全度汛，全市在建工地、城镇房屋、人防工程汛期无重大险情、无人员伤亡。

同志们！过去一年成绩的取得，离不开市委、市政府的正确领导，离不开各区政府、有关部门和相关企业、单位的合作支持，也离不开全系统干部职工的团结一心、忠于职守、无私奉献。在此，我代表市住建委领导班子，对全系统干部职工的辛勤付出致以崇高的敬意，对各区、各部门和各单位的大力支持表示衷心的感谢！

但同时，我们也应该看到，摆在我们面前的还有不少问题和挑战：北京市房地产市场调控长效机制尚未形成，住房租赁市场短板问题急需解决；一些老旧小区存在物业管理不到位问题，一些项目存

在征收拆迁成本高和滞留户问题；建筑施工许可和工程竣工联合验收等方面的营商环境还存在较大差距；在施工程面积庞大，质量安全管理不能有半点儿放松；深化改革进入攻坚阶段，在依法行政、队伍建设、基础工作等方面还有很多新课题需要研究。

2019 年是新中国成立 70 周年，是全面建成小康社会关键之年，大事多、喜事多，做好全市住房城乡建设工作意义重大，任务艰巨，使命光荣。我们要在市委、市政府的坚强领导下，认真落实市委十二届七次会议、市“两会”和全国住房城乡建设会议精神，紧紧围绕全市大局，团结和依靠全系统广大干部职工，主动服务大局，坚持稳中求进工作总基调，坚持新发展理念，坚持推动高质量发展，锐意进取、埋头苦干，高质量完成各项任务。重点抓好以下工作：

一是坚持“房住不炒”定位，加快建立租购并举的住房制度

以稳地价稳房价稳预期为目标，坚持房地产调控不动摇、力度不放松。做好住房专项规划编制工作，按照“一城一策”思路，主动调控、定期分析，逐步形成符合北京市特点、适应市场规律的房地产调控长效机制。继续完善一二三级市场监管体系，强化市场运行情况监测，完善新房价格的引导和管控机制，做好市场舆情分析，加强政策效果评估和政策储备，完善调控政策措施。继续加大商品住房供应，强化统筹协调，全力推进已拿地商品住房项目尽早开工，形成有效投资，加快入市供应。研究规范新建商品房销售场所、机构、人员管理措施，继续推动《北京市房地产经纪管理办法》规章立法进程。保持执法高压态势，加强执法与日常监管工作的衔接，全流程规范开发、销售、中介等行为。

下大力气加快发展和规范住房租赁市场。加快补齐租赁住房短板，完善住房租赁监管平台和服务平台功能，持续提高住房租赁登记备案率，为承租人办理公共服务事项提供更高效、更便捷的服务。进一步加大房地产中介机构、住房租赁企业和信息发布平台等市场主体的监管力度，规范租赁服务行为，完善服务标准、提升服务水平，让老百姓租得放心、住得安心。指导各区完善房屋租赁管理机构，充实管理人员，逐步建立住房租赁公益律师队伍。研究出台住房租赁合同等系列示范文本，进一步完善规范管理住房租赁市场的政策措施，继续推动《北京市住房租赁条例》立法工作，加强顶层制度设计，完善长效管理机制，为住房租赁市场长远健康发展提供法治保障。

多措并举强化政策性住房建设管理。多渠道增加租赁房源供给，建设筹集租赁住房 5 万套（间）以上。加快推进集体土地租赁住房开工建设，大力推进存量商办用房转化租赁房源，完善租赁补贴机制，扩大市场租房补贴范围。建设筹集政策性产权住房 6 万套，推进已供地的共有产权住房项目开工建设，尽快形成市场供应，完善共有产权住房价格评估、代持机构管理及上市交易管理机制。竣工各类政策性住房 7 万套，全面推行样板间和预验房制度，建设优质精品工程。加大对集体土地租赁住房金融和财税支持力度，建立与保障房家庭的政策衔接机制，持续规范集体土地租赁住房建设运营管理。完善公租房“快速配租”和“实时配租”制度，提高分配效率。进一步研究人才住房支持政策，各区要加快建立人才住房支持工作的组织体制和决策机制，制定本区实施细则。

二是集中力量办好民生实事，积极推进棚户区改造、老城整体保护等工作

认真贯彻落实住建部关于严格规范棚户区改造工作的有关要求，严守“双控三线”，落实棚改融资政策，严格规范棚户区改造全过程监管。加快收尾项目征拆工作，推进安置房建设，完成项目成本审核，推动具备条件的地块先行入市，化解债务风险。全面梳理、结转在途项目，推动具备条件的项目启动征收拆迁和安置房建设工作。严格审核新增棚改项目征拆安置补偿方案、资金平衡方案和开发建设方案，遏制棚改成本不合理增长。

贯彻落实市政府加强直管公房管理的意见，完善核心区直管公房退租程序和标准，统一评估补助政策。完善直管公房信息管理系统，切实摸清全市直管公房底数，规范业务办理流程，全面实现档案数字化管理。坚持依法依规清理违规转租转借直管公房行为，充分运用司法途径解决清理中疑难问题，坚持发现一起，清理一起。按照“保障对保障”原则，因地制宜、分类施策，通过申请式退租、恢复性修建等方式，推进老城整体保护和有机更新。在东城、西城区划定申请式退租试点片区并组织实施。按照申请式改善、“共生院”改造的思路，完善退租房屋修缮和留住居民居住条件改善等政策。继续稳步推进4万套对接老城区的安置房建设，并做好优质教育医疗资源转移工作。

加大老旧小区综合整治工作推进力度，坚持按照“申报制”原则制定2019年工作计划，建立老旧小区综合整治体系，改善老旧小区居民居住条件。继续开展加装电梯工作，计划开工400部，完工200部。完善工作措施，严控普通地下室住人新增及反弹，基本实现违法群租房、地下空间散租动态清零目标。持续开展全市2万平方米以上公共建筑房屋安全管理专项执法行动，保障公共建筑使用安全。

大力推进建立老旧小区物业管理长效机制，将完善小区物业服务作为老旧小区综合整治的前置条件，物业企业参与综合整治工程验收。开展群众关注物业管理突出问题专项治理，重点围绕24小时服务（值班）电话不畅通、处置效率低和宽带垄断等问题，建立“闻风而动、接诉即办”的监督机制；加大免费使用北京业主APP力度，完成500个以上小区业主认证，营造小区安全、和谐、稳定的氛围。加大农村危房改造工作推进力度，各区要根据4类重点对象和低收入群众危房改造台账抓紧施工进度，确保2019年基本完成改造任务。

研究《关于统筹规范本市中心城区房屋征收补偿相关工作的意见》和《关于进一步规范本市宅基地上房屋拆迁补偿安置工作的指导意见》，平衡协调市区房屋征收拆迁政策，统筹拆迁、绿隔、腾退政策。加快房屋征收拆迁滞留项目清理。

三是全力保障重点工程建设，推动建筑行业健康发展

切实加强工程质量安全监管，推进工程质量保险和质量标准化试点工作，进一步完善竣工验收备案全过程电子化工作。推进安全隐患排查和风险分级管控双重预防体系建设，强化危大工程安全监管和施工企业安全生产条件动态监管，持续推进施工安全标准化工作。突出抓好预拌混凝土质量治理，继续开展预拌混凝土质量状况评估，定期发布评估通报，约谈排名靠后企业，推动企业切实采取措施改进质量管理。持续完善评估各项管理制度，实施“样品抽检分离”和“评估观察员制度”，组织专家论证、优化评估指标体系，提高评估的科学性；定期对评估（检测）机构进行履约考核，保证评估（检测）单位的履约能力，促进评估工作的公平公正。

提高服务效率，加快办理前期手续，强化对城市副中心、北京大兴国际机场、冬奥会场馆、环球主题公园、CBD核心区等重点工程项目的服务保障。继续实施重点工程多层次协调机制，与相关部门实现联动，支持区政府发挥属地监管服务职责。对完成投资、建设进度、前期手续相对滞后的项目进行专题调度，保障工程顺利实施。全力保障北京大兴国际机场9月30日顺利通航。协调铁路部门完善用地手续，督促提供站后工程红线范围内启动征拆工作，大力推进国铁工程项目建设。提升

"四个服务"工作水平，对中央国家机关和驻京部队工程项目，采取"加强对接、主动服务、统筹兼顾、保障重点"工作方式，积极做好协调服务工作，推进中央在京重点项目完成年度计划目标。发挥工程质量监督抽测单位作用，加大对重点工程以及保障房工程的建筑材料、结构强度等抽检力度。健全以日常监督执法抽查为点、以安全质量专项执法检查为线、以重点工程安全质量监督执法通报会为面的多层次长效监管模式，要确保重点工程建设顺利实施，安全质量总体受控。

大力改善营商环境各项政策措施，进一步完善电子化招投标工作，逐步推进动态监管和大数据监管工作，强化事中事后监管和信用管理。在实现电子证照的基础上，全面推行施工许可网上审批，真正实现办事单位"只跑一次"的目标。完善联合验收政策及系统建设，简化规范联合验收上报要件，逐步扩大联合验收范围。严格落实国务院和市政府"只进一扇门""最多跑一次"的要求，市住建委进驻市政务服务中心的公服事项，要全部实现"一口进出、内部流转"。

研究出台《关于促进本市建筑业持续健康发展的实施意见》，促进建筑业企业高质量完成各项建设任务；研究提出符合北京特点的工程总承包招投标管理政策，推行工程总承包。完善施工总承包和注册建造师市场行为评价制度；进一步健全行政许可和行政处罚"双公示"，建立工程建设领域审批承诺制失信行为惩戒制度，推进行业信用体系建设，做好信用联合奖惩工作。正式上线"北京市建筑市场管理服务平台"，研究出台《北京市建筑市场主体管理暂行办法》。对外省市来京建设工程企业备案系统进行升级改造，实现备案全程网上办理。启动劳务分包合同及施工人员实名制系统改造升级，进一步加强建筑施工人员实名制管理。整合从业人员考务与证书管理信息系统和执业人员注册监管信息系统，形成北京市住房城乡建设领域人员资格管理信息系统，为企业和人员提供"一站式"服务通道。扎实推进京津冀计价体系一体化，扩大《京津冀城市地下综合管廊工程预算消耗量定额》试点。严格执行执法检查"双随机"和"四不两直"规定，进一步推进行政执法的规范化、标准化建设。

四是加大科技创新力度，深入推进行业绿色发展

稳步推进工程建设地方标准工作。继续做好农宅建设技术指导和管理干部培训，推进农村住房建设立法工作，促进农村住房建设管理长效机制建设。

继续组织超低能耗建筑示范，完成3年行动计划超低能耗项目目标和评审工作。稳步推进砂石骨料绿色供应链建设，以建筑砂石生产、运输、使用全链条绿色化为突破点，重点推进首钢集团绿色砂石示范生产基地建设。在成功开行散装水泥货物运输"公转铁"试点专列基础上，研究制定进京散装水泥绿色运输实施方案。

大力发展绿色建筑，推进民用建筑绿色发展条例、建材管理规定立法工作。推进装配式建筑健康稳步有序发展，加快出台财政资金奖励政策，探索政府投资项目实施EPC工程总承包试点，完善装配式建筑相关标准，落实参建主体质量责任，强化全过程监督管理，建立装配式建筑项目数据信息库，力争2019年底实现装配式建筑占新建建筑面积比例达到25%以上。

持续保持工地扬尘监管执法高压态势，在空气重污染期间及时启动空气重污染应急响应，加强对施工现场远程视频监控系统管理，完善扬尘管理考评体系。做好建筑垃圾资源化再生产品推广使用工作，促进现场资源化水平不断提高。

按照全市统一部署，市区住建部门要高标准做好新中国成立70周年、世园会、第二届"一带一路”国际合作高峰论坛服务保障工作，提前谋划，周密部署，加大监督检查力度，做好应急巡查值守，严防生产安全事故或群体性事件。强化阳光信访、法治信访、责任信访机制建设，开展矛盾隐患排查化解，加大信访积案解决力度。

同志们，站在新时代新起点上，住房城乡建设事业发展前途光明，任务艰巨，我们肩上的责任重大而光荣。2019 年，让我们更加紧密地团结在以习近平同志为核心的党中央周围，更加奋发有为，努力推动首都住房城乡建设事业新发展，以优异成绩庆祝中华人民共和国成立 70 周年。

第二章

北京国民经济和社会发展

北京市房地产年鉴 2019

北京市 2018 年国民经济和社会发展统计公报

2018 年，全市人民在党中央、国务院和市委、市政府的坚强领导下，认真学习贯彻习近平新时代中国特色社会主义思想和党的十九大精神，坚持“稳中求进”工作总基调，坚持以供给侧结构性改革为主线，全面对标对表高质量发展要求，深入落实首都城市战略定位，大力推动京津冀协同发展，扎实推进疏功能、稳增长、促改革、调结构、惠民生、防风险各项工作，经济社会保持平稳健康发展。

一、综合

经济增长：初步核算，全年实现地区生产总值 30320 亿元，按可比价格计算，比上年增长 6.6%。其中，第一产业增加值 118.7 亿元，下降 2.3%；第二产业增加值 5647.7 亿元，增长 4.2%；第三产业增加值 24553.6 亿元，增长 7.3%。三次产业构成由上年的 0.4 ∶ 19.0 ∶ 80.6，变化为 0.4 ∶ 18.6 ∶ 81.0。按常住人口计算，全市人均地区生产总值为 14 万元。

人口：年末全市常住人口 2154.2 万人，比上年末减少 16.5 万人。其中，常住外来人口 764.6 万人，占常住人口的比重为 35.5%。常住人口中，城镇人口 1863.4 万人，占常住人口的比重为 86.5%。常住人口出生率 8.24‰，死亡率 5.58‰，自然增长率 2.66‰。常住人口密度为每平方公里 1313 人，比上年末减少 10 人。

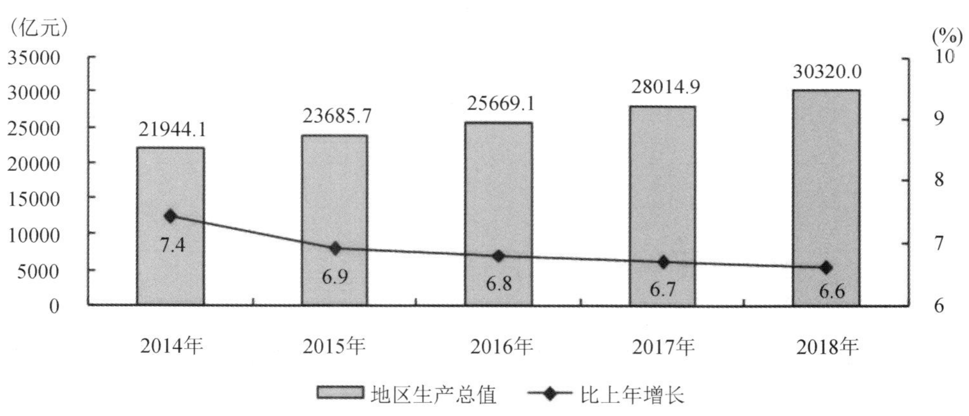

图 2-1　2014~2018 年地区生产总值及增长速度

表 2-1 2018 年地区生产总值

指　　标	绝对数（亿元）	比上年增长（%）	比重（%）
地区生产总值	30320.0	6.6	100.0
按产业分			
第一产业	118.7	-2.3	0.4
第二产业	5647.7	4.2	18.6
第三产业	24553.6	7.3	81.0
按行业分			
农、林、牧、渔业	121.1	-2.3	0.4
工业	4464.6	4.5	14.7
建筑业	1274.9	3.3	4.2
批发和零售业	2530.4	0.6	8.4
交通运输、仓储和邮政业	1346.2	7.0	4.4
住宿和餐饮业	440.8	1.6	1.5
信息传输、软件和信息技术服务业	3859.0	19.0	12.7
金融业	5084.6	7.2	16.8
房地产业	1748.3	-0.4	5.8
租赁和商务服务业	2016.6	1.9	6.7
科学研究和技术服务业	3223.9	10.4	10.6
水利、环境和公共设施管理业	235.1	3.7	0.8
居民服务、修理和其他服务业	183.3	4.1	0.6
教育	1432.1	6.7	4.7
卫生和社会工作	760.5	8.7	2.5
文化、体育和娱乐业	645.9	5.7	2.1
公共管理、社会保障和社会组织	952.7	5.8	3.1

表 2-2 2018 年末常住人口及构成

指　　标	人数（万人）	比重（%）
常住人口	2154.2	100.0
按城乡分：城镇	1863.4	86.5
乡村	290.8	13.5
按性别分：男性	1095.6	50.9
女性	1058.6	49.1
按年龄组分：0~14 岁	226.6	10.5
15~59 岁	1562.8	72.6
60 岁及以上	364.8	16.9
其中：65 岁及以上	241.4	11.2

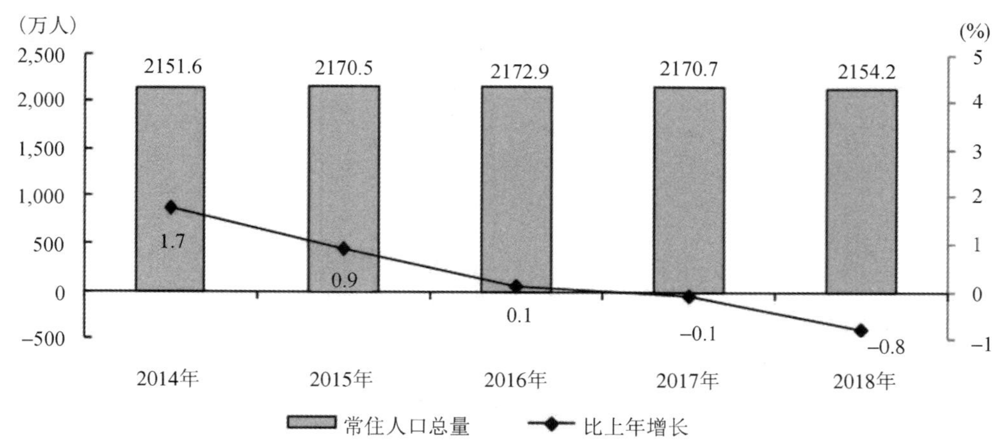

图 2-2　2014~2018 年常住人口总量及增长速度

财政收入：全市完成一般公共预算收入5785.9亿元，比上年增长6.5%。其中，增值税1793亿元，增长8.1%；企业所得税和个人所得税分别为1287.7亿元和728.5亿元，分别增长4.7%和13.3%。

价格：全年居民消费价格总水平比上年上涨2.5%。其中，食品价格上涨2.9%，非食品价格上涨2.4%；消费品价格上涨1.8%，服务项目价格上涨3.5%。

表 2-3　2018 年居民消费价格涨跌幅度（%）

指　　标	2018 年
居民消费价格	2.5
食品烟酒	3.1
其中：粮食	1.4
鲜菜	12.8
畜肉类	-0.8
鲜果	4.6
衣着	-0.3
居住	3.2
生活用品及服务	1.3
交通和通信	0.6
教育文化和娱乐	3.6
医疗保健	3.0
其他用品和服务	2.2

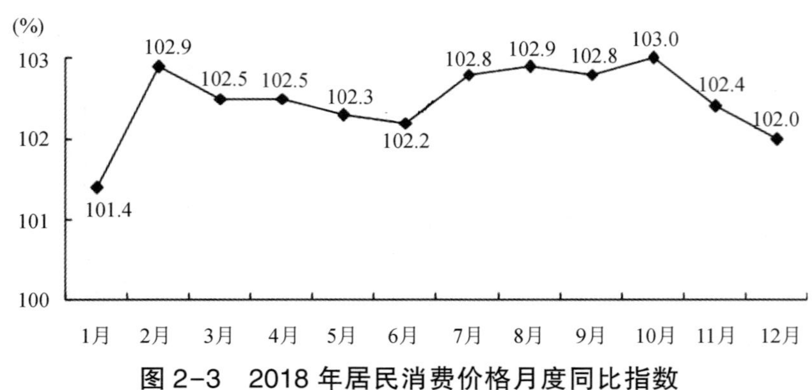

图 2-3　2018 年居民消费价格月度同比指数

全年农产品生产者价格比上年上涨 3.6%。工业生产者出厂价格与上年持平，工业生产者购进价格上涨 0.8%。固定资产投资价格上涨 3.8%。

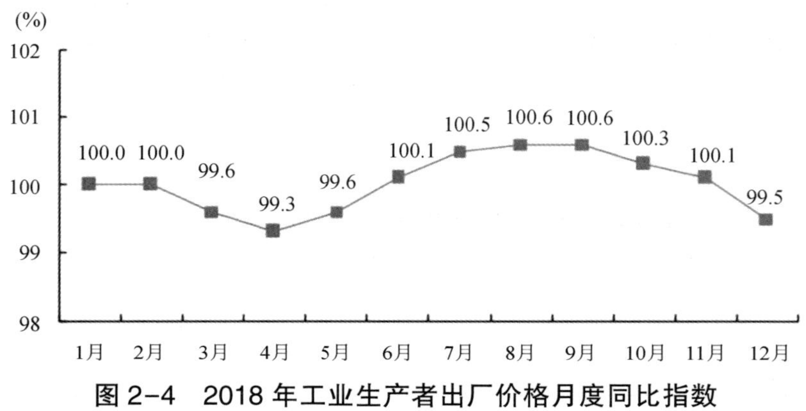

图 2-4　2018 年工业生产者出厂价格月度同比指数

全年新建商品住宅价格小幅波动，二手住宅价格稳中有降。12 月份，新建商品住宅销售价格环比上涨 1.0%，同比上涨 2.3%；二手住宅销售价格环比下降 0.2%，同比下降 1.9%。

表 2-4　2018 年新建商品住宅和二手住宅销售价格环比指数（%）

指　标	1 月	2 月	3 月	4 月	5 月	6 月	7 月	8 月	9 月	10 月	11 月	12 月
新建商品住宅	100.2	99.7	100.1	100.2	100.2	100.0	100.2	100.0	100.0	100.2	100.6	101.0
二手住宅	99.4	99.5	99.8	99.9	100.3	100.1	100.4	100.0	99.8	99.8	99.4	99.8

二、农业

全市农业观光园 1172 个，实现总收入 27.3 亿元。民俗旅游实际经营户 7783 户，实现总收入 13 亿元。设施农业和种业分别实现收入 51.7 亿元和 12.4 亿元。全年实现农林牧渔业总产值 296.8 亿元，下降 3.7%。其中，在新一轮百万亩造林工程拉动下，林业产值增长 61.7%。

三、工业和建筑业

工业：全年实现工业增加值 4464.6 亿元，按可比价格计算，比上年增长 4.5%。其中，规模以上工业增加值增长 4.6%。在规模以上工业中，国有控股企业增加值增长 6.4%；股份制企业、外商及港澳台企业增加值分别增长 2.1%和 3.7%；高技术制造业、战略性新兴产业增加值分别增长 13.9%和 7.8%。规模以上工业实现销售产值 18876.7 亿元，增长 3.7%。其中，内销产值 17654.8 亿元，增长 2.6%；出口交货值 1221.9 亿元，增长 21.0%。

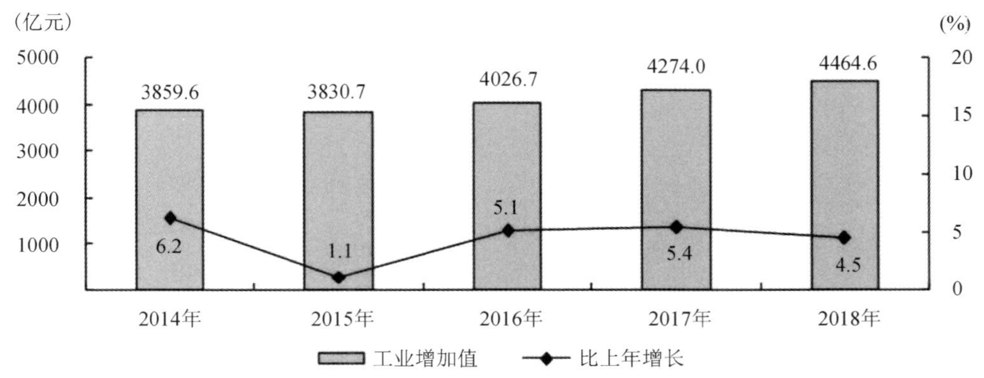

图 2-5 2014~2018 年工业增加值及增长速度

表 2-5 2018 年规模以上工业重点监测行业增加值（%）

行业	比上年增长	比重
规模以上工业增加值	4.6	100.0
其中：石油、煤炭及其他燃料加工业	0.0	3.2
化学原料和化学制品制造业	-5.5	2.1
医药制造业	16.2	11.1
非金属矿物制品业	-5.2	2.1
通用设备制造业	-0.6	3.5
专用设备制造业	15.6	4.4
汽车制造业	-5.8	17.3
铁路、船舶、航空航天和其他运输设备制造业	10.0	2.0
电气机械和器材制造业	-10.1	3.8
计算机、通信和其他电子设备制造业	15.2	7.6
仪器仪表制造业	-0.6	2.2
电力、热力生产和供应业	12.2	20.6

表 2-6　2018 年规模以上工业企业主要产品产量

产品名称	单　位	产量	比上年增长（%）
乙烯	万吨	79.4	0.1
金属切削机床	台	12563	-20.5
其中：数控金属切削机床	台	11787	-20.8
汽车	万辆	179.7	-11.5
其中：基本型乘用车（轿车）	万辆	92.2	-5.8
运动型多用途乘用车（SUV）	万辆	38.4	-24.7
其中：新能源汽车	辆	15100	-25.6
移动通信手持机（手机）	万台	9029.6	20.7
微型计算机设备	万台	564.5	-24.0
智能电视	万台	887.7	180.4
显示器	万台	401.7	11.3
集成电路	亿块	137.5	35.4
饮料酒	万千升	155.9	-5.5
其中：啤酒	万千升	108.5	-16.6
乳制品	万吨	56.0	-5.8
中成药	万吨	4.4	5.4

建筑业：全市具有资质等级的总承包和专业承包建筑业企业完成建筑业总产值 10939.8 亿元，比上年增长 12.4%。其中，在本市完成 3111.7 亿元，增长 5.3%；在外埠完成 7828 亿元，增长 15.4%。本年新签合同额 16009.3 亿元，增长 3.2%。

四、交通运输和邮政电信

交通运输：全年货运量 25244.1 万吨，比上年增长 5.7%；货物周转量 780.7 亿吨公里，增长 11.5%。全年客运量 67569.4 万人，增长 0.2%；旅客周转量 2218.8 亿人公里，增长 7.9%。

表 2-7　2018 年各种运输方式完成货运量及货物周转量

指　标	单　位	绝对数	比上年增长（%）
货运量	万吨	25244.1	5.7
铁路	万吨	568.6	-19.2
公路	万吨	20277.6	4.7
民航	万吨	176.6	0.9
管道	万吨	4221.3	16.4
货物周转量	亿吨公里	780.7	11.5
铁路	亿吨公里	266.9	8.3

（续表 2-7）

指　　标	单　位	绝对数	比上年增长（%）
公路	亿吨公里	167.4	5.1
民航	亿吨公里	78.4	5.4
管道	亿吨公里	268.0	21.8

表 2-8　2018 年各种运输方式完成客运量及旅客周转量

指　　标	单　位	绝对数	比上年增长（%）
客运量	万人	67569.4	0.2
铁路	万人	14272.8	2.9
公路	万人	44175.1	-1.7
民航	万人	9121.5	6.0
旅客周转量	亿人公里	2218.8	7.9
铁路	亿人公里	154.6	0.5
公路	亿人公里	99.4	0.0
民航	亿人公里	1964.8	9.0

年末全市机动车保有量 608.4 万辆，比上年末增加 17.5 万辆。民用汽车 574.6 万辆，增加 10.8 万辆。其中，私人汽车 479 万辆，增加 11.8 万辆；私人汽车中轿车 307.1 万辆，减少 4.3 万辆。

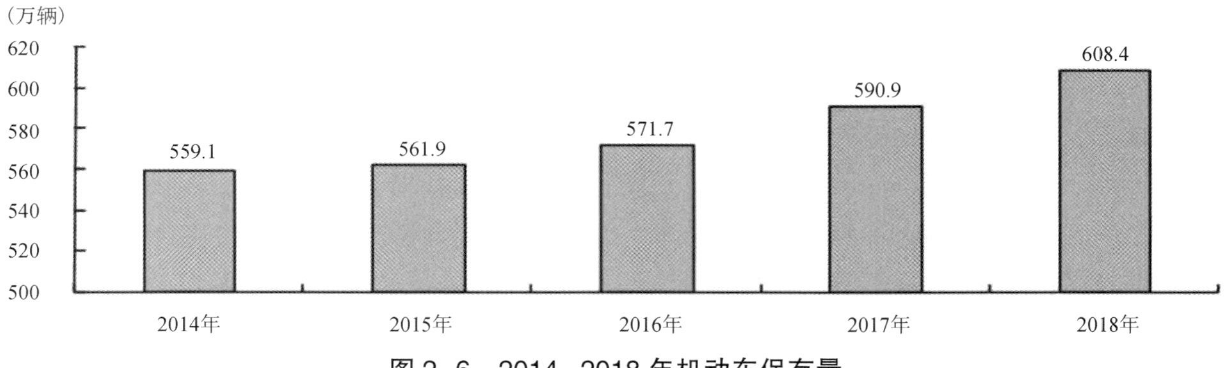

图 2-6　2014~2018 年机动车保有量

邮政电信：全年实现邮电业务总量 2151.4 亿元，按可比价格计算，比上年增长 66.2%。其中，邮政行业业务总量 397.9 亿元，下降 5.1%；电信业务总量 1753.5 亿元，增长 1 倍。全年发送邮政函件 2.1 亿件，下降 22.6%；特快专递 22.1 亿件，下降 2.9%。年末固定电话用户达到 614.2 万户，固定电话主线普及率为 28.5 线/百人。年末移动电话用户达到 4009 万户，移动电话普及率为 186.1 户/百人。年末固定互联网宽带接入用户数达到 634.2 万户，增长 17.1%；

移动互联网接入流量18.2亿G，增长1.3倍。

五、金融

存贷款：年末全市金融机构（含外资）本外币存款余额157092.2亿元，比年初增加13376亿元。全市金融机构（含外资）本外币贷款余额70483.7亿元，比年初增加7191.4亿元。

表2-9　2018年末金融机构（含外资）本外币存贷款余额

单位：亿元

指　　标	年末数	比年初增加额	增加额比上年增减
各项存款余额	157092.2	13376.0	7724.8
其中：人民币	150430.4	12797.1	7662.7
其中：住户存款	32507.8	3540.6	2590.6
非金融企业存款	54139.3	844.0	-1929.8
各项贷款余额	70483.7	7191.4	1374.6
其中：人民币	66767.0	7355.2	591.5
其中：短期贷款	21170.8	1594.5	-1053.0
中长期贷款	42320.0	5057.4	1239.9
票据融资	2237.3	736.8	1297.1
其中：住户消费贷款	14664.5	1005.3	-863.0

证券：全年证券交易额911465.7亿元，比上年下降8.9%。其中，股票交易额149887亿元，下降23.0%；基金交易额25144.4亿元，增长13.7%。

保险：全年实现原保险保费收入1793.3亿元，比上年下降9.1%。其中，财产险保费收入422.7亿元，人身险保费收入1370.7亿元。全年各类保险赔付支出629.4亿元，增长8.9%。其中，财产险赔付245.9亿元，人身险赔付383.5亿元。

六、固定资产投资和房地产开发

固定资产投资：全年全社会固定资产投资比上年下降9.9%。基础设施投资下降10.7%，其中，交通运输领域投资增长1.1%。分产业看，第一产业投资比上年增长8.9%；第二产业投资下降43.2%；第三产业投资下降6.3%，其中，信息传输、软件和信息技术服务业投资增长31.2%，文化、体育和娱乐业投资增长11.8%，科学研究和技术服务业投资增长7.7%。

房地产开发：全年房地产开发投资比上年增长3.4%。其中，住宅投资增长17.4%；办公楼投资下降29.7%；商业营业用房投资下降12.6%。年末全市房屋施工面积12962.6万平方米，比上年末增长2.8%。其中，本年新开工面积2321.1万平方米，下降6.2%。全年房屋竣工面积1557.9万平方米，增长6.2%。

表 2-10　2018 年房地产开发施工和销售主要指标

指　　标	单 位	绝对数	比上年增长（%）
房屋施工面积	万平方米	12962.6	2.8
其中：住宅	万平方米	5877.1	6.7
其中：本年新开工面积	万平方米	2321.1	-6.2
其中：住宅	万平方米	1233.6	0.6
房屋竣工面积	万平方米	1557.9	6.2
其中：住宅	万平方米	731.2	21.1
商品房销售面积	万平方米	696.2	-20.4
其中：住宅	万平方米	526.8	-14.0
待售面积	万平方米	2153.3	2.9
其中：住宅	万平方米	833.7	2.8

七、市场消费

全年实现市场总消费额 25405.9 亿元，比上年增长 7.4%。其中，服务性消费额 13658.2 亿元，增长 11.8%；社会消费品零售总额 11747.7 亿元，增长 2.7%，其中限额以上批发和零售企业实现网上零售额 2632.9 亿元，增长 10.3%，占社会消费品零售总额的 22.4%。

全年批发和零售业实现商品购进额 63982.6 亿元，比上年增长 1.8%；销售额 69467.1 亿元，增长 1.9%。其中，批发业实现销售额 57383.1 亿元，增长 0.9%。

表 2-11　2018 年社会消费品零售总额

指　　标	零售额（亿元）	比上年增长（%）
社会消费品零售总额	11747.7	2.7
按商品用途分		
吃类商品	2586.3	6.2
穿类商品	793.3	2.7
用类商品	7806.3	1.3
烧类商品	561.8	6.4
按消费形态分		
餐饮收入	1101.8	7.3
商品零售	10645.9	2.2

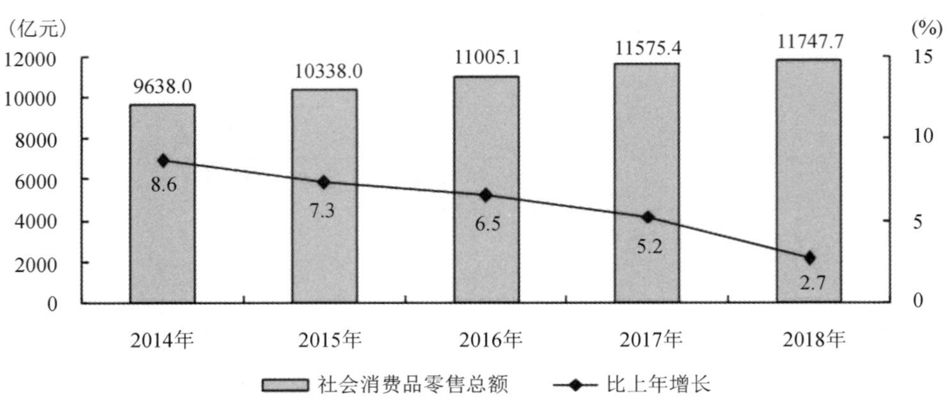

图 2-7　2014~2018 年社会消费品零售总额及增长速度

八、对外经济和旅游

对外经济：全年北京地区进出口总值 27182.5 亿元，比上年增长 23.9%。其中，出口 4878.5 亿元，增长 23.0%；进口 22303.9 亿元，增长 24.1%。

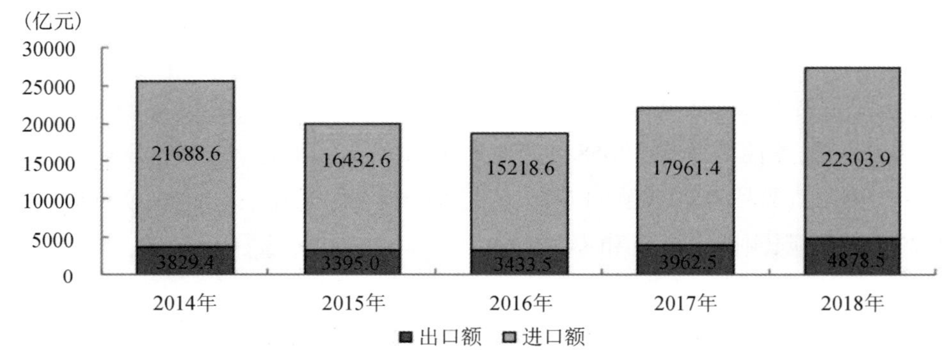

图 2-8　2014~2018 年进出口总值

全年吸收合同外资 418.8 亿美元，比上年增长 24.6%。实际利用外资 173.1 亿美元，下降 28.9%。其中，信息传输、计算机服务和软件业占 26.1%，租赁和商务服务业占 15.7%，科学研究、技术服务和地质勘查业占 13.9%，房地产业占 11.2%。

表 2-12　2018 年分行业实际利用外商投资情况

行　　业	实际利用外资（万美元）	比上年增长（%）
总　　计	1731089	-28.9
农、林、牧、渔业	6725	702.5
制造业	102868	161.6
建筑业	15	-99.4
交通运输、仓储和邮政业	112852	-18.2
信息传输、计算机服务和软件业	452240	-65.7
批发和零售业	77612	-57.4
住宿和餐饮业	30180	854.8
金融业	92141	171.1
房地产业	194690	-5.9
租赁和商务服务业	271400	18.2
科学研究、技术服务和地质勘查业	240499	18.8
水利、环境和公共设施管理业	6032	1131.0
居民服务和其他服务业	2146	898.1
文化、体育和娱乐业	5727	11.3

全年境外投资中方实际投资额 70.5 亿美元，比上年增长 15.5%。对外承包工程完成营业额 40 亿美元，下降 0.8%。对外劳务合作人员实际收入 1.9 亿美元，增长 20.1%。

旅游：全年接待国内旅游者 3.1 亿人次，比上年增长 4.6%。国内旅游总收入 5556 亿元，增长 8.5%。接待入境旅游者 400.4 万人次，增长 2.0%。其中，外国游客 339.8 万人次，增长 2.3%；港、澳、台游客 60.6 万人次，增长 0.1%。旅游外汇收入 55.2 亿美元，增长 7.5%。国内外旅游总收入 5921 亿元，增长 8.3%。全年经旅行社组织的出境游人数 510.9 万人次，下降 0.1%。

九、城市建设和安全生产

道路建设：年末全市公路里程 22255.8 公里，比上年末增加 29.8 公里。其中，高速公路里程 1114.6 公里，增加 101.6 公里。年末城市道路里程 6394.8 公里，比上年末增加 35.8 公里。

公共交通：年末公共电汽车运营线路 888 条，比上年末增加 2 条；运营线路长度 19245 公里，减少 45 公里；运营车辆 24076 辆，减少 1548 辆；全年客运总量 31.9 亿人次，下降 5.0%。

年末轨道交通运营线路 22 条，与上年末持平；运营线路长度 636 公里，增加 28 公里；运营车辆 5656 辆，增加 314 辆；全年客运总量 38.5 亿人次，增长 1.9%。

公用事业：全年自来水销售量 11.2 亿立方米，比上年增长 0.8%。其中，工业和建筑业用水1.3亿立方米，增长3.2%；服务业用水4.1亿立方米，增长0.7%；居民家庭用水5.5亿立方米，增长0.4%。

全年北京地区用电量达到1142亿千瓦时，比上年增长7.1%。其中，生产用电886亿千瓦时，增长4.2%；城乡居民生活用电256亿千瓦时，增长18.2%。

全年液化石油气供应总量47万吨，比上年下降4.5%；天然气供应总量180亿立方米，增长12.9%。年末共有燃气家庭用户934万户，增长0.5%；其中天然气家庭用户672万户，增长3.0%。年末燃气管线长度达到30800公里，增长17.6%。

全市10万平方米以上的集中供热面积6.7亿平方米，比上年增长2.0%。

安全生产：全年共发生工矿商贸生产安全事故、生产经营性道路交通事故、生产经营性火灾事故、铁路交通事故、农业机械事故476起，死亡511人。道路交通每万车死亡人数为2.33人；煤矿死亡事故零发生。

十、人民生活和社会保障

人民生活：全年全市居民人均可支配收入为62361元，比上年增长9.0%；扣除价格因素后，实际增长6.3%。从四项收入构成看，居民人均工资性收入37687元，增长7.0%；人均经营净收入1201元，下降14.7%；人均财产净收入10612元，增长14.0%；人均转移净收入12861元，增长13.8%。

全年全市居民人均消费支出为39843元，比上年增长6.5%。

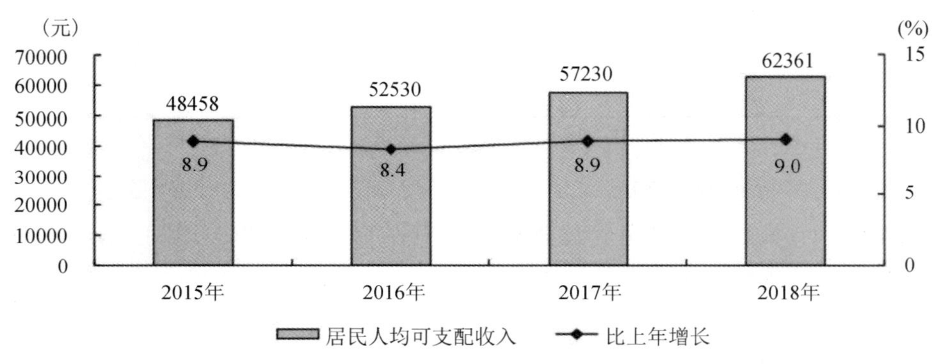

图2-9　2015~2018年全市居民人均可支配收入及增长速度

社会保障：年末参加企业职工基本养老、职工基本医疗、失业、工伤和生育保险的人数分别为1591.5万人、1628.9万人、1240.7万人、1187万人和1104万人，分别比上年末增加77.2万人、59.7万人、70.5万人、69.1万人和68.8万人。

年末参加城乡居民养老保障的人数为209万人，参加城乡居民基本医疗保险的人数为390.8万人。

全市享受城市居民最低生活保障的人数为6.7万人，享受农村居民最低生活保障的人数为3.7万人。

表 2-13 2017—2018 年社会保障相关待遇标准

单位：元/月

指 标	2018 年	2017 年
失业保险金最低标准	1536	1292
城市居民最低生活保障标准	1000	900
职工最低工资标准	2120	2000

年末各类收养性单位 702 家，床位 16 万张，年末在院人数 9.5 万人。建立各种社区服务机构 11984 个，其中社区服务中心 203 个。

十一、教育、科技、文化、卫生、体育

教育：全年研究生教育招生 11.7 万人，在学研究生 33.6 万人，毕业生 8.7 万人。普通高等学校招收本专科学生 15.6 万人，在校生 58.1 万人，毕业生 14.7 万人。全市成人本专科招生 5.5 万人，在校生 14.4 万人，毕业生 6 万人。

全市普通高中招生 4.7 万人，在校生 15.5 万人，毕业生 5.1 万人。普通初中招生 10.1 万人，在校生 27.9 万人，毕业生 7 万人。普通小学招生 18.4 万人，在校生 91.3 万人，毕业生 12.5 万人。幼儿园入园幼儿 16.5 万人，在园幼儿 45.1 万人。各类中等职业教育（含技工学校）招生 2.5 万人，在校生 9.1 万人，毕业生 3.8 万人。特殊教育招生 998 人，在校生 6407 人，毕业生 1453 人。

全市共有民办高校 16 所，在校学生 5.8 万人。民办中等教育 118 所，在校学生 3.2 万人。民办小学 56 所，在校学生 4.6 万人。民办幼儿园 701 所，在园幼儿 16.6 万人。

科技：全年专利申请量与授权量分别为 21.1 万件和 12.3 万件，分别比上年增长 13.6% 和 15.5%。其中，发明专利申请量与授权量分别为 10.9 万件和 4.8 万件，分别增长 10.0% 和 3.9%；有效发明专利 24.1 万件，增长 17.5%。全年共签订各类技术合同 82486 项，增长 1.5%；技术合同成交总额 4957.8 亿元，增长 10.5%。

文化：年末共有公共图书馆 24 个，总藏量 6701.2 万册；档案馆 18 个，馆藏案卷 868.7 万卷件；博物馆 179 个，其中免费开放 82 个；群众艺术馆、文化馆 20 个。北京地区登记在册的报刊总量 3491 种；出版社 239 家；互联网出版服务单位 350 家；出版物发行单位 7922 家；全年引进出版物版权 9488 件，版权（著作权）登记 92 万件。年末有线电视注册用户为 593.2 万户，其中高清交互数字电视用户 524.7 万户。北京地区 27 条院线 238 家影院，共放映电影 309.5 万场，观众 7644.7 万人次，票房收入 35 亿元。全年制作电视剧 51 部 2325 集，电视动画片 16 部 5196 分钟，电影 410 部。

卫生：年末共有卫生机构 11100 个，比上年末增加 114 个；其中医院 736 个。医疗机构共有床位 12.4 万张，增加 0.3 万张；其中医院 11.6 万张。卫生技术人员达到 28.2 万人，增加 0.5 万人；其中执业（助理）医师 10.9 万人，注册护士 12.4 万人。医疗机构总诊疗 24752.5 万人次，比上年增长 3.6%。全年报告甲乙类传染病发病率 128.9/10 万，死亡率 0.66/10 万。婴儿死亡率 2.15‰，孕产妇死亡率 10.64/10 万。

体育：全市运动员共获得国际性比赛奖牌 47 枚，其中金牌 24 枚，银牌 15 枚。获得全国性比赛奖牌 159 枚，其中金牌 50 枚，银牌 43 枚。

十二、资源和城市环境

土地供应：全年国有建设用地供应总量2273.3公顷。其中，住宅用地1149公顷（其中保障性安居工程用地344公顷），工矿仓储用地91.4公顷，商服用地181.3公顷，基础设施等其他用地851.6公顷。

水资源：全年水资源总量36.6亿立方米，比上年增长22.8%。年末大中型水库蓄水总量34.3亿立方米，比上年末多蓄水6.4亿立方米。年末平原区地下水埋深为23.03米，比上年末回升1.94米。全年总用水量39.1亿立方米，比上年下降1.0%。其中，生活用水15亿立方米，增长2.0%；生态环境用水12.5亿立方米，增长2.5%；工业用水3.1亿立方米，下降8.8%；农业用水4.2亿立方米，下降17.6%。

城市环境：全市污水处理率为94.0%，其中城六区污水处理率达到99.0%，分别比上年提高1.6个和0.5个百分点。全市生活垃圾无害化处理率（根据垃圾清运量计算）为99.94%，提高0.06个百分点。细颗粒物（PM2.5）年均浓度值为51微克/立方米，下降12.1%。二氧化氮和二氧化硫年均浓度值分别为42微克/立方米和6微克/立方米，分别下降8.7%和25.0%。

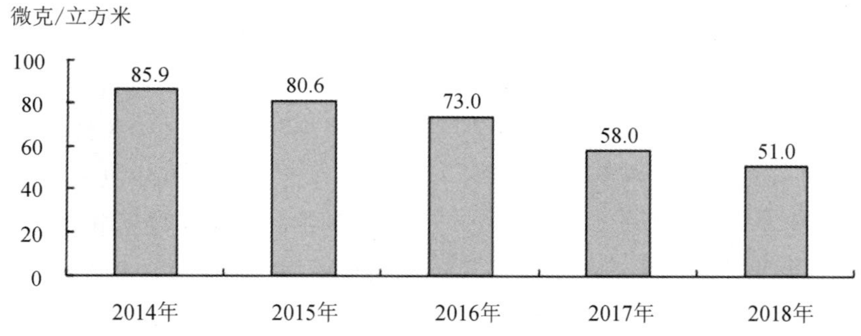

图2-10　2014~2018年细颗粒物（PM2.5）年均浓度

全年完成人工造林面积17974公顷，比上年增长93.7%。全市林木绿化率达到61.5%，比上年提高0.49个百分点。森林覆盖率达到43.5%，提高0.5个百分点。城市绿化覆盖率为48.44%，提高0.02个百分点。全市人均公园绿地面积为16.3平方米/人，增加0.1平方米/人。

十三、推动高质量发展情况

动能转换：全年实现新经济增加值10057.4亿元，按现价计算，比上年增长9.3%，占全市地区生产总值的比重为33.2%，比上年提高0.4个百分点。

每万人口发明专利拥有量为111.2件，比上年增加16.6件。全年中关村国家自主创新示范区高新技术企业实现总收入58841.9亿元，增长11.0%；其中实现技术收入10629.4亿元，增长13.4%。

结构优化：全年高技术产业实现增加值6976.8亿元，按现价计算，比上年增长9.4%；占地区生产总值的比重为23.0%，比上年提高0.2个百分点。战略性新兴产业实现增加值4893.4亿元，按现价计算，增长9.2%；占地区生产总值的比重为16.1%，比上年提高0.1个百分点。信息产业实现增加值4940.7亿元，按现价计算，增长14.3%；占地区生产总值的比重为16.3%，比上年提高0.9个百分点（高技术产业、战略性新兴产业、信息产业三者有交叉）。

全市高技术服务业固定资产投资增长

18.9%，增速比上年提高1.5个百分点。服务性消费占市场总消费的比重为53.8%，比上年提高2.5个百分点。

提效降耗：全年规模以上工业企业劳动生产率为45.6万元/人，比上年提高4.7万元/人。全市万元地区生产总值能耗为0.254吨标准煤/万元，按可比价格计算，比上年下降3.8%。万元地区生产总值水耗为12.9立方米/万元，按可比价格计算，比上年下降7.1%。

民生改善：全年城镇新增就业42.3万人，各季度城镇调查失业率分别为4.2%、4.2%、4.4%和3.9%。全年完成一般公共预算支出7467.5亿元，比上年增长9.4%；其中，用于城乡社区、文化体育与传媒、医疗卫生与计划生育的支出分别增长20.2%、17.5%和14.5%。全年基础设施投资投向交通运输和公共服务业的比重分别为51.2%和22.9%。保障性住房投资比上年增长44.1%，年末施工面积达到5484.9万平方米，增长28.2%。全年低收入农户人均可支配收入12524元，比上年增长17.1%，比全市居民人均可支配收入增速高8.1个百分点。

公报注释：

1. 本公报中2018年数据均为初步统计数。

2. 本公报中地区生产总值行业划分标准依照《国民经济行业分类》（GB/T4754-2011），三次产业划分标准根据《三次产业划分规定》（国统字〔2012〕108号）。规模以上工业增加值、全社会固定资产投资、外商直接投资行业划分标准依照《国民经济行业分类》（GB/T4754-2017）。

3. 2016年开始实施地区研发支出核算方法改革，将研发支出未计入地区生产总值部分进行补充核算，历史数据进行相应调整。

4. 农、林、牧、渔业增加值含农、林、牧、渔服务业增加值。

5. 规模以上工业企业是指年主营业务收入2000万元及以上的全部法人工业企业；限额以上批发零售企业是指年主营业务收入2000万元及以上的批发企业和年主营业务收入500万元及以上的零售企业。

6. 2018年电信企业的电信业务总量执行2015年不变价标准，邮政行业业务总量执行2010年不变价标准，增速按可比口径计算。

7. 2018年社会消费品零售总额增速按可比口径计算。

8. 天然气供应总量不包含对燕山石化的供应量。

9. 卫生机构和卫生技术人员等相关数据均含驻京部队、武警医院数据，床位数不含。

10. 按照国家统计局要求，自2015年起，北京市依据城乡住户调查一体化改革后的新口径发布居民收支数据。

11. 平原地区地下水埋深是指平原地区地下水水面至地面的距离。

12. 按2015年价格计算，2018年万元地区生产总值水耗为13.6立方米/万元。

13. 公报中部分数据合计数或相对数由于计量单位取舍不同而产生的计算误差，均未作机械调整。

资料来源：

本公报中财政数据来自北京市财政局；机动车数据来自北京市公安局公安交通管理局；存贷款数据来自中国人民银行营业管理部；证券交易额数据来源于上海证券交易所和深圳证券交易所；保险数据来自中国银行保险监督管理委员会北京监管局；保障性住房数据来自北京市住房和城乡建设委员会；进出口数据来自北京海关；合同外资、实际利用外资、境外投资、对外承包工程、对外劳务合作数据来自北京市商务局；道路建设、公共交通数据来自北京市交通委员会；自来水销售、水资源、城市污水处理数据来自北京市水务局；用电量数据来自北京市电力公司；液化石油气及天然气供应量、燃气家庭用户、燃气管线、集中供热面积、垃圾处理数据来自北京市城市管理委员会；安全生产数据来自北京市应急管理局；就业、社会保障数据来自北京市人力资源和社会保障局；卫生数据来自北京市卫生健康委员会；低保、收养性单位、社区服务机构数据来自北京市民政局；教育数据来自北京市教育委员会；专利数据来自北京市知识产权局；技术市场数据来自北京技术市场管理办公室；旅游外汇收入、国内旅游数据、公共图书馆、文化馆数据来自北京市文化和旅游局；档案馆数据来自北京市档案局；博物馆数据来自北京市文物局；电影数据来自北京市电影局；电视数据来自北京市广播电视局；体育数据来自北京市体育局；国有建设用地供应数据来自北京市规划和自然资源委员会；空气质量数据来自北京市生态环境局；造林、绿化数据来自北京市园林绿化局；其他数据来自北京市统计局、国家统计局北京调查总队。

第三章

城市规划与建设

北京市房地产年鉴 2019

第一节 2018年北京市城市规划综述

一、全面实施城市总体规划，不断优化提升首都功能

总规落实开局良好。扎实推进总规实施方案，45项年度任务全面完成。构建“总体规划—分区规划—详细规划”三个层次、“市、区、乡（镇）、村”四个级别和专项规划组成的空间规划体系，实现全域管控。组织编制分区规划、核心区控规、36项市级专项规划。开展城市体检评估，完成2017年度体检报告。《北京市城乡规划条例》修订草案通过市人大常委会一审。首规委办公室工作机制不断完善，作用进一步提升。

四个中心功能不断加强。编制政治中心服务保障专项规划，开展中心城区建筑高度管控及长安街沿线、天安门广场周边环境提升，推进首都功能核心区专项整治，编制三山五园地区整体保护规划。完成南中轴地区规划方案征集。启动国际交往中心专项规划编制，开展第四使馆区、国家会议中心扩容提升、雁栖湖国际会都等规划编制。实施全国科技创新中心建设总体方案，组织规划方案征集；推动“三城一区”发展，科学城规划编制国际方案征集取得成效。

老城保护更新机制逐步完善。编制北京老城整体保护规划，开展老城重点地区规划编制研究和重要街道城市设计，探索老城有机更新方式。推进历史文化街区划定和历史建筑确定，编制《北京历史文化街区风貌保护与更新设计导则》。建立责任规划师制度。

冬奥会冬残奥会项目规划建设保障有力。国家体育馆改扩建等项目建设取得进展。顺利推进首体短道速滑训练馆、首都滑冰馆等场馆规划建设。京张高铁等交通工程按计划推进，延庆赛区和北京赛区外部市政专项规划编制完成。开展冬奥会和冬残奥会公共艺术品规划建设。制定发布《绿色雪上运动场馆评价标准》。

京津冀协同发展深入推进。全力支持雄安新区建设，积极推进相关高铁、城际轨道、市郊铁路、轨道快线、重要站点枢纽等工程规划建设。编制《北京大兴国际机场临空经济区总体规划》，统筹推进临空经济区规划建设。

二、高标准规划建设城市副中心，打造北京重要一翼

城市副中心控规获党中央、国务院批复。编制城市副中心控规，经市委全会审议后上报中央，获党中央、国务院批复。筹备城市副中心控规实施动员大会，配合起草城市副中心规划建设指导意见、实施工作方案并确定100项具体任务。

城市副中心建设加速推进。完成通州区总体规划编制报审，深化12个组团控规方案，23个规划设计导则取得阶段性成果，编制台湖、宋庄、漷县等一批特色小城镇规划，推进通州区与廊坊北三县地区协同发展规划编制报审。完成绿心起步区详细规划和重要公共建筑设计方案征集。开展老城区双修等系列专题研究，持续搭建规建管三维智慧信息平台。服务城市副中心公共服务和市政交通基础设施建设，加快推进行政办公区、运河商务区、文化旅游区等重点功能区和重点项目实施。

三、转变发展方式，推动首都经济社会高质量发展

大力推动减量发展。首次完成全市城乡建设用地减量30平方公里年度任务。建立城乡建设用地减量规划引导机制，将城乡建设用地减量专项规划纳入分区规划，制定年度减量计划实施管理制度。制定城乡建设用地供应减量挂钩工作实施意见，研究减量发展的城市更新政策。

促进城乡融合发展。探索绿隔地区城乡融合发展新路径，朝阳区王四营乡试点取得进展。编制《北京市村庄布局规划（2017年—2035年）》，制定乡镇域空间规划编制导则，完成1081个美丽乡村创建和956个村庄规划编制。

四、全面深化改革，推动规划和自然资源管理创新发展

优化营商环境改革。出台77项配套政策，构建工程建设项目审批服务新体系。社会投资项目办理时限减至45个工作日以内，政府投资项目减至100个工作日以内。将142项市级事项精简为56项，将28项区级独有事项精简为6项。以"多规合一"为重点，建立部门协同联动平台。推进施工图联审改革，建立全市统一的项目竣工联合验收机制。编制建设工程规划验收技术要点，完成规划核验1428件。

平稳推进机构改革和单位搬迁。市规划自然资源委挂牌成立并搬迁至城市副中心。完成规划国土分局整合组建。规划国土执法体制改革取得突破。开展各区规划自然资源部门组建前期研究，系统谋划委属单位职能设置和机构配置。

五、着力破解大城市病，城市治理迈出坚实步伐

提升城市环境品质。聚焦营造"首都风范、古都风韵、时代风貌"城市特色，出台街道更新治理、城市色彩、滨水空间等城市设计导则，制定《北京公共空间改造提升三年行动计划方案（2019年—2021年）》，举办2018年公共空间城市设计大赛，编制《北京城市基调和多元化研究报告及白皮书》，开展长安街及其沿线等重点地区的城市设计研究。

加强城市短板规划建设。优化核心区人居环境，完成506条约436公里架空线入地工程方案审查。梳理回龙观、天通苑地区规划、审批和建设情况，会同有关部门发布《优化提升回龙观天通苑地区公共服务和基础设施三年行动计划（2018—2020年）》。分三批完成全市1006条无名路命名。推进标准化工作创新发展。建设城市空间大数据平台，打造数据航母、三维立体地形图，完成基础测绘、地理国情监测等重点项目。

加强市政交通基础设施规划建设。围绕"一核两翼"推动重点功能区交通联系，提级改造普通公路。优化轨道线网，2018年通车3条线（段）。编制公共停车场专项规划。加快海绵城市、固体废弃物、综合管廊等规划设计研究。推进煤改清洁能源、城市供水、污水处理、防洪排涝、永定河生态修复等基础设施规划建设。

严格执法督察。坚定推进"大棚房"、浅山区违法占地违法建设专项整治。14个涉农区10336宗项目215550栋大棚逐宗逐棚进行现场验收。下发24.15万个图斑，对浅山区违法占地违法建设项目展开排查并推动典型项目处置。"大棚房"问题得到严查快处、坚决遏制，浅山区违法用地违法建设整治成效初显、推进有序。全市按照"场清地净"标准腾退土地6828公顷，用于"留白增绿"地块3200公顷。推进闲置土地盘活利用，开展出让土地利用动态巡查。发现各类违法违规行为2976宗、906公顷，立案查处1127宗，结案884件，处罚拆除违法建

筑物45万平方米。

第二节　规划研究和规划编制

一、城市绿心起步区详细规划和三大公共建筑方案征集

2017年12月，市规划国土委会同市文化和旅游局、市文物局、通州区政府启动城市副中心城市绿心起步区详细规划方案及剧院、图书馆、博物馆（暂定名）建筑设计方案征集（以下简称“方案征集”），来自中国、法国、美国、丹麦、挪威的10个知名联合体设计团队参加方案征集。2018年5月，市规划国土委会同市文化和旅游局、市文物局、通州区政府完成方案征集，并组织专家对方案征集成果进行评审。2018年8月，市委、市政府研究确定剧院、图书馆、博物馆三大公共建筑中选方案。年内，根据市领导指示精神，市规划国土委会同相关单位组织设计团队，对三大公共建筑中选方案进行多轮打磨，逐步稳定设计方案。

二、通州区总体规划审查

1月4日，市委书记蔡奇主持召开市委专题会，听取《通州区总体规划（2016年—2035年）》；1月9日，市长陈吉宁主持召开市政府常务会，听取《通州区总体规划（2016年—2035年）》。通州区总体规划完成法定审查程序。该规划统筹北京东部地区、河北廊坊北三县地区协同发展，促进通州区和城市副中心一体化发展；优化全域空间资源要素配置，实现目标、指标和空间配置的协调一致；坚持城乡融合，实施以人为本的新型城镇化；统筹生产、生活、生态空间布局，实行多层次的战略留白，为未来发展留有弹性；坚持上下联动、深度协作，建立规划统筹实施机制，实现规划蓝图和实施策略的精准对接。

三、北京街道更新治理城市设计导则

5月2日，市规划自然资源委编制完成《北京街道更新治理城市设计导则》。导则明确街道发展理念从“以车优先”转变为“以人优先”，从道路红线管控转变为街道空间整体管控，从政府单一管理转变为协同共治，从部门多头管理转变为平台统筹管控；提出街道空间资源的整合设计、功能要素的整合配置和部门管理的整合协同，优化街道更新治理过程；制定分区和分类型精细化管控框架，为每一条街道定制管控要求。导则编制中，通过北京街道行走体验调查公众参与活动，梳理出20条最美街道，形成“更美的街道，更好的北京”公众宣传册。导则完成后，针对当前街道突出问题，明确十项专项治理行动，初步形成《关于实施街道更新治理城市设计导则 提升街道治理水平的指导意见》。

四、京雄高速公路（北京段）工程规划

8月13日至9月12日，市规划自然资源委对京雄高速公路（北京段）规划方案进行为期30天网上公示，公示期间收到466条公众反馈意见；对公众意见进行分类研究，组织采信，将采信结果在官网进行公告。推进京雄高速公路规划前期工作，经市政府同意，批复京雄高

速公路（北京段）工程规划方案。落实北京市智能网联技术发展战略，按照数字化智能高速公路进行规划设计，在京雄高速公路双向各预留一条智慧车道，为未来智慧驾驶、智能公交以及车路协调技术发展创造条件。

五、北京市市政基础设施专项规划

11 月 30 日，市规划自然资源委编制完成《北京市市政基础设施专项规划（2017 年—2035 年）》。规划以市政基础设施体检评估为基础，以目标和问题为导向，从完善基础设施体系、提升设施建设标准、提高运行保障能力、促进城市可持续发展等方面开展研究；根据城市功能定位，结合资源禀赋，将 2035 年水资源、能源控制目标分解到各区，对各区转型发展提出资源刚性约束；创新完善城市市政专项规划发展目标，构建“1+4+16”的城市市政基础设施专项规划编制体系，涵盖水资源保障、水生态治理、清洁能源供给、再生资源利用、综合管廊建设等全部市政专业领域；强调规划实施，结合各区分区规划编制，加强统筹，使全市市政基础设施专项规划与分区规划相融合。

六、城市副中心控规获批复

12 月 27 日，《北京城市副中心控制性详细规划（街区层面）（2016 年-2035 年）》获中共中央、国务院批复。城市副中心控规于 2016 年开始编制。2018 年 7 月 23 日至 7 月 24 日，中共北京市委召开十二届五次全会，一致同意将《北京城市副中心控制性详细规划（街区层面）（2016 年—2035 年）（送审稿）》上报党中央、国务院审定。2018 年 10 月 29 日，习近平总书记主持召开中央政治局常委会会议，审议北京城市副中心控制性详细规划并发表重要讲话。按照习近平总书记重要讲话精神，北京市对城市副中心控规进行修改完善，经市政府常务会和市委常委会审议通过，正式上报党中央、国务院审批。

七、分区规划编制

1 月，市规划国土委会同各区政府及北京经济技术开发区管委会，组织开展分区规划编制，成立各区专班，搭建组织框架；2 月，明确技术编制单位，制定工作方案；3 月至 5 月，统一技术标准，下发各类基础数据，各区组织开展专题研究；6 月，各区分区规划形成初步成果；7 月，完成第一轮技术初审，形成初审意见；9 月，形成技术标准和成果规范；10 月至 11 月，征求市、区两级相关部门意见；11 月至 12 月，审查各区分区规划核心指标，召开市级部门联审会。截止年底，全市 13 个区（除东城区、西城区、通州区）分区规划和亦庄新城规划成果报审稿提请市政府审议。

八、首都功能核心区控规编制

7 月，市规划国土委会同东城区、西城区政府启动首都功能核心区控制性详细规划编制工作。建立工作平台；开展基础数据搜集、整理，街区、社区调研；开展首都保障、城市设计、文化传承、交通市政等专题研究。

九、北京物流专项规划

11 月，市规划自然资源委编制完成《北京物流专项规划》。规划结合北京经济、交通条件和物流发展规律，从物流现状、国际经验、功能定位、总体规模、空间布局、政策保障六个方面，明确北京物流功能定位和发展目标；重点关注消费领域的服务型物流，对消费领域物流设施的分布、规模及物流组织模式和业态类型进行梳理总结；预测北京物流未来需求规模、需求特征，提出“圈层式、网络化、多层级、多类型”物流节点空间组织体系和“3+1”城市物流节点网络，对 3 大层级、7 种类型的公共物流设施进行空间布局，对末端物流设施提出配建标准；明确公共物流设施的基础设施性质和末端物流设施的公共服务设施性质，从土地供应、货运组织与交通通行、共同配送、最后一公里配送等方面提出保障政策。

十、市级专项规划编制

年内，市规划自然资源委会同住房城乡建设、教育、园林绿化、民政等部门，组织编制“四个中心”、城市设计、住房、交通、公共服务设施、市政基础设施、地下空间、绿色空间等36项市级专项规划。发挥总体规划实施工作专班组织协调作用，定期召开市级推进会，提出工作要求，协调解决问题，开展技术辅导。会同相关委办局提出专项规划对分区规划编制的技术要求，实现专项规划和分区规划衔接。城市设计导则、市政基础设施专项规划等多项规划形成初步成果。

十一、城市副中心规划设计导则（规划管理版）

年内，市规划自然资源委编制完成《北京城市副中心规划设计导则（规划管理版）》。该导则在2017年市规划国土委会同通州区政府开展的城市色彩、第五立面、滨水空间、街道空间等23个规划设计导则编制基础上，对23个规划设计导则进行归类统筹提炼，强化规划设计导则对规划管理工作的支撑作用，满足建筑设计方案和滨水、绿地等公共空间审查需要；导则将城市副中心划分为建筑空间、滨水空间、街道空间、绿色空间、地下空间5类空间，明确各类空间城市设计要求；每类空间又进一步划出空间细分单元，提炼设计要素和管控策略，形成设计条款，提出“分区索引”策略；设定特定地区，为特定地区建设指引预留接口。

十二、北京大兴国际机场临空经济区总体规划

年内，市规划自然资源委会同河北省发展改革委、住房城乡建设厅等部门，共同组织完成《北京大兴国际机场临空经济区总体规划（2017—2035年）》编制。配合市发展改革委联合河北省发展改革委，将规划成果上报国家发展改革委审查。

十三、北京市乡镇域空间规划编制导则

年内，市规划自然资源委编制完成《北京市乡镇域空间规划编制导则（试行）》。导则明确生态优先、自然资源全域管控、以人民为中心、城乡统筹、减量提质、文化传承等原则；着眼国土空间规划体系构建，构建山水林田湖草“生命共同体”，明确生态底线；按照全资源、全要素、全空间管控要求，提出乡镇域空间规划的框架与内容，在加强非建设用地资源管控、推动城乡建设用地减量、实现乡村振兴等方面进行探索；从多规协同等方面对乡镇域空间规划编制的主要内容和技术标准进行探索；形成操作性强、刚性与弹性相结合的“一张蓝图”、一本规划。

十四、北京市村庄布局规划

年内，市规划自然资源委编制完成《北京市村庄布局规划（2017年—2035年）》。规划对全市村庄布局进行优化调整，提出分区分类引导对策，为村庄发展提供依据。规划内容分别纳入《北京市乡村振兴战略规划（2018年—2022年）》《分区规划编制技术要求》《北京市区级乡村规划编制指导意见》。

十五、美丽乡村创建

年内，市规划自然资源委完成1081个美丽

乡村（含71个试点村）创建，其中，完成956个村（含71个试点村）的村庄规划编制，其余村庄正在开展村庄规划编制。

十六、雁栖湖国际会都功能提升规划

年内，市规划自然资源委编制完成《雁栖湖国际会都功能提升规划》。规划围绕“服务国家顶层国际交往、可举办全流程主场外交活动的核心承载区”定位、明确标准、全流程服务、兼顾日常运营四个核心，将环湖餐饮设施分级分类，规划环湖游线，形成12公里的环湖开放步道空间，使会都区域达到5A级旅游景区标准。

十七、怀柔科学城总体城市设计方案

年内，市规划自然资源委会同有关部门和怀柔区、密云区政府，面向全球开展怀柔科学城总体城市设计方案征集。4月，组织专家评审，从8个应征方案中选出2个优胜方案。5月至8月，由市规划院作为技术牵头单位，编制完成《怀柔科学城总体城市设计方案》。该方案由区域禀赋、目标定位、规划策略、功能布局、智慧网络、致美生境6部分组成，汇聚吸纳8个应征方案中9个方面的优秀设计理念，提出“一芯聚核、怀密联动，一带润城、林田交融”的总体空间结构和各分区要点，明确公共服务、交通支撑、基础设施等方面的规划框架和总体要求。

十八、长安街及其延长线环境提升规划

年内，市规划自然资源委编制完成《长安街及其延长线环境提升规划》。规划在总结长安街历次规划基础上，重新确立长安街及其延长线作为北京东西轴线的起止，形成一条融山入水、连系两河、虚实有序、以道路为载体的轴线，与中轴线及其延长线这条南北轴线共同统领城市空间格局；确定轴线节点，以天安门为核心节点，以定都峰公园、潮白河公园为起止节点，其他分三级18处重要节点；明确政治性、人民性、文化性的总体特征，从用地功能、整体风貌、重要节点、绿带公园、道路交通、停车整治、安全保障等方面提出规划策略。

十九、新首钢地区规划

年内，市规划自然资源委组织市规划院、首钢集团等单位对新首钢地区进行研究，编制《打造城市复兴新地标——新首钢地区规划》。规划围绕首都四个中心的战略定位，与北京城市副中心相呼应，落实“传统工业绿色转型升级示范区、京西高端产业创新高地、后工业文化体育创意基地”定位，旨在打造首都城市复兴新地标。

二十、三山五园地区整体保护规划初步框架

年内，市规划自然资源委会同海淀区政府组织开展三山五园地区整体保护规划编制，形成初步框架。规划编制以城市总体规划对三山五园地区的定位为依据，确定其保障核心政治中心职能、突出文化中心职能、承载国际交往中心职能、服务科技创新中心职能等规划策略，打造传统文化与现代文明交相辉映、生态环境与国家形象相得益彰、集中体现首都核心功能的重要地区。

二十一、南中轴地区概念规划研究及详规设计方案征集

年内，市规划自然资源委会同丰台区政府、东城区政府组织开展“北京市南中轴地区概念性规划研究及永外-大红门-南苑森林湿地公园详细规划设计方案征集”。方案征集吸引国内外26家设计团队参加，经资格预审，遴选出中国城市规划设计研究院联合体等5家优秀设计单位

为应征单位；又经以何镜堂院士为组长，13 名建筑、规划等领域专家组成的方案评审团队评审，从 5 家应征单位方案中选出 3 家优胜方案。

二十二、北京老城整体保护规划

年内，市规划自然资源委编制完成《北京老城整体保护规划》。规划通过多种形式，挖掘和拓展老城核心价值；构建老城、历史文化街区、传统胡同和历史特色街巷、历史建筑整体保护体系；围绕老城保护主要问题，探索老城保护规划实施路径。

二十三、海绵城市专项规划

年内，市规划自然资源委编制完成《北京市海绵城市专项规划（修订版）》，构建市区两级海绵城市规划体系，完善海绵城市系统规划内容，制定海绵城市建设目标及指标体系，提出规划管控流程和改进 20% 达标面积划定方法等，构建内涝风险评估及水环境评估模型来量化分析不同规划措施效果。制定《北京市分区海绵城市专项规划编制技术要求》，增加各区海绵城市规划建设指引，组织各区海绵城市规划编制。开展《海绵城市规划编制与评估标准》《建成区海绵城市建设设计标准》编制。

二十四、环卫设施及再生资源规划

年内，市规划自然资源委会同市发展改革委、市城市管理委、市环保局、市财政局编制完成《北京市固体废物处置重大项目建设计划（2018—2025 年）》，经市政府审议通过；会同市城市管理委组织开展《北京市再生资源分拣设施布局规划研究》，明确相关设施布局规划，并纳入分区规划和市政专项规划。

二十五、温榆河公园概念性规划方案综合成果

年内，市规划自然资源委会同市水务局编制完成温榆河公园概念性规划方案综合成果。该成果综合考虑公园建设与城市生态体系的关系，统筹山水林田湖草生命共同体进行低扰动修复，整体提高规划范围内蓝绿空间比例，体现生态、创新、融合、共享的发展理念。

第三节　规划管理与城市景观

一、中心城区和新城控规维护管理

11 月 7 日，市规划国土委颁布实施《中心城区和新城控规维护管理有关意见（试行）》。该意见明确规划实施主体、控规维护单元要求、控规维护应遵循的 9 条原则、申请控规调整应提交的材料等内容，自公布之日起试行，试行期 1 年。

二、2017 年度北京城市体检

11 月 28 日，市委常委会审议通过《2017 年度北京城市体检报告》。此次城市体检，是住房城乡建设部和北京市共同主持的首次城市体检。市规划自然资源委率先从制度上明确城市体检规程，形成《北京城市体检评估办法》《北京城市体检评估工作方案》等规范性文件，建立体检工作组织、数据信息获取、技术工作协作以及体检成果形成、输出、应用六方面机制；采用多种技术方法，形成“1+5+9”的成果体系，包括一个体检总报告，“一张图”“一张表”“一清单”“一调查”“一平台”共“五个一”的成

果附件，以及九个专题研究报告。

三、核心区责任规划师制度建设

12月12日，市规划自然资源委印发《关于推进北京市核心区责任规划师工作的指导意见》。该意见明确责任规划师的基本概念、任职条件、主要职责、聘用与评估、责任与权利、工作要求等，推进核心区规划设计和精细化治理。

四、控规编制和实施中增设街坊路规定

12月21日，市规划自然资源委印发《关于在控规编制和实施中增设街坊路的相关规定》。该规定按照“小街区、密路网”理念，针对街坊路的设置要求和标准、设计类型、实施主体及管理模式等提出具体指引，明确路权优先序、无障碍设计、人行道设计等12条要求。北京市历史文化街区、名镇、名村等区域内可不执行本规定。

五、推进城市总体规划实施

年内，市规划自然资源委成立总体规划实施工作专班，研究制定《总体规划实施工作专班工作制度》，制定专班各组任务分解表和各阶段工作重点，将工作细化为119项具体任务，明确每项任务的成果形式、时间节点、责任人。建立专班内部督查体系，制定《总体规划实施督查工作台账》；与市委督查室、市政府督查室、市政府绩效办协调沟通，开展市级总规实施党政联合督查。

六、传统村落保护发展规划审查

年内，市规划自然资源委组织开展传统村落保护发展规划审查，核发昌平区流村镇长峪城村、密云区古北口镇古北口村、门头沟区大台街道千军台村、门头沟区斋堂镇马栏村、门头沟区斋堂镇灵水村5个传统村落保护发展规划审查意见。

七、集体建设用地减量集约集中利用

年内，市规划自然资源委印发《完善集体建设用地减量和集约集中利用政策机制研究工作方案》，结合各区“分区规划”“城乡建设用地减量规划”编制，形成《完善集体建设用地减量和集约节约利用有关意见（草案）》。印发《分区规划中关于确定各区集体建设用地减量任务的相关技术说明》，明确乡镇域规划编制中集体建设用地减量任务。

八、乡镇统筹利用集体产业用地试点

年内，市规划自然资源委、市农委共同牵头，组织朝阳区金盏乡、丰台区长辛店镇、门头沟区王平镇、房山区青龙湖镇、通州区台湖镇、顺义区高丽营镇、昌平区北七家镇、平谷区大兴庄镇、密云区穆家峪镇、怀柔区渤海镇、延庆区大榆树镇11个乡镇，借鉴大兴区西红门镇集体产业用地“拆五还一”经验，开展乡镇统筹利用集体产业用地试点。9月，完成各试点乡镇域范围内规划账、历史账、时间账“三本账”梳理。

九、绿隔地区规划管理

年内，市规划自然资源委配合市城乡办，编制北京市城乡结合部地区规划管理联动工作流程，研究制定《推广〈关于朝阳区王四营乡一绿建设的调研报告〉成果的工作方案》。会同市城乡办、朝阳区政府等，成立“一绿”地区安置房规划设计水平提升工作专班，对“一绿”地区绿色产业用地资金使用、绿地开放程度等进行实地调研，深化细化朝阳区、丰台区、大兴区等绿隔项目规划方案。召开“二绿”地区减量任务分解专题会，明确各区减量任务中规模及绿色开敞空间比例，作为各区编制分区规

划、乡镇域规划依据。开展“二绿”地区规划编制要点和实施管理办法研究，将“二绿”管控要求转化为控规编制指导意见，指导各区开展规划编制与实施。

十、集体土地租赁住房规划管理

年内，市规划自然资源委提出《统筹推进全市集体租赁住房规划工作方案》，统筹布局，完善规划建设相关标准。建立以《集体租赁住房用地规划布局指导意见（2018 年—2021 年）》《集体租赁住房规划工作规范汇编》《集体租赁住房规划编制工作要点》和集体租赁住房用地规划管理平台（简称“一图一规一册一平台”）为支撑的集体土地租赁住房规划工作体系，提出选址与规划优化调整方案同步编制，规划方案市区同步联审，规划方案上报与公示工作同步进行，交通影响评价、水环境影响评价等审查工作同步开展的“四同步”优化规划编制审查机制。完成 36 项集体土地租赁住房用地规划优化调整方案联审，总用地面积约 275 公顷。其中 17 个项目获市政府批准，其余 19 个项目的规划优化方案报请市政府待批。

十一、乡村责任规划师制度建设

年内，市规划自然资源委印发《北京市乡村责任规划师制度工作方案》《关于推进北京市乡村责任规划师工作的指导意见》，指导各区试点推行乡村责任规划师制度。印发《关于推动规划师驻村编规划建立相关工作台账意见》，建立规划师驻村编规划过程管理工作台账机制。探索建立台账管理信息化平台，研制《驻村编规划工作台账》APP 管理系统，加强村庄规划编制过程管理。5 月，发布《关于征集规划师、建筑师、设计师下乡参与美丽乡村建设的倡议书》，向社会征集乡村规划建设工作团队和个人，收到 161 家单位的 213 个团队和 11 名个人报名，报名人数总计 1231 人。

十二、历史文化街区划定和历史建筑确定

年内，市规划自然资源委组织开展历史文化街区划定和历史建筑确定。重新梳理核心区内已公布的历史文化街区、风貌协调区、待定级成片平房区及零散平房区；进一步明确已公布历史文化街区的保护范围；在现存风貌协调区、其他成片传统平房区及历史地段中，筛选具有整体保护价值的区域，列入历史文化街区新增名单及保护范围。11 月 28 日，将 6 处风貌协调区和 2 处历史文化街区扩片区提请专家会审议，截至年底，正在按专家意见修改完善。通过现场普查和田野调查，在全市范围内对历史建筑潜在对象进行摸底调查，对符合标准的建筑分批次进行论证、报审和公布，分别于 10 月 12 日和 12 月 7 日组织专家对第一批和第二批建筑进行技术评审，两批历史建筑共 133 处、485 栋（座）。

十三、重点地区专项整治

年内，市规划自然资源委作为综合协调推进组牵头部门，围绕中央政务区安全保障、中央政务区城市设计、重点地区环境提升、核心区人居环境改善、旅游和交通秩序优化、文物腾退和文化传承等，协调、督促、推进重点地区专项整治。截至年底，已完成全部 79 项任务中的 44 项。

十四、政府投资项目审批制度改革

年内，市规划自然资源委组织开展政府投资项目审批制度改革。将政府投资建设项目划分为项目储备、项目策划生成、项目审批三个阶段，通过“多规合一”协同平台提前研究，实现项目研究与审批分离。通过“多规合一”协同平台将各类专项规划进行整合，与城乡规

划、土地利用规划、国民经济发展规划相衔接，统筹协调项目空间内容，项目“落地”后纳入近期建设规划，形成市级建设项目规划储备库。与市发展改革委联合印发《北京市政府投资工程建设项目审批制度改革试点工作方案》《关于北京市政府投资工程建设项目“多规合一”协同平台运行规则（试行）》，扩展“多规合一”协同平台服务范围。

十五、综合管廊规划建设

年内，市规划自然资源委开展北京市综合管廊规划实施评估，梳理北京市综合管廊整体实施运行情况，综合评估在规划编制、建设实施、体制机制等方面内容及指标；编制完成《北京市综合管廊规划设计导则》，指导相关规划编制及建设项目设计，统筹和规范综合管廊规划设计。继续开展各区分区规划、大兴国际机场临空经济区、新首钢高端产业综合服务区、怀柔科学城、广渠路东延等项目的综合管廊工程规划编制。完成城市副中心行政办公区综合管廊（二期）工程、2022 年冬奥会延庆赛区综合管廊工程、永引南路综合管廊等约 23 公里综合管廊设计方案审查，初步完成轨道交通 M3、M17、M12、M27 号线综合管廊等综合管廊方案研究。

十六、城市副中心绿色市政基础设施规划建设

年内，市规划自然资源委编制完成《副中心基础设施专项规划》《通州区河道蓝线规划》《副中心综合管廊专项规划》等专项规划。组织推进“通州堰”分洪体系、温潮减河工程、减河北综合资源利用中心、河东再生水厂工程、北运河综合治理工程、城市副中心行政办公区综合管廊二期、城市副中心人民大学东校区周边外部市政工程、环球影城综合管廊监控中心、地铁 7 号线（万盛南街段）综合管廊监控中心等方案研究及项目审批。

十七、大兴国际机场市政配套设施规划建设

年内，市规划自然资源委推进北京大兴国际机场外部市政配套设施规划建设，核发新航城东区、西区再生水厂设计方案审查意见函及选址意见书；组织审查永兴河北路、大礼路、青礼路市政工程设计综合，核发永兴河北路综合管廊及雨、污水规划条件。经市政府同意，批复《北京新机场滞洪湿地工程选址规划》。

十八、架空线入地

年内，市规划自然资源委推进架空线入地，确定 2018 年架空线入地任务 506 条约 436 公里，涉及电力、路灯、电车、通信架空线入地工程等。牵头制定《架空线入地技术方案审查流程》，按照“并联审批、高效服务”原则，通过联审平台集体决策架空线入地项目，限时办理申请事项。结合核心区道路狭窄特点及架空线入地需求，选取夕照寺街、广渠门南滨河路及朝阳区安苑路为试点工程，将电力、照明、通信架空线入地管线整合安排路由，开展小型缆线廊方案可行性研究。完成 2018 年全部架空线入地工程方案审查。

十九、清洁能源方案审查与选线选址

年内，市规划自然资源委完成 50 余项“煤改清洁能源”配套燃气工程设计方案审查并出具审查意见。专题研究燃煤锅炉改造，推进平谷兴谷、滨河等供热中心燃煤锅炉清洁能源改造。完成密云—马坊联络线、陕京四线及马坊—香河支干线（北京段）选线及马坊分输站选址。

二十、供水工程建设

年内，市规划自然资源委推进南水北调大

兴支线、河西支线、东干渠（含亦庄调节池二期）、团九二期等输水干线工程和石景山水厂、亦庄水厂、丰台河西第三水厂等市内配套工程建设，会同相关部门开展东线进京前期研究。组织自来水集团，对自备井置换和老旧小区供水管网改造项目进行分级分类，优化方案，通过“多规合一”协同平台研究并打包审批。

二十一、污水处理和再生水利用设施建设

年内，市规划自然资源委组织开展高安屯再生水厂二期、东坝再生水厂、五里坨再生水厂、垡头再生水厂升级改造等工程设计方案研究，组织开展中心城污水处理厂规模和布局、首都核心区老城合流制排水系统改造研究，推进龙潭西湖调蓄工程设计方案研究。会同市水务局组织各区规划国土分局、区水务局开展农村污水收集处理和再生水利用设施规划选址研究，推进农村污水处理站及管网建设。

二十二、永定河生态修复与综合治理

年内，市规划自然资源委协调推进永定河生态修复与综合治理，组织编制《永定河流域生态保护禁限建设区域规划》，结合水源涵养和生态修复功能定位，划定流域内生态保护禁限建设区域。

二十三、环卫及再生资源设施建设

年内，市规划自然资源委会同市相关部门，探索在拆除现场设置建筑垃圾就地处置设施方案，提高建筑垃圾资源化处理效率，减少环境整治和违法建设拆除阶段建筑垃圾产生量剧增对周边环境的污染。会同行业主管部门、相关建设单位、设计单位，对鲁家山焚烧厂二期、高安屯焚烧厂三期、安定循环园区、宝山综合处理厂等近期建设项目，提前研判风险，梳理规划设计依据，查找风险点，做好设施邻避风险应对。

二十四、以“四大四小”为重点的城市副中心项目落地

年内，市规划自然资源委推动以市委、市人大、市政府、市政协，市发展改革委、市财政局、市规划自然资源委、市住房城乡建设委“四大四小”为重点的城市副中心项目落地。成立工作小组，每周与市工程办对接，及时了解项目申报材料和需要解决的问题，完成“四大四小”建设工程规划许可证办理；与建设单位、设计单位及相关部门对接，持续跟踪设计方案，完成城市副中心配套设施项目规划手续办理。

二十五、阿里巴巴集团北京总部园区项目多规合一试点

年内，市规划自然资源委根据阿里巴巴集团北京总部园区项目安排，制定全要素、全流程审批时间表，将“多规合一”平台、土地一级开发、征地、出让合同签订、行政许可、施工图审查等嵌入阿里巴巴集团工作计划，完成阿里巴巴集团北京总部园区项目多规合一试点。

二十六、冬奥会场馆设施项目审批

年内，市规划自然资源委完成首钢滑雪大跳台、国家会展中心二期、国家体育馆改扩建、北京冬奥村、国家残疾人冰上运动比赛训练馆等项目“一会三函”设计方案审查意见办理。核发冬奥会延庆赛区A部分国家高山滑雪中心、国家雪车雪橇中心及配套基础设施设计方案审查意见函；办理完成B部分冬奥村、山地新闻中心供地规划条件、土地一级开发验收、地价评审等；召开延庆冬奥村、山地新闻中心设计方案专家评审会并上报市政府；核发B部分冬奥村、山地新闻中心规划意见复函；会同延庆区政府完成北京市第一个“融资(土地)+施工+运营”PPP项目——延庆赛区PPP项目资格预

审和招标。

二十七、怀柔科学城项目审批

年内，市规划自然资源委核发怀柔科学城核心区及周边土地一级开发项目规划条件；推进高能同步辐射光源项目、空间环境地基综合监测网（子午二期工程）、多模态跨尺度生物医学成像设施工程等国家重大科技基础设施项目建设，办理相关规划用地许可手续，协调自然资源部核发用地预审文件。

二十八、回龙观天通苑地区公共服务和基础设施项目审批

年内，市规划自然资源委将《优化提升回龙观天通苑地区公共服务和基础设施三年行动计划（2018—2020年）》中的所有工程建设项目纳入区级“多规合一”协同平台，核发积水潭医院回龙观院区等5个项目初审意见，核发三合庄幼儿园、回龙观中西医结合医院住院楼2个项目的建设工程规划许可证，核发回龙观体育文化公园选址意见书；研究出台回龙观、天通苑地区公共服务设施补办不动产登记手续有关政策，并推动项目完善手续；指导设计单位优化完善回龙观体育公园方案。

二十九、新首钢地区规划实施与项目审批

年内，市规划自然资源委研究首钢北区规划实施路径，提出绿化、停车等规划指标在区域范围内统筹核算的总体思路，建立以“多规合一”协同平台工作机制为核心的审批机制。核发首钢滑雪大跳台中心设计方案审查意见函、“多规合一”协同平台综合会商意见函，核发工程规划许可证，做好首钢脱硫车间改造项目、五一剧场、制粉车间改造项目、三高炉改造项目的规划咨询与审批。

三十、香山革命纪念馆规划手续核发

年内，市规划自然资源委核发香山革命纪念馆选址意见书、设计方案审查意见函。该项目是“中共中央北京香山革命纪念地”建设内容之一，位于香山公园东侧的五号停车场，建设用地面积2.45公顷，地上2层，总建筑面积1.8万平方米。

第四节　工程设计与标准

一、北京市步行和自行车交通环境设计建设指导性图集

3月19日，市规划国土委、市交通委、市城市管理委、市住房城乡建设委、市园林绿化局联合发布《北京市步行和自行车交通环境设计建设指导性图集》。该图集主要包括道路网与道路横断面、步行环境、自行车环境、道路绿化四个方面；强调以人为本、绿色发展理念；以保障步行和自行车交通的安全性、便捷性和舒适性为原则；强化道路绿化的生态环境功能和景观营造功能相融合；提倡建设完整林荫道的设计理念，并提出相应设计方法。

二、地质灾害治理工程实施技术规范

4月10日，市规划国土委、市质监局联合发布《地质灾害治理工程实施技术规范》。该规范对地质灾害治理工程涉及的范围，基本规定，工程勘察、工程设计、工程施工等方面实施技术进行了规范。从2018年10月1日起实施。

三、绿色生态示范区规划设计评价标准

6月14日，市规划国土委、市质监局联合发布《绿色生态示范区规划设计评价标准》。该标准从规划设计出发，系统阐释绿色生态示范区的概念和理念，提出规划设计要求和评价方法，从用地布局、生态环境、绿色交通、绿色建筑与产业化、水资源利用、能源利用、固废资源利用、信息化管理与人文产业九个方面，指导全市各类绿色生态区规划设计、评价及审查工作，引导规划设计阶段的多领域、多专业协作。从2019年1月1日起实施。

四、北京市无障碍系统化设计导则

8月30日，市规划国土委发布《北京市无障碍系统化设计导则》。该导则对城市公共空间、各类建筑场地以及两者之间无障碍设施的系统性和连续性提出设计要求，推动无障碍设施由“点”到“线和面”全面提升；不仅关注老年人、残疾人，也关注妇女、儿童以及有无障碍需求的所有人群，突出了无障碍设施的成网连接、系统、通用以及交通换乘接驳的顺畅性、与胡同风貌的协调性等理念。

五、母婴室设计指导性图集

9月18日，市规划国土委发布《母婴室设计指导性图集》。该图集归纳总结了母婴室的类型，提出设置位置建议、面积标准、平面布置原则、室内环境等细节要求；结合实例，为使用者提供母婴室设计思路和方法。

六、北京城市副中心基础设施设计技术要点

11月13日，市规划自然资源委发布《北京城市副中心基础设施设计技术要点（试行）》。该要点对标城市副中心控规要求，针对城市副中心具体情况，在梳理国标、行标、地标基础上，提出高于一般要求的，具有“绿色出行、生态环保、安全韧性、一体化设计”等特点的市政基础设施设计标准主要条款。其中50%以上的条款为创新条款。

七、北京城市副中心市政基础设施工程勘察测绘技术要点

11月13日，市规划自然资源委发布《北京城市副中心市政基础设施工程勘察测绘技术要点（试行）》。该要点梳理相关国标、行标、地标，针对城市副中心的地理条件、地下结构等情况，形成岩土勘察和工程测绘两部分内容，岩土勘察重点突出“技术先进、环保节能、绿色生态、安全高效”四项要求，工程测绘重点突出“精准、可靠、全面”三项特点。

八、延庆综合交通服务中心（换乘中心）设计方案获批

11月16日，市规划自然资源委核发延庆综合交通服务中心（换乘中心）设计方案批复。该方案结合交通公共建筑特性，采取高山流水造型，将延庆的自然山水和中国山水画相融合，勾勒一笔建筑天际线，似山川，似流水，白色的流线型金属网架屋面如云如水，又似滑雪道，与冬奥会延庆赛项高山滑雪相呼应，展现了冬奥时代风貌及延庆人文地域特色。

九、西苑枢纽规划优化方案获批

12月16日，市政府批准西苑枢纽规划优化方案。该枢纽于2009年建成投入使用，是集轨道、公交、出租车、自行车等多种方式于一体的综合枢纽，主要承担颐和园、圆明园旅游客流，市区与海淀及昌平西北地区日常通勤客流的交通换乘及服务功能，地铁M4、M16号线已进驻。此次优化结合“三山五园”地区规划建设要求，考虑枢纽实际使用管理需求，保留现

状临时应急抢险指挥中心，封闭候车站台，拆除现状公交加油加气CNG站，改建为公交充电站，保留LNG撬装站，新建枢纽、公交业务及配套用房。

十、建筑物通信基站基础设施设计规范

12月17日，市规划自然资源委、市市场监督管理局联合发布《建筑物通信基站基础设施设计规范》。该规范与国标、行标、地标相衔接，梳理本行业多年工程实践成果，对移动通信机房面积、机房预留用电负荷等提出新的指标要求，进一步对民用建筑移动通信基站基础设施设计进行规范。从2019年7月1日起实施。

十一、绿色雪上运动场馆评价标准

12月20日，市规划自然资源委、市市场监督管理局联合发布《绿色雪上运动场馆评价标准》。该标准是第一个京津冀区域协同地方标准，按照京津冀三地互认共享原则，由三地相关行政主管部门分别组织实施。该标准主要用于北京2022年冬奥会和冬残奥会雪上运动场馆评价，也能满足其他雪上运动场馆绿色评价需要。从2019年1月1日起实施。

十二、北京市轨道交通地下结构抗震设计指南

12月20日，市规划自然资源委发布《北京市轨道交通地下结构抗震设计指南》。该指南提出北京市轨道交通地下结构抗震概念设计和设计要求、抗震计算方法及参数、抗震截面验算及构造，给出具体案例和说明。

十三、城市道路空间规划设计规范评估

8月，市标办开展《城市道路空间规划设计规范》专项评估，抽选全市20条道路工程（主要为主、次干路）、22项道路疏堵工程开展道路设计施工图专项审查。评估发现，《规范》中关于道路交叉口范围非机动车道宽度、树池紧贴路缘石设置、行道树在人行道连续种植、人行过街安全岛、盲道与井盖的关系、道路交叉口涉及内容及道路隔离形式等要求的执行情况有待提升。评估认为，《规范》统筹规范了城市道路空间各项规划设计，在路权划分以及道路空间布局上给出了约束和要求，具有可操作性。

十四、京津冀协调发展交通重点领域

年内，市规划自然资源委推进首都地区环线高速、承平高速、109新线高速等对外高速路前期工作，开展团河路、国道230、国道104、国道105、魏永路、108三期、黄松峪旅游联络线、怀长路等一批普通公路改造提级，提高公路网供给水平。

十五、重点专项工程项目

年内，市规划自然资源委研究北清路、安立路等北部地区骨干道路，开展回龙观公交首末站、回龙观公交中心站设计方案研究。将北京市各重点专项工作明确的工程项目纳入“多规合一”市政交通基础设施项目储备库，对340个储备项目开展空间分析。

十六、综合交通枢纽

年内，市规划自然资源委推进京张客专清河站、京沈客专星火站、丰台火车站综合交通枢纽，牵头研究重点枢纽周边道路和交通场站设施方案，推动相关项目前期工作。

十七、新机场、冬奥会、世园会等重大项目外部综合交通

年内，市规划自然资源委保障新机场、冬奥会、世园会等重大项目外部综合交通支撑，配合开展大礼路、青礼路旧线、永兴河北路等

新机场周边配套道路前期规划论证，组织开展延农路、百康路、蔡家河截留停车场等世园会围栏区周边配套交通项目前期规划论证，核发延庆综合交通服务中心（换乘中心）设计方案批复，推进2022年冬奥会重点交通服务配套设施建设。

十八、京津冀铁路线路规划建设及重点车站规划研究

年内，市规划自然资源委推进高铁、城际铁路、区域快线（含市郊铁路）规划建设。组织完成《北京市现状大型铁路客运枢纽站交通评估》研究。京张高铁、京沈客专、京雄城际、京唐城际、城际联络线稳定初步设计，均开工建设；京张高铁稳定站后四电方案；城市副中心线东延支线、怀密线等市郊铁路稳定规划方案；丰台站、星火站、清河站、北京城市副中心站等综合交通枢纽方案基本稳定，其中丰台站、星火站、清河站开工建设；北京城市副中心站、黄村站等车站一体化总体设计方案，京港台高铁京雄段规划方案，亦庄客货两用市郊铁路规划方案稳步推进。

十九、轨道交通二期建设规划调整及三期建设规划优化

年内，市规划自然资源委推进全市轨道交通二期建设规划调整及三期建设规划编制优化并开展专题研究，轨道交通二期建设规划调整及近期重点轨道交通工程方案上报市政府并获通过。结合新一轮轨道建设，改变长线路一通到底的传统思维，按不同区域、流量分段规划建设，使地铁、城际铁路、区域快线（含市郊铁路）等有机、灵活衔接。

二十、轨道交通线路及重点功能区交通规划研究

年内，市规划自然资源委开展M11号冬奥支线、R4线、三城联络线、新机场线延伸到丽泽金融商务区、中关村及北部地区线网规划方案优化、M28号线及M13线拆分等研究，为2022年冬奥会冬残奥会、首都机场地区、串联三城一区、北京大兴国际机场、中关村、丽泽、CBD等重点功能区发展建设提供基础性保障。

二十一、轨道交通场站与周边用地一体化研究及若干方案获批

年内，市规划自然资源委针对轨道交通站点和周边用地一体化开发利用的政策措施和程序进行研究，印发《关于加强轨道交通场站与周边用地一体化规划建设的意见》；组织完成《轨道交通与沿线用地衔接规划（三期）》《轨道交通一体化规划设计方案编制标准编制研究》；新宫、张家湾、歇甲村、榆树庄、东小营、磁各庄等车辆基地综合利用方案获批。

第五节　勘察、设计、测绘管理

一、第一次地理国情普查公报

2月9日，市规划国土委、市统计局、市第一次地理国情普查领导小组办公室联合发布北京市第一次地理国情普查公报。普查公报明确各类普查内容的类型、位置、范围、面积等，对各大类进行细分，分区域进行统计。这次普查以2015年6月30日为标准时点，1000余名

普查人员历时3年，对全市1.64万平方公里范围内的地表自然和人文地理要素以及重要地理国情要素进行普查，形成全覆盖、无缝隙、高精度的地理国情数据，建成数据量达5TB的数据库，首次摸清北京市地理国情“家底”。普查成果应用于北京城市总体规划及城市副中心相关规划编制、首都新机场及冬奥会冬残奥会规划建设、疏解整治促提升专项行动、城市应急保障等重点工作。

二、施工图多审合一改革

3月16日，市规划国土委、市公安局消防局、市民防局、市住房城乡建设委联合印发《关于全面推行施工图多审合一改革的实施意见》。该意见明确施工图审查、消防审查和人防审查时限由法定的45个工作日压缩到15个工作日；推行“法人承诺制”，审查合格书不再作为施工许可证的前置要件。

三、勘察钻探质量监管

3月27日，市勘设测管办印发《关于全面开展工程勘察质量管理信息化试点工作的补充通知》，明确自2018年4月1日起，全市新开工的勘察钻探项目均应采用钻探信息化采集软件完成勘察外业数据采集和上传；明确北京市工程勘察质量监管平台企业接入准则与程序，各企业自主开发的钻探信息采集软件应按接入准则与程序接入市工程勘察质量监管平台。北京成为全国首批实现勘察外业数据采集和监管信息化的试点地区。

四、建设工程勘察设计招投标改革

4月16日，市规划国土委印发《关于深化建设工程勘察设计招标投标改革的意见》。该意见明确对于社会投资的房屋建筑工程项目，不再强制要求进行勘察、设计招投标；办理建设工程规划许可时，不再要求建设单位出具勘察设计招标投标备案文件；2018年4月1日起，对于新开展招标工作的，不再收取建设工程勘察设计招投标交易服务费。

五、非涉密测绘地理信息成果提供使用管理办法

9月18日，市规划国土委印发《北京市规划和国土资源管理委员会非涉密测绘地理信息成果提供使用管理办法》，加强非涉密测绘地理信息成果集约化管理，推动非涉密测绘地理信息成果社会化应用。

六、建设项目联合测绘改革

10月12日，市规划国土委、市住房城乡建设委联合发布《关于建设项目联合测绘改革的有关意见》，在建设项目规划监督测量、房产测绘等测绘服务中推进联合测绘改革，培育联合测绘服务市场，强化联合测绘事中事后监管。

七、地理国情常态化监测

年内，市规划自然资源委开展2018年度地理国情常态化监测，完成基础及专题资料收集整理、遥感影像处理，完成全市16个区的基础性地理国情监测内业变化发现及信息提取、外业调查核查和成果整理及检查，形成DOM、地表覆盖分类、地理国情要素、元数据、遥感解译样本五大类成果，经国家测绘产品质量检验测试中心检验，优良率100%。开展多项专题分析，形成房屋建筑、总规指标评估、山水林田湖草、生态环境、交通、城市空间格局变化、地面沉降等多项专题分析报告。配合中国测绘科学研究院持续开展京津冀协同发展重要地理国情监测和城市地理国情监测2项国家级专题性监测任务。监测成果在控规及分区规划编制、北京市新一轮百万亩造林规划、地表沉降专项监测、违法建筑治理、生态保护红线划定、生态用地督查、城市副中心重大项目督查、核心

区室外公共空间无障碍设施调研、城六区逾期临建调研中得到应用。

八、地理信息类事项行政审批改革

年内，市勘设测管办推动测绘成果汇交、永久性测量标志拆迁审批、地图审核、涉密基础测绘成果审批等行政审批服务事项网上申报系统建设，实现所有地理信息类行政服务审批事项都可在线申报和办理。整合办理流程和申请材料相近的行政审批服务事项，将地图审核由2项合并为1项、涉密基础测绘成果审批由2项合并为1项，在市规划自然资源委官网及首都之窗对办理指南进行更新调整，明确受理条件和办理标准。将地图审核申请材料由11项精简为5项，做好测绘成果使用申请单位服务，审批提供涉密测绘成果481项，办理测绘作业证1252件，受理审核40件公开出版、展示地图。

九、绿色建筑施工图审查

年内，市规划自然资源委在政府投资和大型公建项目中全面推行二星级绿色建筑，完成620个项目约4000万平方米绿色建筑施工图审查。

十、绿色生态示范区评选

年内，市规划自然资源委开展绿色生态示范区评选，北京新机场、2019北京世界园艺博览会园区获“北京市绿色生态示范区”称号，北京雁栖湖生态发展示范区定向安置房项目（一期）获“北京市绿色生态试点区”称号。

十一、装配式建筑研究与项目审查

年内，市规划自然资源委完成《适用于北京地区的装配式建筑结构体系研究》课题研究，以及117个约1000万平方米装配式建筑项目设计审查。

十二、施工图审查

年内，市规划自然资源委完成房屋建筑类项目施工图审查3615项共计5435万平方米，发现并纠正违反工程建设强制性条文1175条、违反一般规范条文9.5万条；完成工程勘察类项目施工图审查977项，发现并纠正违反强制性条文169条、违反一般性规范问题4520条；完成市政基础设施工程类项目施工图审查597项，发现并纠正违反强制性条文180条、违反一般性规范问题2186条。

十三、京津冀协同发展综合地图集

年内，市测绘院牵头编制完成《京津冀协同发展综合地图集》。该图集作为国内首个区域性地图集的尝试，打破京津冀三地行政边界，系统反映京津冀区域的历史文化、城乡规划、经济社会等综合信息，展现京津冀动态演进过程。

十四、地下管线普查

年内，市测绘院完成城六区地下管线普查信息化和数据资源建设项目验收，以及地下管线图集和挂图验收；完成新城区域数据维护节点布设，以及新城区域约4万公里普查数据入库、精细三维建模和2016—2018年地下管线竣工核查项目入库。

十五、基础测绘

年内，市测绘院按照“05-1-1-4”更新周期，开展基本比例尺地形图测绘，完成沉降区一、二等水准网复测，中心城区一级加密控制测量平面高程复测；完成四环范围内1：500地形图第一轮、第二轮更新和入库8450幅；完成六环范围内1：2000地形图更新和入库3376幅、六环外平原地区1：2000地形图要素更新4986幅、全市域1：10000地形图更新888幅；完成平原地区 1∶10000 地形图入库 364 幅。免费向社会提供使用。

十六、新型基础测绘

年内，市测绘院完成北京城市副中心 1∶2000 比例尺地形图 838 幅测绘；研究 World View-3 高分辨率卫星遥感数据快速更新 1∶2000 比例尺地形图工艺，完成 140 幅地形图试生产。

十七、专业测绘

年内，市测绘院为北京城市副中心建设提供规划用地测绘、规划监督测绘。为大兴国际机场建设和临空经济区提供控制测量、规划测量等测绘。完成大兴国际机场跑道周边 8000 余平方公里区域的净空障碍物普查。

第六节　地名变更和地名规划

一、无名道路整治

6 月 30 日，全市整治无名道路专项工作结束。该项工作于 2017 年 8 月启动，在对 1958 条无名路梳理后，最终确认 1006 条无名路需要命名。命名分三批进行，第一批 286 条，第二批 445 条，第三批 275 条，经过查阅历史资料、现场踏勘、提出命名预案、征求属地和相关部门意见、网上公示、专家论证、再次征求属地意见、形成命名意见、审定等多个步骤，1006 条无名路全部完成命名。

二、第二次全国地名普查

10 月 29 日，北京市第二次全国地名普查成果通过国务院地普办全面审核和入库验收。

三、地名规划

年内，《门头沟区潭柘寺镇中心区地名规划》《北京市通州区运河商务区地名规划（2016—2035）》获批。

四、地名审批

年内，全市命名地名 972 个，其中道路名称 884 个、轨道交通车站名称 15 个、桥梁及隧道名称 73 个（具体见附录二附表 1）。

五、第二次全国地名普查成果转化

年内，市测绘院推进北京市第二次全国地名普查信息化建设项目非涉密部分的研发，开展北京市第二次全国地名普查成果转化地名图、地名录工作。

第四章

土地供应与市场

第一节　2018 年北京市土地管理综述

深化土地供给侧结构性改革。制定实施北京市 2018 年建设用地供应计划，保障性安居工程用地及集体土地建设租赁住房用地超额完成任务。出台北京市土地资源整理暂行办法。开展土地资源承载力评价研究，完成全市“十三五”时期土地资源整合利用规划中期评估。推进闲置土地盘活利用，开展出让土地利用动态巡查。加强耕地保护，落实耕地占补平衡，指导相关区实施城乡建设用地增减挂钩项目，落实跨省域增减挂钩调剂指标使用。

稳步推进农村土地制度改革。统筹推进农村集体经营性建设用地入市、土地征收制度、宅基地制度三项改革试点，形成 60 余项制度性成果。首次向市人大常委会报告国有自然资源资产情况。北京市第三次国土调查、农垦国有土地使用权确权登记发证有序进展。完成国有建设用地使用权转让、出租、抵押二级市场国家试点。房山分局印发实施房山区国有土地二级市场暂行管理办法，成立房山区国有土地二级市场交易服务中心。

推动绿色发展。制定实施《北京市矿产资源总体规划（2016—2020 年）》。全面开展地质调查，完成年度地面沉降和地下水监测。落实蓝天保卫战 2018 年行动计划，加快推进清洁能源改造。推进绿色矿山建设，完成 8000 余亩废弃矿山生态环境修复治理和 23 万亩造林选址。加强地质遗迹保护和宣传，推进地质（矿山）公园建设。有序开展地质灾害防治，积极推进地质灾害工程治理，合理处置“8・11”房山军红路较大规模山体崩塌灾害。

推动不动产登记“互联网+改革”，建设移动预约系统，推行“一窗办理”，不动产登记办理时限压缩到 5 个工作日以内，丰台区不动产登记典型经验获国务院表彰。建设不动产登记信息基础平台，出台林权类不动产登记工作规范，全年发放不动产权证书 86.1 万本。

第二节　征地管理

一、农村土地制度改革试点

年内，市规划自然资源委指导大兴区开展农村土地制度改革三项试点，探索完善农村宅基地制度、农村土地征收制度，健全农村集体经营性建设用地入市制度。

二、建设项目征地及农转用初审

年内，市规划自然资源委多次组织召开用地单位、有关区政府、市相关委办局参加的城市副中心、北京新机场、世园会、冬奥会、京张高铁等重点工程协调会，指导用地单位解决申报过程中出现的地类、权属和转非人员安置等问题。办理 88 个项目的征地及农转用初审，通过市政府和国务院批准。全市批准建设用地1557.69公顷，其中国务院批准建设用地77.59公顷、北京市政府批准建设用地1480.10公顷。新增建设用地690.99公顷，其中农用地转用672.86公顷（含耕地131.09公顷）。

第三节　国有土地使用权出让

一、市级出让用地审批数据

年内，市土地利用中心办理出让用地审批184宗，规划用地面积496.12公顷，规划建筑面积593.27万平方米。其中，商服用地71宗，规划用地面积103.67公顷；工矿仓储用地5宗，规划用地面积47.09公顷；住宅用地97宗，规划用地面积306.71公顷（普通商品住宅93宗，规划用地面积270.42公顷）；公共管理与公共服务用地11宗，规划用地面积38.67公顷。按出让方式分，协议出让138宗，规划用地面积140.70公顷；招拍挂出让46宗，规划用地面积355.43公顷。其中现状协议出让89宗，规划用地面积49.77公顷。

二、协议出让土地估价委托评估

年内，市土地利用中心委托评估协议出让项目宗地246宗，其中协议出让项目194宗（包括8宗带地价报市政府供地方案项目）、协议变更项目51宗、棚户区改造一次性招标项目1宗。

三、申请出让项目地价评审

年内，市规划自然资源委完成190个项目价格审定，并完成地价水平告知单、地价水平通知单的制作、发放。

第四节　划拨城镇建设用地

一、全市划拨用地审批数据

年内，全市办理划拨用地审批140宗（不含保密项目），规划用地面积235.81公顷，规划建筑面积437.70万平方米。其中，经济适用住房项目用地20宗，规划用地面积87.95公顷；其他项目（教育、办公、基础设施、交通等）用地120宗，规划用地面积147.85公顷。

表4-1　2018年北京市划拨土地按用途分类统计

项目类型	宗地数（宗）	面积（公顷）
经济适用住房用地	20	87.95
廉租住房用地	4	5.14
普通商品住房用地	1	0.21

（续表 4-1）

项目类型	宗地数（宗）	面积（公顷）
公共管理与公共服务用地	81	95.44
交通运输用地	34	47.07
总计	140	235.81

表 4-2　2018 年北京市划拨土地按项目用地位置分区统计

区	宗地数（宗）	面积（公顷）
东 城 区	0	0
西 城 区	12	0.54
朝 阳 区	5	16.99
丰 台 区	9	13.45
石景山区	5	25.34
海 淀 区	16	29.39
门头沟区	14	18.84
房 山 区	20	15.27
通 州 区	5	11.13
顺 义 区	5	3.07
昌 平 区	8	12.57
大 兴 区	10	22.31
怀 柔 区	4	16.11
平 谷 区	8	8.40
亦庄开发区	7	23.35
密 云 区	3	1.62
延 庆 区	9	17.44
合　　计	140	235.81

第五节　土地储备和一级开发

一、政府土地储备

年内，市级新增收购储备项目 7 个，土地面积约 113 公顷。其中，共有产权住房用地公告及预公告项目 5 个，总用地面积约 30 公顷，规模约 50 万平方米；收购储备北控雁栖湖部分用地项目，土地面积 61.75 公顷。

二、土地储备开发融资

年内，筹措市级土地储备开发项目资金425亿元。其中，市财政拨付资金156亿元、土地储备专项债券70亿元、市财政拨付国有土地收益基金83亿元、其他收入（主要为项目主体转让清算补偿款）112亿元、利息收入4亿元。市财政为市、区两级储备机构发行新增土地储备专项债券90亿元。

三、土地市场供应

年内，全市土地交易市场成交土地73宗、土地面积496.58公顷，规划建筑面积858.16万平方米，成交价款1718.64亿元，其中政府土地收益822.13亿元。

表4-3　2018年北京市国有建设用地使用权入市交易成交统计

交易地点	成交宗数	土地总面积（万平方米）		规划建筑面积（万平方米）	成交价款（亿元）
		合计	其中建设用地		
市土地交易市场	64	454.71	451.17	784.98	1713.63
远郊区土地交易市场	9	41.87	41.46	73.18	5.01
合计	73	496.58	492.64	858.16	1718.64

表4-4　2018年北京市入市交易成交国有建设用地按用途分类统计

	合计	住宅用地	商业用地	工业用地
面积（公顷）	496.58	354.07	100.64	41.87
结构比例	100%	71.30%	20.27%	8.43%

表4-5　2018年北京市入市交易成交国有建设用地按区域分类统计

区域	面积（公顷）	比例
首都功能核心区	3.23	0.65%
城市功能拓展区	97.09	19.55%
城市发展新区	241.10	48.55%
生态涵养发展区	155.15	31.24%
合计	496.58	100%

四、历年土地市场公开出让交易情况

2001年至2018年，全市共有2212宗、19192.17万平方米土地入市成交，成交价款为17261.90亿元，其中政府土地收益为8700.29亿元。

表 4-6　2001—2018 年北京市国有建设用地使用权入市交易成交统计

年度	成交宗数	交易类型			土地面积（万平方米）		规划建筑面积（万平方米）	成交价款（亿元）	
		招标	拍卖	挂牌	合计	其中建设用地		合计	其中政府收益
2001	1	1	0	0	13.97	13.97	14.14	3.17	0.59
2002	8	2	1	5	250.48	174.79	331.26	61.35	14.93
2003	48	3	1	44	201.7	158.7	277.87	49.14	19.05
2004	89	4	0	85	537.92	403.53	609.51	115.31	32.85
2005	50	2	0	48	357.39	242.12	451.97	117.51	39.31
2006	87	29	1	57	856.2	594.96	935.05	257.67	92.11
2007	85	41	0	44	897.92	600.63	1233.01	438.1	204.34
2008	184	26	0	158	1573.43	1110.19	1810.43	500.12	170.82
2009	250	20	1	229	1965.16	1385.27	2391.19	966.28	556.76
2010	280	81	0	199	3012.04	2070.15	3350.46	1677.27	948.05
2011	257	52	0	205	2044.54	1447.75	2481.32	1113.29	463.17
2012	169	27	0	142	1340.4	995.17	1722.22	670.61	238.09
2013	223	53	0	170	2118.64	1342.34	2448.74	1853.15	846.81
2014	141	16	0	125	1295.28	937.67	1663.01	1916.90	964.77
2015	114	10	0	104	896.89	714.57	1532.04	2027.98	1129.02
2016	47	7	0	40	477.29	448.23	669.59	929.99	472.84
2017	106	6	0	100	856.34	809.39	1415.00	2845.42	1684.65
2018	73	8	0	65	496.58	492.64	858.16	1718.64	822.13
合计	2212	388	4	1820	19192.17	13942.07	24194.97	17261.90	8700.29

第六节　地价监测

一、2018 年度城市地价动态监测

年内，北京市继续开展 2018 年度城市地价监测，总计监测标准宗地 588 宗，其中，国家级监测范围内标准宗地 276 宗（居住 97 宗、商业 94 宗、工业 85 宗），市级监测范围内标准宗地 339 宗（居住 99 宗、商业 83 宗、办公 157 宗），国家级和市级同时监测的标准宗地 27 宗（居住 13 宗、商业 14 宗）。61 家单位、264 名土地估价师、20 名专家参与了地价监测工作，累计形成近 4000 个成果数据、40 份表单和 16 项报告。

二、地价监测主要成果

2018 年，北京市国家级监测范围内地价监测结果见表 4-7、表 4-8，市级监测范围内地价监测结果见表 4-9。

表 4-7　2018 年国家级监测范围各用途增长率（季度）

土地用途	一季度	二季度	三季度	四季度
居住	1.64%	1.58%	1.52%	0.92%
商业	1.92%	0.96%	1.41%	1.03%
工业	2.01%	2.44%	1.74%	1.29%
平均	1.70%	1.49%	1.51%	0.96%

表 4-8　2017—2018 年城市地价动态监测指数（年度）

年度	2017 年	2018 年
全市平均水平	439	464
住宅用地	627	663
工业仓储用地	283	305
商业、旅游、娱乐用地	327	344

表 4-9　2018 年市级监测范围各用途增长率（季度）

土地用途	一季度	二季度	三季度	四季度
居住（规划新城）	2.97%	3.50%	1.98%	1.02%
商业（规划新城）	2.09%	2.69%	2.32%	1.82%
办公（规划新城）	1.53%	2.03%	2.14%	1.19%
办公（中心城区）	2.73%	0.65%	0.86%	0.97%

第五章

房地产税收与金融

北京市房地产年鉴 2019

第一节 2018 年房地产税收概况

一、税源及税收整体情况

（一）税源户数保持稳定

截至 2018 年 12 月，房地产行业税务登记户数共计 32086 户。其中，正常状态纳税人 30423 户，非正常状态纳税人 1663 户，无停业状态纳税人。与 2017 年同期相比，行业登记总户数基本持平，正常状态纳税人减少 1433 户，减幅 4.5%；非正常状态纳税人增加 1474 户，增幅 779.9%。

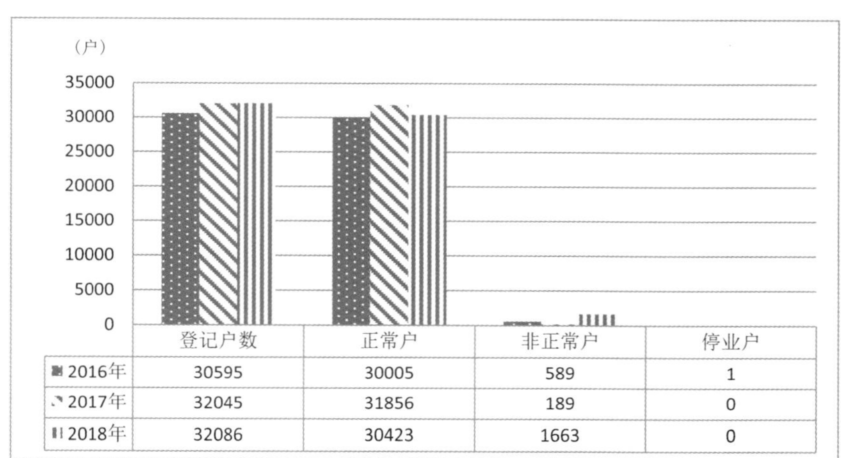

	登记户数	正常户	非正常户	停业户
2016年	30595	30005	589	1
2017年	32045	31856	189	0
2018年	32086	30423	1663	0

图 5-1 2016~2018 年北京市房地产行业税务登记情况

（二）行业税收入实现反弹

2018 年，房地产行业各项税收（不含收费）收入合计 19724292 万元，同比减收 2134155 万元，降幅 9.8%。

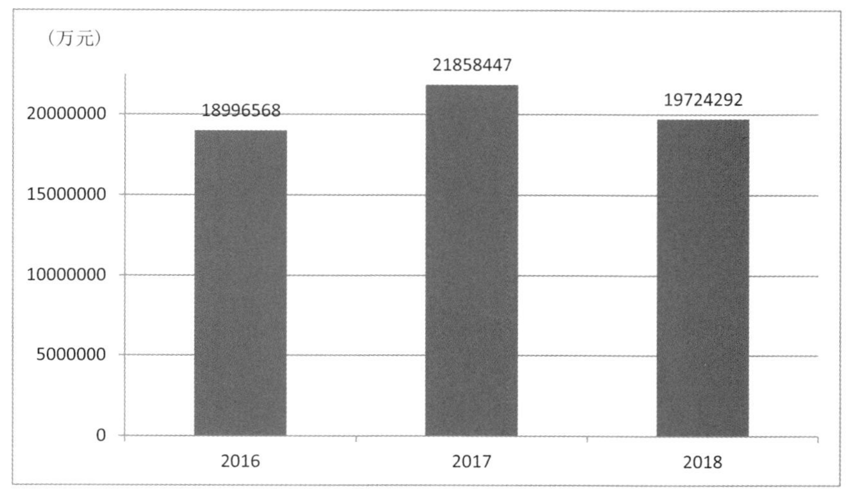

图 5-2 2016~2018 年北京市房地产行业各项税收入情况

（三）存量房交易税款征收情况

2018年，全市共受理存量房交易缴税业务177617份，同比增加18746份，增幅11.8%；各项税费收入合计约245.3亿元，同比增加51亿元，增幅26.3%。税务机关通过“网络预审”模式共办理个人存量房业务126768笔，网审占比73.5%，有效落实了“网络预审、随机分配、信息共享、同城通办”的风控措施和服务举措。大部分纳税人已选择网络预审作为存量房缴税方式。

二、与房地产相关主要税种收入情况

（一）增值税（含原营业税）收入情况

2018年，受营改增后企业税负有所下降以及房产交易市场宏观调控政策影响，房地产行业的增值税（含原营业税）税款入库10531234万元，同比下降9.7%。

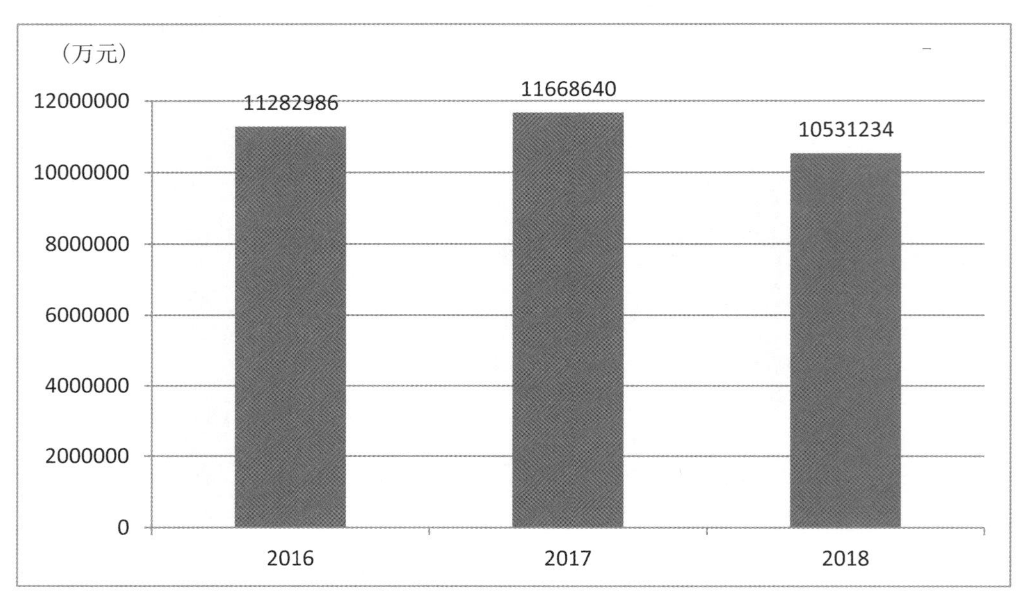

图5-3 2016~2018年北京市房地产行业增值税（含原营业税）税收入情况

（二）契税收入情况

从总体上看，土地出（转）让业务量增加是契税增收的主要因素。2018年，全市全部契税入库税款245.3亿元，同比增收47.84亿元，增幅24.2%。土地出（转）让业务量的增长是本期契税增收明显的主要原因。

一方面，土地供应量大幅增加。按照《北京市2018—2021年及2018年度住宅用地供应计划》中关于加大保障性住房供应的要求，及陈吉宁市长在2018年北京“两会”政府工作报告中提出的“建设筹集各类保障性住房5万套”目标，2017年以来全市土地供应计划大幅增加，对住房建设的支持力度明显增强。二是从1-12月业务结构看，居住用地业务量占比21.3%，比2017年同期提高4.9个百分点；综合用地业务量占比56.9%，比2017年同期提高12.4个百分点；商业用地仅占5.9%，减少10.7个百分点。说明新增土地主要集中在居住项目或租住结合项目中。此外，北京市土地交易业务流转速度显著提高。2018年3月，市规自委、市发改委、市住房城乡建设委等9个委办局联合发布《关于进一步优化营商环境 深化建设项目行政审批流程改革的意见》，大幅精简办事流程，新建项目的政府工作日从109天减少到29-44天，使契税申报的滞后期明显缩短，收入集中增长。本期业务中，2018年新签订的合同占比91%，说明北京市土地交易流转效率和管理水平均有较大提升。

另一方面，增量房、存量房契税收入趋于平稳。在北京市自 2018 年起“坚持房地产调控不放松”的政策环境下，增量房契税缴税业务量同比减少 4.4%，税款同比减少 11.4%；存量房契税缴税业务量同比增加 11.8%，收入同比增加 6.2%，均维持了 2017 年以来的趋稳走势。

房屋交易缴税业务受到的主要影响因素包括：在“3.17 新政”为代表的一系列调控政策落实后，2018 年的政策环境保持了连续性和稳定性，全市房地产市场总体降温，成交量持续低位运行。在 2018 年 12 月 19 日召开的“中央经济工作会议”上，李克强总理再次强调“房住不炒”原则，夯实了“调控常态化”的政策背景，市场分析普遍认为，调控从紧基调将长期持续，市场预期保持稳定。

表 5-1　2018 年北京市契税分项目统计

序号	项　目	契税收入（万元）			办理数量		
		本期	同期	增减	本期	同期	增减
1	一、土地情况	1015735	455603	122.9%	579	457	26.7%
2	二、房屋情况						
3	1. 增量房	713659	805587	-11.4%	173154	181115	-4.4%
4	2. 存量房	723992	681792	6.2%	177617	158871	11.8%
5	合　计	2453386	1974634	24.2%	351350	340443	3.2%

2018 年契税收入超过 30 亿的区有 2 个，分别是东城区和朝阳区，占全市契税收入总额的 53.2%；收入在 10 亿至 30 亿的区有 6 个，分别是海淀区、丰台区、通州区、顺义区、大兴区和开发区，占全市契税收入总额的 31.2%；收入在 10 亿元以下的区有 10 个，占全市契税收入总额的 15.6%。另一方面，全市契税收入增长最快的是东城区，同比增长 103.7%；增长速度在 10%以上的区还有海淀区、石景山区、门头沟区、密云区和开发区；增长速度在 10%以下的区有 2 个，分别是丰台区、顺义区；其他区收入均为下降。

表 5-2　2018 年北京市契税分区统计

序号	区	本期（万元）	增减额（万元）	增减%
1	东城	992，708	505447	103.73
2	西城	81，856	-23758	-22.50
3	朝阳	311，470	-45698	-12.79
4	海淀	181，228	27166	17.63
5	丰台	126，283	9943	8.55
6	石景山	52，992	17505	49.33
7	门头沟	33，674	8723	34.96
8	燕山	1，475	-258	-14.89

（续表 5-2）

序号	区	本期（万元）	增减额（万元）	增减%
9	昌平	96，859	-39987	-29.22
10	通州	103，532	-22552	-17.89
11	顺义	103，971	3270	3.25
12	大兴	119，741	-10509	-8.07
13	房山	65，433	-2881	-4.22
14	怀柔	10，882	-389	-3.45
15	密云	25，672	5691	28.48
16	平谷	12，060	-3007	-19.96
17	延庆	3，200	-1682	-34.45
18	开发区	129，948	51326	65.28
19	合计	2452984	478350	24.22

（三）土地增值税收入情况

从总体上看，土地增值税收入增幅明显，全年入库税款 209.13 亿元，同比减收 79.86 亿元，减幅 27.63%。共有 1177 个房地产开发项目进行了土地增值税预缴申报，其中有税申报 791 个项目，合计申报销售收入 2659.7 亿元，入库预缴税款 61.07 亿元，同比减收 34.07 亿元，减幅 35.81%。其中预征率为 8%的有 7 个项目，预征率为 5%的有 67 个项目，预征率为 3%的有 126 个项目，其余 591 个项目预征率为 2%。其中适用 2%、3%预征率的申报项目数量占申报总数的 90%。全年共有 209 个保障房项目享受了不预征土地增值税的税收优惠政策。

表 5-3　2018 年北京市土地增值税分项目统计

项　　目	2018 年收入（万元）			
	本期	同期	比上年同期	
			增减额	增减%
合　　计	2091274	2889858	-798583	-27.63%
一、房地产开发小计	1855860	2715175	-859316	-31.65%
1. 预缴	610737	951423	-340684	-35.81%
2. 清算	1178824	1661031	-482207	-29.03%
3. 清算后继续销售	66299	102721	-36422	-35.46%
二、转让存量房小计	226427	171792	54635	31.8%
三、其他情况	8986	2891	6095	210.83%

虽然北京市审核完成清算项目数量增幅明显，但清算税款却呈现减收态势，主要是由于2017年部分重点项目集中入库，造成同比基数畸高。主要有北京凯恒房地产开发公司的建外SOHO项目土地增值税37亿元，北京融创恒基地产有限公司的西山一号院项目清算税款19.66亿元，北京奥运会国家体育馆及奥运村建设项目12.94亿元。以上三个项目合计入库69.6亿元，而2018年清算税款最高的广渠路36号住宅及配套项目也仅有9.7亿元。重点项目数量的减少及房地产开发项目整体增值幅度的下降，共同带来了清算税款收入规模的减少。

为应对收入的下行压力，北京市不断加强土地增值税清算工作。一方面，针对北京市土地增值税清算重点难点问题，国税总局北京市税务局成立调研工作小组，对北京市长期未清算土地增值税房地产项目情况开展专题调研。同时，要求各区局做好报表填报统计工作，实时跟进重点项目清算审核进度。及时解答基层政策疑点，推动土地增值税清算工作有序规范开展。全年共完成166个房地产开发项目的清算审核工作，超出2017年全年清算审核项目总量的61%。

另一方面，强化部门协作配合，加强司法拍卖涉及土地增值税征收工作。部分区局遵循“政府主导、法院协助、税务征收、企业自愿”的工作原则，建立与区政府、法院、住建委、规土委、发改委等部门涉税信息的沟通渠道。摸清税源后，由政府牵头组织召开各部门联席会议，探索法院协助扣款工作模式。全年已成功开展9宗法院拍卖房地产案件涉及卖方企业税款征收工作，形成了一套部门间协调配合的税收征收工作机制，共组织入库相关税款6.96亿元，避免了国家税款流失，收到了良好效果。

从区域分布上看，仍然是城区收入占比较大，但远郊区收入也保持稳定增长。2018年，朝阳区土地增值税收入超过40亿，占全市土地增值税收入总额的19.7%；收入在10亿至40亿的区有9个，分别是西城区、海淀区、丰台区、昌平区、通州区、顺义区、大兴区、房山区和密云区，占全市土地增值税收入总额的64.2%；收入在10亿元以下的区有8个，占全市土地增值税收入总额的16.1%。另一方面，全市土地增值税收入实现增长的有5个区，西城区增速最高，为129.7%；收入下降的区有13个，降幅绝对值最大的是东城区，收入减少397832万元。

表5-4　2018年北京市土地增值税分区统计

序号	区	本期（万元）	增减额（万元）	增减%
1	东城	49，633	-397832	-88.91
2	西城	277，544	156718	129.71
3	朝阳	411，986	-164524	-28.54
4	海淀	144，412	-178590	-55.29
5	丰台	134，855	-61843	-31.44
6	石景山	72，848	22031	43.35
7	门头沟	86，872	40348	86.73
8	燕山	0	-6	-100.00
9	昌平	108，928	-4960	-4.36

（续表 5-4）

序号	区	本期（万元）	增减额（万元）	增减%
10	通州	161，524	-137538	-45.99
11	顺义	155，028	-32490	-17.33
12	大兴	152，858	-30212	-16.50
13	房山	100，158	12050	13.68
14	怀柔	42，179	-13117	-23.72
15	密云	106，833	47594	80.34
16	平谷	44，659	-43272	-49.21
17	延庆	2，874	-4106	-58.83
18	开发区	38，083	-8835	-18.83
19	合计	2091274	-798584	-27.63

（四）企业所得税收入情况

2018 年，房地产行业企业所得税入库税款 3083104 万元，同比减收 589342 万元，降幅 16%。

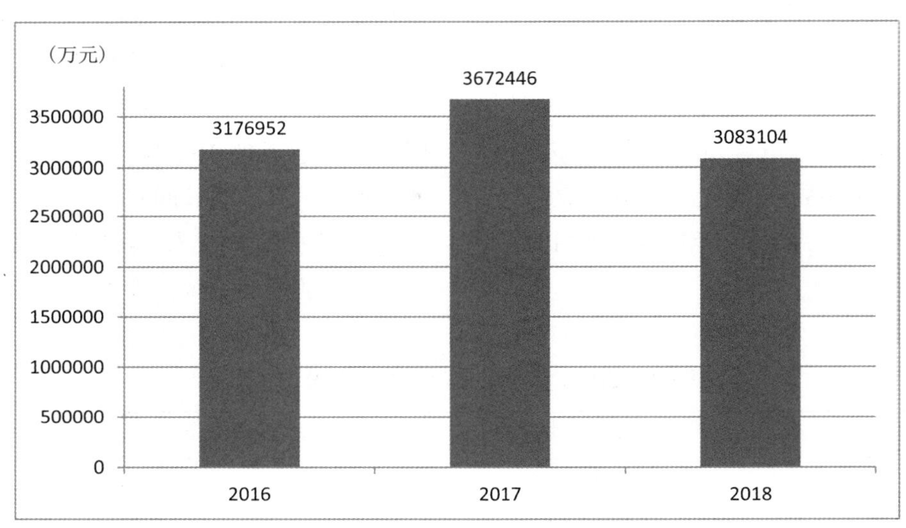

图 5-4 2016~2018 年北京市房地产行业企业所得税收入情况

（五）个人所得税收入情况

2018 年，房地产行业的个人所得税税收收入略有下降，全年房地产行业个人所得税入库税款 958461 万元，同比减收 25436 万元，降幅 2.6%。

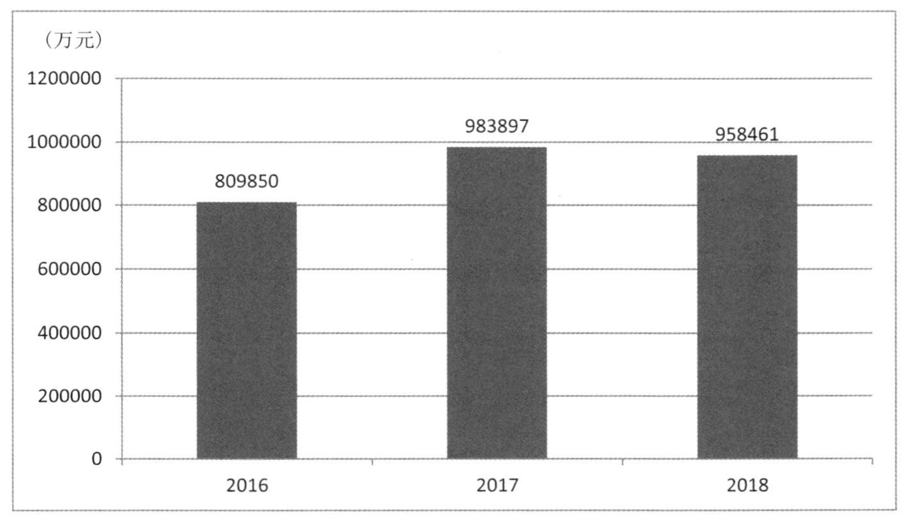

图 5-5　2016~2018 年北京市房地产行业个人所得税收入情况

三、主要税收政策调整情况

2018 年，财政部、国家税务总局围绕与房地产相关的契税、土地增值税出台了延续性税收相关政策。主要涉及以下内容：

《财政部 税务总局关于继续支持企业 事业单位改制重组有关契税政策的通知》（财税〔2018〕17 号）继续支持企业、事业单位改制重组，明确了企业改制、事业单位改制、公司合并、公司分立、企业破产、资产划转、债权转股权、划拨用地出让或作价出资以及公司股权（股份）转让有关税收优惠政策。

根据《财政部 税务总局关于继续实施企业改制重组有关土地增值税政策的通知》（财税〔2018〕57 号）支持企业改制重组，优化市场环境的精神，明确了企业改制、企业合并、企业分立、作价入股投资等情形给予税收优惠政策。

四、房地产税收管理措施

（一）优化营商环境，提高办税效率

根据北京市及税务总局优化营商环境相关工作要求，国税总局北京市税务局联合市规划自然资源委、市住房和城乡建设委制发《“互联网+不动产登记”改革实施方案》，通过“一窗办理”方式，实现不动产交易全流程“最多跑一次”，大幅提高服务管理水平。三家机构在不动产登记大厅设立“一窗办理”综合服务窗口。纳税人不再前往三部门分别办理签约、缴税、过户，而是在同一个窗口办结全套业务，当场取得房产证。为了让改革落到实处，一是全力调配骨干人员入驻综合服务窗口；二是积极协调联通、银联架设税务系统专线；三是通过“签订税库银三方协议划款”方式破解企业无法现场缴税难题；四是与市住房城乡建设委、市规划自然资源委、市民政局之间实现网签合同信息、房屋权属信息、婚姻登记信息、契税完税信息的实时共享。全方位保证改革成果落到实处，获得群众与媒体的广泛认可和支持。“一窗办理”改革，将原先的“多部门多次办”变为“一窗式一次办”，将“多次提交材料”变为“只交一次材料”，将“每个部门都要跑”变为“最多跑一次”，通过三部门合作实现了“纳税人办事负担除以三”的除法效果。2018 年全年，全市设置的 42 个综合服务窗口共办结 45893 笔联办业务，其中 32322 笔实现了“一次上门，

当场领证”，占比70.4%。

（二）持续落实市政府房地产调控部署。

密切监控房地产市场交易变化，分析调控对土地、一手房、二手房税收的影响并做好趋势预测；落实保障房优惠政策，按市政府要求做好共有产权房税负分析，为领导决策服务；在市政府、国务院调研房地产调控效果时针对税收政策工具进行了全面的分析，指出税收政策调控中存在的问题并研提了建议，得到上级部门的充分肯定。

第二节　住房公积金与政策性住房金融

一、2018年度住房公积金归集情况

（一）住房公积金覆盖范围

截至2018年底，北京地区建立住房公积金单位22.9万个，职工1063.7万人。当年新增开户人数95.7万人。

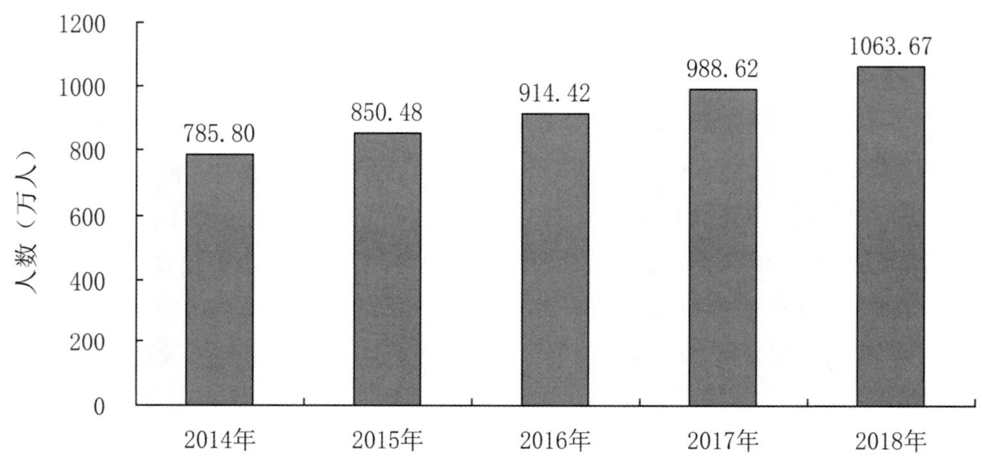

图5-6　2014~2018年北京住房公积金建立人数统计

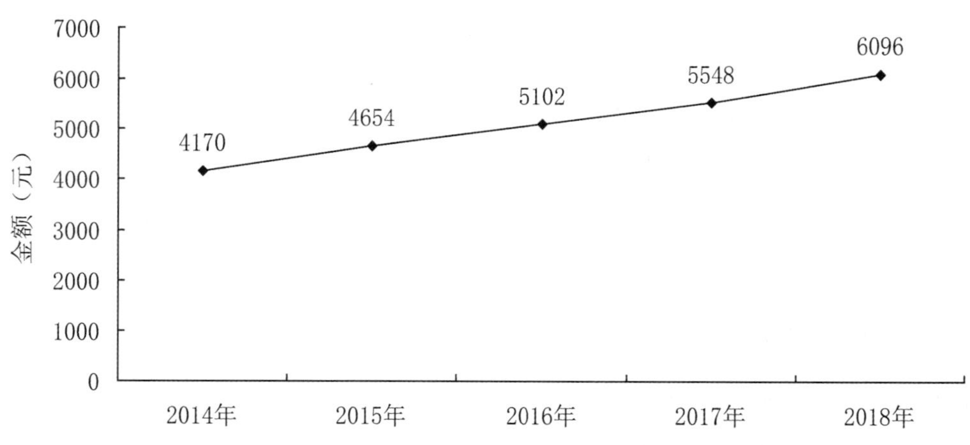

图5-7　2014~2018年北京住房公积金月缴存额上限

（二）住房公积金归集、提取情况

截至 2018 年底，当年归集住房公积金 1980.1 亿元，提取 1455.4 亿元，净增 524.7 亿元。累计归集住房公积金 13096.4 亿元，提取 8852.3 亿元，余额 4244.1 亿元。

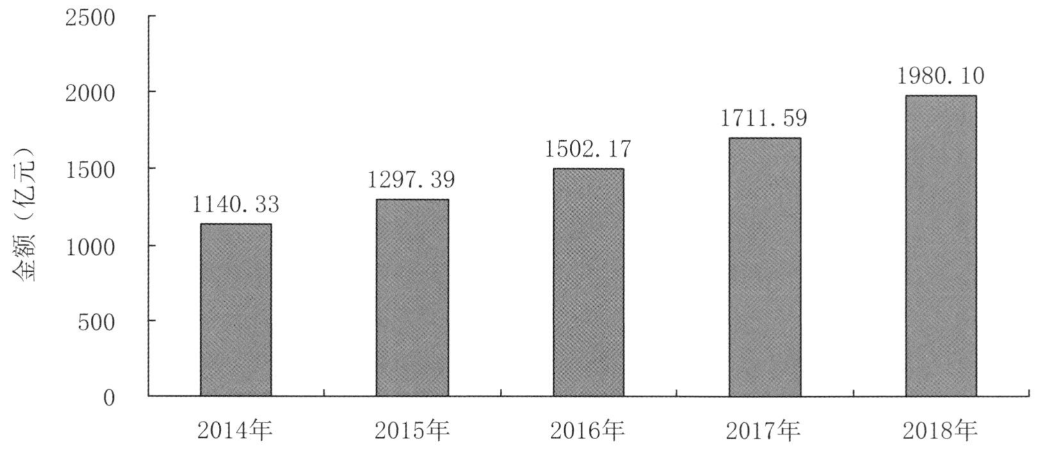

图 5-8　2014~2018 年北京住房公积金归集情况统计

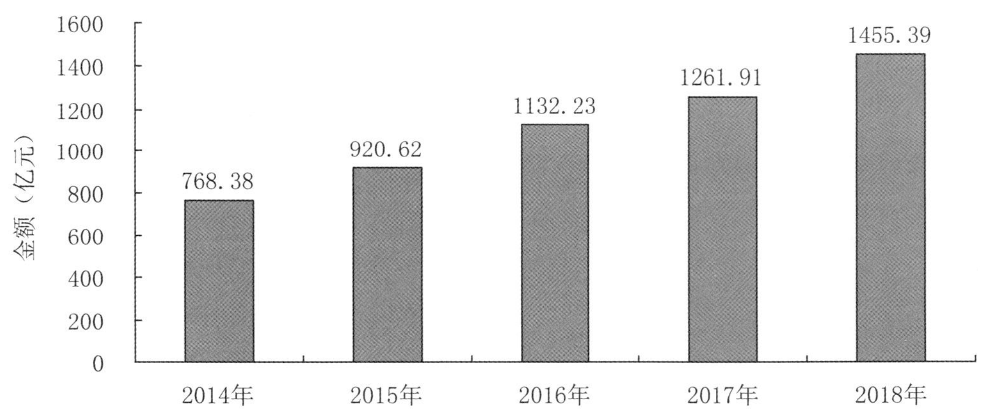

图 5-9　2014~2018 年北京住房公积金提取情况统计

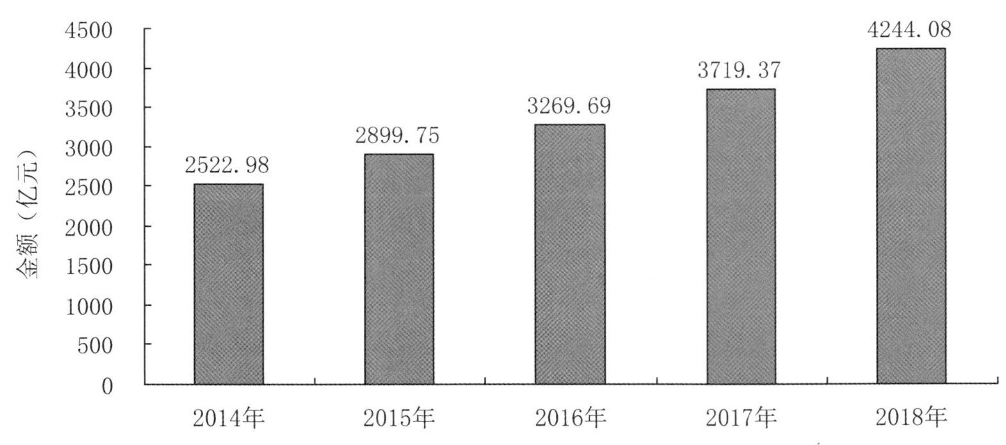

图 5-10　2014~2018 年北京住房公积金余额统计

二、2018 年度政策性住房金融

（一）住房公积金贷款情况

截至 2018 年底，当年发放住房公积金贷款 80738 笔，金额 831.3 亿元，回收金额 295.2 亿元，净增 536.1 亿元。累计发放住房公积金贷款 1108430 笔，金额 6358.7 亿元。累计回收金额 2322.4 亿元，余额 4036.3 亿元。累计发放政策性贴息 13527 笔，贴息额度 60.11 亿元。

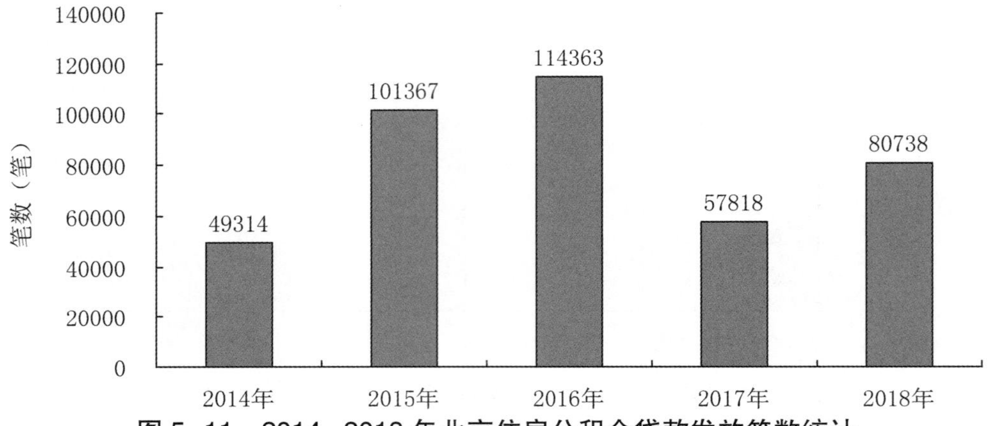

图 5-11　2014~2018 年北京住房公积金贷款发放笔数统计

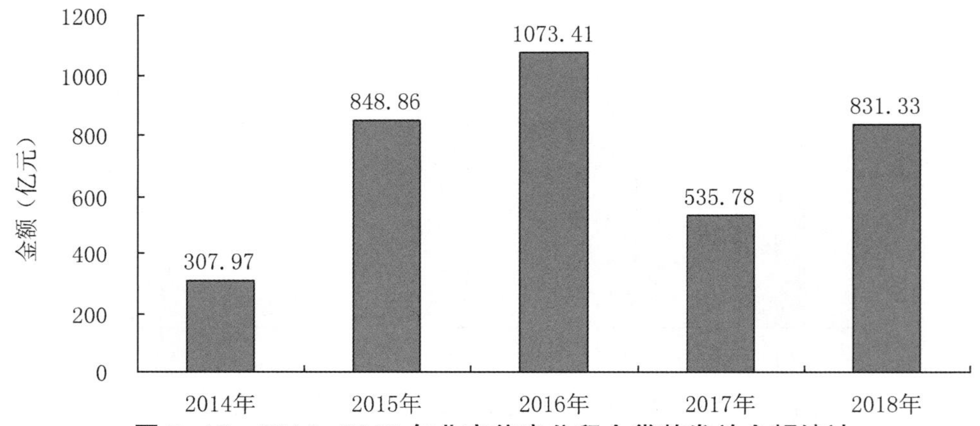

图 5-12　2014~2018 年北京住房公积金贷款发放金额统计

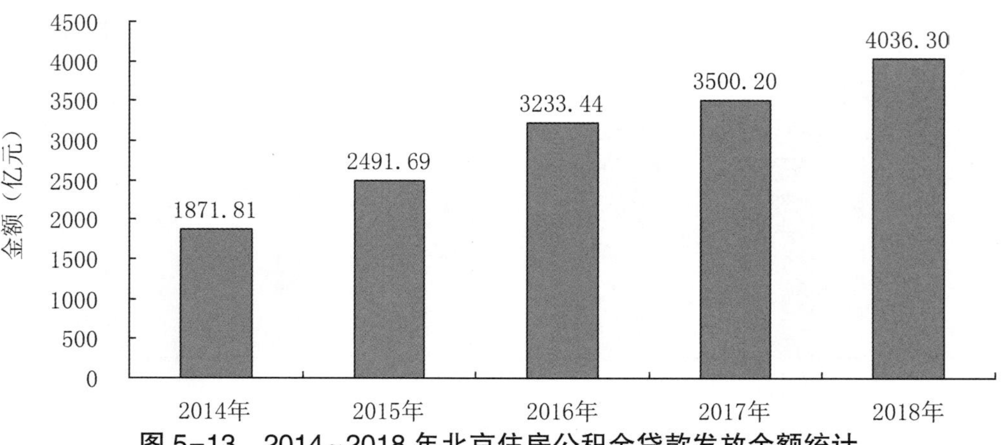

图 5-13　2014~2018 年北京住房公积金贷款发放余额统计

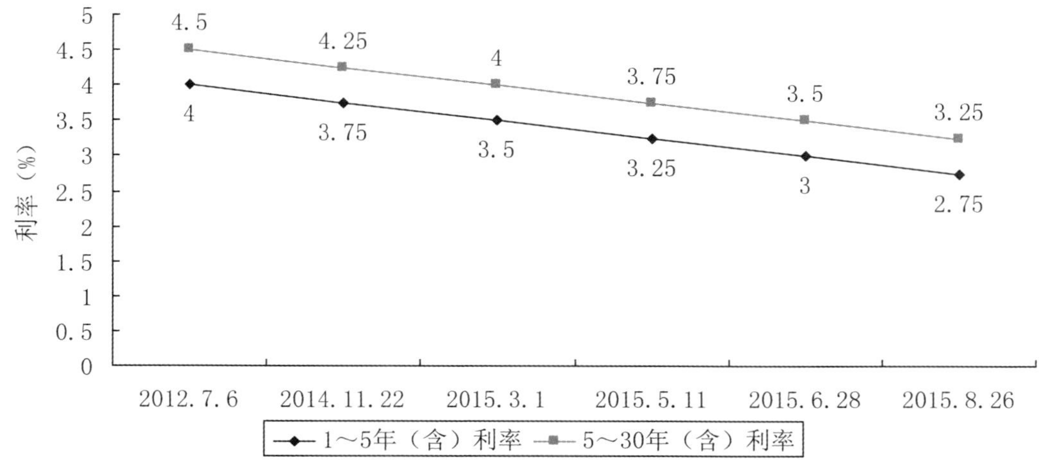

图 5-14　2014~2018 年北京住房公积金贷款利率调整

截至 2018 年底，北京地区累计共向 36 个项目发放贷款，贷款额度 201.1 亿元。支持保障性住房建设 9.1 万套，总建筑面积 942.7 万平方米。

（二）2018 年发放的住房公积金贷款结构

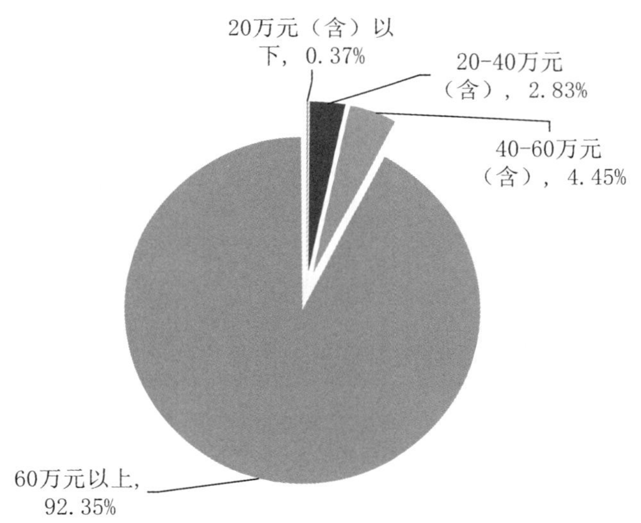

图 5-15　2018 年新发放住房公积金贷款笔数按贷款额度分类

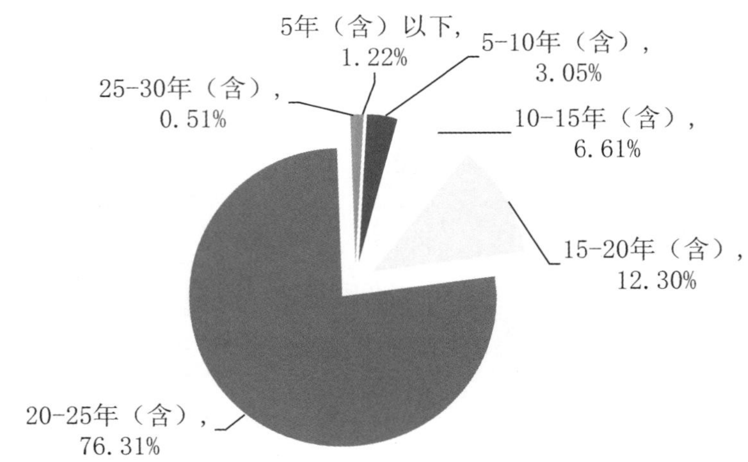

图 5-16　2018 年新发放住房公积金贷款笔数按贷款年限分类

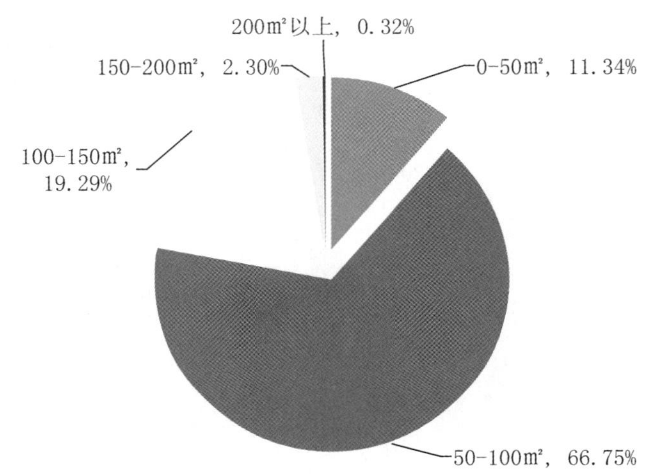

图 5-17　2018 年新发放住房公积金贷款笔数按房屋建筑面积分类

三、住房公积金和政策性住房金融管理措施

（一）严格规范住房公积金归集管理

调整住房公积金缴存上、下限。住房公积金月缴存额上限按照北京市统计局公布的 2017 年北京市全市职工月平均工资的 3 倍，分别乘以单位和职工住房公积金缴存比例之和确定。2018 年 6 月 13 日，根据市人力社保局、市统计局公布的 2018 年度北京市职工月平均工资 8467 元，调整 2018 住房公积金年度（2018 年 7 月 1 日至 2019 年 6 月 30 日）住房公积金缴存基数上限为 25401 元，月缴存额上限为 6096 元，职工和单位月缴存额上限均为 3048 元。同时明确，实际缴存基数乘以 12%的缴存比例后，月缴存额超过 6096 元的一律按 6096 元缴存。2018 年约有 4.4 万超上限的人员按上限额缴存住房公积金。缴存基数下限按北京市最低工资标准执行，由 2000 元上调为 2120 元；下岗、内退等类似情况职工缴存基数下限按北京市基本生活费标准执行，由 1400 元调整为 1484 元。

完善住房公积金提取政策，将打击违规提取成果制度化。2018 年 9 月 17 日起，实施规范购房提取、非本市户籍人员离职销户提取和原则取消与住房消费无关的提取等相关政策，基本遏制住了以异地购房、离职、大病等方式造假骗提的新苗头。同时加大对违规提取的惩罚力度，对违规提取职工不予办理公积金提取和公积金贷款的惩戒期由原来的“三年”提高至“五年”，并将不良信息报送市工商局、市经信委、人民银行等部门，实施联合惩戒。与异地公积金中心沟通，加强异地购房信息核查。对于为骗提住房公积金而伪造使用假公章、假结婚证、假房产证等违法行为，及时与公安部门联系，依法移送涉案线索。

（二）坚持“房住不炒”定位，调整贷款政策

针对住房公积金个人住房贷款快速增长的情况，坚持“房住不炒”定位，及时调整贷款政策。2018 年 9 月 17 日起，调整首套房认定方式，对住房公积金个人住房贷款实行“认房、又认贷”；调整贷款额度计算方式，实行贷款额度与借款申请人住房公积金的缴存年限挂钩；调整最高贷款额度，对城区京籍人员购买郊区首套住房给予一定的额度上浮，二套房最高贷款额度由 80 万元下调为 60 万元；调整首付款比例，按照购买住房性质、首套或二套房屋等标准实行不同首付款比例；调整最长贷款年限，借款申请人的贷款期限最长可以计算到借款申请人法定退休年龄后 5 年，原则上最高不得超过 65 周岁；调整月还款额计算方法，在保证借款申请人基本生活费用前提下，按等额本息还款法计算的月均还款额不超过借款申请人月收入 60%；调整担保方式，对二手房贷款由担保中心担保调整为抵押登记后放款，对购买期房贷款由开发企业提供阶段性担保，开发企业不能提供阶段性担保的，仍执行原担保方式。

（三）全面升级管理中心业务系统

管理中心紧抓需求、开发、测试、修改、运行和保障“六大环节”组织实施系统升级改造，2018 年 5 月 10 日，管理中心系统升级改造完成，取得“六大成效”：实现全市住房公积金业务通缴通取通贷和移动端服务、逐步实现与相关部门互联互通、实现实时结算和自动核算、实现档案电子化、实现实时监测分析和风险防控、实现系统自动完成三分之一归集业务量。2019 年 1 月 4 日，管理中心业务系统在住建部“双贯标”检查中以 113.56 的全国最高分通过验收，信息化工作走在了住房公积金系统的前列。

（四）优化营商环境，多措施提高服务水平

阶段性适当降低住房公积金缴存比例。2018 年 4 月 23 日起，明确企业缴存住房公积金的比例为 5%–12%，由企业根据自身情况在上述范围自行选择，不再要求企业缴存比例低于 12% 的要经职代会、工会或全体职工表决。对生产经营困难的企业，经职工代表大会或工会讨论通过；没有职工代表大会或工会的，经全体职工 2/3 以上同意，可在 1%–4% 范围内降低比例缴存住房公积金或申请缓缴住房公积金。6 月 13 日，经市政府批准，北京地区企业住房公积金缴存比例可在 5%–12% 区间自行选择的政策延长至 2020 年 4 月 30 日。12 月 28 日，落实住房城乡建设部政策，扩大缴存比例浮动区间政策的执行范围，包括党政机关、事业单位、企业等各类缴存单位，不再限于企业。2018 年，共有 17587 个单位按 5%–11% 比例缴存住房公积金，占缴存单位总数的 7.7%；涉及缴存职工 27.8 万多人，占缴存人总数的 2.6%；7 家企业经批准按 1% 缴存住房公积金，涉及职工 135 人。

多渠道方便单位缴存住房公积金。会同市市场监管局、市人力资源和社会保障局实现在企业登记开办和办理社保登记时，同步办理住房公积金缴存登记手续。2018 年 1 月 15 日起，将住房公积金单位登记纳入北京市“多证合一”登记制度改革，2017 年 12 月 28 日之后（含）

在北京市工商行政管理局新注册的企业，工商登记机关在核发加载统一社会信用代码营业执照的同时完成住房公积金单位登记手续。2018年8月31日起，新登记注册企业可通过北京市社会保险网上服务平台系统，在办理社保登记开户时，同时完成住房公积金登记开户。

实现住房公积金业务全程网上受理和网上办理。2018年9月17日，实现住房公积金单位登记开户、单位信息变更等缴存业务全程网上办。按照北京市“一网通办”要求，组织全面梳理管理中心业务，梳理确定公共服务的21个办事项、52个办理项。12月28日，实现了除离婚、死亡、判刑提取3个特殊事项到柜台办理，其他49个可以在网上受理的服务事项中，17个服务事项可在网上办结，32个服务事项可在网上申请到柜台审核后办结。

减证便民，取消办事材料，优化办事流程。2018年4月13日起，取消了10项办事证明，如对进城务工人员与单位解除劳动关系申请销户提取住房公积金，不再要求提供所在单位开具的“解除劳动关系证明”，改由进城务工人员提供身份证、户口本原件，办理销户提取。5月7日起，合并简化8种住房公积金归集业务单据，取消了8种业务单据；合并简化10种住房公积金贷款业务单据，取消了10种业务单据。5月15日起，全面取消办理住房公积金归集和贷款业务时要求当事人提供身份证复印件的规定。

采取有效措施，全面规范服务工作。2018年5月7日，推出编写完善办事指南、合理划分业务区域、设置咨询引导员、实行首问负责制和一次性办结制度、业务窗口要实行动态人员管理等13条措施。要求工作人员严格规范办理程序，能够一次性告知的要一次性告知，能够一次性办结的要一次性办结。

第三节　商业性房地产金融

2018年，北京市房地产开发投资止跌回升，房地产信贷调控效果持续显现，房地产贷款增速、增量回落，个人购房贷款同比微增，首套房贷平均首付比例及利率水平保持相对稳定。

一、房地产开发投资止跌回升

2018年，北京市完成房地产开发投资3873.4亿元，同比增长3.4%，结束连续两年同比下降趋势；其中，住宅完成投资2026.1亿元，同比增长17.4%。房地产开发投资在全社会固定资产投资中占48.4%，比上年同期提高6.5个百分点。

二、房地产贷款增速、增量持续回落

2018年末，北京辖区内金融机构本外币房地产贷款余额17329.6亿元，比年初增加973.6亿元，比上年同期少增958.5亿元；同比增长6.0%，增速比上年下降7.4个百分点。2018年，全市本外币房地产贷款新增额占各项贷款新增额的比重为13.5%，较上年同期进一步回落16.1个百分点。从结构来看，主要是因为购房贷款增速回落，2018年购房贷款比年初增加359.4亿元，较2017年少增1173.9亿元，同比增长3.3%，增速比2017同期下降12.9个百分点；房地产开发贷款比年初增加636.5亿元，比

2017 年多增 224.9 亿元。

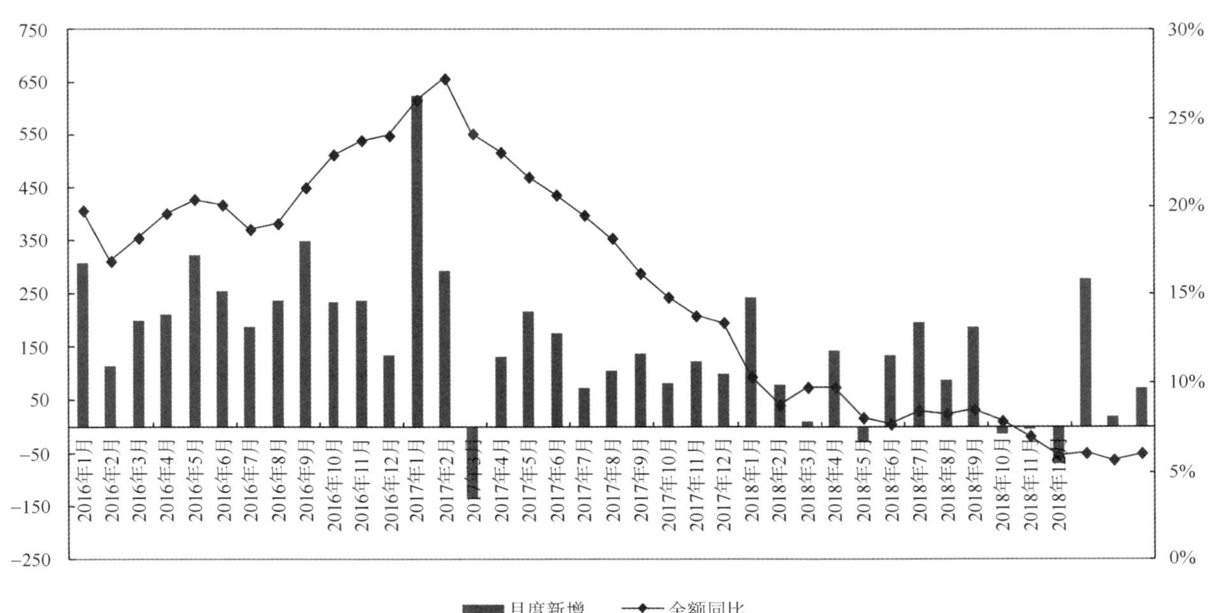

图 5-18　2016~2018 年北京市房地产贷款余额月度新增及同比增速情况

三、个人购房贷款同比微增

2018 年末，辖区内金融机构本外币个人购房贷款余额 10682.5 亿元，同比增长 1.6%，增速较上年下降 14.7 个百分点；比年初新增 167.5 亿元，比 2017 年少增 1302.5 亿元。其中，个人住房贷款余额 9933.5 亿元，同比增速自 2016 年 11 月的历史高点（42.6%）回落至 2.5%；比年初增加 244.9 亿元，比上年同期少增 1115.5 亿元。个人商业用房贷款余额 749.1 亿元，同比减少 9.4%，比年初减少 77.4 亿元。

四、二手房贷款同比增速继续回落

2018 年末，辖内金融机构二手住房贷款余额 5856.3 亿元，同比增长 4.9%，增速比 2017 年降低 19.3 个百分点；比年初增加 271.7 亿元，比 2017 年少增 815.5 亿元。2018 年，二手住房贷款月度新增额呈先降后增态势，每月平均新增 22.6 亿元，仍远低于 2017 年月均新增 90.6 亿元的水平。个人新建住房贷款余额 4077.2 亿元，同比下降 0.7%，2017 年为增长 7.1%；比年初减少 26.8 亿元，2017 年为增加 273.2 亿元。

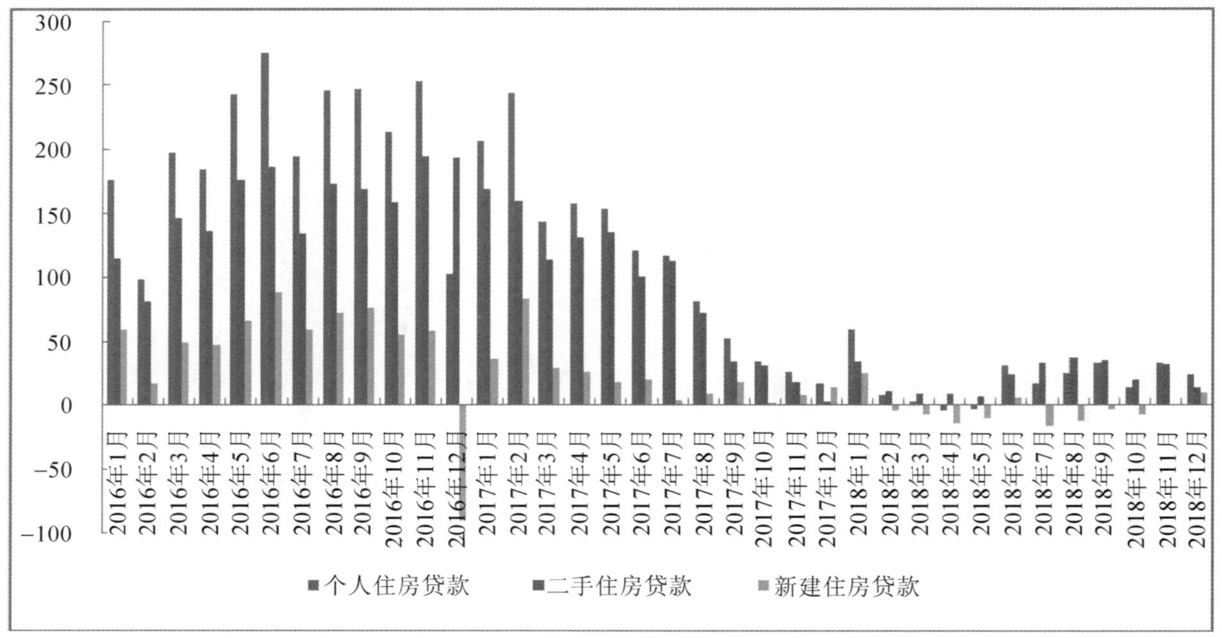

图 5-19　2016~2018 年北京市个人住房贷款月度新增情况

五、房地产开发贷款稳步增长

2018 年末，辖内金融机构本外币房地产开发贷款余额 5798.1 亿元，比年初增加 636.5 亿元，同比增长 12.3%，比上年提高 3.7 个百分点。2018 年房地产开发贷款余额整体呈先增后降态势。其中，政府土地储备机构贷款余额 11.7 亿元，比年初减少 2.2 亿元，2017 年为减少 464 亿元；住房开发贷款余额 2288.9 亿元，同比增长 43.5%，比 2017 年提高 35.1 个百分点；商业用房开发贷款余额 1408.4 亿元，同比增长 15%，增速比 2017 年下降 3.4 个百分点。

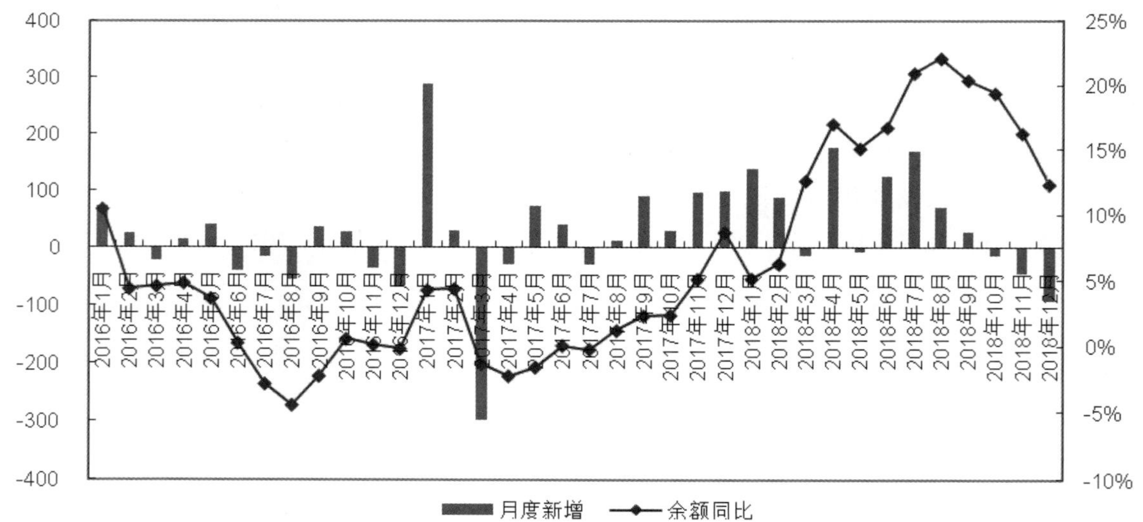

图 5-20　2016~2018 年北京市房地产开发贷款余额月度新增及同比增速情况

六、土地储备机构贷款余额不断下降

2014 年修订的《预算法》规定，地方政府及其所属部门只能通过发行地方政府债券的形式举借债务。2016 年，财政部、国土资源部、人民银行、银监会下发《关于规范土地储备和资金管理等相关问题的通知》（财综〔2016〕4 号），对清理甄别后认定为地方政府性债务的截至 2014 年 12 月 31 日的存量土地储备贷款，纳入政府性基金预算管理，通过逐步发行地方政府债券予以置换。2016 年 1 月 1 日起，各地不得再向银行业金融机构举借土地储备贷款。北京市政府土地储备机构贷款余额呈逐年下降趋势，从 2013 年 3 月最高 2089.9 亿元逐渐下降至 2018 年 12 月的 11.7 亿元。

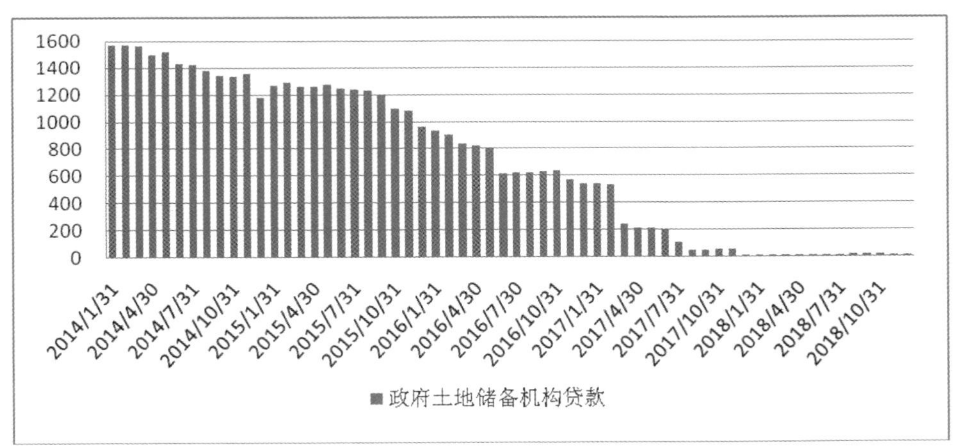

图 5-21　2014~2018 年北京市政府土地储备机构贷款余额变化情况

七、外资银行房地产贷款余额小幅增长

2018 年末，北京地区外资银行本外币房地产贷款余额 335.9 亿元，同比增长 4.9%。其中，个人住房贷款余额 220.1 亿元，同比下降 1.4%。外资银行个人住房贷款余额在全市个人住房贷款余额中的占比为 2.2%。

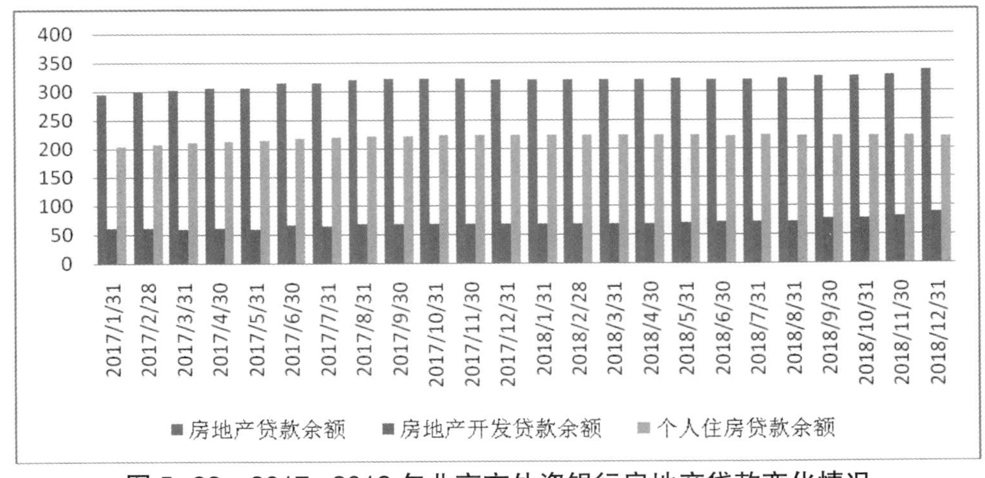

图 5-22　2017~2018 年北京市外资银行房地产贷款变化情况

八、首套住房贷款利率水平、首付比例保持相对稳定

全市中资银行首套住房贷款平均利率水平保持高位。2018 年 12 月，首套房贷平均利率水平为基准利率的 1.1 倍，连续 4 个月保持稳定；首套房贷平均首付比例 44.6%，比上年同期提高 1.4 个百分点。首套房贷笔数占比 63.8%，比上年同期下降 5.7 个百分点。

第四节　房地产金融政策调整

一、近年来房地产金融政策调整

2003 年以前，房地产金融政策的主要目的在于支持住房体制改革，促进房地产金融产品的推出与发展。2003 年 6 月，针对局部房地产市场过热，中国人民银行出台《关于进一步加强房地产信贷业务管理的通知》（银发〔2003〕121 号），加强房地产开发贷款管理、引导规范贷款投向，严格控制土地储备贷款的发放，加强个人住房贷款管理。

2004 年至 2007 年中国人民银行先后 9 次上调存贷款基准利率，并取消个人住房贷款利率优惠。加息周期有效抑制了非理性住房消费需求，居民购房更侧重于自住和改善住房条件。

2007 年《关于加强商业性房地产信贷管理的通知》（银发〔2007〕359 号）及其《补充通知》（银发〔2007〕452 号）明确了二套房的执行标准，规定二套（含）房贷款首付款比例不得低于 40%，贷款利率不得低于基准利率的 1.1 倍，有效约束了二套房贷杠杆比例，对降低信贷风险、打击房地产投机、保障自住性需求、平抑房价过快上涨发挥了积极作用。此外，银发〔2007〕359 号文还进一步严格规范了房地产贷款管理、风险监测及防范工作，要求贷款使用与开发项目配套专款专用，有效避免滚动开发模式下企业挪用贷款资金的行为，防范金融风险。

金融危机以来，随着适度宽松货币政策的实施，自 2008 年 9 月起，中国人民银行先后 5 次下调存贷款基准利率，4 次下调存款准备金率，并印发了《中国人民银行关于扩大商业性个人住房贷款利率下浮等有关问题的通知》（银发〔2008〕302 号）等文件，将商业性个人住房贷款利率的下限扩大为贷款基准利率的 0.7 倍，最低首付比例调整为 20%，要求商业银行充分考虑各种因素按照风险原则合理确定利率水平。房贷利率下限降低使得金融机构房贷利率浮动权限进一步扩大，金融机构有了更大的自主决策空间。

2010 年 2 月，中国人民银行、中国银行业监督管理委员会联合出台《关于贯彻落实〈国务院办公厅关于促进房地产市场平稳健康发展的通知〉的通知》（银发〔2010〕58 号），加强对房地产贷款业务的窗口指导，加大差别化信贷政策执行力度，严格抑制投资投机性购房需求。9 月，又出台了《中国人民银行 中国银行业监督管理委员会关于完善差别化住房信贷政策有关问题的通知》（银发〔2010〕275 号），明确提出“暂停发放居民家庭购买第三套及以上住房的贷款”；对贷款购买商品住房的，“首

付款比例调整至30%及以上”，“对贷款购买第二套住房的家庭，严格执行首付款比例不低于50%、贷款利率不低于基准利率1.1倍的规定”。

2011年1月，根据《国务院办公厅关于进一步做好房地产市场调控工作有关问题的通知》（国办发〔2011〕1号）要求，贷款购买第二套住房的家庭，首付款比例不低于60%，贷款利率不低于基准利率的1.1倍。《中国人民银行关于做好差别化住房信贷政策实施工作的通知》（银发〔2011〕66号）明确各地实施差别化住房信贷政策的基本条件、程序和管理要求。

为发挥好金融对公共租赁住房等保障性安居工程建设的支持作用，人民银行会同银监会联合印发《关于认真做好公共租赁住房等保障性安居工程金融服务工作的通知》（银发〔2011〕193号），进一步完善公共租赁住房等保障性安居工程建设的信贷支持政策体系，明确贷款期限最长不超过15年。

2012年9月，住房城乡建设部、财政部、中国人民银行联合印发《关于做好扩大利用住房公积金贷款支持保障性住房建设试点范围工作的通知》（建金〔2012〕130号），确定石家庄等64个城市为新增试点城市，北京等18个城市为新增贷款额度城市，290个建设项目为新增利用住房公积金贷款支持保障性住房建设试点项目。2012年11月，国土资源部、人民银行与银监会出台了《关于加强土地储备与融资管理的通知》（国土资发〔2012〕162号），明确土地储备机构将实行“名录制”管理，各银行机构只能对经过资质认定的名录范围内的土地储备机构发放土地储备贷款；土地储备贷款的期限最长可延至五年。2012年3月，北京市金融工作局、中国人民银行营业管理部、北京市住房和城乡建设委员会等五部门联合出台了《关于印发北京市金融支持保障性住房建设意见的通知》（京金融〔2012〕107号），完善保障性住房相关融资管理制度，吸引各类金融机构及社会资金参与北京市保障性住房建设工作。

2013年2月，根据《国务院办公厅关于继续做好房地产市场调控工作的通知》（国办发〔2013〕17号）要求，继续严格实施差别化住房信贷政策。银行业金融机构要进一步落实好首套房贷款的首付款比例和贷款利率政策，严格执行第二套（及以上）住房信贷政策。

2013年4月，为贯彻落实各项房地产调控政策要求，按照北京市新建商品住房价格控制目标和政策要求，人行营业管理部出台了《中国人民银行营业管理部关于调整北京市差别化住房信贷政策的通知》（银管发〔2013〕116号），对贷款购买第二套住房的家庭，首付款比例不低于70%；同时明确，对在北京市住房和城乡建设委员会房屋登记信息系统中显示无房、在中国人民银行个人信用信息基础数据库中有一笔住房贷款记录、第二次申请贷款购买住房的家庭，仍执行首付款比例不低于60%的政策。北京是2013年国内率先对差别化住房信贷政策进行调整的城市。

2014年9月30日，为进一步改进对保障性安居工程建设的金融服务，继续支持居民家庭合理的住房消费，促进房地产市场持续健康发展，人民银行和银监会联合印发了《关于进一步做好住房金融服务工作的通知》（银发〔2014〕287号），规定对拥有一套住房并已结清相应购房贷款的家庭，为改善居住条件再次申请贷款购买普通商品住房的，银行业金融机构可执行首套房贷款政策。继续支持房地产开发企业的合理融资需求。

为进一步完善个人住房贷款信贷政策，支持居民自住和改善性住房需求，2015年4月20日，人行营业管理部联合市住建委和原北京银监局转发了《中国人民银行 住房城乡建设部 中国银行业监督管理委员会关于个人住房贷款政策有关问题的通知》（银管发〔2015〕122号），规定对拥有1套住房且相应购房贷款未结清、再次申请商业性个人住房贷款购买普通住房的居民家庭，最低首付比例和利率水平由北京地区市场利率定价自律机制协商确定。

2015年10月14日，人民银行和银监会联合印发了《中国人民银行 中国银行业监督管理委员会关于进一步完善差别化住房信贷政策有关问题的通知》（银发〔2015〕305号），要求人民银行、银监会各派出机构应按照“分类指导，因地施策”的原则，加强与地方政府的沟通，根据辖内不同城市情况，在国家统一信贷政策的基础上，指导各省级市场利率定价自律机制结合当地实际情况自主确定辖内商业性个人住房贷款的最低首付款比例。

2016年2月2日，人民银行和银监会联合印发了《中国人民银行 中国银行业监督管理委员会关于调整个人住房贷款政策有关问题的通知》（银发〔2016〕26号），在不实施“限购”措施的城市，进一步降低最低首付款比例。

2016年9月30日，人行营业管理部与相关部门联合印发《北京市人民政府办公厅转发市住房城乡建设委等部门〈关于促进本市房地产市场平稳健康发展的若干措施〉的通知》（京政办发〔2016〕46号），将首套房贷的最低首付比例从30%提高至普通住房35%、非普通住房40%。同时，根据借款人申请住房贷款时拥有的房屋套数认定贷款套次，原来已经拥有一套住房并结清相应住房贷款的家庭，再次申请住房贷款的从原来执行首付房贷政策调整为执行二套房贷政策。

针对住房贷款的阶段担保风险等问题，人行营业管理部经过与原北京市银监局沟通，于2016年10月24日联合印发《关于进一步加强住房信贷风险管理的通知》（银管发〔2016〕282号），要求银行规范与房企、中介合作，落实开发商的阶段性担保责任，加强住房信贷风险敞口管理。

2017年3月17日，为促进房地产市场平稳健康发展，控制住房市场杠杆水平，人行营业管理部与相关部门联合出台《关于完善商品住房销售和差别化信贷政策的通知》（京建法〔2017〕3号），将首套房贷认定标准由“认房”调整为“认房又认贷”；二套房贷首付比例普通自住房从不低于50%提高至60%、非普通自住房从不低于70%提高至80%；最长贷款期限由30年缩短至25年（含住房公积金贷款）。

针对房贷业务中日渐增多的“假离婚”“学生贷”等问题，2017年3月24日，人行营业管理部会同有关部门联合印发《关于加强北京地区住房信贷业务风险管理的通知》（银管发〔2017〕68号），对离婚一年以内申请住房贷款和公积金贷款的、已成年但未参加工作且无固定收入申请住房贷款的，均按二套房贷政策执行。

2017年3月26日，人行营业管理部会同有关部门联合印发《关于进一步加强商业、办公类项目管理的公告》（京建发〔2017〕第112号），此文出台后个人将不能购买北京市新建商办项目，购买二手商办项目要符合一定条件，但银行暂不提供购房贷款。

二、2018年房地产信贷政策调整情况

为进一步加大对刚需群体住房的信贷支持力度，2018年6月，人行营业管理部联合原北京银监局、原北京市规划国土委、北京市住建委、北京住房公积金管理中心印发《关于明确北京市共有产权住房购房人使用个人住房贷款有关事项的通知》（银管发〔2018〕140号），明确共有产权住房购房人信贷政策适用较低首付款比例，并要求贷款机构压缩贷款审批时限，进一步细化抵押登记流程。

第六章

房地产开发投资与建设

2018 年，北京坚决贯彻落实中央“房住不炒”的总要求，保持政策调控力度，坚持租购并举，努力推进住房供给侧结构性改革，全年房地产市场运行总体平稳。同时，抓住市场稳定的窗口期，加大供给力度，优化供给结构，新房销售较为稳定，价格指数总体平稳。

（注：根据国家统计局提高投资统计起点的相关规定，2010 年数据为调整后数据）

第一节　2018 年房地产开发投资情况

一、房地产开发投资构成及变动情况

2018 年，全市房地产开发投资比上年增长 3.4%，其中，全年土地购置费用增长 17.3%，占开发投资比重为 52.9%（见图 6-1）。

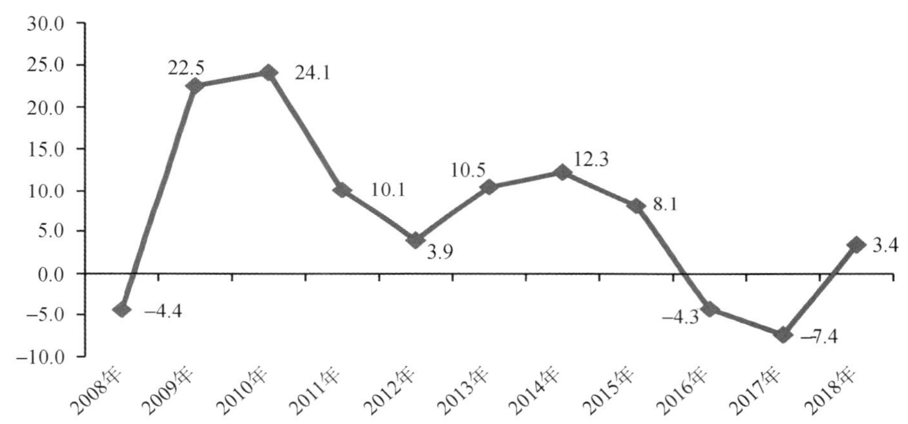

图 6-1　2008~2018 年北京市房地产开发投资增速

房地产开发投资中，住宅投资增长 17.4%；办公楼投资下降 29.7%；商业营业用房投资下降 12.6%。在全市房地产开发投资中，用于建筑工程投资与上年持平；用于安装工程的投资同比下降 15.2%；用于设备、工器具购置的投资下降 43.4%；用于其他费用的投资同比增长 5.6%。

二、房地产开发资金来源情况

2018 年，全市房地产开发项目本年到位资金小计 5726.7 亿元，比上年下降 18.1%。其中，国内贷款为 1657.1 亿元，下降 14.9%；自筹资金为 1534.9 亿元，下降 11.4%；定金及预收款为 2049.8 亿元，下降 14.9%（见表 6-1）。

表 6-1 2011—2018 年房地产开发资金来源情况统计

单位：亿元

	2011	2012	2013	2014	2015	2016	2017	2018
上年末结余资金	1879. 9	2287. 1	2387. 4	2808. 3	3201. 6	3643. 0	3775	4397. 2
本年资金来源小计	5358. 1	6112. 4	7300. 2	6730. 4	7282. 1	8059. 6	6992. 6	5726. 7
#国内贷款	1168	1498. 4	1836. 9	2183. 7	1971. 0	2148. 5	1947. 1	1657. 1
利用外资	2. 6	4. 2	11. 6	7. 8	5. 7	1. 1	18. 6	0
自筹资金	1746. 2	1626. 1	2138. 2	1898. 1	2277. 2	1978. 9	1732. 5	1534. 9
其他资金来源	2441. 4	2983. 7	3313. 4	2640. 8	3028. 2	3931. 1	3294. 4	2534. 7
#定金及预付款	1518. 1	2086. 8	2257. 5	1751. 6	1764. 9	2515. 6	2408. 9	2049. 8

第二节 房屋建设情况

一、房屋建设总体情况

截至 2018 年 12 月末，全市商品房施工面积为 12962. 6 万平方米，比上年增长 2. 8%。商品房新开工面积为 2321. 1 万平方米，比上年下降 6. 2%。(见图 6-2)。

表 6-2 2017—2018 年商品房施工面积及新开工情况统计

单位：万平方米，%

	2018 年	2017 年	同比增长
施工面积	12962. 6	12608. 6	2. 8
新开工面积	2321. 1	2475. 7	-6. 2

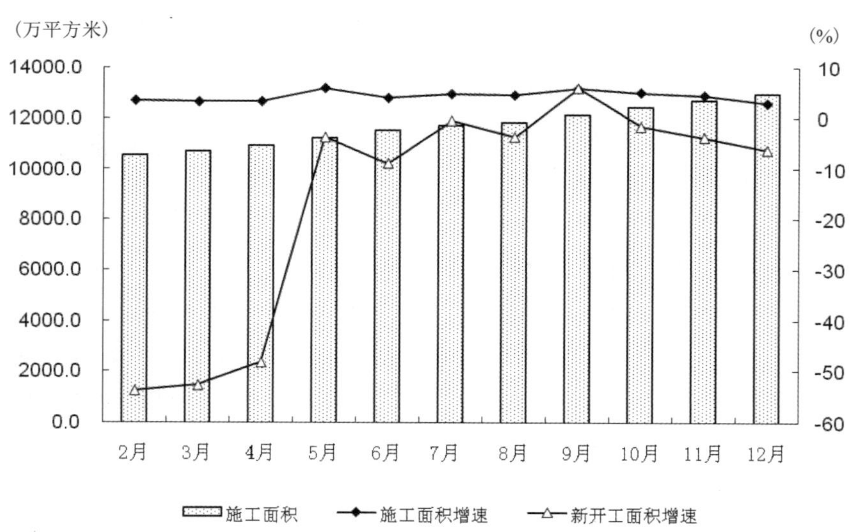

图 6-2 2018 年商品房施工面积及增速走势

截至12月底，住宅施工面积为5877.1万平方米，增长6.7%；其中，住宅新开工面积为1233.6万平方米，增长0.6%。

2018年，全市完成保障性住房投资同比增长44.1%。年末保障性住房施工面积5484.9万平方米，增长28.2%。全年保障性住房竣工面积664.7万平方米，增长89%（见表6-3）。

表6-3 2017—2018年保障性住房建设情况统计

单位：亿元，万平方米，%

	2018年	2017年	同比增长
房屋施工面积	5484.9	4277.5	28.2
其中：住宅	3277.3	3056.7	7.2
房屋新开工面积	1049.2	1023.1	2.6
其中：住宅	475.5	689.2	-31
房屋竣工面积	664.7	351.7	89
其中：住宅	351.8	277.3	26.9

三、2018年商品房施工情况（按区域分）

从区域上看，施工面积朝阳区最大，为2235.3万平方米，大兴区位于第二，为1610.3万平方米，分别占全市商品房施工面积的17.2%和12.4%（见表6-4）。

表6-4 2018年商品房施工面积分区统计

单位：万平方米

区	施工面积	区域	施工面积
东城区	121.5	通州区	1539.8
西城区	73.0	顺义区	1292.7
朝阳区	2235.3	昌平区	1033.1
丰台区	1531.5	大兴区	1610.3
石景山区	346.5	怀柔区	187.9
海淀区	1142.4	平谷区	232.4
门头沟区	391.1	密云区	286.7
房山区	765.8	延庆区	172.5
合计	12962.6		

四、历年商品房新开工情况（按用途分）

2018 年，全市全年商品房新开工面积为 2321.1 万平方米，比上年下降 6.2%。其中，住宅新开工面积为 1233.6 万平方米，增长 0.6%；办公楼为 221.3 万平方米，下降 39.3%；商业、非公益用房及其他用房为 866.2 万平方米，下降 2.1%（见图 6-3）。

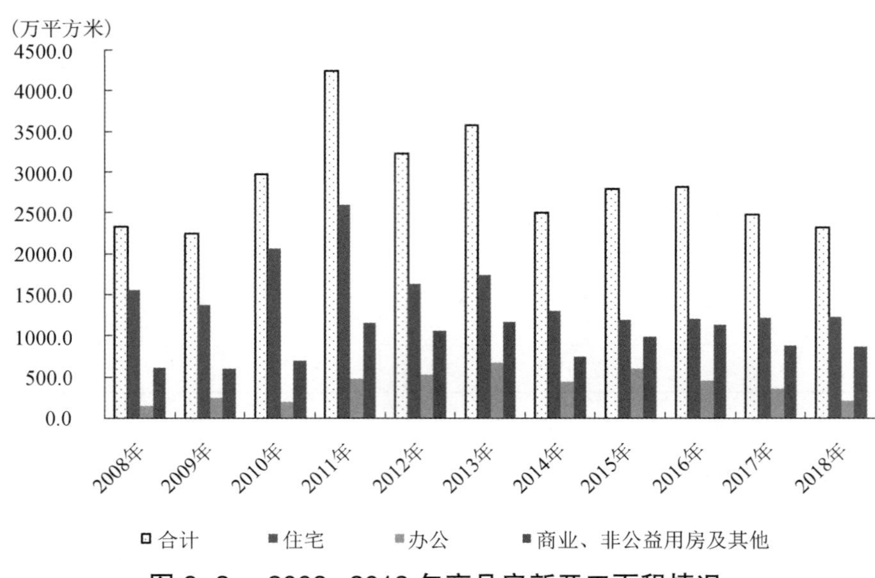

图 6-3　2008~2018 年商品房新开工面积情况

五、商品房竣工情况

2018 年，全市全年商品房竣工面积为 1557.9 万平方米，比上年增长 6.2%。其中，住宅竣工面积为 731.2 万平方米，增长 21.1%（见表 6-5）。

表 6-5　2017—2018 年商品房竣工面积统计

单位：万平方米,%

	2018 年	2017 年	增长（%）
竣工面积	1557.9	1466.7	6.2
其中：住宅	731.2	604	21.1

六、2018 年商品房竣工情况（按区域分）

从区域上看，全市商品房竣工面积为 1557.9 万平方米，顺义区最大，通州区位于第二，分别占 12.1%和 11.6%（见图 6-4）。

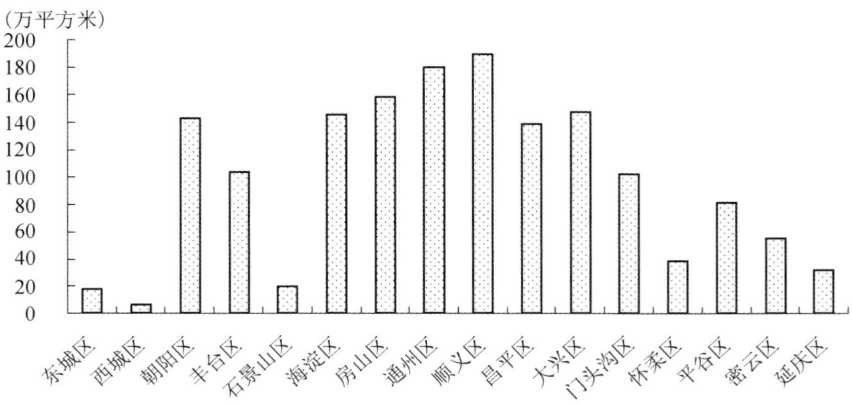

图 6-4 2018 年商品房竣工面积分区统计

七、历年商品房竣工情况（按用途分）

2018 年，全市商品房竣工面积为 1557.9 万平方米，比上年增长 6.2%。其中，住宅竣工面积为 731.2 万平方米，增长 21.1%；办公楼为 249.9 万平方米，下降 22.2%；商业、非公益用房及其他用房为 576.8 万平方米，增长 6.5%（见表 6-6）。

表 6-6 2008—2018 年按用途划分商品房竣工面积统计

单位：万平方米

年份	合计	住宅	办公楼	商业、非公益用房及其他
2008 年	2558	1399.3	364.6	794.1
2009 年	2678.6	1613.2	316.6	748.7
2010 年	2386.7	1498.5	198.4	689.8
2011 年	2245.2	1316.1	245.2	683.9
2012 年	2390.9	1522.7	226.8	641.4
2013 年	2666.4	1692	273.1	701.3
2014 年	3054.1	1804.3	387.5	862.3
2015 年	2631.5	1378.2	385.4	867.8
2016 年	2383.1	1275.2	343.7	764.2
2017 年	1466.7	604	321.2	541.5
2018 年	1557.9	731.2	249.9	576.8

第三节 商品房待售情况

截至2018年12月底，全市商品房待售面积为2153.3万平方米，比2017年末增加61.2万平方米。其中，住宅待售面积为833.7万平方米，比2017年末增加22.5万平方米（见表6-7）。

表6-7 2017—2018年商品房待售情况统计

单位：万平方米,%

	2018年	2017年	同比增长
待售面积	2153.3	2092.1	2.9
其中：住宅	833.7	811.2	2.8

一、2018年商品房待售情况（分区域分用途）

2018年末，全市商品房待售面积从区域分布看，朝阳区待售面积最大，达485.8万平方米，占22.6%；其次是通州区，269.4万平方米，占12.5%，第三是昌平区，263.8万平方米，占12.3%（见图6-5）。

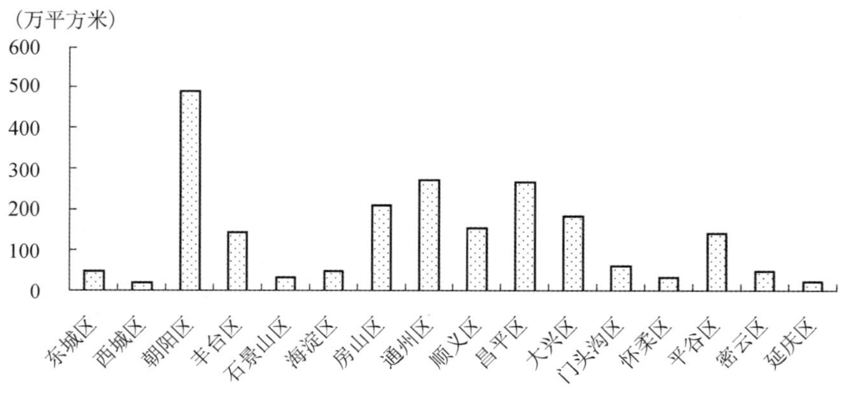

图6-5 2018年商品房待售面积情况分区统计

2018年末，全市商品房待售面积按时间划分，待售1年以内的面积为311.1万平方米，1年至3年的面积为968.2万平方米；3年以上的面积为874万平方米（见表6-8）。

表 6-8　2014—2018 年按用途分待售 1-3 年（含 1 年）商品房面积

单位：万平方米

	合计	住宅	办公	商业、非公益用房及其他
2014 年	944.3	406.5	127.3	410.5
2015 年	1016.4	434.5	138.5	443.5
2016 年	1197.1	396.3	230.7	570.1
2017 年	1190.4	382	233.9	574.5
2018 年	968.2	344.1	168.8	455.3

二、历年商品房待售情况（分用途）

2018 年商品房待售面积为 2153.3 万平方米，比上年末增加 61.2 万平方米。从用途上看，住宅待售面积为 833.7 万平方米，增长 2.8%；办公楼待售面积为 390.6 万平方米，增长 16.2%；商业、非公益用房及其他待售面积为 929 万平方米，下降 1.7%（见表 6-9）。

表 6-9　2007—2018 年商品房待售情况统计

单位：万平方米

年份	合计	住宅	办公	商业、非公益用房及其他
2007 年	1136.2	411.8	198.1	526.3
2008 年	1438.3	522.7	244.6	671
2009 年	1351.4	426.8	246.5	678.1
2010 年	1482.7	511.9	223.9	746.9
2011 年	1792.6	699.8	250.2	842.6
2012 年	1911.8	789.5	198.2	924.1
2013 年	1861.4	829.3	180.1	852
2014 年	2065.7	964.8	307.2	893.7
2015 年	2168.1	867.7	332.5	968
2016 年	2160.8	845.8	320.7	994.3
2017 年	2092.1	811.2	336.1	944.8
2018 年	2153.3	833.7	390.6	929

第四节 房屋征收拆迁

一、房屋征收拆迁情况综述

2018年是贯彻党的十九大精神的开局之年，是全面实施新版城市总体规划的第一年。一年来，按照新版城市总体规划“减量双控”工作要求及市委、市政府关于加大房屋征收拆迁政策统筹、严控征拆成本的指示精神，我委加大房屋征收拆迁政策统筹研究，加强棚改项目征拆补偿方案审核及重点项目指导协调，加大房屋征收信息系统应用及安置房查询系统建设，深化房屋征收拆迁行政与司法工作衔接，在政策逐步收紧的前提下，全市房屋征收拆迁工作依法稳步推进，整体签约率高，十余个项目实现一年内启动并100%签约，有力保障了城市副中心，京张、京雄、京沈铁路，棚户区改造及疏解整治促提升等重点工程建设进度。

二、房屋征收拆迁情况统计

（一）房屋征收拆迁项目启动情况

2018年，全市共启动房屋征收拆迁项目36个（其中作出房屋征收决定项目28个，核发房屋拆迁许可证项目8个），征收拆迁住宅户数7036户（其中征收涉及2830户，拆迁涉及4206户），涉及住宅建筑面积约110万平方米。

（二）房屋征收拆迁项目签约情况

2018年，全市房屋征收拆迁共签约住宅户数13291户（其中征收签约3038户，拆迁签约10253户），涉及住宅建筑面积约202万平方米（其中征收涉及约18万平方米，拆迁涉及184万平方米）。全市共清理完成在征在拆项目39个，其中征收项目6个，拆迁项目33个。

三、征收拆迁管理工作情况

（一）全市征收拆迁工作总体发展态势良好，保障了重点工程建设进度

面对减量双控新形势下征拆工作实际，各区加大统筹，真抓实干，重点项目征拆工作取得良好成效，多项目征拆工作实现100%签约。

城市副中心征拆工作顺利推进，保障副中心建设进度。通州区潞城镇棚改项目、北京市特种水泥厂及北京造纸七厂房屋征收项目、东方厂周边棚改项目（绿心）集体土地上房屋拆迁等四个项目实现100%签约，为副中心行政办公区配套工程、绿心棚改安置房及剧院、图书馆和博物馆等如期开工建设奠定基础。

棚改征拆任务圆满完成。顺义区原涤纶厂及维尼纶厂等四个棚改项目实现100%签约。东城区新中西里20-22号简易楼腾退及环境整治征收项目100%完成签约。海淀区魏公村小区棚改征收项目于2018年5月启动回迁安置房建设，实现一年内启动征收及回迁安置房开工建设。石景山区衙门口棚改征收项目涉及约4400户，签约期内签约率达到99.24%，安置房地块100%签约。

铁路项目征拆腾退工作进展顺利，为线路如期通车创造条件。京张铁路北京段途经海淀、昌平、延庆三个区，2018年4月正线红线范围内征拆任务全部完成。京沈客专北京段途经朝阳、昌平、顺义、怀柔、密云五个区，2018年5月正线红线用地征拆任务全部完成。京雄城际铁路北京段途经大兴区，2018年8月正线红线用地征拆任务全部完成。

（二）开展中心城区国有土地上房屋征收及宅基地上房屋拆迁政策统筹研究工作

一是落实市委、市政府关于“统筹老城内房屋腾退和征收政策”指示精神，开展中心城区国有土地上房屋征收补偿工作统筹规范专项调研，形成了《关于统筹规范本市中心城区房屋征收补偿相关工作的意见》（送审稿）。二是进一步修改、完善宅基地上房屋拆迁统筹政策文件，形成《关于进一步规范本市宅基地上房屋拆迁补偿安置工作的指导意见》（送审稿）。现已报市政府，其主要精神在棚改项目征拆补偿方案审核中试点推行。

（三）梳理征拆审核要点，加强棚改项目征拆补偿方案审核

制定《棚户区改造国有土地上房屋征收补偿安置成本控制内容指标》和《棚户区改造集体土地房屋拆迁补偿安置成本控制内容指标》，细化征拆审核要点，严把政策口径。对各区上报的相关棚改项目征拆补偿方案进行审核，各区主动削减、压缩成本，取得初步成效。

（四）出台《关于进一步加强房屋征收拆迁管理有关工作的通知》，进一步规范征拆管理行为

为进一步加强北京市房屋征收拆迁管理，提升城市建设精细化管理水平，2018 年 3 月印发《关于进一步加强房屋征收拆迁管理有关工作的通知》，进一步明确拆迁许可续期条件，指导各区加大征收拆迁滞留项目清理；明晰被征收拆迁房屋交付前后房屋建筑使用安全责任承担，明确各区建立健全房屋征收拆迁现场安全管理机制，分层抓好工作落实，减少房屋建筑使用安全隐患。

（五）积极推动房屋征收信息系统应用，加快安置房查询系统建设

继续推进房屋征收信息系统应用。目前，密云区、房山区、顺义区、西城区已实现征收信息系统应用，加强信息化管理，其他区正在加快推进中。加强安置房信息系统建设，避免重复安置。该系统将包含 2011 年以来全市房屋征收拆迁项目安置信息，“一绿”地区 24 个项目的房屋安置信息以及用“三定三限三结合”定向安置房安置的数据信息。目前已基本完成系统模块开发，安置数据信息正在采集。

（六）深化行政司法衔接工作机制，加大房屋征收拆迁涉法难题破解

以解决共性涉法难题及促进项目收尾为目标，与市高级法院、市四中院等法院系统召开七次专题会议，共同研究被拆迁人认定、国有土地房屋征收中未登记建筑认定、房屋征收拆迁中解危排险法律适用、征收公益性认定等共性涉法难题，并以破解望坛项目收尾难题为切入点，形成房屋征收相关政策执行口径。

（七）开展《北京市城市房屋拆迁滞留项目探究与破解》课题调研，推动城市房屋拆迁滞留难题分类化解

为有效化解城市房屋拆迁历史遗留矛盾，破解滞留难题，为重点工程建设提供用地保障，开展《北京市城市房屋拆迁滞留项目探究与破解》课题研究。课题组在完成基础数据统计的基础上，对存在滞留项目的 12 个区逐区调研，听取区相关部门诉求、意见、建议，并提出分类解决思路。目前，课题报告已通过验收，并获得二等奖。

（八）组建北京市房屋征收拆迁评估专家委员会，进一步规范评估鉴定工作

委托市估价师协会组建成立北京市房屋征收拆迁评估专家委员会，进一步规范北京市房屋征收拆迁评估鉴定等工作。同时委托市估价师协会开展房屋征收成本监测工作，加强征收成本统筹管理，为各区提供参考。2018 年，已完成全市 38 个监测点四个季度实地数据采集、分析研究、报告撰写等工作。另外，会同市估价师协会、市土储中心开展国有土地上非住宅项目征收和收储土地补偿费用评估衔接工作。

（九）召开全市系统工作会和政策培训会，提升征拆系统综合管理水平

1月31日至2月1日，组织召开全市房屋征收拆迁工作会议，总结2017年工作情况，部署2018年重点工作。12月4日至5日，组织召开全市房屋征收拆迁政策培训会，全面宣贯房屋征收拆迁相关政策。通报了近期中央、住建部有关棚改工作新的精神和征收拆迁补偿统筹新要求。明确现阶段市级层面负责统政策、审方案、建系统，区级层面负责定标准、降预期，做好过渡衔接。分类梳理典型案例，编印《房屋征收拆迁典型案例司法文书汇编》，进一步明晰法院对类型案件的审查要点和裁判标准；剖析近年来棚改项目审计中反映的征拆问题，进一步严格征拆工作程序，规范征拆行为，提升依法行政水平，减少行政及法律风险。

第七章

房地产交易市场运行

北京市房地产年鉴 2019

第一节　2018 年房地产交易市场综述

2018 年北京市继续保持调控定力，有效稳固调控成果。新建商品房供应明显增加，投机投资性需求继续得到严格遏制，供需矛盾有效改善。全年新建房屋①共计上市 1685. 2 万平方米、成交 833. 2 万平方米，其中新建商品住房②上市 984. 0 万平方米（8. 5 万套），成交 478. 5 万平方米（4. 1 万套）；存量房③成交 1415. 4 万平方米，其中商品住房 1287. 8 万平方米（14. 8 万套）。

一、新建商品房市场成交情况

（一）新建商品房成交情况

2018 年，北京市新建房屋成交面积 833. 2 万平方米，同比减少 17. 0%；成交金额 2765. 0 亿元，同比减少 10. 5%。其中预售成交面积 473. 2 万平方米，同比减少 11. 7%；成交金额 1826. 5 亿元，同比减少 12. 9%；现房成交面积 360. 0 万平方米，同比减少 23. 1%；成交金额 938. 4 亿元，同比减少 5. 4%。

（二）新建住房④成交情况

2018 年，北京市新建住房成交面积 515. 8 万平方米，同比减少 7. 8%；成交金额 2079. 7 亿元，同比增加 2. 5%。其中新建预售商品住房成交面积 350. 1 万平方米（3. 3 万套），同比增加 33. 4%，成交金额 1482. 1 亿元，同比增加 13. 0%；新建预售经济适用住房和限价房成交面积 24. 4 万平方米（0. 5 万套）；新建现售商品住房成交面积 128. 4 万平方米（0. 8 万套），同比减少 30. 2%，成交金额 569. 4 亿元，同比减少 1. 0%；新建现售经济适用住房和限价房销售面积 13. 0 万平方米（1724 套）。

二、存量房成交情况

2018 年，北京市存量房成交面积 1415. 4 万平方米，同比增加 7. 3%，成交金额 3904. 5 亿元，同比增加 5. 9%。其中存量住房成交面积 1287. 8 万平方米，同比增加 9. 7%，成交金额 3704. 0 亿元，同比增加 7. 7%。从成交比重来看，存量住房成交 14. 8 万套，占 90. 4%；存量办公用房成交 0. 5 万套，占 3. 2%；存量商业营业用房成交 0. 2 万套，占 1. 0%；其他类型存量房屋成交 0. 9 万套，占 5. 4%。

---

① 新建房屋包括新建（含预售及现售）的经济适用房、限价房等政策性住房以及自住房（含共有产权住房）、商品住房、商业、办公、工业、车库、其他等所有规划用途房屋。

② 新建商品住房包括新建（含预售及现售）的自住房（含共有产权住房）和商品住房，不包含经济适用房、限价房等政策性住房。

③ 存量房包括二手的商品住房、商业、办公、工业、车库、其他等所有规划用途房屋。

④ 新建住房包括新建（含预售及现售）的经济适用房、限价房等政策性住房，及自住房、商品住房。

第二节　新建商品房批准预售情况

一、新建商品房批准预售总体情况

2018 年，北京市共批准预售许可证 242 个（具体见附录二附表 2），面积 1196.0 万平方米，同比增加 62.3%；其中批准住房类房屋 8.2 万套，面积 874.5 万平方米，面积比 2017 年增加 73.7%，批准办公用房、商业用房面积分别为 97.2 万平方米、20.9 万平方米，比 2017 年分别减少 23.8%、47.2%。

表 7-1　2011—2018 年北京市新建房屋批准预售面积

单位：万平方米

年份	合计	住房	商业	办公	其他
2011 年	1554.7	1079.3	95.1	302.5	77.8
2012 年	1379.2	1036.1	53.9	232.4	56.8
2013 年	1174.1	781.8	76.7	251.3	64.3
2014 年	1565.3	1150.9	74.1	246.3	94.0
2015 年	1308.3	807.1	75.7	321.0	104.5
2016 年	1121.7	559.5	102.4	365.3	94.5
2017 年	737.0	503.4	39.6	127.6	66.4
2018 年	1196.0	874.5	20.9	97.2	203.4

从区域分布看，大兴、朝阳、丰台 3 区新建住房批准预售面积均超过 100 万平方米，合计达 453 万平方米，占全市批准预售总量的 37.9%，其余 14 个区批准预售面积为 743 万平方米，所占比重为 62.1%。

表 7-2　2018 年北京市新建房屋各区批准预售情况

区	上市套数（套/或单元）	上市面积（万平方米）
东城区	0	0.0
西城区	0	0.0
朝阳区	11390	130.0
海淀区	4752	62.2
丰台区	12194	116.8
石景山区	10164	83.5
通州区	9080	96.4

（续表 7-2）

区	上市套数（套/或单元）	上市面积（万平方米）
房山区	8646	78.4
顺义区	8569	90.7
门头沟区	4686	31.0
大兴区	26966	206.2
怀柔区	270	2.4
密云区	7011	42.1
昌平区	10349	91.4
延庆区	3526	30.7
平谷区	6084	63.6
开发区	12080	70.6
合计	135767	1196.0

二、不同用途房屋批准预售情况

（一）住房

2018 年北京市住房批准预售面积为 874.5 万平方米，比 2017 年增加了 371.1 万平方米，增幅为 73.7%。从用途看，商品住房批准预售面积为 833.9 万平方米，同比增加 109.1%；经济适用住房批准预售面积为 32.3 万平方米，同比增加 587.6%，限价房批准预售面积为 8.3 万平方米，同比减少 91.7%。

表 7-3　2011—2018 年北京市住房分类型批准预售面积

单位：万平方米

年份	住房	其中		
		商品住房	经济适用住房	限价房
2011 年	1079.3	812.7	22.3	244.3
2012 年	1036.1	831.9	32.4	171.8
2013 年	781.8	602.9	64.0	114.9
2014 年	1150.9	995.4	21.1	134.4
2015 年	807.1	638.6	37.5	131.0
2016 年	559.5	407.8	39.5	112.2
2017 年	503.4	398.8	4.7	99.9
2018 年	874.5	833.9	32.3	8.3

从区域分布看，北京市预售商品住房供应集中在大兴、朝阳、昌平、丰台、房山、石景山、平谷、顺义 8 个区，2018 年这 8 个区住房批准预售面积为 629.6 万平方米，占全市住房批

准预售面积总量的 75. 5%（其中，大兴区批准预售面积为 124. 3 万平方米，居各区之首）。东城区、西城区住房批准预售面积均为 0。其余 7 个区住房批准预售面积为 204. 1 万平方米，占全市总量的 24. 5%。

表 7-4　2011—2018 年北京市各区批准预售商品住房面积

单位：万平方米

区	2011 年	2012 年	2013 年	2014 年	2015 年	2016 年	2017 年	2018 年
东城区	0. 0	4. 2	0. 0	0. 0	9. 4	0. 0	0. 0	0. 0
西城区	13. 6	14. 1	6. 0	3. 1	0. 0	0. 0	5. 4	0. 0
朝阳区	146. 8	125. 7	65. 1	124. 5	98. 7	48. 1	69. 1	121. 5
海淀区	36. 7	46. 5	10. 0	54. 3	25. 8	33. 8	12. 7	45. 7
丰台区	49. 8	51. 2	26. 4	37. 7	47. 5	29. 9	34. 9	76. 3
石景山区	4. 4	1. 2	6. 6	0. 0	23. 9	0. 0	2. 8	59. 4
通州区	66. 5	91. 5	118. 8	129. 5	50. 7	17. 7	25. 4	32. 5
房山区	99. 4	100. 5	79. 3	111. 7	60. 8	77. 5	17. 0	60. 4
顺义区	45. 1	61. 5	56. 6	95. 5	37. 9	43. 6	50. 9	53. 2
门头沟区	14. 1	52. 0	16. 2	38. 8	66. 4	45. 7	31. 0	17. 9
大兴区	123. 8	101. 6	107. 3	138. 7	55. 3	15. 0	37. 6	124. 3
怀柔区	25. 0	20. 2	1. 8	2. 8	9. 2	0. 0	0. 0	2. 4
密云区	56. 9	40. 1	28. 8	45. 1	33. 8	11. 0	24. 9	25. 5
昌平区	118. 1	95. 8	43. 4	139. 3	63. 8	61. 5	60. 7	77. 4
延庆区	9. 1	14. 5	0. 0	0. 0	2. 2	0. 0	7. 8	30. 7
平谷区	0. 0	11. 3	22. 9	59. 5	28. 7	18. 3	13. 9	57. 1
开发区	3. 4	0. 0	13. 7	14. 9	24. 5	5. 8	4. 6	49. 4
合　计	812. 7	831. 9	602. 9	995. 4	638. 6	407. 8	398. 8	833. 9

（二）办公用房

2018 年，北京市办公用房批准预售面积 97. 2 万平方米，比 2017 年减少了 30. 4 万平方米，降幅为 23. 8%。办公用房供应以通州、大兴、顺义、海淀区为主，4 个区的办公用房批准预售面积占全市供应总量的 75. 4%，其中通州的供应量最大，为 24. 9 万平方米，占全市的比重为 25. 6%。东城、西城、朝阳、石景山、怀柔、延庆、平谷批准预售面积均为 0。

表 7-5　2011—2018 年北京市办公用房分区批准预售面积

单位：万平方米

区	2011 年	2012 年	2013 年	2014 年	2015 年	2016 年	2017 年	2018 年
东城区	4.2	0.0	2.1	0.8	0.0	6.4	0.0	0.0
西城区	8.9	2.0	0.0	20.4	11.2	0.0	0.0	0.0
朝阳区	52.8	28.3	59.7	36.0	14.7	8.3	3.4	0.0
海淀区	9.2	7.8	4.2	9.1	7.1	21.2	0.0	10.1
丰台区	37.8	9.6	13.1	5.1	41.9	18.8	9.9	7.6
石景山区	6.9	1.9	10.0	6.4	48.5	10.3	0.0	0.0
通州区	35.2	18.3	66.4	42.1	32.0	35.6	24.1	24.9
房山区	17.8	0.0	31.8	20.6	33.4	48.0	8.5	2.4
顺义区	18.6	71.1	16.3	20.0	36.2	40.4	25.5	14.9
门头沟区	0.0	0.0	2.9	13.4	16.0	32.9	10.9	2.7
大兴区	12.1	67.0	25.2	15.6	63.3	76.4	5.7	23.4
怀柔区	0.5	14.3	0.0	8.8	2.8	0.0	0.0	0.0
密云区	0.0	0.0	0.0	2.3	0.0	0.0	3.5	4.7
昌平区	30.7	7.9	5.6	20.0	9.5	20.0	15.3	3.9
延庆区	0.0	0.0	0.0	0.0	0.0	1.8	0.0	0.0
平谷区	0.0	0.0	7.5	3.4	4.4	33.3	14.6	0.0
开发区	67.8	4.2	6.5	22.3	0.0	11.8	6.2	2.4
合　计	302.5	232.4	251.3	246.3	321.0	365.3	127.6	97.2

（三）商业用房

2018 年，北京市商业用房批准预售面积 20.9 万平方米，比 2017 减少了 18.7 万平方米，降幅为 47.2%。商业用房的供应主要分布在顺义、通州、丰台、大兴、海淀 5 个区，供应量占全市供应总量的 82.3%。

表 7-6　2011—2018 年北京市商业营业用房分区批准预售面积

单位：万平方米

区	2011 年	2012 年	2013 年	2014 年	2015 年	2016 年	2017 年	2018 年
东城区	1.2	0.2	0.08	0.01	1.2	4.8	0.0	0.0
西城区	1.0	1.3	0.0	0.27	0.5	0.5	0.0	0.0
朝阳区	26.1	16.6	11.4	9.5	10.9	1.2	2.0	0.0
海淀区	0.7	2.0	4.4	5.2	0.0	3.6	0.0	2.0
丰台区	12.4	2.6	2.6	4.4	8.4	15.7	1.1	3.4
石景山区	9.3	3.4	7.7	1.5	10.8	5.4	0.0	0.0
通州区	2.7	3.2	16.0	9.5	7.3	16.0	4.8	4.4

（续表 7-6）

区	2011 年	2012 年	2013 年	2014 年	2015 年	2016 年	2017 年	2018 年
房山区	0.5	0.8	4.9	15.5	8.8	13.2	6.7	1.0
顺义区	1.8	6.1	10.1	6.4	13.1	6.6	4.5	5.0
门头沟区	0.5	0.0	0.03	3.0	0.5	12.2	6.6	1.0
大兴区	6.4	8.6	15.6	12.3	11.9	12.6	9.9	2.4
怀柔区	0.9	0.4	0.71	0.0	0.1	0.0	0.0	0.0
密云区	0.3	0.0	0.0	0.0	0.0	0.0	0.5	1.5
昌平区	7.9	2.4	2.9	3.2	1.1	1.1	2.8	0.2
延庆区	5.0	0.0	0.0	0.83	0.0	0.0	0.0	0.0
平谷区	0.0	5.0	0.24	0.0	0.8	8.9	0.6	0.0
开发区	18.4	1.3	0.0	2.5	0.3	0.6	0.1	0.0
合　计	95.1	53.9	76.7	74.1	75.7	102.4	39.6	20.9

三、可售期房情况

截止到 2018 年底，北京市期房可售面积 1169.5 万平方米；其中，可售住房 6.7 万套，面积 763.1 万平方米；可售商业 2379 套（或单元），面积 34.0 万平方米；可售办公 1.4 万套（或单元），面积 147.1 万平方米。

表 7-7　2018 年底北京市可售期房按用途分类情况

用途	可售套数（套）	可售面积（万平米）
住房	66622	763.1
商业	2379	34.0
办公	13920	147.1
其他	53792	225.3
合　计	136713	1169.5

第三节　新建商品房成交情况

一、新建房屋成交情况

（一）期房成交情况

2018 年，北京市新建预售房屋成交 4.8 万套，成交面积 473.2 万平方米，比 2017 年分别减少 12.2%和 11.7%。其中住房成交 3.8 万套，成交面积 374.4 万平方米，比 2017 年分别增加 20.0%和 7.4%，办公、商业成交面积分别为 43.7 万平方米、27.3 万平方米，比 2017 年分别减少 62.9%、23.2%。

表 7-8　2018 年北京市新建预售房屋成交情况（按用途分类）

用途	成交套数（套或单元）	成交面积（万平米）
住宅	37935	374.4
商业	1463	27.3
办公	3957	43.7
其他	5086	27.8
合　计	48441	473.2

从区域分布看，新建预售房屋成交主要集中在昌平、通州、朝阳、丰台、顺义、大兴、门头沟区 7 个区，成交面积均高于 30 万平方米。7 个区成交面积为 333.2 万平方米，占全市新建预售房屋成交总量的 70.4%（其中昌平区成交 61.9 万平方米，居各区之首）。延庆、西城、东城、怀柔 4 个区成交面积均低于 10 万平方米。

表 7-9　2011—2018 年北京市新建预售房屋分区成交情况

单位：万平方米

区	2011 年	2012 年	2013 年	2014 年	2015 年	2016 年	2017 年	2018 年
东城区	9.1	6.0	3.8	0.6	2.8	4.7	2.7	0.4
西城区	44.0	17.2	11.2	26.7	11.0	8.3	3.4	1.5
朝阳区	254.1	278.4	214.9	138.8	119.1	104.2	42.6	60.0
海淀区	70.1	78.4	32.8	29.0	53.0	37.9	25.0	27.6
丰台区	70.5	79.8	82.4	47.5	95.0	82.4	50.1	41.9
石景山区	30.9	17.1	43.9	9.2	52.9	47.2	29.3	22.9
通州区	78.5	145.6	198.3	129.9	139.8	125.6	53.4	60.0
房山区	100.8	121.5	139.4	120.5	117.4	131.2	50.4	19.8
顺义区	77.4	103.0	120.8	89.2	93.7	142.5	52.4	37.2
门头沟区	1.7	43.2	28.0	29.2	65.1	98.1	28.4	35.3
大兴区	147.7	195.4	203.5	160.1	102.4	132.1	50.4	36.9
怀柔区	21.6	19.7	16.9	11.9	5.0	19.5	6.8	0.4
密云区	35.1	45.5	43.8	24.7	28.5	32.0	27.0	22.8
昌平区	111.6	163.3	86.5	98.2	120.7	99.6	75.5	61.9
延庆区	9.5	13.9	2.9	0.4	6.2	4.4	7.1	7.3
平谷区	4.7	3.2	16.4	25.0	49.3	48.5	20.9	25.6
开发区	25.3	23.7	33.0	18.4	34.2	35.5	10.3	11.7
合　计	1092.4	1354.8	1278.4	959.3	1096.2	1153.7	535.7	473.2

（二）现房成交情况

2018 年，北京市新建现售房屋转移登记 4.0 万套，面积 360.0 万平方米，比 2017 年分别减少 21.9%、23.1%。其中住房 1.0 万套、141.4 万平方米，比 2017 年分别减少 42.4%、33.1%。办公用房为 61.8 万平方米，比 2017 年减少 0.4%。商业用房为 41.4 万平方米，比 2017 年减少 32.6%。

表 7-10　2018 年北京市现售房屋转让成交情况

用途	成交套数（或单元）	成交面积（万平方米）
住房	9530	141.4
办公	4633	61.8
商业	1763	41.4
其他	23928	115.4
合　计	39854	360.0

二、住房期房成交情况

（一）成交量价情况

2018 年，北京市新建住房期房成交 3.8 万套，成交面积 374.4 万平方米，经济适用住房成交 22.0 万平方米，限价房成交 2.4 万平方米。从区域分布看，住房成交主要集中在朝阳、昌平、通州、大兴、丰台、顺义、平谷、密云区，8 个区住房成交 288.2 万平方米，占全市住房成交总量的 76.9%（其中朝阳区成交 58.2 万平方米，占全市住房成交总量的 15.5%，居于各区之首）。其余各区商品住房成交面积占全市住房成交总量的 23.1%，其中延庆、西城、怀柔、东城 4 个区成交面积均低于 10 万平方米，合计成交占比为 2.4%。

表 7-11　2018 年北京市新建住房期房分区成交情况

单位：万平方米

区	住房	其中		
		商品住房	经济适用住房	两限房
东城区	0.0	0.0	0.0	0.0
西城区	1.4	1.4	0.0	0.0
朝阳区	58.2	56.8	0.3	1.1
海淀区	17.1	17.1	0.0	0.0
丰台区	32.2	32.2	0.0	0.03
石景山区	19.5	19.3	0.0	0.2
通州区	33.8	14.5	19.3	0.0
房山区	15.0	14.9	0.04	0.07
顺义区	31.8	31.5	0.0	0.3
门头沟区	14.2	14.2	0.0	0.0

（续表 7-11）

区	住房	其中		
		商品住房	经济适用住房	两限房
大兴区	32.5	30.0	2.3	0.2
怀柔区	0.4	0.0	0.0	0.4
密云区	21.3	21.3	0.0	0.0
昌平区	56.1	56.0	0.0	0.09
延庆区	7.3	7.3	0.0	0.0
平谷区	22.3	22.3	0.0	0.0
开发区	11.5	11.5	0.0	0.0
合　计	374.6	350.3	21.9	2.4

（二）购买对象情况

从购买对象分析，2018 年，北京市新建住房期房购买主要以本地居民购买为主。本地居民购买住房 3.3 万套，面积 314.1 万平方米，成交套数占全市新建住房期房成交总套数的 86.7%。外省市个人购买商品住房 0.4 万套，面积 49.3 万平方米，成交套数占全市的 11.5%。境外个人购买住房 56 套，面积 1.3 万平方米，成交套数占全市的 0.1%。

表 7-12　2018 年北京市新建住房期房购买对象情况

单位：套、万平方米

购买对象	新建期房		新建住房期房	
	成交套数	成交面积	成交套数	成交面积
本市个人	36566	331.8	32900	314.1
外省市个人	5075	52.8	4366	49.3
华侨、港澳台同胞、外国人购买	76	1.4	56	1.3
境内单位	6724	87.1	613	9.8
境外单位	0	0	0	0
合　计	48441	473.2	37935	374.4

表 7-13　2011—2018 年北京市新建住房期房购房对象所占比重情况（%）

年份	本地居民	外省市个人	境外个人
2011 年	76.1	18.0	0.4
2012 年	80.5	17.2	0.3
2013 年	77.2	18.1	0.2
2014 年	81.2	17.1	0.1

（续表 7-13）

年份	本地居民	外省市个人	境外个人
2015 年	86.3	12.5%	0.07
2016 年	86.1	12.2	0.1
2017 年	84.7	8.4	0.2
2018 年	86.7	11.5	0.1

三、办公用房期房成交情况

2018 年，北京市新建办公用房期房成交面积 43.7 万平方米（0.4 万套或单元），成交金额 168.4 亿元。从区域分布看，办公用房成交主要集中在通州、海淀、门头沟、丰台 4 个区，共成交 31.4 万平方米，占全市办公用房成交总量的 71.7%。其中通州区成交面积居于各区之首，为 18.1 万平方米，所占比重为 41.4%。

表 7-14　2018 年北京市新建办公用房期房分区成交情况

区	办公		
	成交套数（或单元）	成交面积（万平方米）	成交金额（亿元）
东城区	0	0.0	0.0
西城区	0	0.0	0.0
朝阳区	0	0.0	0.0
海淀区	431	6.5	35.6
丰台区	205	3.1	15.4
石景山区	129	2.2	10.8
通州区	892	18.1	70.5
房山区	94	0.5	1.2
顺义区	435	2.3	5.6
门头沟区	408	3.6	10.4
大兴区	147	1.1	3.1
怀柔区	0	0.0	0.0
密云区	52	0.4	0.4
昌平区	637	2.9	10.6
延庆区	0	0.0	0.0
平谷区	525	2.9	4.6
开发区	2	0.1	0.1
合　计	3957	43.7	168.4

四、商业营业用房期房成交情况

2018 年，北京市新建商业营业用房期房成交面积 27. 3 万平方米（1463 套或单元），成交金额 97. 5 亿元。从区域分布看，商业营业用房成交主要集中在门头沟、丰台两区，成交 15. 6 万平方米，占全市商业营业用房成交总量的 57. 2%。

表 7-15　2018 年北京市新建商业营业用房期房分区成交情况

区	商业		
	成交套数（或单元）	成交面积（万平方米）	成交金额（亿元）
东城区	11	0. 4	5. 9
西城区	21	0. 1	0. 8
朝阳区	4	0. 2	0. 9
海淀区	61	2. 3	13. 3
丰台区	19	4. 1	9. 8
石景山区	2	0. 0	0. 1
通州区	152	2. 3	12. 9
房山区	420	2. 3	7. 0
顺义区	113	1. 0	3. 7
门头沟区	356	11. 5	30. 7
大兴区	222	2. 0	8. 3
怀柔区	0	0. 0	0. 0
密云区	0	0. 0	0. 0
昌平区	59	0. 9	3. 8
延庆区	0	0. 0	0. 0
平谷区	23	0. 1	0. 2
开发区	0	0. 0	0. 0
合　计	1463	27. 3	97. 5

第四节　存量房成交情况

一、存量房交易总体情况

2018 年，北京市存量房成交面积 1415. 4 万平方米，同比增加 7. 3%，成交金额 3904. 5 亿元，同比增加 5. 9%。

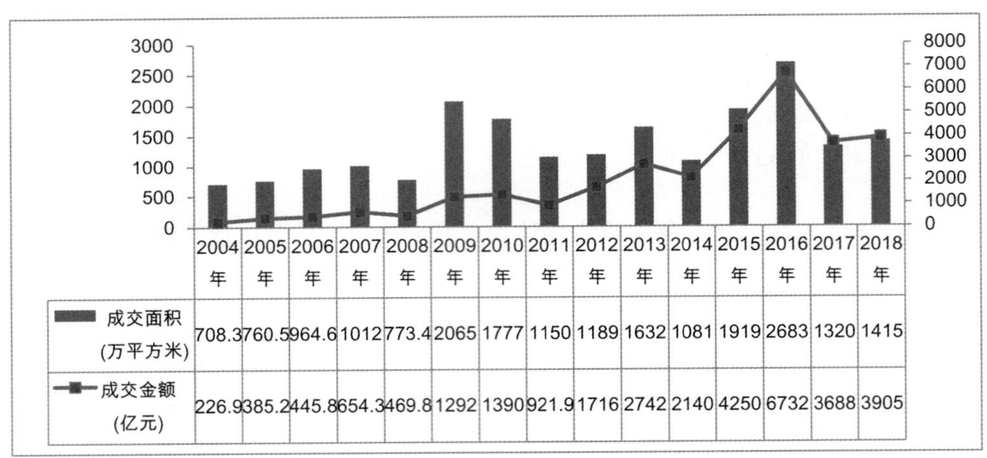

图 7-1　2004~2018 年度北京市存量房交易情况

2018 年全市存量房成交 16.4 万套，其中存量住房成交 14.8 万套，占 90.4%；存量办公用房成交 0.5 万套，占 3.2%；存量商业营业用房成交 0.2 万套，占 1.0%；其他类型存量房屋成交 0.9 万套，占 5.4%。

2018 年全市存量房成交 1415.4 万平方米，存量住房 1287.8 万平方米，占 91.0%；存量办公用房成交 53.6 万平方米，占 3.8%；存量商业营业用房成交 27.9 万平方米，占 2.0%；其他类型房屋成交 46.2 万平方米，占 3.3%。

表 7-16　2018 年北京市存量房成交总体情况

万平方米；亿元

类别	成交套数	成交面积	成交金额
存量住房	148029	1287.8	3704.0
存量办公	5259	53.6	110.4
存量商业	1709	27.9	52.5
其他	8809	46.2	37.6
合计	163806	1415.4	3904.5

从区域分布上看，朝阳区、海淀区、昌平区、丰台区与大兴区成交面积居于各区前列。朝阳区成交面积 354.9 万平方米，远高于其他区，其次是海淀区、昌平区、丰台区、大兴区，分别是 167.3 万平方米、145.5 万平方米、135.3 万平方米、114.2 万平方米。

表 7-17　2018 年北京市各区存量房成交情况

区	成交套数（套）	成交面积（万平方米）
东城区	6232	50.8
西城区	11683	81.4
朝阳区	40476	354.9
海淀区	20785	167.3
丰台区	17342	135.3
石景山区	5250	38.0
通州区	9412	81.4
房山区	8497	70.4
顺义区	6783	73.1
门头沟区	1732	13.2
大兴区	11672	114.2
怀柔区	1288	12.9
密云区	2857	29.0
昌平区	14749	145.5
延庆区	1370	12.4
平谷区	1379	12.6
开发区	2299	22.9
合　计	163806	1415.4

二、存量商品住房成交情况

2018 年全市存量商品住房成交 14.8 万套，同比增加 13.0%；成交面积 1287.8 万平方米，同比增加 9.7%。

表 7-18　2011—2018 年北京市存量商品住房成交情况

年度	2011 年	2012 年	2013 年	2014 年	2015 年	2016 年	2017 年	2018 年
成交套数	97100	124737	150495	98807	189888	260277	130546	148029
成交面积（万 m^2）	907.9	1090.0	1374.4	877.1	1714.3	2384.9	1174.4	1287.8

从区域分布上来看，朝阳区成交面积居于各区之首，成交面积 323.3 万平方米，远高于其他区，其次是海淀区、昌平区、丰台区，分别是 157.6 万平方米、137.1 万平方米、129.4 万平方米。

表 7-19　2018 年北京市各区存量商品住房成交情况

区	成交套数（套）	成交面积（万平方米）
东城区	5898	44.5
西城区	11073	75.1
朝阳区	35827	323.3
海淀区	19142	157.6
丰台区	16358	129.4
石景山区	4993	37.0
通州区	7994	71.1
房山区	7858	67.3
顺义区	5924	66.1
门头沟区	1625	12.7
大兴区	9895	90.9
怀柔区	1129	10.9
密云区	2742	26.1
昌平区	13502	137.1
延庆区	1358	12.1
平谷区	1307	12.1
开发区	1404	14.6
合　计	148029	1287.8

三、已购公房和经济适用房再上市成交情况

2018 年北京市已购公房和经济适用房再上市成交 39237 套，成交面积 265.6 万平方米。成交套数同比减少 5.1%，成交面积同比减少 9.2%。

表 7-20　2011—2018 年北京市已购公房和经济适用住房再上市情况

年度	2011 年	2012 年	2013 年	2014 年	2015 年	2016 年	2017 年	2018 年
成交套数	35642	42390	50528	35848	56986	72945	41348	39237
成交面积（万 m^2）	290.1	311.6	378.5	254.7	410.1	531.2	292.4	265.6

从区域分布上来看，朝阳区、海淀区、西城区、丰台区成交面积居于各区前列。朝阳区成交面积 67.9 万平方米，为最高，其次是海淀区、西城区、丰台区，分别是 53.8 万平方米、40.1 万平方米、31.6 万平方米。

表 7-21　2018 年已购公房和经济适用住房再上市成交分区情况

区	成交套数（套）	成交面积（万平方米）
东城区	2257	14.3
西城区	6196	40.1
朝阳区	10373	67.9
海淀区	7978	53.8
丰台区	4719	31.6
石景山区	2085	13.8
通州区	428	2.9
房山区	1317	9.0
顺义区	410	3.0
门头沟区	411	2.6
大兴区	818	5.8
怀柔区	177	1.2
密云区	0	0.0
昌平区	1891	18.5
延庆区	163	1.2
平谷区	10	0.1
开发区	4	0.04
合　计	39237	265.6

第五节　住房租赁市场交易情况

受资本、供应等因素综合影响，2018 年本市住房租赁市场总体表现先热后稳，逐步回归理性。据本市住房租赁监管平台备案信息和主要经纪机构成交数据推算，全年本市住房租赁市场累计交易 254.2 万套次，同比增长 3%；全市整租平均租金 82.6 元/平方米·月、同比上涨 9.3%，分租平均租金 2573.8 元/间·月、同比涨 7.6%。

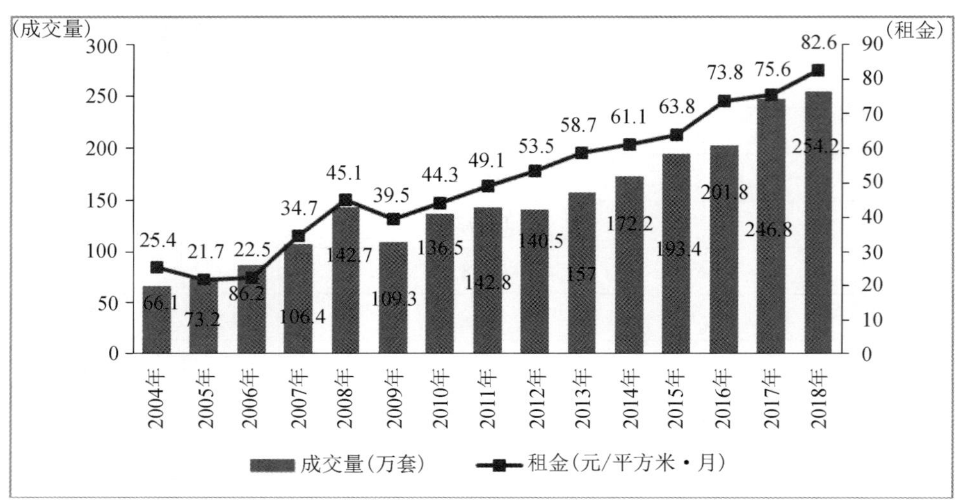

图 7-2 2004~2018 年住房租赁市场量价情况

一、租赁房源供应渠道多样化

一是，加快推进集体土地租赁住房建设。截至 2018 年底，2017 年供地的 39 个集体土地租赁房项目已开工 12 个，可提供房源 1.2 万套。二是，加快推动商业办公等转化、改建租赁型住房工作。全年共转化改建项目 15 个，可提供 4100 套（间）。三是，推进企业自持租赁住房建设。目前全市自持项目 30 个、1.47 万套，已开工 25 个项目、1.3 万套。四是，分配公租房 32380 套（户），其中实物房源 26645 套、发放补贴 5735 户，提前超额完成全年任务。

二、租金价格先涨后稳，市场逐步回归理性

据本市住房租赁监管平台备案信息和主要经纪机构成交数据推算，全年本市住宅整租市场平均租金 82.6 元/平方米・月，同比上涨 9.3%，略高于常态水平。租售比趋于优化，由 2017 年的 1∶846 变为 1∶740。分租市场平均租金 2573.8 元/间・月，同比上涨 7.6%，低于整租涨幅 1.7 个百分点。从走势看，主要是 5、6、7 月份上涨较快，月环比涨幅接近 2%，8 月份以后逐步回落（具体见附录二附表 3）。

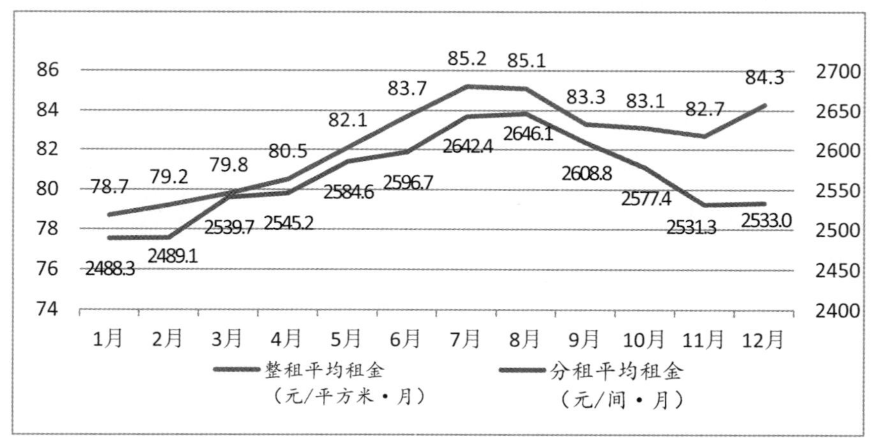

图 7-3 2018 年北京住房租赁价格变化情况

三、成交量略有增长，市场由普租向长租公寓转型

据测算，2018 年全市住房租赁市场累计成交 254.2 万套次，同比增长 3%，涨幅比上年缩小 19.3 个百分点。根据住房租赁监管平台备案信息统计，分租合同备案占比较上年提高近 10 个百分点，反映出长租公寓市场发展势头迅猛。其中昌平、通州两区分租成交占全市分租成交总量过 7 成以上。

根据住房租赁监管平台备案信息，2018 年整租房屋套均面积为 70.7 平方米，随租金上涨有逐月减小迹象；分租稳定在每间 13 平方米左右。从承租人年龄看，整租平均年龄为 33 岁，与 2017 年基本持平，其中门头沟区拆迁安置家庭租房需求集中、东城和西城因子女就近上学租房人群较多，承租人平均年龄偏高，分别为 38 岁、35 岁和 35 岁；昌平、通州两区年轻群体较为集中，承租人平均年龄为 31 岁。分租承租人平均年龄为 26 岁，明显低于整租市场平均年龄，以单身人群为主。

第六节　房屋市场价格

习近平总书记在十九大报告中提出“房子是用来住的，不是用来炒的”，为房地产市场的发展指明了方向。2018 年，在复杂多变的市场环境和供需矛盾长期存在的背景下，北京市严格落实“房住不炒”定位，房地产调控政策持续发挥作用，共有产权房和限竞房加快入市形成有效供应，集体土地建设租赁住房稳步推进，租购并举的住房保障体系日益完善。在“以稳为主、保障民生”的调控思路下，市场需求得到有效释放，全年住宅成交量同比回升。同时，由于调控政策继续严格执行不放松，投机炒房行为基本绝迹，住宅销售价格回归平稳。

一、住宅市场运行总体向好

（一）土地供应结构优化

为了更好地保障市民的居住需求，“3.17 新政”以来北京市不断提高土地供应中住宅用地的比重。相关部门数据显示①，2017 年住宅用地成交 71 宗，占当年经营用地成交宗数的 69.6%；2018 年住宅用地成交 52 宗，占比提高至 72.2%，高于 2015 年、2016 年的 49.5% 和 36.6%。土地供应转向以保障民生为主，有利于在未来形成持续稳定的住宅供应，缓解市场供需矛盾。

（二）住房供给成效明显

统计数据显示，2018 年北京市住宅投资额同比增长 17.4%，比全国 13.4% 的平均增速高 4.0 个百分点。住宅竣工面积 731.2 万平方米，同比增长 21.1%。相关部门数据显示，2018 北京市供应新建商品住宅 8.13 万套，同比增长 94.4%。在新建商品住宅供应量持续增加的带动下，新建商品住宅可售套数显著回升。截至 2018 年末，全市新建商品住宅可售套数为 7.16 万套，与 2017 年末相比增长 92.2%。住宅供应量的增加，为缓解供需矛盾和稳定房价打下了

① 数据来源：北京市规划和自然资源委员会网站。

良好基础。

（三）市场成交同比回升

2018 年，北京市住宅市场在调控政策作用下逐步趋于平稳，“3.17 新政”实施一年后积压的市场需求陆续释放，北京市住宅交易量呈现波动上行的特点。相关部门数据显示，全年新建商品住宅累计销售 4.64 万套，同比增长 8.1%。二手住宅累计成交 15.16 万套，同比增长 12.9%。从年内成交走势看，上半年受购房资格审核时间大幅缩短、部分区义务教育阶段入学政策调整影响，住宅成交量在 3~5 月逐步走高。二手住宅成交量在 5 月份升至 1.79 万套，仅次于 2017 年 3 月份的 2.55 万套。6~9 月二手住宅成交量高位趋稳，稳定在 1.5 万套左右。随着“9.13”公积金贷款政策收紧，10~12 月二手住宅成交量明显回落。

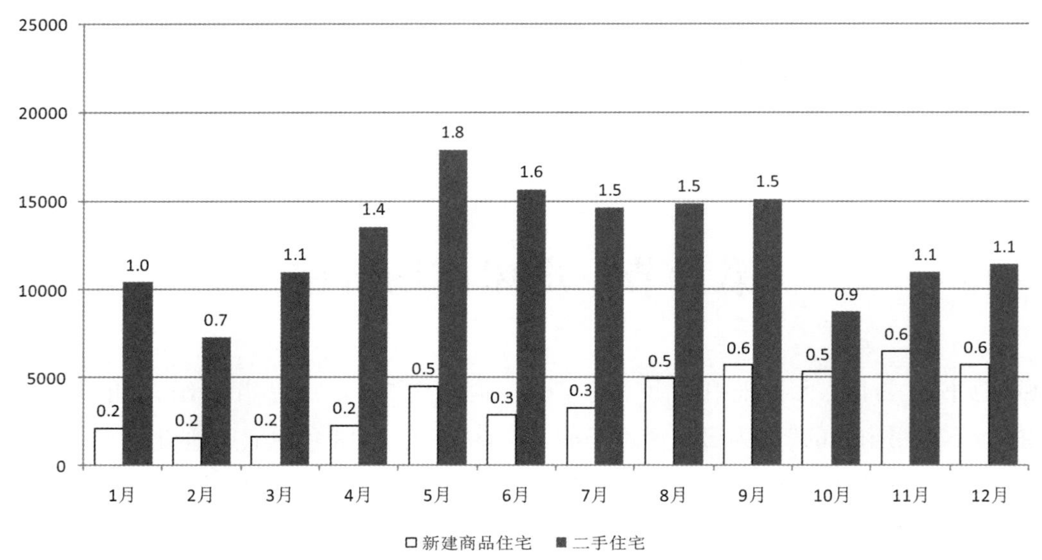

图 7-4 2018 年北京市住宅成交量变动情况（万套）

二、住宅销售价格回归平稳

（一）调控政策持续严格执行，住宅价格总体平稳

2018 年，北京市房地产调控政策继续严格执行，并在 9 月份收紧了公积金贷款政策。在此背景下，尽管全年新建商品住宅和二手住宅成交量同比分别增长 8.1%和 12.9%，但价格走势总体平稳。12 月份，新建商品住宅价格同比上涨 2.3%，二手住宅价格同比下降 1.9%。从价格环比看，年内新建商品住宅价格表现为“8 升 3 平 1 降”的小幅波动态势，除 2 月份环比下降 0.3%，6 月份、8 月份和 9 月份环比持平，其余 8 个月价格环比涨幅在 0.1%~1.0%之间。二手住宅价格环比表现为“3 升 1 平 8 降”，5~7 月受部分区义务教育入学政策调整影响，二手住宅成交量明显增加并带动交易价格上涨，环比涨幅在 0.1%~0.4%之间。8 月份以后，二手住宅市场热度消退同时叠加“9.13”公积金贷款政策收紧影响，供需矛盾有所缓和，交易价格逐步回落，9~12 月环比降幅在 0.2%~0.6%之间。

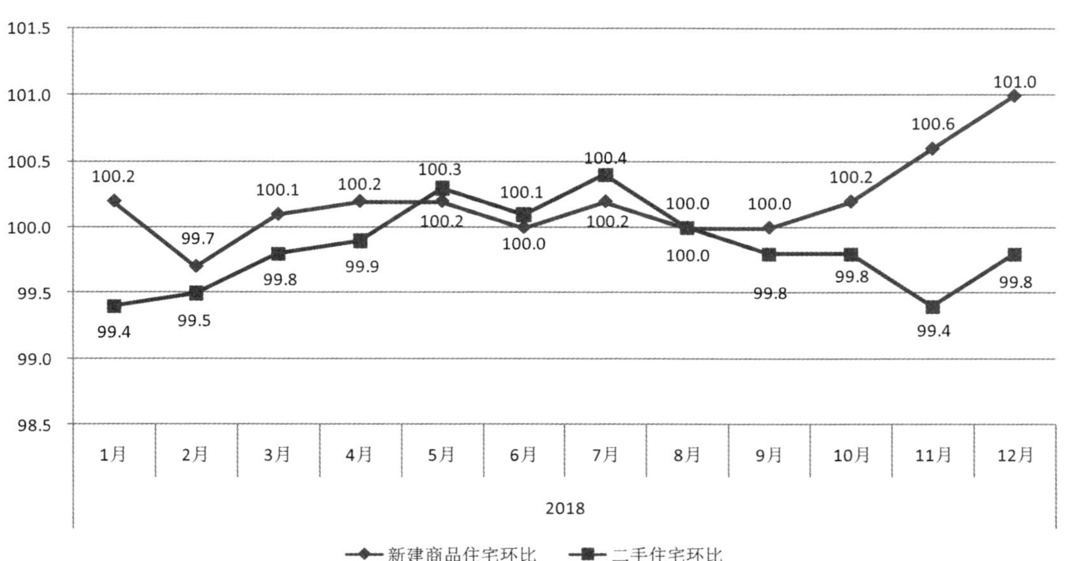

图 7-5　2018 年北京市住宅销售价格环比指数（%）

（二）新建商品住宅各户型价格同比上涨，二手住宅各户型价格稳中有降

2018 年，北京市新建商品住宅各户型价格呈小幅上涨态势。90 平方米及以下户型，除 1 月份价格同比下降 0.1%，其余各月均为同比上涨，涨幅在 0.3%～2.0%之间。90～144 平方米户型价格同比走势为“8 升 1 平 3 降”，1 月份、3 月份和 4 月份价格同比下降，降幅在 0.2%～1.0%之间；6～12 月价格同比持续上涨，涨幅在 0.1%～1.7%之间。144 平方米以上户型价格走势表现为“3 升 9 降”，1～9 月价格同比下降，降幅在 0.3%～2.0%之间，10～12 月价格同比涨幅由 0.2%扩大至 3.1%。

二手住宅各户型价格总体稳中有降。90 平方米及以下户型价格在 4 月份下探至年内最低点，同比下降 7.3%；从 5 月份起同比降幅持续收窄，12 月份同比下降 1.2%。90～144 平方米户型价格在 3 月份最低，同比下降 6.5%；4～10 月同比降幅由 6.3%收窄至 2.1%；11～12 月同比价格再次回落并趋稳，2 个月均为同比下降 2.5%。144 平方米以上户型价格同比降幅在 1～4 月连续扩大，4 月份降至年内最低点的 6.6%，从 5 月份起降幅逐月收窄，12 月份同比下降 2.5%。

三、一线城市住宅价格运行情况

2018 年，一线城市新建商品住宅价格同比由降转升。其中，北京新建商品住宅价格同比自 7 月份起由降转升，12 月份上涨 2.3%。上海 11 月份价格同比上涨 0.1%，结束了连续 10 个月的同比下降趋势，12 月份涨幅继续扩大，同比上涨 0.4%。广州 1～3 月涨幅较高但逐月回落，4 月份同比下降 0.8%；5～12 月价格再次上涨且涨幅持续扩大，12 月份价格同比上涨 8.3%。深圳 1～7 月价格同比保持下降趋势，但降幅不断收窄；8～12 月价格同比小幅波动，12 月份价格同比上涨 0.1%。

二手住宅方面，京、沪价格同比下降，广、深价格同比上涨。其中，北京二手住宅价格连续 15 个月同比下降，12 月份同比下降 1.9%。上海价格同比从 3 月份起由升转降，5～12 月同比降幅在 2.1%～2.7%之间，12 月份同比下降

2.7%。广州同比涨幅从1月份的7.6%逐月缩小至6月份的1.7%；7~12月涨幅小幅反弹，12月份同比上涨2.3%。深圳二手住宅价格连续15个月同比上涨，从1月份的2.6%逐步扩大至9月份的7.0%；10~12月涨幅回落，12月份同比上涨4.8%。

第八章

房地产市场监管

第一节　房地产开发监管

一、着力推进600万平方米已拿地商品住房开工建设，努力提升项目从潜在供应向市场实际供应的转化能力

为推进已拿地商品住房项目尽快建成形成市场有效供给，开展了“着力推进600万平方米已拿地商品住房建设”专项工作。以2017年45个、建筑规模约655万平方米新拿地项目为发力点，加大推进协调力度，建立了走访企业、赴企业现场办公等机制。联合市发展改革委、市规划自然资源委等部门开展项目联席协调，进一步优化营商环境，提高服务效率，为项目早日开工建设创造条件。截止12月底，2017年新供地600万平方米商品住房项目实现开工494万平方米，开工率达到74%，有效提升了房地产项目从潜在供应向市场实际供应的转化能力。

二、强化配套设施建设管理，提升配套设施与住宅建设移交“两同步”监管能力

一是深入开展政策的宣贯，将《关于进一步加强居住项目代征城市道路用地和配套设施建设管理的通知》及相关文件要求广泛宣传，全力促进政策落地执行。二是指导各区住建委做好住宅项目《建设方案》备案后逐环节把关工作，做到书面确认与建设现状相一致，建设现状与建设方案相一致，确保各项目公共服务设施按《建设方案》确定的内容和时序落地建设。三是督促开发企业积极与相关行业部门的对接，为顺利编制《建设方案》和确保配套设施顺利建设及移交创造条件。四是搭建居住项目《建设方案》信息管理系统，提高配套设施建设管理效率，提升了居住区公共服务设施建设的监管水平。五是会同与市有关部门做好居住区配套设施建设管理工作，开展了专项配套设施摸底清理，印发了相关管理文件，为全市进一步加强居住区配套设施建设管理提供了数据基础和政策支撑。

三、进一步优化资质管理模式，提升行业服务水平

一是落实优化营商环境的有关要求，印发《关于开展房地产开发企业资质告知承诺审批试点的通知》，将原来先审查、后许可的工作模式，调整为依承诺先许可、后监管的审批模式，简化了审批流程，缩短了办理时限，也为“承诺制”审批改革进行了有益尝试，总结了经验。二是进一步精简合并行政事项。将原来的21项资质管理行政事项精简合并为12项，简化了办事流程，提高了效率，方便了企业。三是努力提高资质审批服务效率。采取“一口进、一口出”方式，推行企业办理资质“只跑一次”服务。四是坚持到一级资质企业走访，与二、三级资质企业面谈机制，向企业宣传政策规定，提出行业要求，引导开发企业依法依规开展经营。2018年共走访一级资质企业23家，面谈二、三级资质企业63家。五是继续做好对各区的业务指导与服务。坚持做好对各区住建委资质审批工作的指导和培训，年底前对16个区和北京经济技术开发区房地产开发企业资质审批管理工作开展年度检查考核，推进全市资质管理总体水平不断提升。

四、抓调度、促开工、稳增长，积极推进商品房投资落地

以推进项目开工建设为重点，加大协调力度，与各区住建委一道，全面加快已拿地商品住房项目建安投资落地。

一是年初做好目标分解，动员部署，将建设开工任务细化分解到各区，制定工作措施，夯实目标责任。二是全力推进，狠抓落实。制定促进投资落地方案，梳理投资促进重点项目，全面做好项目协调和服务，提高服务效率，努力促进项目尽早开工，尽早形成投资。实施部门联动，对进度较慢的项目及存在的问题，开展部门间重点协调调度。三是市、区两级住建委积极与发改、统计和规划国土部门的沟通，密切配合，建立定期投资会商会制度，研判投资形势，遇到问题及时会商，为项目尽早开工和投资落地提供支持。密切与统计部门的业务对接，确保已发生的投资即时报统，及时纳入统计范围。

截至12月底，全市商品住房及政策性住房建安投资完成1160亿元，为全年指标的111%，圆满完成了市委、市政府下达的工作目标。

五、积极做好行业综合管理

一是进一步深化“放管服”改革，不断优化营商环境，以涉及业务范围内的行政事项办理为载体，密切与综合审批管理部门和有关委办局沟通，进一步挖掘行政事项办理可优化的空间和时间，努力提高服务效率，着力改进为企业服务、为项目服务的工作方式，不断提升社会和行业的满意度。

二是落实市委、市政府部署，与市规划国土委、市商务委研究制定《北京市利用居住区疏解腾退空间补充完善便民商业服务设施的指导意见》，为做好疏解腾退空间的再利用起到了很好的指导作用。

三是积极参与“回天有我”专项行动，推进“回天”地区公共服务配套设施的建设和移交工作，与市规划自然资源委研究确定公共服务配套设施补办登记手续工作标准，多次赴社区参与“街乡吹哨、部门报到”工作，受到了社区居民的欢迎。

四是参与《北京住房和城乡建设发展白皮书（2018）》的组稿和发布工作，开展政策宣传解读，做好舆论引导。

五是参与《北京市新增产业的禁止和限制目录》（2018版）的发布和相关事项的风险评估，做好禁限目录市场准入负面清单的风险梳理。

六是与市规划自然资源委做好《北京市居住公共服务设施配置指标》和《北京市居住公共服务设施配置指标实施意见》督查意见的落实，开展全市居住区公共服务设施规划、建设及移交情况梳理。

七是配合市教委开展履行教育职责情况评价，重点对教育设施建设相关工作开展自查自评，与市教委联合开展学前教育三年行动计划议案办理工作，促进了教育相关配套设施建设管理水平的提升。

八是会同市金融局开展了房地产领域打击非法集资相关专项行动。

六、2018年房地产开发企业概况

1. **企业情况**。截至2018年12月底，全市资质有效期范围内房地产开发企业2501家，其中一级企业77家，二级企业118家，三级企业86家，四级企业1660家，暂定级企业560家。2018年，全市新设立房地产开发企业210家，注销企业166家。

2. **建设方案公示情况**。2018年，共完成项目建设方案备案87个1918.2万平方米。

第二节　房地产市场交易监管

一、继续出台调控政策，持续抑制投资投机需求

一是制发《关于加强限房价项目销售管理的通知》。通过建立二次评估、分类销售、梯级过滤匹配等机制，加强本市“限房价、控地价”项目销售管理，遏制炒房牟利，保护刚需家庭购房需求。在该《通知》（征求意见稿）公开征求意见期间，制定《舆论风险评估及应对方案》，紧密关注媒体动向，组织专家完成政策解读，主动引导舆论走向，为《通知》的发布创造了较好的条件。征求意见结束后，对所征集意见进行了分类整理，并逐项提出处理方式，及时向市政府汇报了该《通知》意见征集和调整内容。5 月 26 日，《关于加强限房价项目销售管理的通知》正式发布实施。

二是会同市规划国土委出台《关于加强国有土地上住宅拆分管理的通知》。2017 年以来，媒体曝光了北京市二手房交易中出现的个别住宅拆分炒卖现象。针对此类现象，会同市规划国土委严格按照“房子是用来住的，不是用来炒的”的定位要求，叫停了已取得不动产所有权的住宅房产拆分测绘成果审核和不动产权利拆分登记，坚决遏制炒房行为，取得了积极成效。在对此类现象产生的历史根源进行分析并深入总结前期管控成效的基础上，该《通知》从规划、测绘、登记三个方面、五项措施规范住宅拆分管理，遏制住宅拆分炒卖。对加强住宅平房规划审批管理和加强住宅测绘成果审核、转让、登记管理进行了进一步规范。

二、进一步推动建立租购并举的住房制度

一是完善住房租赁政策法规，推动落实租购并举。在积极推进《北京市住房租赁条例》立法工作的同时，会同相关各部门积极推动落实《关于加快发展和规范管理本市住房租赁市场的通知》要求，促进住房租赁市场平稳健康发展，将“为承租人赋权落到实处”。不断完善住房租赁监管平台功能，积极推动平台与相关委办局业务系统对接。目前平台已实现与市人力社保局、市教委业务系统的对接，正在与公积金中心业务系统对接，为积分落户、义务教育、公积金提取等提供住房租赁登记备案信息。同时，推进住房租赁合同示范文本和房屋租赁经纪服务合同示范文本的研究制定，规范租赁行为、保障合法权益。

二是多渠道、多主体增加租赁住房供应。6 月份，会同市规划国土委、市公安局发布实施《关于发展租赁型职工集体宿舍的意见（试行）》，通过在集体建设用地上新建、产业园区配建，利用闲置的存量厂房、商场、写字楼、酒店等房屋改建等方式多渠道筹集租赁房源，大力发展租赁型职工集体宿舍，解决城市运行和服务保障行业务工人员住宿问题，促进职住平衡。

三是推动完善住房租赁管理体制机制。为进一步加强住房租赁管理服务，将租购并举落到实处，在深入调研基础上，研究起草并向市政府报送《北京市住房和城乡建设委员会关于完善房屋租赁管理体制机制的意见》，提出完善

房屋租赁管理服务工作机制及四级管理体制的意见建议。

四是加强住房租赁行业管理服务，鼓励发展规模化、专业化租赁。组织全市从事住房租赁经营的企业集中进行政策宣贯，掌握企业情况，明确行业管理要求，强化行业归属，加强管理服务。积极协调市工商局，帮助住房企业按照21号文要求落实在营业执照经营范围中增设“住房租赁经营”的要求。督促住房租赁企业落实企业备案、租赁登记备案义务等，鼓励住房租赁企业发展的同时规范其行为。通过培育专业化的住房租赁企业，不断挤压“黑中介”“二房东”的生存空间，促进住房租赁市场规范发展。

三、完善商品房交易监管机制，促进交易规范安全、便捷高效

一是加强商品房销售监管，完善精准调控机制措施。截至2018年底，全市共批准商品房预售许可证219个，商品房面积1095.1万平方米，其中商品住宅项目179个，面积790.2万平方米，6.8万套。商品现房销售确认面积369.4万平方米，其中住宅80.4万平方米。工作中，严格商品住房预售、现售的价格引导，严格执行一房一价，明码标价，指导各区落实好稳定房价的属地责任。二是坚持预售项目售前约谈机制。坚持对新批准的预售项目负责人、销售负责人逐个进行约谈，详细讲解北京市调控政策，逐条讲明价格管控、现场公示、销售人员管理，销控管理、预售资金监管等环节工作要求，要求企业严守承诺，遵守政策。通过约谈，企业违规行为逐步减少，销售行为进一步规范。三是稳步推进商品房预售资金监管工作。2018年，市区建设房管部门继续做好预售资金出入账监测预警工作，有序开展日常监管，对涉嫌违规项目按月进行重点执法，全市预售资金总体入账率稳步提高。截至2018年12月31日，全市在途监管预售项目934个，涉及房屋40.1万套。其中927年项目有网签记录，网签房屋22.3万套，涉及购房合同金额7274.1亿元，专用账户入账5635.3亿元，总体入账率77.4%，较上年同期提高1.2个百分点。此外，有143个项目在销售面积未达二分之一节点支取预售金297.2亿元；有9个项目采用现金保函方式，涉及担保金额11.1亿元。四是优化存量房交易、登记信息系统，畅通办理流程。在取消房源核验的基础上，积极协调不动产登记部门将购房资格审核时限压缩为1个工作日。研究实施“交易告知单”制度，在确保交易登记安全的基础上，压缩各环节工作时限、精简审核要件，逐步提高二手房交易效率。五是研究规范新建商品房销售场所信息公示措施。梳理整合既有规范性文件，研究制定关于规范新建商品房销售场所信息公示和加强销售机构、人员管理的政策措施，进一步规范商品房销售场所销售行为。六是修订发布《存量房买卖合同示范文本》，通过合同示范文本规范买卖双方当事人及经纪机构行为，维护各方合法权益。

第三节　房屋租赁市场监管

2018年，本市坚持“房住不炒”定位，加快发展和规范管理住房租赁市场，不断完善政策法规、强化执法监管，多渠道增加租赁房源，加快推进集体土地租赁住房建设，发展租赁型

职工集体宿舍，积极推动“为承租人赋权”，住房租赁交易规模持续增加。

一、出台相关政策，培育和规范住房租赁市场

中央层面，2018 年中央经济工作会再次强调租购并举，要求发展住房租赁市场特别是长期租赁，支持专业化、机构化住房租赁企业发展。证监会等印发《关于推进住房租赁资产证券化相关工作的通知》，增强住房租赁市场流动性。本市层面，两次发文加强公租房使用监管，出台关于优化住房支持政策服务保障人才发展的意见，发展租赁型职工集体宿舍，多渠道解决城市运行和服务保障人员住宿问题。

二、租赁平台备案破百万，力促租赁市场管理精细化

本市住房租赁平台 2017 年底上线以来，功能多次迭代优化，租赁备案从零起步至 2018 年底突破 100 万笔，高于 12 个培育发展租赁市场试点城市备案量总和，业务全面覆盖自行成交、居间、租赁经营、公租，初步扭转底数不清状态。深入开展备案成果共享应用，成功对接积分落户、教育入学、公积金提取、公租补贴等多项政务服务，以及“疏整促”、人口管理、反恐、价格统计等相关管理工作。

三、多措并举，确保租赁市场调控取得实效

针对 2018 年年中租金上涨过快现象，协同多部门开展租赁市场调控。研究起草规范租赁市场的政策文件；约谈规模企业，要求采取措施稳定租金；连续开展重点租赁企业资金监测，把控市场和金融风险；严厉打击市场违规行为，针对个别中介机构、个人炒作租赁住房、哄抬租金的行为，明确提出“三不得、三严查”予以规范，严查公租房非法转租行为，开展反垄断调查，积极化解长租企业爆仓危机，跟进应对甲醛房等热点事件；通报各区和热点区域租金涨幅排名，引导各区落实属地责任；主动连续发声，加强正面舆论引导。

四、保持执法高压态势，规范租赁市场秩序

开通打击“黑中介”投诉举报热线，严查克扣租金押金以及强迫贷款、采取软暴力威胁租户等违法违规行为；结合扫黑除恶专项行动，对群众投诉多的问题企业进行专案处理；针对哄抬房租、打隔断群租、转租、室内甲醛超标等问题，逐一调查处理，并及时回复举报人。规范网络房源发布，多次集中约谈、治理主要网站，下架违规房源信息 92 万余条，冻结违规用户账号约 7 万个。2018 年，市区住建执法部门共检查房地产经纪机构门店 4097 家，立案处罚 723 起，曝光 200 余家，责令关停门店 300 余家。

五、研究起草租赁合同示范文本，发挥示范引导作用

市住房城乡建设委会同原市工商部门共同修订《北京市住房租赁合同》，研究起草了《北京市住房租赁经纪服务合同》系列示范文本，并向社会公开征求意见。与此同时，加强本市住房租赁市场基础性研究和政策储备，申报《规范发展北京住房租赁市场若干重点问题研究》《北京住房租赁机构服务标准研究》《北京市住房租赁市场基本情况调查研究》等多项调研课题。

第四节　房地产开发项目监测监管

2018年以来，全市开发项目监测紧紧围绕房地产调控工作大局，以项目为核心，以项目手册备案和项目信息库建设工作为抓手，做好各项工作。一是重点跟进2017年以来新拿地项目的建设进度，落实市政府2018年绩效任务，提前预判市场供应趋势；二是多次深入项目现场实地察看，同时听取项目难度并及时反馈协调；三是加快项目查勘和地址辞典编制进度，以支持租赁管理服务平台、“限竞房”项目价格测算等工作的需求。四是调研长租公寓市场情况、发展趋势，开展商办项目去化，转租赁住房可行性研究。

一、稳步推进项目手册备案管理，提前预判市场供应趋势

2018年共办理房地产开发项目手册备案196份次，涉及开发项目155个，备案建筑面积2005万平方米，较2017年全年的844万平方米同比大幅增加138%。其中，备案商品住宅（含自住房）865万平方米，较2017年全年的366万平方米同比增加136%，占备案总量的43%，涉及项目142个；备案自住房88.4万平方米、保障房64.5万平方米、共有产权房56.2万平方米、商业办公292.1万平方米。新注册项目93个，较上年的59个增加82%（具体见附录二附表4、附表5、附表6）。

二、跟进重点开发项目，落实绩效任务

跟进2017年以来新拿地项目的建设进度，落实市政府2018年绩效任务。按照市住建委房地产市场调控工作专题部署，会同市住建委开发处对北京市2017年以来新拿地的63个住宅项目建设进度进行跟踪，建立2017年以来的新拿地项目建设清单，细化到开工面积、单体及套数，加强日常管理维护，确保数据及时、准确。截至9月，2017年以来的新拿地住宅项目完成立项53个，取得施工许可证43个；已开工建筑总面积792.7万平方米，自持住宅面积52.8万平方米，其中含自持住宅的20个项目中，20个实现开工。同时，积极对接项目监测室负责的东城、西城、朝阳、通州、石景山、开发区、平谷7个区的开发项目，深入项目现场，完成通州区新光大中心项目、石景山寰宇天下、经济开发区和悦华锦等项目情况简报。

三、项目信息库建设进入攻坚阶段

截至目前，已有7720个项目的边界地理坐标、项目地址辞典等信息导入系统，编制地址辞典56232条，涉及住宅超过全市总量的90%，项目信息库建设进入最后攻坚阶段。项目信息库的业务应用取得新成果，已应用于2018年的北京市住房专项规划的编制，为实现精确的用地布局和住房建设计划提供数据支撑。同时，正在对接租赁管理服务平台、“限竞房”项目价格测算等业务系统，争取早日实现数据融合。同时，经过市人大及财政评审，将单独设立为延续性专项工作。

四、深入调研长租公寓市场概况、发展趋势，为盘活商办项目做参考

2018年，伴随着“租购并举”住房制度的

逐步确立，房地产开发项目管理适应新形势，重心逐渐向租赁住房项目倾斜，结合目前商业办公项目大量在途、去化困难的现状，联合中国指数研究院，分招拍挂竞自持、集体建设用地建设租赁住房、商办转化等不同来源，结合国家住房租赁政策、北京市2017—2021年租赁住房供应计划，结合万科、龙湖等知名房企长租公寓成熟案例，探索如何将租赁住房项目纳入房地产开发项目总体监管的范畴。

第五节 购房资格审核管理

一、继续严格执行限购政策

2018年，继续从严执行房屋限购政策，购房资格审核、复核工作运行平稳。作为商品住房成交量的先行指标，全年审核商品住房购房资格核验业务31.8万笔，同比增加3.8%，通过26.4万笔，通过率83.1%。其中新建商品住房资格审核6.1万笔，同比增加48%，通过率79.3%；存量住房资格审核25.7万笔，同比减少3.1%，通过率84.0%。全年审核商业、办公类项目购房资格核验业务0.9万笔，通过0.6万笔，通过率60.9%。

二、不断完善资格审核机制

依据本市住房限购政策，结合实际工作，不断完善本市购房资格审核复核机制。

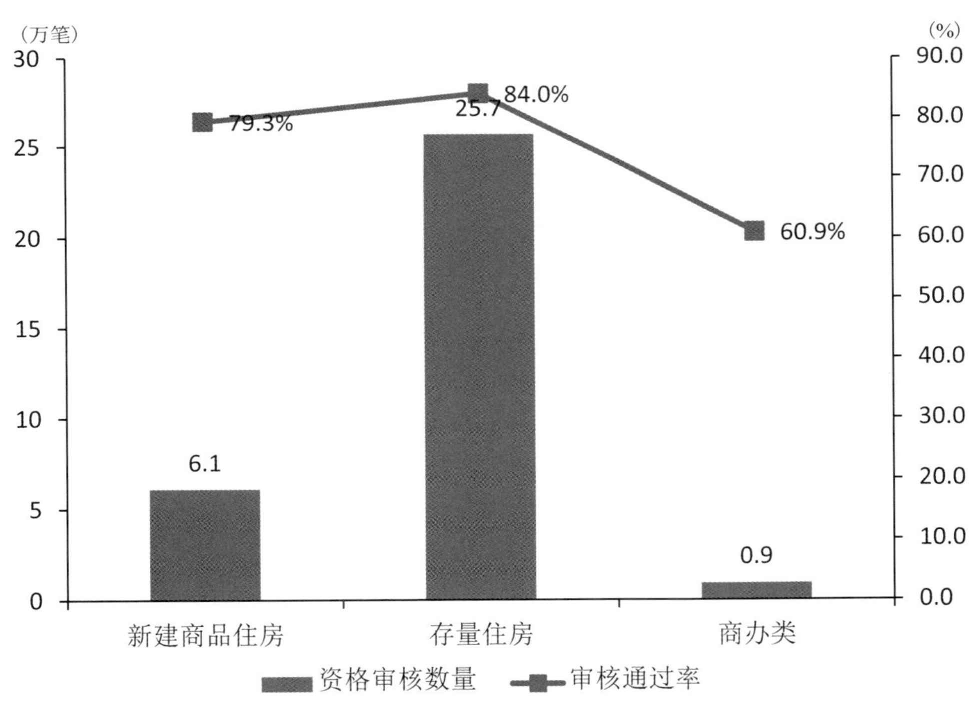

图8-1 商品住房购房资格审核数据

一是完善审核机制，联网认定华侨身份。为进一步完善购房资格联网审核机制，北京市在已建立起与市建委、市规划国土委、公安局、民政局、地税局、人力社保局等部门的联网审核机制，实现对购房家庭房产、身份、户籍、婚姻、纳税、社保、工作居住证、境外个人境内居留状况等八类信息联网审核的基础上，自2018年3月28日起，会同市政府侨务办公室将购房人华侨身份纳入联网审核范围，购房人办理华侨身份认定后，方可按华侨身份申请购房。

二是缩短审核时限，实现网上资格申报。为落实市委、市政府关于"改革优化营商环境"部署和要求，缩短购房资格审核时限，开发存量房交易网上申报平台，为交易当事人提供更加便捷高效的服务。根据《"互联网+不动产登记"改革实施方案》（市规划国土发〔2018〕78号）要求，于2018年3月31日，将涉及购房人名下房屋由交易权属系统发证的资格审核时限，由10个工作日缩短至5个工作日；为进一步提高交易效率，按照《关于进一步优化营商环境简化房屋交易流程的通知》（京建发〔2018〕182号）规定，2018年4月20日起，将购房资格审核时限缩短为1个工作日；为健全网上服务事项，开发存量房交易网上申报平台，于2018年5月31日上线，自行成交的购房人可网上申请办理购房资格审核，实现"信息多跑路，群众少跑腿"。

三是根据市场情况，研究储备限购政策。针对市场上出现的新情况，严格落实市政府的督察要求，及时研究储备政策，提前做好应对准备。针对《个人所得税法修正案》关于个税起征点提高及征管方式调整的情况，提前会同市税务局、市人力社保局进行多次专题研究，并制定政策执行调整方案。

图8-2 存量房交易网上申报平台

四是配合住保部门，做好共有产权住房审核培训工作。向开发企业明确网上申购、现场确认、资格审核及复核环节相关注意事项，要求企业加强员工管理及培训，对相关工作给予充分重视；配合住保办审核配售处研究共有产权住房申请人家庭资格审核标准，向区住房保障部门进行共有产权住房资格复核培训，讲解复核要点、收缴材料明细及系统操作等问题，为各区开展复核工作进行指导。

第六节 房地产市场专项整治

2018年，市住建委坚持房地产市场调控政策不动摇，继续保持高压严查态势，开展了一系列专项整治工作，切实维护了房地产市场秩序，房地产市场总体平稳健康，秩序明显好转。

一、创新制度，建立商品房预售项目售前约谈机制

从本轮房地产市场调控开始，对新批准的商品房预售项目负责人、销售负责人逐个进行约谈，详细讲解国家和我市调控政策，逐条讲明价格管控、现场公示、销售人员管理、销控管理、预售资金监管等环节的工作要求。要求企业讲政治、讲大局，严守承诺，执行政策，守法经营，规范经营，诚信经营。全年共约谈开发项目约200个。通过约谈和宣讲，企业违规行为逐步减少，房地产市场销售行为进一步规范。

二、突出重点，严查开发企业违法违规销售行为

通过开展持续、不间断的日常巡查和专项检查，做到突出重点、逢涨必查、逢炒必办、冒头就打。严查开发企业捂盘惜售、无资质经营、哄抬房价、违规代理、虚假宣传等违法违规行为，加强预售资金监管。严查违规房产网站，加强联动执法，对房地产市场违法违规行为形成有力震慑。2018年，全市各级房管部门共检查房地产销售现场763项次，责令改正74起，处罚237起，执法整治效果明显，调控政策落实到位。

三、精准打击，严打房地产经纪行业违法违规行为

一是为进一步发挥合同示范文本示范引导作用，市住建委会同工商部门首次制订发布了《北京市存量房屋出售经纪服务合同》《北京市存量房屋承购经纪服务合同》示范文本，自2018年4月15日起正式推行使用。该合同示范文本明确了房地产经纪服务内容、完成标准、经纪机构与房屋买卖当事人的权利与义务等，进一步规范了房地产经纪行业服务行为。二是发布《关于加强北京市房地产经纪机构备案及经营场所公示管理的通知》，落实国家“放、管、服”改革要求，规范房地产经纪机构管理，提升房地产经纪机构服务水平。三是市住建委于2018年3月下旬组织召开了全市房地产市场管理工作会，通报了全市2017年度和2018年一季度房地产经纪机构执法检查情况；传达了全市违法群租“黑中介”专项整治工作会议精神；宣讲了治理违法群租房政策及注意事项；明确了2018年房地产市场执法重点。会后开展了一系列房地产经纪机构专项执法。由市住建委组织6个执法检查组，按照划定区域开展执法检查，并对2017年投诉5次以上的70家房地产经纪机构逐个进行检查；组织各区对辖区内房地产经纪机构开展执法检查，并对2017年未备案投诉3至4次的56家经纪机构逐个进行检查；对全市经纪机构开展双随机抽查，抽查机构145家；及时约谈大型经纪机构及发布房源信息的综合网站，要求各机构严格内部管理，落实政策要求，确保调控政策执行。全年检查门店

6000多家，立案处罚799起，责令关停门店300多家。四是市住建委联合工商、税务、规土、公安等11部门印发了《关于开展打击侵害群众利益违法违规行为治理房地产市场乱象专项行动的通知》（京建发〔2018〕438号），依托房地产调控专班成立北京市打击侵害群众利益违法违规行为治理房地产乱象专项行动领导小组，开展综合执法行动，将全市2万多家注册营业范围包括房地产经纪业务的企业全部纳入各区属地监管范围，聚焦炒作“学区房”、垄断房源、哄抬房租、互联网平台发布虚假房源信息、违规宣传商办类项目居住属性、为不符合交易条件的“商改住”“隔断房”“大棚房”“公租房”等提供经纪服务、采取暴力或软暴力侵害承租人利益等违法违规行为，开展了一系列执法行动和专项检查。

四、公开曝光，震慑房地产市场违法违规行为

一是邀请媒体一同参与执法行动，对执法整治工作进行专题报道；二是加大曝光力度，第一时间向社会公开曝光违法违规行为和查处情况，及时发布警示信息，有效震慑违法行为。全年，共曝光房地产经纪机构200余家，加大了对违法违规行为的震慑力度，营造了合法合规的市场环境；三是大力开展识别“黑中介”等方面的宣传，使“黑中介”无市场，进一步规范了房地产经纪行为。

第七节　房产测绘成果审核管理

一、加强房产测绘成果审核业务指导

2月，市住房城乡建设委召开全市房产测绘工作座谈会，通报2018年工作安排，听取各区对房产测绘成果审核工作的意见建议，协调解决工作中遇到的政策和技术问题。

二、对房屋登记文件进行集中清理

6月，与市规划国土委联合发布《关于废止部分房屋登记相关文件的通知》（京建法〔2018〕15号），对原由市住建委发布的有关房屋登记文件进行集中清理，对部分已失效、被市规划自然资源委已转化吸收的文件予以废止。

三、组织开展行业政策宣传培训

9月，为深入推进北京市“放管服”改革，进一步优化北京市营商环境，提高政府效能，市住房城乡建设委召开全市房产测绘成果审核及信息系统培训会。会议对北京市2018年度前9个月的房产测绘成果审核管理工作进行总结，并结合房产测绘成果审核工作中遇到的政策和技术问题，进行梳理和讲解。

四、开展联合测绘改革

10月，为贯彻落实党中央、国务院关于深化“放管服”改革和优化营商环境的有关精神，深化建设项目审批制度改革，市住房城乡建设委与市规划国土委联合发布《关于建设项目联合测绘改革的有关意见》（市规划国土发〔2018〕346号）。规定政府投资的建设项目规划监督测量、房产测绘等测绘服务应实行联合测绘，鼓励社会投资的建设项目测绘服务委托一家测绘单位提供。

五、推进历史遗留和疑难问题的解决

年内，与市规划自然资源委召开会议，研

究解决16个历史遗留项目的规划许可、竣工验收、房产测绘及不动产登记等问题。

六、房产测绘成果审核情况

全年，北京市通过用于预售许可的房产预测绘成果审核业务共计311笔，建筑面积2647万平方米，与2017年相比增加1459万平方米，同比增长122.8%；通过用于不动产登记的房产实测绘成果审核业务共计1285笔，建筑面积4409万平方米，与2017年相比增加733万平方米，同比增长19.9%。通过国有土地上住宅平房房产测绘成果审核业务261笔，建筑面积约20588.13平方米。

表8-1　2018年度各区预测成果审核情况

序号	统计单位	审核通过件数	建筑面积（m^2）	面积所占百分比
1	东城区	6	60139.7	0.23%
2	西城区	2	143838.44	0.54%
3	朝阳区	32	2458995.92	9.29%
4	海淀区	27	1877482.34	7.09%
5	丰台区	41	4165667.91	15.74%
6	石景山区	12	1099545.89	4.15%
7	昌平区	32	2508621.42	9.48%
8	大兴区	33	3504088.91	13.24%
9	通州区	28	2534957.88	9.58%
10	顺义区	18	1818700.78	6.87%
11	门头沟区	13	995204.76	3.76%
12	房山区	19	1407850.05	5.32%
13	怀柔区	1	87062.68	0.33%
14	平谷区	11	840938.68	3.18%
15	密云区	13	1109646.82	4.19%
16	延庆区	11	588070.3	2.22%
17	开发区	12	1265260.33	4.78%
合计		311	26466072.81	100%

表8-2　2018年度各区实测成果审核情况

序号	统计单位	审核通过件数	建筑面积（m^2）	面积所占百分比
1	东城区	27	1083548.3	2.46%
2	西城区	16	892811.16	2.02%
3	朝阳区	154	6361159.03	14.43%
4	海淀区	97	3815737.56	8.65%

（续表 8-2）

序号	统计单位	审核通过件数	建筑面积（m^2）	面积所占百分比
5	丰台区	97	4900218.8	11.11%
6	石景山区	20	720078.83	1.63%
7	昌平区	87	2943251.9	6.68%
8	大兴区	119	4332508.07	9.83%
9	通州区	143	4405646.74	9.99%
10	顺义区	140	4185967.73	9.49%
11	门头沟区	67	1443223.28	3.27%
12	房山区	126	3013030.78	6.83%
13	怀柔区	17	720996.21	1.64%
14	平谷区	65	1493485.17	3.39%
15	密云区	70	1694820.01	3.84%
16	延庆区	7	23113.68	0.05%
17	开发区	33	2061215.44	4.67%
合计		1285	44090812.69	100%

第九章

住房保障

第一节　2018年北京市住房保障制度建设概述

2018年是全面实施新版北京城市总体规划的重要一年，北京市围绕首都“四个中心”战略定位，落实高质量发展要求，着力推进住房保障制度和长效机制建设，不断扩大政策性住房有效供给，持续提升精准分配和精细化管理水平，各项工作取得显著成效。

一、强化政策创新，加快完善租购并举的住房制度

一是搭建人才住房保障体系。市住建委、市人才办等六部门联合印发实施《关于优化住房支持政策服务保障人才发展的意见》（京建法〔2018〕13号），以配租公租房为主，配售共有产权住房、发放人才租房补贴为辅，在人才聚集区域就近筹集居住房源，助力北京全国科创中心建设。

二是出台集体土地租赁住房试点建设意见。6月、8月、12月先后出台《关于加强北京市集体土地租赁住房试点项目建设管理的暂行意见》（京住保〔2018〕14号）、《关于进一步加快推进集体土地租赁住房试点项目建设的通知》（京住保〔2018〕18号）、《关于北京市利用集体土地建设租赁住房相关政策的补充意见》（京规自发〔2018〕64号），全面加强集体土地租赁住房建设管理，全部项目纳入优化营商环境“多规合一”平台办理，打造国际一流和谐宜居之都精品示范工程。

三是完善共有产权住房配套政策。不断完善共有产权住房定价与评估等实施细则，合理确定共有产权住房销售价格和份额比例，引入专家评审机制，指导估价师协会出台评估技术指引，确保评估流程科学高效。进一步调整“新北京人”专项分配机制，将京籍与非京籍家庭固定分配比例的做法，调整为由各区结合功能定位、发展方向、申购家庭数量等因素综合确定。

二、加强统筹调度，强化政策性住房建设管理

一是优化建设审批制度。市住建委会同市发改委、市规划自然资源委等部门出台《关于进一步优化政策性住房项目建设审批制度的意见》（京建发〔2018〕518号），专门建立政策性住房建设审批绿色通道，将审批流程划分为立项用地规划许可、工程建设许可、施工许可、竣工验收四个阶段，各部门并联协调办理。分类简化各类政策性住房审批流程，精简前置条件，推行告知承诺制。

二是全力推动项目建设。落实新总规五年新供应150万套住房任务，市住建委以推动项目开工建设为重点，进一步加大工作统筹力度，每周召开联席会调度审批手续办理和配套设施建设，按月统计开工进度并通报排名，特别是大力推动租赁住房、共有产权住房开工建设，确保尽早实现市场供应。

三是强化保障房品质管理。加强规划设计方案审查，实施保障房装配式建造和全装修成品交房。在通过专家评审的保障房项目中，共415万平方米、4.8万套按照最新标准实施装配式建筑；累计超过1500万平方米采用全装修成品交房设计，建设品质不断提升。推动保障房全装修成品交房政策落实，推进试错样板间、

工艺样板间、成品样板间“三个样板间”，实行“业主预验房”制度，不断提升人民群众的获得感。2018年，本市共6个保障房项目获中国土木工程詹天佑奖。

三、健全工作机制，深入完善保障房精准分配体系

一是健全分配工作推进机制。制定公租房分配“月度推进计划”，将任务指标落实到各区、各单位，公租房和共有产权住房由各区组织面向本区户籍和在本区工作的家庭配租配售。

二是不断提高审核分配效率。推进“互联网+政务服务”模式，公租房及共有产权住房全面实行网上申请，公租房全面推行“快速配租”和“实时配租”制度。进一步加强部门信息共享，简化资格复核流程，让群众少跑腿，信息多跑路。

三是促进职住平衡、产城融合。因区施策，根据区域功能定位和发展方向确定各区配售对象及排队规则，在“三城一区”及产业园区周边以满足就业人口需求为主，在核心区与疏解、拆违和平房直管公房申请式退租相结合。

四、严格使用监管，进一步提高保障房规范化管理水平

一是完善使用监管长效机制。连续出台《严格违规转租转借公租房家庭资格管理等工作的通知》《关于进一步加大公租房转租、转借行为监督管理力度的通知》一系列文件，对违规转租转借家庭取消各类保障房资格、停止发放租金补贴、退回承租住房并处以罚款，严格落实产权单位管理责任，强化政府部门监管职责，严厉打击中介机构和网络平台违规行为。

二是加大违规行为打击力度。积极开展后期监管专项检查，严厉打击违规转租转借行为，对已入住公租房小区、产权单位实现两个“全覆盖”，产权单位建立专项制度并配备管理专员，确保责任到人、管理到位。加大违规家庭公开曝光力度，在官网和安居北京微信公众号公示9户违规家庭基本信息，形成有力震慑。加大各部门联合惩戒力度，会同人民银行营管部研究将违规使用公租房的家庭成员信息纳入失信名单管理。

三是全面推广“技防”手段应用。在公租房小区全面推广人脸识别门禁系统等新技术应用，要求将人脸识别与智能门禁结合，新增公租房项目全面安装技防设备，目前全市63个项目已完成安装。

四是完善市区保障房运营管理组织体系。打造市保障房中心、北投集团市级“双平台”，落实市北投集团土地、资金支持政策，解决市级引进人才住房需求。加快推动区级平台公司组建工作，全市16个区中已有14个区完成区级保障房专业运营公司工商登记，推动“全市一盘棋”格局的形成。

第二节　公共租赁住房（含廉租房）建设情况

2018年，全市共建设筹集公共租赁住房项目12个，约1.1万套房源（见表9-1）。实现竣工项目9个，约0.6万套房源（见表9-2）。

表 9-1 2018 年公共租赁住房项目开工情况汇总

序号	项目所属区	项目名称	房源数量（套）
1	朝阳区	朝阳区将台乡驼房营村 1016-34、36、40、41 地块公建混合住宅用地、基础教育用地、二类居住用地、供电用地项目公共租赁住房	370
2	朝阳区	朝阳区崔各庄乡来广营北路 29-324 等地块二类居住及住宅混合公建用地项目（东洲公租房）	1600
3	海淀区	市场筹集	1241
4	丰台区	丰台区亚林西居住区 8 号地公共租赁住房项目	798
5	丰台区	丰台区西四环中路 83 号 0606-0644 地块 R2 二类居住用地	416
6	石景山区	石景山区绍家坡公共租赁住房项目	101
7	大兴区	北京新机场生活保障基地首期人才公租房项目	2238
8	顺义区	北汽顺通路公租房项目	1028
9	昌平区	昌平区小汤山镇（未来科技城北区）CP05-0801-0018、0020、0021 地块 F2 公建混合住宅用地、F3 其他类多功能用地（配建“人才公共租赁住房”）项目	299
10	昌平区	昌平新城东区六区 0302-57 地块	1013
11	昌平区	昌平新城东区六区 0302-70 地块	1032
12	门头沟区	门头沟区龙泉镇 MC00-0003-0026 等地块 B1 商业用地、F1 住宅混合公建用地及 A33 基础教育用地（原门头沟区城子大街国有资源整合改造升级地块）	797

表 9-2 2018 年公共租赁住房项目竣工情况汇总

序号	项目所属区	项目名称	房源数量（套）
1	海淀区	玉渊潭 F1 混合公建 F2 公建混合住宅项目	438
2	丰台区	亚林西公共租赁住房项目	828
3	丰台区	夏家胡同 R2 类居住用地配建公共租赁住房项目	616
4	通州区	通州区于家务乡乡中心 C 地块项目（配建公共租赁住房）	242
5	通州区	通州区西集镇中心区住宅、商业项目	100
6	大兴区	生物医药基地 0505-070、076、066、077 地块公租房项目	863
7	大兴区	大兴区生物医药基地 0505-069、075 地块 F1 住宅混合公建用地、R51 中学用地（配建公共租赁住房）项目	279
8	顺义区	顺义新城望泉寺公租房	1823
9	门头沟区	冯村何各庄地区土地一级开发项目 A 地块	373

第三节　经济适用住房建设情况

2018 年，全市经济适用住房实现竣工项目 2 个，约 0.1 万套房源（见表 9-3）。

表 9-3　2018 年经济适用住房项目竣工情况汇总

序号	项目所属区	项目名称	房源数量（套）
1	房山区	高佃三村	496
2	房山区	长阳镇北部组团住宅小区经济适用房	548

第四节　共有产权住房(含限价商品房、自住房)建设情况

2018 年，全市新开工建设共有产权住房（含限价商品房、自住房）项目 24 个，约 3 万套房源（见表 9-4）。实现竣工项目 46 个，约 3.7 万套房源（见表 9-5）。

表 9-4　2018 年共有产权住房（含限价商品房、自住房）项目开工情况汇总

序号	项目所属区	项目名称	房源数量（套）
1	朝阳区	朝阳区管庄乡塔营村 1208-605 地块 F1 住宅混合公建用地项目	656
2	朝阳区	朝阳区东坝乡驹子房村 1109-663 地块 R2 二类居住用地项目	2196
3	海淀区	西北旺镇亮甲店 HD00-0404-6005、6006 地块 R2 二类居住用地项目	2141
4	丰台区	丰台区城乡一体化槐房村新宫村旧村改造二期 NY-005 地块 R2 二类居住用地项目	999
5	丰台区	丰台区城乡一体化槐房村新宫村旧村改造二期 NY-016 等地块 B4 综合性商业金融服务业用地、F3 其他类多功能用地、R2 二类居住用地项目	478
6	石景山区	北京市石景山区玉泉西一路 x-18160 地块（何家坟园林小区北侧用地项目）	452
7	通州区	通州区台湖镇 YZ00-0405-0078、0079、0081 地块 R2 二类居住用地	1012
8	大兴区	北京市大兴区瀛海镇 C4 组团 YZ00-0803-0603 地块 F1 住宅混合公建项目	999
9	大兴区	北京市大兴区魏善庄镇 2016 年世界月季大会周边配套 AA-43（DX07-0102-6011）地块 R2 二类居住用地项目	2224
10	大兴区	大兴区黄村镇 DX00-0102-0802 地块 F1 住宅混合公建用地项目	584
11	顺义区	顺义区仁和镇第 5 街区 05-03-04-3 地块 R2 二类居住用地项目（胡各庄共有产权房）	748

（续表 9-4）

序号	项目所属区	项目名称	房源数量（套）
12	顺义区	后沙峪马头庄共有产权房项目	2952
13	顺义区	顺义区天竺镇第 22 街区 SY00-0022-6015 R2 二类居住、SY00-0022-6016 A33 基础教育用地项目（1#住宅楼（自住型商品房）等 11 项）	1300
14	房山区	北京市房山区韩村河镇 02-0066 地块自住型商品房项目	1100
15	房山区	房山区良乡镇中心区 01-17-02 等地块 R2 二类居住用地、B1 商业用地项目 01-17-02 居住用地（1#住宅楼等 20 项）	1244
16	房山区	房山区阎村镇 LX-140602 等地块 R2 二类居住用地、S4 社会停车场用地、A33 基础教育用地项目（1#住宅楼等 20 项）	1722
17	门头沟区	何各庄共有产权房	588
18	怀柔区	1#住宅楼等 11 项	270
19	密云区	密云区檀营乡 MY00-0103-0402、MY00-0103-0502 等地块 R2、A33 基础教育用地项目	1409
20	延庆区	北京市延庆区延庆新城 03 街区会展中心东侧一期 YQ00-0003-0002 地块二类居住、供电、环卫设施及基础教育用地项目	2506
21	平谷区	北京市平谷区山东庄镇西沥津村 PG08-0401-0004 等地块 R2 二类居住用地、A334 托幼用地项目	1305
22	平谷区	北京市平谷区兴谷街道 PG-0007-6004、6008 地块 R2 二类居住用地、PG-0007-6003 地块 A33 基础教育用地项目	1280
23	平谷区	北京市平谷区马坊镇梨羊村 PG05-0108-0001 地块 R2 二类居住用地项目	495
24	北京经济技术开发区	北京经济技术开发区 X84R3 地块自住型商品房项目	1144

表 9-5　2018 年共有产权住房（含限价商品房、自住房）项目竣工情况汇总

序号	项目所属区	项目名称	房源数量（套）
1	朝阳区	东坝南区 1105-654、656、658 号地（配建限价商品住房）项目（恒大江湾）（自住房部分）	1250
2	朝阳区	东坝南区 1105-654、656、658 号地（配建限价商品住房）项目（恒大江湾）（限价商品房部分）	275
3	朝阳区	来广营乡 LGY-04、LGY-03、LGY-06 地块二类居住、小学、中学用地（配建限价商品住房）项目（恒大名都）（自住房部分）	797
4	朝阳区	来广营乡 LGY-04、LGY-03、LGY-06 地块二类居住、小学、中学用地（配建限价商品住房）项目（恒大名都）（限价商品房部分）	455

（续表 9-5）

序号	项目所属区	项目名称	房源数量（套）
5	朝阳区	朝阳区东坝南区 1105-667 地块二类居住用地（限价商品住房）项目	1075
6	丰台区	石榴庄旧村改造项目自住房部分	799
7	丰台区	西局旧村改造项目二期	843
8	丰台区	白盆窑旧村改造一期二期配建“限价商品住房”项目	2623
9	丰台区	南苑 1404-621 地块 R2 二类居住用地配建限价商品房项目	1008
10	丰台区	丰台区城乡一体化白盆窑村旧村改造一期二期配建设自住型商品房项目	1436
11	丰台区	丰台区亚林西居住区一期（0501-626、627 地块）二类居住、综合性商业金融服务业用地（配建限价商品住房）项目	651
12	通州区	北京市通州区永顺镇 TZ00-0104-0031 地块 R2 二类居住用地（配建限价商品住房）（限价商品房部分）	1303
13	通州区	北京市通州区永顺镇 TZ00-0104-0031 地块 R2 二类居住用地（配建限价商品住房）（自住房部分）	736
14	通州区	通州区于家务乡 A-06 等地块居住用地、A-11 地块托幼用地、A-27 地块社会停车场库用地、A-28 地块商业金融用地（配建经济适用住房）项目	1159
15	大兴区	大兴区孙村组团居住区 B-19、B-20 地块自住房项目	544
16	大兴区	黄村镇 DX00-0101-0201 等地块限价房项目	228
17	大兴区	大兴宝旺印务利用自有用地建设限价房项目	832
18	大兴区	黄村镇 DX00-0101-0201 等地块自住房项目	413
19	大兴区	大兴区亦庄新城 II-1 街区 B01R1-2 地块限价房项目	395
20	大兴区	生物医药基地 0505-070、076、066、077 地块自住房项目	1124
21	大兴区	大兴区孙村组团居住区 B-17 地块自住房项目	853
22	大兴区	大兴区生物医药基地 0505-069、075 地块 F1 住宅混合公建用地、R51 中学用地（自住房）	328
23	大兴区	庞各庄镇镇区改造项目 1 号地 PGZ01-01、PGZ01-02 地块（兴荣国际中心）	883
24	大兴区	大兴区亦庄新城 II-1 街区 B01R1-2 地块自住房项目	431
25	大兴区	大兴区瀛海镇姜场村 02-1-1 地块 R2 二类居住用地项目	144
26	昌平区	冠华苑	4703
27	昌平区	沙河镇七里渠南北村 QLQ-007 公建混合住宅用地、QLQ-009、QLQ-037 住宅混合公建用地自住型商品房项目	990
28	房山区	房山区长阳哑叭河 02-04-11 二类居住用地项目（配建限价商品房）限价房	756
29	房山区	02-0038 地块 A1#楼等 9 项（房山区周口店镇中心区二街区 02-0015 等地块二类居住、综合性商业金融服务业、基础教育、社会停车场用地（配建“限价商品住房”）项目）	433

（续表 9-5）

序号	项目所属区	项目名称	房源数量（套）
30	房山区	房山新城良乡组团（梅花庄旧村改造项目南区）08-05-01、08-05-03 地块限价住房项目	480
31	房山区	北京市房山区良乡高教园 17-02-03、17-02-06 地块 F1 住宅混合公建用地项目	759
32	房山区	北京市房山区拱辰街道 16-01-07 等地块（良乡高教园区西部生活区东区）综合性商业金融服务业、机构养老设施及二类居住用地（配建“限价商品住房”）项目	949
33	门头沟区	北京市门头沟区永定镇 MC00-0015-0059 等地块 R2 二类居住用地、S4 社会停车场库用地、A33 基础教育用地（配建公共租赁）（原门头沟冯村、何各庄地区土地一级开发项目 A 地块部分地块北区）项目	1342
34	门头沟区	门头沟 S1 线区域组团土地一级开发项目 05 地块	298
35	顺义区	板桥地块四期配建自住房项目	230
36	顺义区	板桥地块二期自住房项目（首创-悦树湾）	448
37	顺义区	板桥地块三期配建自住房	216
38	顺义区	板桥地块二期配建限价房项目	488
39	顺义区	板桥地块四期配建限价房项目	378
40	顺义区	板桥地块一期配建自住房	682
41	顺义区	当代北辰悦 MOMA 自住房	693
42	顺义区	当代北辰悦 MOMA 限价房	337
43	顺义区	顺义新城第 17 街区（牛山）限价房	808
44	怀柔区	1#住宅楼等 3 项（怀柔区怀柔镇张各长村（东区 20 号地）限价商品房项目（二期））	715
45	密云区	密云县水源路南侧土地储备项目 A-2 地块 F2 公建混合住宅用地、F3 其他类多功能用地、R53 托幼用地项目	300
46	密云区	北京市密云县十里堡镇双井村北侧 MY00-0204-L002、6006、L001 地块二类居住、基础教育、机构养老设施用地（配建“限价商品住房”）	404

第五节　定向安置房建设情况

2018 年，全市新开工建设定向安置房项目 27 个，约 4.4 万套房源（见表 9-6）。实现竣工项目 10 个，约 1.1 万套房源（见表 9-7）。

表 9-6　2018 年定向安置房项目开工情况汇总

序号	项目所属区	项目名称	房源数量（套）
1	东城区	朝阳区豆各庄3、4号地通惠灌渠东侧地块东城区旧城保护定向安置房	1965
2	朝阳区	豆各庄一号地农租房腾退安置房	740
3	朝阳区	南磨房乡石门定向安置房项目	411
4	朝阳区	朝阳区东坝经济适用房（金泰丽富嘉园）	1366
5	海淀区	魏公村小区棚户区改造项目	1328
6	海淀区	海淀区香山一期安置房项目	2466
7	丰台区	丰台区首钢二通厂南区棚改定向安置房及配套工程项目	450
8	丰台区	丰台区长辛店 E 地块安置房项目	1407
9	丰台区	丰台区卢沟桥南里 4、5、6 号地棚改安置房项目	3893
10	石景山区	石景山区北辛安棚户区改造 B 区土地开发项目	2452
11	通州区	北京市通州区潞城镇棚户区改造土地开发项目 A 区杨坨三号地安置房（中区和南区）	1780
12	大兴区	南郊农场棚户区改造安置房项目	1176
13	房山区	房山区长阳镇黄管屯村棚户区改造一片区土地开发项目回迁安置房工程	576
14	房山区	房山区长阳镇 06、07 街区棚户区改造土地开发三片区项目	561
15	房山区	房山区城关街道中心区棚户区改造土地开发项目二期安置地块 FS00-YF06-0088.0091.0092.0096 地块	1366
16	房山区	房山区长沟镇新型城镇化建设北部浅山区定向安置房项目（暨北京基金小镇定向安置房）	4178
17	房山区	房山区良乡镇中心区改造定向安置房项目（A 地块）	1090
18	门头沟区	门头沟区永定镇冯村南街棚户区改造和环境整治项目	579
19	昌平区	昌平区城南街道化庄社区棚户区改造项目	659
20	昌平区	昌平区北七家镇沟自头村定向安置房项目	275
21	昌平区	西沙屯、满井西队村棚户区改造和环境整治安置房项目（一期）	1040
22	顺义区	东城区棚改安置房项目（北汽越野车地块）	5219
23	顺义区	东城区棚改定向安置房项目（临河村地块）	4861
24	怀柔区	怀柔区刘各长村棚户区改造土地开发项目安置房	1130
25	怀柔区	怀柔区怀北镇怀北庄村（南区）棚户区改造土地开发项目安置房	1205
26	延庆区	延庆区南辛堡村、民主村、百眼泉村棚户区改造项目	1178
27	延庆区	南菜园 1-5 巷棚户区改造项目	566

表 9-7 2018 年定向安置房项目竣工情况汇总

序号	项目所属区	项目名称	房源数量（套）
1	西城区	百万庄北里居民住房改善项目（B 地块）	442
2	朝阳区	平房乡新村三期农民安置房项目	771
3	丰台区	成寿寺二期	132
4	丰台区	亚林西居住区土地一级开发回迁安置房项目	3780
5	大兴区	大兴区黄村镇四街、五街、六街村定向安置房项目	1542
6	房山区	北京市房山区良乡高教园 17-02-03、17-02-06 地块 F1 住宅混合公建用地项目	130
7	房山区	北京市房山区长阳镇哑巴河 02-04-11 二类居住用地项目（配建限价商品房）	480
8	房山区	房山新城良乡组团梅花庄旧村改造项目南区 08-05-01、08-05-03 限价住房项目	450
9	怀柔区	怀柔新城 08 街区安置房项目（一期）	963
10	顺义区	西白辛庄村安置房	1892

第六节 棚户区改造和老城整体保护工作

2018 年是落实新总规减量发展要求的开局之年，在市委、市政府的正确领导下，按照“回归初心、提升质量，计划瘦身、分层推进，多措并举、防范风险”的工作思路，锐意创新，攻坚克难，圆满完成棚户区改造和老城保护任务，为改善人民居住条件，提升城市发展品质发挥重要作用。

一、坚持减量集约，推动棚户区改造转型发展

坚持稳中求进的总基调，深入贯彻落实新总规要求，严把棚改范围、回归棚改初心，严控债务规模、加快项目扫尾，把住降成本、降规模、降风险三道关口，统筹进度、成本、质量、效果四大要素，大力推动全市棚改工作由追求数量向确保质量转型；由实施主体主导向党委领导、政府主导、群众参与转变；由重拆迁到重规划设计、建设、交用与管理、配套和腾退空间利用、保护提升全过程管理转变；由重启动向重收尾转变，全年累计完成棚户区改造 3.4 万户，占全年任务（2.3 万户）的 146%，让群众享有更多获得感幸福感安全感。

二、坚持党建引领，打造棚户区改造阳光工程

坚持党建引领，把党的政治和组织优势转化为推动棚改的强大力量，让党旗在棚改现场飘扬，让党员在棚改项目上亮相，棚改拆迁工作从过去由建设单位主导转变为党委指挥、政府负责、群众参与、社会监督模式。各个棚户区改造项目均实行“阳光征迁”，将公平、公正、公开原则贯穿棚改全过程，坚持一把尺子量到底，打造出一批棚改民心工程、阳光工程、示范工程。

三、坚持规范管理，防范棚户区改造隐患风险

注重规范计划管理，联合印发《关于进一步完善北京市棚户区改造计划管理工作的意见》，明确棚改项目全流程工作标准。注重规范项目审核，制定棚改项目征拆安置补偿方案、资金平衡方案和开发建设方案审核意见，建立棚改项目准入审核机制。注重优化营商环境，修订国有土地上棚户区改造前期工作及拟改造土地使用权一次性招标意见，加强项目前期审核。注重防范资金风险，按照财政部《试点发行地方政府棚户区改造专项债券管理办法》及市政府专题会议精神，对申请2019年新增政府债务的棚改项目情况进行梳理，指导各区有效防范隐性债、合理申报专项债。

四、坚持历史传承，加强老城整体保护工作

落实习近平总书记“老城不能再拆了”和新总规关于老城整体保护要求，保护好首都历史文化这张“金名片”。按照“保障对保障”模式，印发《关于加强直管公房管理的意见》，协调处理古都风貌保护与改善民生的关系，确保核心区直管公房平房区申请式退租、修缮和合理经营利用工作平稳有序推进。加快建设“十三五”期间人口疏解安置房。按照市政府统一部署，在大兴、房山、昌平和顺义四区集中选址建设“十三五”期间核心区人口疏解安置房4万套（每区1万套）。推动恢复性修建工作落地落细，集中清理北京市历史遗留的危改项目和长安街沿线滞留项目，指导相关区政府逐项落实工作方案和规划要求。按照“房源专用、精准对接、严控标准”的要求，全力支持核心区文物腾退工作，调配258套安置房支持中轴线申遗，调配300套房源支持西城区文物保护腾退，全部满足太庙、景山等专项腾退房源需求，为老城整体保护奠定良好基础。

第七节　住房保障资格审核与配租配售

一、资格审核情况

全年公共租赁住房新增申请4.8万户，通过审核备案3.69万户，同比分别减少27%、19%；其中公租房实物申请3.68万户、通过审核备案3.85万户，同比分别减少27%、15%。

二、配租配售情况

全年公租房分配3.23万套（户），其中实物房源2.66万套，新增发放市场租房补贴0.57万户，完成分配1.5万套（户）重要民生实事任务的215%。年内，公租房补贴发放2.3万户、2.95亿元，累计发放2.8万户、8.38亿元；市场租房补贴发放1.91万户、2.14亿元，累计发放5.53万户、16.65亿元。截至12月底，全市共有产权住房项目共53个、房源约5.3万套；其中启动网申项目共31个、可提供房源3.3万套；年内共有26个项目启动网申，可提供房源2.9万套。

图 9-1 2014~2018 年北京市保障性住房新增申请户数

第十章

物业服务与管理

北京市房地产年鉴 2019

第一节 2018年北京市物业管理基本情况

一、物业服务企业数量

截至2018年年底，全市物业企业总量为3138家，其中原一级企业166家，原二级企业404家，原三级企业2237家，原三级企业（暂定）198家，外埠在京企业133家。

二、物业项目数量及分布

截至2018年底，全市有物业服务项目7070个，建筑面积6.6亿平方米，约占全市房屋总规模的63%。其中，住宅类项目3976个、47721万平方米，商业类项目307个、1545万平方米，商住类项目195个、1892万平方米，写字楼项目795个、3548万平方米，行政办公楼项目736个、2462万平方米，工业类项目206个、1224万平方米，综合类项目855个、8106万平方米（各类物业服务项目建筑面积比例见图10-1）。

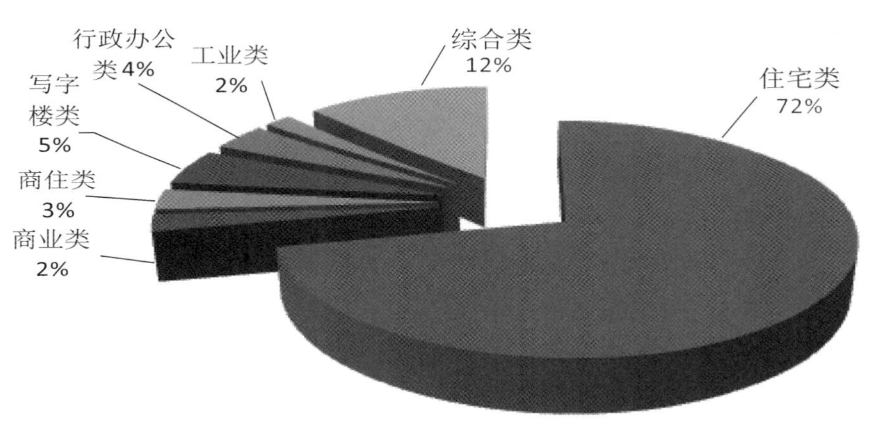

图10-1 2018年各类物业服务项目建筑面积比例

三、业主大会相关情况成立情况

一是响应区需求，搞好政策培训。对丰台、石景山、昌平、顺义、怀柔、密云区所属街道乡镇人员和社区工作人员、部分业主委员会委员共计700余人进行了业主大会相关政策的培训。二是深入属地，做好指导工作。到海淀区中关村街道、西三旗街道，丰台大红门街道、昌平区霍营街道、沙河镇和回龙观街道、大兴区亦庄镇，开发区荣丰街道等9个街道、乡镇进行业主大会建设指导，分析街道在政策指导方面遇到的困惑和难题，共同研讨解决方案；与二中院、东城区法院、昌平区法院座谈，研讨业主大会相关政策法规。三是学习外地先进经验，推动北京市业主大会建设工作。上半年，到上海、广州等地调研业主大会建设相关问题，并针对北京市情况，研究制定符合北京市的业主大会建设及管理措施。四是参加北京市高院物业服务合同案件法律适用问题研讨会。就物业费的承担、调价、收取、缴纳等多个环节涉及的法律相关问题，与参会基层法院进行座谈交流，并就北京市相关物业服务合同典型案件进行分析、讨论。就房改房物业费缴纳、事实服务合同物业费收取、物业费评估、物业费诉讼期适用、物业合同签订等5个方面达成一致观点。截至年底，北京市业委会累计备案为1216个，年度增加备案18个。

第二节　物业管理法律法规政策

一、北京市物业管理条例立法

2018年，进一步加强了与市人大、市政府法制办的沟通协调。4月3日，向市人大法制委汇报了北京市物业管理立法准备工作、立法思路及有关措施。6月13日，组织市政协城建委、市政府法制办、市物业管理行业协会、部分行业专家和法律专家及委内物业管理处、法制处、房屋安全和设备管理处、物业服务指导中心等专门研讨物业管理立法工作。经过进一步与市人大、市政府法制办沟通协调，《北京市物业管理条例》已被列入立法计划。

二、加强政策研究

一是经过老旧小区调研和多次政策研讨，2018年5月，北京市住房和城乡建设委员会、中共北京市委社会工作委员会、北京市社会建设工作办公室、北京市民政局联合印发了《关于建立北京市实施综合改造老旧小区物业管理长效机制的指导意见的通知》(京建发2018〔255〕号)，逐步探索和构建北京市实施综合改造的老旧小区物业管理长效机制。二是为加强本市物业管理区域内地下管线管理，保障地下管线安全运行，依据《国务院办公厅关于加强城市地下管线建设管理的指导意见》和《北京市加强城市地下管线建设管理工作职责分工方案》的有关规定，起草并印发《北京市住房和城乡建设委员会关于加强物业管理区域内地下管线管理的通知》（京建发〔2018〕266号)，明确了物业管理区域内专业运营单位和物业服务企业的责任。三是2018年，与市委社工委社区党建处、社区建设处多次开会协商，草拟了《北京市住宅小区改进物业服务管理加强社会治理工作意见》，并书面征求了市委组织部、市编办、市民政局等市级相关部门，形成《工作意见》(送审稿)，拟上报市委办公厅和市政府办公厅审议。

第三节　物业服务监管

一、加强行业管理

加强《北京市物业服务企业信用信息管理办法》（京建发〔2010〕658号）的落实和完善，按照“双随机一公开”的工作要求，进一步加大物业项目的日常检查力度，对服务不达标、服务质量业主意见大的企业以及相关责任人依法予以处罚，并向社会公示。

二、印发专项安全生产文件，强化工作任务

印发《2018年物业行业安全生产年工作方案》、《关于进一步做好物业行业安全生产年相关工作的通知》（京建发2018〔225〕号）、《关于加强物业行业监督检查的通知》，同时印发《物业企业安全生产自查表》，设计15类65项自查内容。

三、组织物业管理项目检查工作

开展专项检查，加强对物业企业的日常监管工作。一是按照统一工作部署，开展了“两节、两会”安全生产专项检查，多次到区建委（房管局）就实际工作中遇到的问题进行指导。检查中，特别对怀柔区驸马庄、昌平区天通苑西三区、昌平区佳运园小区、石景山区隆恩家园、石景山区南宫嘉园、西城区陶然居商住楼、西城区官园8号等小区的物业管理工作提出了整改意见，并对石景山的两个物业项目下发了责令改正通知书。二是围绕“查企业安全生产履责情况、查企业‘安全生产年’工作落实情况、查企业设施设备维护养护情况”开展专项检查，累计检查243次，涉及442个物业管理项目，下发38份责令整改通知书。

四、开展安全生产培训

围绕安全隐患排查要点、设施设备安全管理、有限空间作业、度汛工作等重点安全内容，组织项目负责人和企业负责人集中培训，全年累计组织培训23场，6600人次参加培训。

五、开展安全生产标准化二级评审工作

按照《北京市物业管理综合楼宇项目二级安全生产标准化评审管理办法》（京建发〔2015〕380号）文件要求，制定《2018年度北京市物业管理综合楼宇项目二级安全生产标准化评审工作实施方案》，突出“指导为主、评审为辅”的工作目标，引导企业通过评审，对安全隐患点进一步了解，对定期自查流程全面掌握，对问题整改措施基本熟知，本年主要开展了以下几个方面工作：一是修订评审标准，根据现行政策法规的变动，去除相应条款，增加最新要求，确保标准符合实际；二是下发评审通知，对本年度评审工作进一步明确；三是增加试评工作，帮助企业主动查找问题，按照标准完善工作内容，提升工作水平。截至2018年12月31日共有49个项目可参加评审，其中30个项目最终参加现场评审，11个项目参加试评工作，8个项目参加复评工作。

六、有序开展防汛工作

一是完成《北京市实施物业管理区域防汛工作手册》的修订和发布工作，在《防汛手册》中列举常见隐患的排查及处置方法，挂在官方网站供物业企业下载使用。二是围绕安全度汛制定2018年度防汛专项检查方案，组织开展物业管理区域防汛专项检查工作，从度汛准备、隐患排查、安全生产培训后续工作落实情况几方面入手，要求物业企业定期开展全面自查，加强应急值守。三是举办物业小区示范性防汛演练，5月31日，针对全点位、全流程、全模拟开展示范性演练，各区房屋行政主管部门负责人、部分物业企业负责人近百人观摩演练。进一步突出防汛工作“生命至上，安全第一”的宗旨，通过企业实地观摩和做法全覆盖推广，全市物业企业统一行动、统一标准、统一流程，进一步完善北京市物业管理区域防汛体系，引导社会各方监督物业企业落实各项房屋防汛制度，补齐房屋防汛短板。督促物业企业全面排查防汛隐患，力争通过可行的防汛工作，把自然灾害造成的损失和影响降到最低程度。

七、完成物业服务企业信用信息管理工作

会同市经信委印发《关于加强物业服务企业信用信息管理的通知》（京建发〔2018〕407号）文件，建立物业服务企业信用信息，实行动态管理并通过官方网站和北京市公共信用信息服务平台公布。物业服务企业信用信息包括基本信息、良好信息和不良信息。基本信息是指物业服务企业获得经营许可及管理规模的信息；良好信息是指物业服务企业获得政府部门奖励、表彰或达标等守信行为记录；不良信息是指物业服务企业违反法律法规、标准、规范或合同约定等失信行为记录。其中，基本信息可根据“企业名称”关键字信息进行模糊查询，也可按“项目数”或“总面积”进行排序查看。平台的发布，进一步加强物业管理行业监管力度的具体举措，对于提高物业管理行业诚信经营意识，提升北京市物业管理行业服务水平，促进行业自律将起到积极作用。

八、抓好电动自行车安全防范及装修垃圾专项行动

一是进一步做好电动自行车安全防范工作，要求各区结合地区实际，提出工作落实具体要求向企业再次部署。将物业企业电动自行车安全防范工作纳入日常检查范围，查企业是否开展专项治理，是否向业主深入宣传，是否建立专项巡查制度，是否制定电动自行车停放充电管理规定，是否对违规停放、违规充电、乱拉乱接电气线路等隐患问题制止并上报属地责任部门等。重点检查员工自行车停放充电情况，严禁在是室内停放、充电；严禁在设施设备间停放、充电；严禁在公共区域、疏散通道、应急通道停放、充电。二是抓好装修垃圾专项行动的开展。将物业企业装修垃圾规范管理纳入日常检查范围，查企业是否已知晓装修垃圾由物业企业统一清运，是否设立垃圾暂存点并设置标识，是否更改装饰装修合同相关约定，是否及时清运并选择有资格的垃圾运输企业，是否完成消纳证办理、费用公示和进入车辆规范管理等工作。要求各区落实以上两项工作的过程中，要留存工作痕迹，定期报送工作情况及结果数据，发现的问题应及时要求企业整改，涉及违法违规的应依法给与处理，情节严重的应集中曝光。

九、试行业主共同决定平台

基于智能手机的业主决策平台可以有效的提高业主决定共同事项的参与度和决策效率，开始建设“业主共同决策子系统”，该系统纳入北京市住房和城乡建设委员会门户网站 APP 当中，在门户网站中开设相应业务板块，为广大业主、街道、居委会等各类用户服务。“北京业主” APP 依托北京市住建委房屋全生命周期平台，通过输入姓名和身份证号码实现业主实名认证，只有完成实名认证的业主才能具备在本小区进行投票的资格，投票结束后系统自动计算结果。通过此种方式，有效降低投票成本且保障投票的公开、公正和透明。北京业主 APP 已经在朝阳区上京家园完成试点使用，印发了京建发〔2018〕391 号文件 ，进一步促进了手机投票方式的推广。截止到 2018 年 12 月，北京业主 APP 已上线 600 个小区，已有田村、广外、双井等多个街道近 20 个小区申请使用，下一步将继续对系统功能进行优化，持续扩大上线小区规模。

第四节　商品住宅专项维修资金管理

一、维修资金政策研究工作

继续加强与物业处、房屋安全设备处、房改处、执法大队等兄弟单位的配合，共同完善政策、协作处理维修资金的问题。并与市资金管理中心联动，积极开展调研，就维修资金补建、续筹，以及业委会划转资金后管理问题制定相关操作规则，并征询中国人民银行营管部，银监局、财政局的意见建议。研究起草《关于商品住宅专项维修资金申请使用有关问题的通知》，已征求了相关单位、部分区和企业的意见，正待使用审核系统建设完成后，与市财政局、市住房资金管理中心联合印发。

二、加强专项维修资金账户管理

选聘两家社会机构从 1 月 10 日至 3 月 15 日，对涉及北京市住宅专项维修资金管理的 11 家银行 84 家支行进行了专项审计检查，内容包括账户管理、资金管理和系统管理，涉及约 30 亿元金额。截至 2018 年四季度，当年归集维修资金 23.07 亿元，支取（含退款）9.63 亿元，划转 0.55 亿元。

截至 2018 年底。全市商品住宅专项维修资金累计归集（含结息）536.25 亿元，涉及 372 万套住房；售后公有住房专项维修资金累计归集 83.47 亿元，累计支取 20.77 亿元，余额 85.23 亿元，涉及单位 3907 个。自 2006 年 8 月开展商品住宅专项维修资金划转业务至今，全市已有 318 个小区将商品住宅专项维修资金划转至业主大会开户银行，累计划转资金 28.56 亿元，涉及房屋 21 万套。全市已有光大银行、民生银行、招商银行等 12 家银行开通了商品住宅维修资金划转业务；自 2005 年 7 月开展商品住宅专项维修资金使用业务至今，全市已有 5831 个小区（按使用项目累计）使用商品住宅专项维修资金（含退款）45.7 亿元。

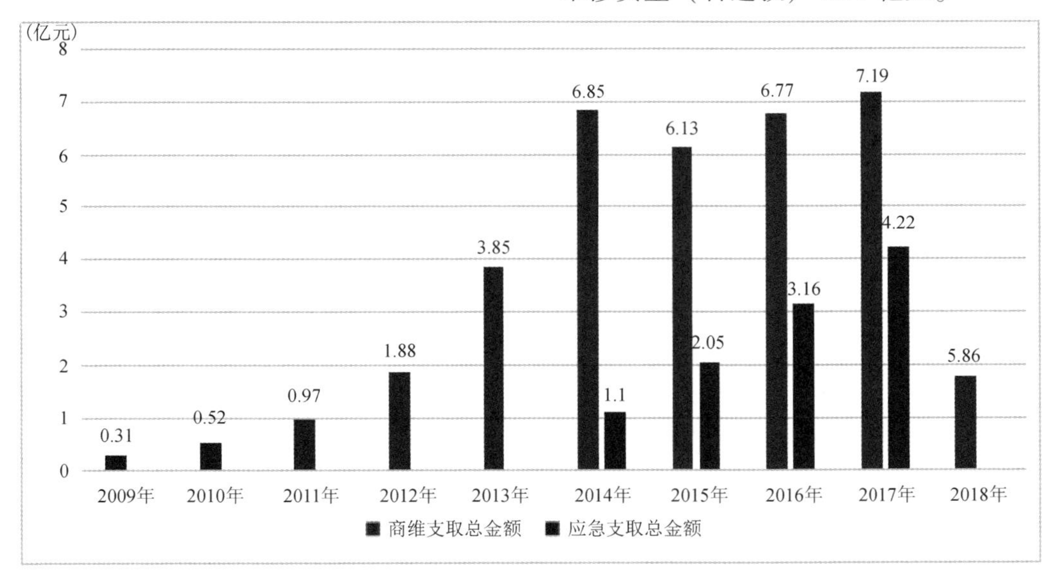

图 10-2　2009~2018 年北京市住宅专项维修资金使用情况

第五节 其他工作

一、积极推进雪亮工程调查摸底工作

按照市委、市政府对全市“雪亮工程”建设的总体部署，严格落实首都综治办明确的重点工作和任务分工，北京市住房和城乡建设委、市社会办、市民政局三家单位认真履行牵头和督导责任，到2018年底，努力实现全市新建居住小区和普通地下室公共区域视频监控覆盖率达到100%，老旧居住小区（2003年前建成的居住小区）、普通地下室公共区域视频监控覆盖率达到60%，重要施工现场、写字楼的公共区域视频监控覆盖率达到90%的任务目标。按照三个单位的整体建设方案，编制了《雪亮工程建设前期调查可行性研究报告》和《北京市实施物业管理的居住小区、写字楼、普通地下室公共区域监控建设摸底调查方案》报首都综治办。会同综治办、社会办、委内相关处室，赴海淀房管局、石景山区住建委、昌平区住建委等地督导“雪亮工程”建设工作，要求各区住房和城乡建设委（房管局）积极督促物业服务企业做好雪亮工程视频监控相关工作，并配合属地公安部门、街道乡镇开展建设工作。

二、开展转供电环节不合理收费清理规范工作

根据《北京市发展改革委员会关于做好降低本市一般工商业电费负担有关工作的通知》（京发改〔2018〕1645号）的任务分工及市发改委提供的《转供电名单》，共筛选出与物业相关的转供电企业632家，结合各区距离、企业数量等实际情况，我委于8月29日组织召开关于规范物业企业转供电行为提醒告诫会，市发改委、市物业协会、五大主城区370余家大型公共建筑、写字楼物业管理企业参加。与此同时，将加强对涉及转供电行为的物业企业的监管，同时将规范转供电行为纳入日常检查范围，对存在违规加价、不执行国家电价政策行为的，将督促整改。情节严重的，依法依规移送价格主管部门查处并建立相关主体信用档案和失信黑名单，纳入全国信用信息共享平台，通过“信用中国”网站向社会公示。

三、开展扫黑除恶专项工作

2018年，会同各区建委（房管局）对物业管理工作中群众反映突出的问题，加大日常检查力度，对投诉多、安全隐患突出、媒体曝光的项目要实行现场检查全覆盖。及时跟进处理，检查中发现物业企业工作不到位、措施不得当的，要求企业立即整改。对于违法违规行为依法处罚，情节严重的进行公开曝光。发现应由其他部门处理的行为及时移送。通过各区房管局（住建委）对本区物业企业涉黑涉恶问题情况进行及时梳理，除海淀区上报逸升轩小区可能存在物业企业涉黑涉恶问题，其他区尚未发现涉黑涉恶线索。

四、多措并举，持续推进光纤覆盖工作

按照相关文件要求，继续抓好光纤覆盖工作的推动。一是及时解决信访投诉，满足业主对宽带安装的需求，共处理相关投诉54件；二是梳理基础数据，整理目前还未满足三家的物业管理项目基础数据，为下一步统一对接奠定基础；三是积极与市经信委、市通管局联系，巩固联合办公机制，及时处理工作推进过程中存在的问题，本年度共召开专题会4次。

第十一章

住房制度改革与不动产登记

第一节　2018 年住房制度改革概况

一、存量公房改革

（一）公有住房出售

2018 年，全市出售公有住房 129. 67 万平方米、1. 68 万套，其中中央单位 338 家、面积 35. 43 万平方米、涉及住房 3968 套，市属单位 261 家、面积 71. 61 万平方米、涉及住房 9058 套，区属单位 152 家、面积 22. 63 万平方米、涉及住房 3787 套（其余为军产售房和部级干部售房备案，涉密不宜公开）。

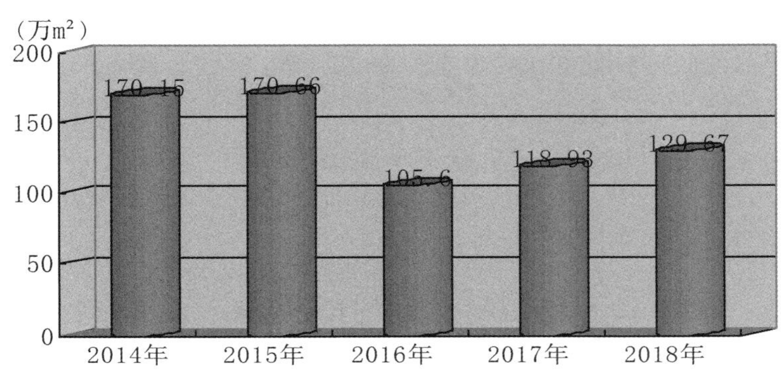

图 11-1　2014~2018 年北京市房改售房情况表

（二）公有住房调整

2018 年各区房改部门总计核准 290 家单位调整公有住房方案，涉及住房 1681 套，面积 12. 17 万平方米。主要为中央单位分配职工住宅后，按房改成本价、经济适用住房价格为职工调整住房，共计 272 家，涉及住房 1525 套，面积 11. 17 万平方米，占调房总量的 91. 78%；市属单位 14 家，涉及住房 151 套，面积 0. 97 万平方米，占当年调房总量的 7. 97%；区属单位 4 家，涉及住房 5 套，面积 0. 03 万平方米，占当年调房总量的 0. 25%。

二、集资合作建房监管

按照国家和北京市的有关政策，做好集资合作建房遗留项目善后收尾工作，继续严格复核集资建房遗留项目。为 13 家住宅合作社办理了年检审查备案工作。

三、其他住房资金管理

按照政策规定，公有住房售房款在市住房资金管理中心专户存储、专项使用。截至 2018 年年底，累计归集公有住房售房款 570. 01 亿元，支取 484. 77 亿元，余额 85. 23 亿元；累计归集公有住宅专项维修资金 83. 47 亿元，支取 20. 77 亿元，余额 62. 71 亿元；本年度归集公有住房售房款 6. 02 亿元，支取 16. 63 亿元，年内净增额 10. 61 亿元；本年度归集公有住宅专项维修资金 2. 4 亿元，支取 1. 1 亿元，年内净增额 1. 3 亿元。

截至 2018 年底，本市累计共有 1227 家企业支取售房款 74658. 28 万元用于公有住房修缮。2018 年本市共有 45 家企业支取售房款 2505. 81

万元。上述资金主要用于：电梯更新维修48部，楼面及屋顶防水维修4.16万平方米等事项。

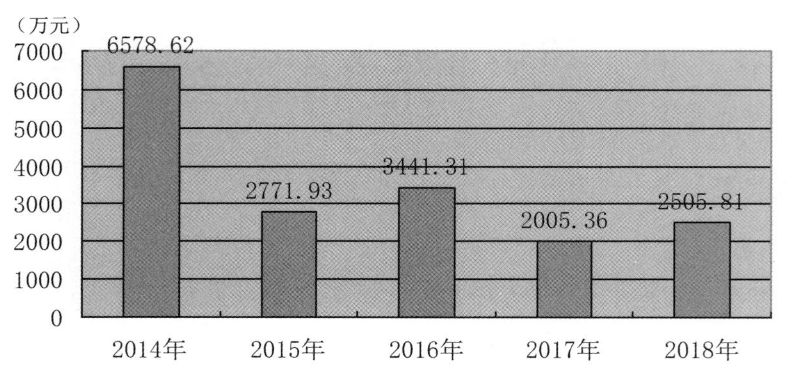

图 11-2　2014~2018 年北京市单位售房款修缮资金支取情况对比

2018年各区房管部门共审核批准138家企业支取售后公有住房专项维修资金3014.87万元。主要用于屋面防水维修17.61万平方米，122部电梯维修及更新，剩余资金用于节能改造、外墙粉刷、供水管道维修、消防及供电设施改造事项。

第二节　不动产登记

一、不动产登记量

年内，全市受理不动产登记申请104万件；完成登簿102.4万件；发放不动产权属证书86.1万本，其中《不动产权证书》56.9万本、《不动产登记证明》29.2万份；落宗登簿102件。

二、北京市不动产登记信息系统（二期）上线

12月29日，北京市不动产登记信息系统（二期）上线运行。该系统（二期）建设于2017年启动，建立不动产登记数据库、不动产单元管理系统、不动产登记信息系统、不动产登记查询分析系统，集土地、房屋、林地等信息于一体，可实现规划自然资源与住房城乡建设、农业、林业、税务等部门审批信息、交易信息实时互通共享。

三、北京市林权类不动产登记工作规范

12月29日，市规划自然资源委印发《北京市林权类不动产登记工作规范（试行）》。该规范与园林部门在林权承包、部门职能及林地口径等方面协商对接，细化登记权利类型、申请主体、申请材料和审核要点，弥补北京市登记工作规范在林权登记方面空白；将林地的承包经营权，集体林地使用权，森林、林木所有权纳入不动产统一登记。

四、农村土地确权登记

12月27日，市规划自然资源委、市农业农村局、市园林绿化局联合印发《关于农村土地确权登记有关问题的通知》，明确农村土地承包

经营权确权登记纳入不动产统一登记之前的农村土地确权登记职责，划分工作分工；明确市园林绿化部分不再承担林权的确权登记。

五、不动产登记资料管理和查询

年内，市规划自然资源委印发《北京市不动产登记资料管理暂行办法》《北京市不动产登记纸质资料管理指南》《北京市不动产登记电子资料管理指南》《北京市不动产登记资料查询实施细则》，对不动产登记资料归档、扫描、利用和对外查询标准、查询权限、办理时限等做出规定。

六、不动产登记领域历史遗留问题

年内，市规划自然资源委对不动产登记领域历史遗留问题进行梳理、归类和分析，总结各类历史遗留问题解决经验，按照不同土地使用方式，区别考量完善手续的标准和要求。形成《关于加快解决国有建设用地上历史遗留售房项目不动产登记问题的意见》初稿，明确处理历史遗留问题项目的标准、原则、路径和相关单位职责。

七、多项登记业务办理权限下放

年内，市规划自然资源委将中央单位房地产开发项目部分业务、房改房业务、转到地方管理的原军产业务等登记业务下放各区办理。市不动产登记中心服务窗口缩短办理时限，提高办事效率，其中中央在京单位服务窗口被评为北京市政务服务中心“2018年度服务之星”。

八、在京中央单位等不动产登记业务办理

年内，市不动产登记事务中心受理中央在京单位、驻京部队、保密单位等不动产登记2475件，发放不动产证书2375个，不动产登记证明28个，均在规定时限内办结。

第十二章

房屋安全管理

北京市房地产年鉴 2019

第一节 2019年度城镇房屋和设备安全检查

依据《北京市房屋建筑使用安全管理办法》（北京市政府229号令）、《城市危险房屋管理规定》（建设部129号令），为掌握本市城镇房屋安全状况，及时发现和解除危险隐患，合理制订城镇房屋修缮和改造计划，保障房屋住用安全，市住房城乡建设委印发了《关于开展2019年度北京市城镇房屋安全检查工作的通知》（京建发〔2018〕487号），各区住建委、房管局及各管房单位按市住房城乡建设委统一部署，组织实施城镇房屋安全检查。

一、房屋安全检查总量及完损状况分析

从2018年11月至2019年2月，实查城镇房屋72043万平方米，为应查（不包括军产、外事用房及厂矿工业用房等）74129万平方米的97.19%，各区查房数量详见图12-1（图中所标数值为应查房数）。

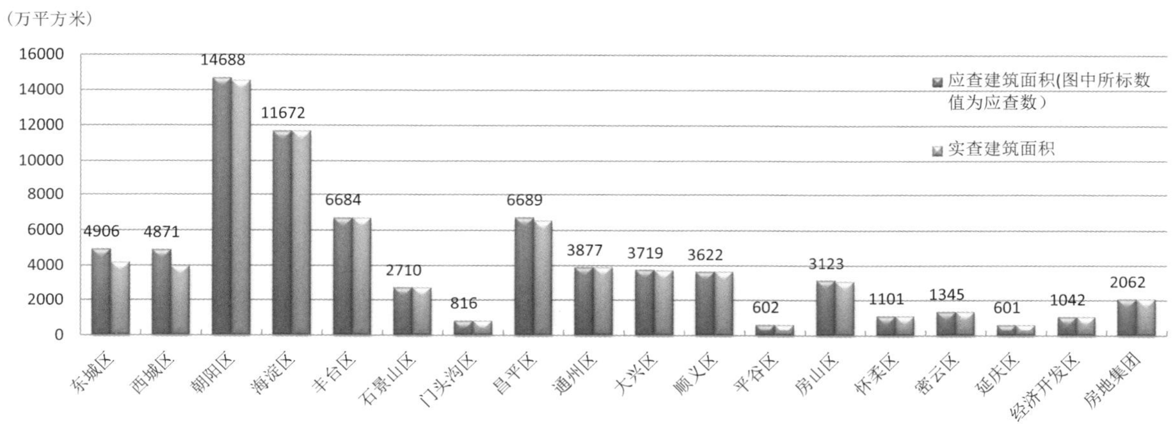

图12-1 2019年度城镇房屋安全检查中各区应查和实查建筑面积

在实查城镇房屋72043万平方米中，查出疑似危险房屋（未鉴定，以下同）16.63万平方米，占实查房的0.02%；严重破损房屋230万平方米，占实查房屋的0.32%；一般破损房屋1946万平方米，占实查房屋的2.70%。按房屋类型划分：疑似危险平房（含中式旧楼）2.51万平方米，占疑似危险房屋总量16.63万平方米的15.09%；严重破损平房（含中式旧楼）129万平方米，占严重破损房屋总量230万平方米的56.09%；一般破损平房（含中式旧楼）240万平方米，占一般破损房屋总量1946平方米的12.33%。疑似危险楼房14.12万平方米，占疑似危险房屋总量16.63万平方米的84.91%；严重破损楼房101万平方米，占严重破损房屋总量230万平方米的43.91%；一般破损楼房1706万平方米，占一般破损房屋总量1946万平方米的87.67%。按房屋区域划分：东城区和西城区查出疑似危险房屋0.8万平方米，占疑似危险房屋总量16.63万平方米的4.81%；东西城严重破损房屋124万平方米，占严重破损房屋总量230万平方米的53.91%；东西城一般破损房屋465万平方米，占一般破损房屋总量1946万平方米的

表 12-1 2019 年城镇房屋完损状况分析表

		应查房屋建筑面积（万平方米）	实查房屋建筑面积												危旧房小计（三四五类）		危破房小计（四五类）	
			合计		完好房屋		基本完好房		一般破损房		严重破损房		疑似危险房					
			万平方米	占应查%	万平方米	占应查%	万平方米	占应查%	万平方米	占应查%	万平方米	占应查%	万平方米	占应查%	万平方米	占应查%	万平方米	占应查%
合计		74129	72043	97.19	57789	80.21	12061	16.74	1946	2.70	230	0.32	16.63	0.02	2193	3.04	247	0.34
按房屋类型分	楼房	72401	70390	97.22	57049	81.05	11520	16.37	1706	2.42	101	0.14	14.12	0.02	1822	2.59	116	0.16
	平房（含中式旧楼）	1728	1653	95.70	740	44.78	542	32.77	240	14.50	129	7.80	2.51	0.15	371	22.45	131	7.95
按区域分	东城西城	9777	8109	82.93	5307	65.45	2212	27.28	465	5.73	124	1.53	0.80	0.01	589	7.27	125	1.54
	朝海丰石	35753	35579	99.51	29596	83.18	5441	15.29	488	1.37	46	0.13	8.53	0.02	543	1.53	54	0.15
	其它区	25563	25108	98.22	21550	85.83	3128	12.46	415	1.65	10	0.04	6.69	0.03	431	1.72	17	0.07
	房地集团	2062	2062	100	316	15.30	1118	54.21	578	28.04	50	2.42	0.61	0.03	629	30.49	51	2.45

23.90%。疑似危险房屋分布情况：疑似危险房屋16.63万平方米中所占比例较多的是：海淀区5.49万平方米，占总量的33.01%；大兴区5.14万平方米，占总量的30.91%；石景山区2.90万平方米，占总量的17.44%（详见表12-1）。

二、直管房屋安全检查分析

直管房屋安全检查从2018年11月15日开始至2019年2月10日结束，历时87天。共组织了201个查房小组，788人参加查房，动员工日2.68万个，人均实际投入查房34天。实查直管房1789.83万平方米，占应查房屋1792.77万平方米的99.84%。其中：实查平房303.72万平方米（包括中式旧楼11.50万平方米），占实查直管房总量1789.83万平方米的16.97%；实查楼房1486.11万平方米，占实查直管房总量的83.03%。

（一）直管房屋完损状况（见图12-2）

（1）直管房屋完好率（完好房和基本完好房）所占的比例由上年的69.81%上升为69.88%，上升0.07个百分点，其中：平房完好率（包括中式旧楼，以下同）由上年的55.42%上升为56.15%，上升0.73个百分点；楼房完好率由上年的72.78%下降为72.68%，下降0.1个百分点。

（2）直管一般破损房所占的比例由上年的24.69%下降为24.64%，下降0.05个百分点。其中：一般破损平房由上年的24.73%下降为24.52%，下降0.21个百分点；一般破损楼房由上年的24.68%下降为24.66%，下降0.02个百分点。

（3）直管严重破损和疑似危险房屋所占比例由上年的5.50%下降为5.49%，下降0.01个百分点。其中：直管严重破损和疑似危险平房由上年的19.85%下降为19.33%，下降0.52个百分点；楼房由上年的2.54%上升为2.66%，上升0.12个百分点。

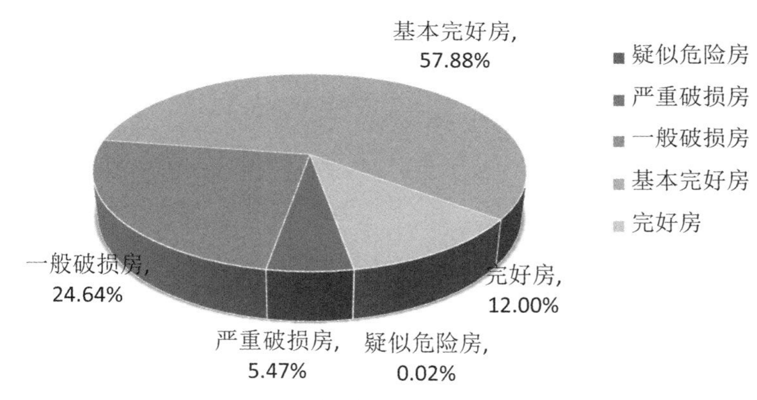

图12-2 直管房屋完损状况比例

（二）直管房屋应修缮情况

实查直管平房20.46万间（包括中式旧楼0.71万间），实查直管楼房4214幢25.42万套、1486.11万平方米。应修缮项目见表12-2。

表 12-2　直管房屋中查出的应修缮项目

统计单位：平房：间
楼房：万平方米

	平房应修缮						楼房应修缮				
	翻挑大修	木结构加固	墙体整修	屋面维修	改善项目	解除院落积水（米）	综合维修	屋面大修	上下水更新	整楼外墙板缝漏雨或外立面粉饰	屋面维修
数量	31496	934	5216	72702	2407	2	26. 52	21. 79	79. 04	0. 37	7. 71
占总量%	15. 39	0. 46	2. 55	35. 53	1. 18	—	1. 78	1. 47	5. 32	0. 02	0. 52

三、物业和单位自管房屋安全检查分析

（一）实查物业和单位自管房 70059 万平方米，占应查面积 72117 万平方米的 97. 15%。 其中：完好和基本完好房占 97. 79%，比上年下降 0. 45 个百分点；一般破损房占 2. 06%，比上年上升 0. 44 个百分点；严重破损及疑似危险房占 0. 15%，比上年上升 0. 01 个百分点（详见图 12-3）。

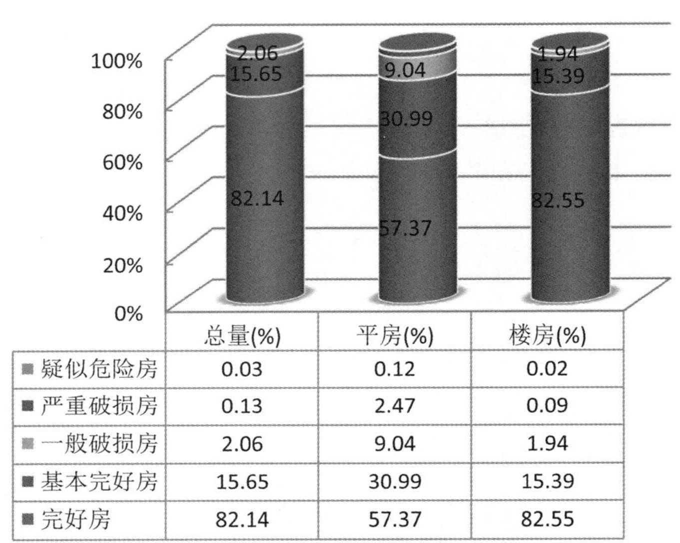

	总量(%)	平房(%)	楼房(%)
疑似危险房	0.03	0.12	0.02
严重破损房	0.13	2.47	0.09
一般破损房	2.06	9.04	1.94
基本完好房	15.65	30.99	15.39
完好房	82.14	57.37	82.55

图 12-3　物业和单位自管房屋完损状况

（二）查出物业和单位自管平房应修 9105 间，占实查平房 32. 72 万间的 2. 78%。 主要修缮项目：（1）应挑翻大修 2778 间；（2）木结构应加固 648 间；（3）平房屋面应补漏 5067 间；（4）应墙体整修 425 间；（5）房屋严重阴暗、潮湿、掉土，需做顶棚、地面、改装修 187 间。

（三）查出物业和单位自管楼房应修 1372. 77 万平方米，占实查楼房建筑面积 68904 万平方米的 1. 99%。 主要修缮项目：（1）楼房应综合维修 200. 5 万平方米；（2）整幢楼外墙板缝漏雨应修 48. 06 万平方米；（3）外立面应粉饰 72. 31 万平方米；（4）楼房屋面应大修及维修 868. 26 万平方米；（5）上下水应更新 127. 81 万平方米；（6）楼内墙公共部分应粉刷 55. 83 万平方米。

四、城镇私有平房安全检查分析

实查城镇私有平房 13.93 万间，占应查 15.79 万间的 88.22%。其中 99.28% 为自住私有平房，按其产别分类所占比例见图 12-4。

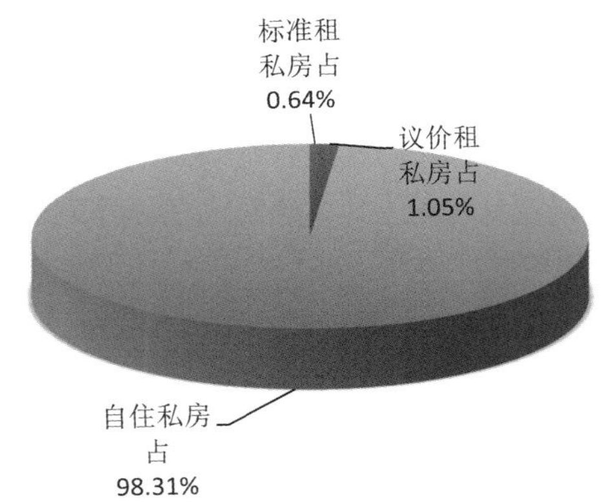

图 12-4　城镇私有平房按产别分类

（一）标准租出租私房

实查标准租私房 1.07 万平方米，占应查 1.32 万平方米的 81.32%，其中：完好和基本完好房占 9.33%，一般破损房占 29.32%，严重破损房占 60.97%，疑似危房占 0.37%。查出应修标准租私房 566 间，占实查 885 间的 63.95%。主要修缮项目：（1）应翻挑大修 410 间，占实查间数的 46.33%；（2）木结构应抢修加固 20 间，占实查间数的 2.26%；（3）应墙体整修 113 间，占实查间数的 12.77%；（4）严重漏雨 23 间，占实查间数的 2.60%。

（二）自住私房及议价租私房（未规定评定房屋完损等级）

共实查 13.84 万间，占应查 15.68 万间的 88.27%。查出应修自住私房及议价租私房 11600 间，占实查 13.84 万间的 8.38%。主要修缮项目：（1）应翻挑大修 9808 间，占实查间数的 7.09%；（2）木结构应抢修加固 550 间，占实查间数的 0.40%；（3）应墙体整修 490 间，占实查间数的 0.35%；（4）严重漏雨 752 间，占实查间数的 0.54%。

五、房屋设备检查总量分析

（一）2019 年检查电梯 97428 部，电梯检查率为 98.72%，比上年上升 0.13 个百分点。其中检查直管房屋电梯 631 部，检查率为 100%；检查物业管理电梯 82324 部，检查率为 99.71%；检查自管房电梯 14473 部，检查率为 93.39%。

（二）2019 年检查高层二次供水水泵 39135 台，检查率为 97.86%，比上年上升 0.7 个百分点。其中直管房屋高层二次供水水泵 452 台，检查率为 100%；物业管理高层二次供水水泵 30328 台，检查率为 99.95%；自管房高层二次供水水泵 8365 台，检查率为 90.96%。

（三）2019 年检查避雷装置 203763 个系统，检查率为 99.32%，比上年上升 0.1 个百分点。其中直管房屋避雷装置 2382 个系统，检查率为 100%；物业管理检查避雷装置 157453 个系统，检查率为 99.65%；自管房单位检查避雷装置 43131 个系统，检查率为 98.09%。近几年房屋设备检查数量分析见图 12-5。

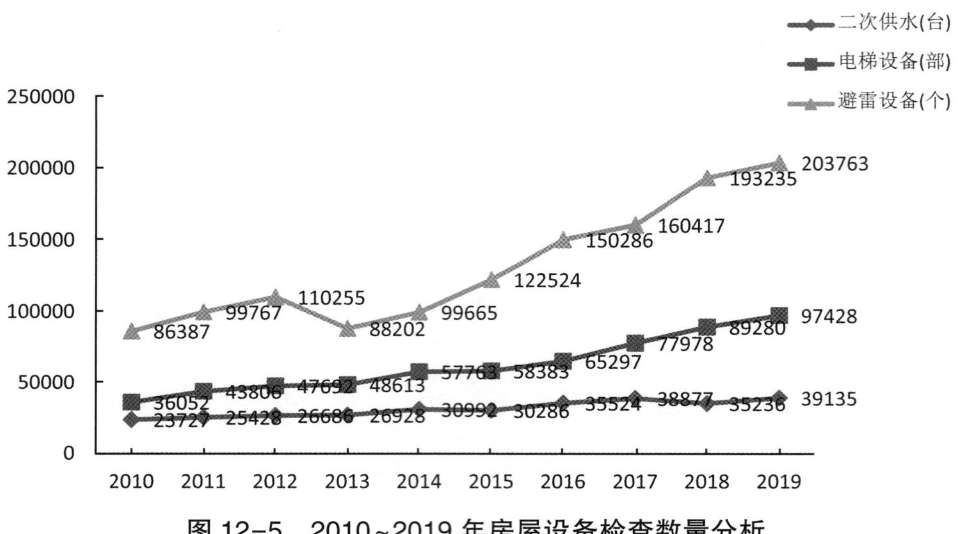

图 12-5　2010~2019 年房屋设备检查数量分析

六、房屋设备完好状况分析（详见表 12-3）

（一）电梯设备完好状况：检查电梯 97428 部，其中完好电梯 88527 部，完好率 90.86%，比上年下降 0.89 个百分点；电梯状况一般的 6995 部，占 7.18%，比上年上升 0.76 个百分点；电梯状况较差的 1906 部，占 1.96%，比上年上升 0.13 个百分点。其中：直管电梯设备完好率 68.46%，比上年 68.80%下降 0.34 个百分点；单位自管电梯设备完好率 87.45%，比上年 90.48%下降 3.03 个百分点；物业管理电梯设备完好率 91.64%，比上年 92.19%下降 0.55 个百分点。

表 12-3　2019 年城镇房屋设备完好状况

		应查	实查							
			合计		完好		一般		较差	
			数量	占应查%	数量	占实查%	数量	占实查%	数量	占实查%
甲		1	2	3=2/1	4	5=4/2	6	7=6/2	8	9=8/2
合计	电梯设备（部）	98688	97428	98.72	88527	90.86	6995	7.18	1906	1.96
	二次供水（台）	39990	39135	97.86	36541	93.37	2275	5.81	319	0.82
	避雷设备（个）	205161	203763	99.32	195878	96.13	7115	3.49	770	0.38
直管	电梯设备（部）	631	631	100	432	68.46	100	15.85	88	13.95
	二次供水（台）	452	452	100	362	80.09	35	7.74	55	12.17
	避雷设备（个）	2382	2382	100	2090	87.74	253	10.62	39	1.64
自管和物业	电梯设备（部）	98057	96797	98.72	88095	91.01	6895	7.12	1807	1.87
	二次供水（台）	39538	38693	97.86	36179	93.50	2240	5.79	274	0.71
	避雷设备（个）	201975	200584	99.31	193136	96.29	6716	3.35	732	0.36

（二）二次供水设备完好状况：检查二次供水设备 39135 台，其中供水设备完好的 36541 台，完好率为 93.37%，比上年下降 0.13 个百分点；供水设备状况一般的 2275 台，占 5.81%，比上年上升 0.04 个百分点；供水设备状况较差的 319 台，占 0.82%，比上年上升 0.09 个百分点。

（三）避雷设备完好状况：检查避雷设备 203763 个系统，其中避雷完好的 195878 个系统，完好率为 96.13%，比上年下降 0.56 个百分点；避雷设备状况一般的 7115 个系统，占 3.49%，比上年上升 0.4 个百分点；避雷设备状况较差的 770 个系统，占 0.38%，比上年上升 0.16 个百分点。

第二节　城镇房屋防汛工作

在市委、市政府和市防办的统一领导下，深入贯彻习近平总书记系列重要讲话精神，特别是两次视察北京的重要讲话精神，坚决落实国家防总、水利部、市防办等工作部署，牢记“生命至上、安全第一”的工作宗旨，全力以赴、夜以继日、严防死守，成功应对汛期每一场降雨，守住了“不死人、少伤人”的工作底线，2018 年实现了确保城镇房屋安全度汛的工作目标。

一、做好汛前城镇房屋防汛准备工作

（一）通过城镇房屋安全检查掌握全市城镇房屋现状

从 2018 年 11 月至 2019 年 3 月，利用 4 个月的时间，组织开展全市城镇房屋安全检查。检查城镇房屋（不包括军产、外事用房及厂矿工业用房等）7.2 亿平方米，查出疑似危险房屋 16.63 万平方米，占实查房的 0.02%；严重破损房屋 230 万平方米，占实查房屋的 0.32%；一般破损房屋 1946 万平方米，占实查房屋的 2.70% 。

（二）对各区城镇房屋防汛准备工作开展检查

根据房屋安全管理办法 229 号令和市防汛办关于开展防汛检查工作的通知要求，3 月份开始对部分区的防汛准备情况进行检查。主要检查内容：一是冬季查房完成情况，查看房屋安全检查收集的汇总表；二是听取各区城镇房屋防汛准备情况和存在的问题。三是听取各区城镇房屋防汛隐患排查整治完成情况。

（三）印发城镇房屋防汛工作的要点

为做好 2018 年北京市城镇房屋防汛工作，依据国家和本市有关防洪防汛法规办法，落实北京市人民政府防汛抗旱指挥部《关于做好 2018 年北京市防汛抗旱工作的通知》（京政汛［2018］1 号），在认真总结 2017 年房屋防汛工作经验的基础上，研究制订引发 2018 年城镇房屋防汛工作要点。

（四）组织召开 2018 年房屋防汛演习观摩会

5 月 11 日上午，市住建委联合海淀区海房集团，在海淀区苏家坨镇管家岭村，组织召开 2018 年房屋防汛演习观摩会。各区住建委、房管局、直管房屋管理单位主管领导、主管部门负责人、市住建委相关处室参加了演习观摩会；海淀区海房集团 、市房地集团和东城区、西城区直管公房管理单位 10 支抢险队参加演习；200 多人参加观摩会。

（五）抓好分级落实抢险队伍人员和物资保障工作

汛前，全市组建房屋防汛抢险队 256 支、

4777人。其中市住建委直属房屋防汛抢险队2支、55人。储备苫盖材料1360捆、木材377立方米、水泵877台、发电机133台、运输车253辆，基本满足了就近准备、统一使用的要求。

二、认真组织落实上汛后的各项工作

2018年汛期降雨次数和降雨量偏多，按照市委、市政府和市防办的决策部署，市住建委房屋防汛主管部门认真组织落实，抓好检查督促，及时收集雨情，协调解决隐患，成功应对了“7.11”“7.16”“7.17”“7.23”“7.24”等强降雨过程。

（一）认真贯彻及时转发市防办的通知要求

学习贯彻习近平总书记到北京视察的重要指示和李克强总理的重要批示，落实蔡奇书记批示，及时转发“科学应对强降雨过程、雨后防止发生次生灾害以及抓好漏雨房屋修缮”等32个传真电报，并提出具体要求：一是做好强降雨应对工作。特别是“7.11”“7.16”“7.17”“7.23”“7.24”的强降雨，要求各单位高度警觉，贯彻“阴天就是预警，降雨就是命令”的要求，组织力量对城镇危旧房屋、低洼院落及普通地下室等进行排查，对排查出的危险隐患要立即采取措施处置。二是严格落实防汛制度。落实24小时值（带）班制度，手机要24小时开通，确保指挥通信联络畅通。三是完善信息报送工作。2018年市住建委通过微信通知、提醒和抽查各区落实防汛情况共发布632条，各区、各房屋防汛管理单位共通过微信报告和反馈情况4070条，汛期收集雨情信息32次。

（二）认真抓好房屋安全度汛的宣传工作

针对部分业主在汛期房屋漏雨不知道如何解决的问题，市住建委在接受媒体采访报道中有重点地进行宣传报道，利用“安居北京”微信公众号，对业主在汛期可能遇到的问题都一一进行了解答。汛前在新闻媒体公布各区房屋防汛值班电话。中心城区房管局充分利用媒体、社区宣传栏、社区报等“图解防汛知识”，开展“防汛咨询进社区”等多种活动，发放宣传资料10万余份 。

（三）认真检查应急值守，切实履行防汛责任

今年汛期多次发生全市范围的大雨或区域暴雨。市防汛办发布暴雨蓝色预警7次，黄色暴雨预警各5次。市住建委汛期中电话检查值班情况8次。各区参加值班、抢险备勤人员7.82万人次，雨中巡查重点平房18.69万间次、楼房7.83万幢次。经巡查或居民报修发现积水院落165处、雨水进屋131间、地下室倒灌39处；平房漏雨4091间、楼房漏雨2493幢；雨中抢修苫盖或加固房屋3489间，疏通排水561处；其他问题已在雨后督促修缮解决了。

（四）组织收集防汛经验做法，加强横向业务交流

根据市住建委领导检查调研、主管处室收集汇总，各区房屋防汛分指挥部主动作为，把做好房屋安全度汛工作与落实“两学一做”教育相结合，主动查找问题不足。及时把东城区、西城区、朝阳区、丰台区房屋防汛主管部门 、房地集团首华物业、房修一物业等防汛演练情况和东城区京诚集团应对7月16-17日强降雨的纪实转发各区学习借鉴 。

（五）认真落实各级领导批示，及时解决房屋漏雨问题

落实《市长电话要情》《今日舆情要闻》和委领导批转报刊关于汛期房屋漏雨问题等。各区认真对待密切协作，安排相关人员到点核查，及时解决群众反映的房屋漏雨问题。

三、城镇房屋防汛工作面临的主要问题

（一）房屋拒查、拒修及锁门户仍然较多

拒修的主要原因，一是认为北京危改拆迁

的速度加快，自己的居住地可能会马上拆迁，腾房修缮比较麻烦，或者无处寻找周转房，且对房屋的危险程度存有侥幸心理；二是有些住户在装修时为了美观将检查口封闭、木柱包镶，拒绝重新打开检查。

（二）日常修缮支出资金不足

汛期房屋修缮工作量大与修缮资金的短缺，日常修缮工作只能侧重于解决危、排水、堵漏等项目，离彻底解决问题还有距离。同时，随着危改拆迁的深入，解除了部分危房屋的安全隐患，但租金收入也在不断减少。

（三）人员队伍老化、专业人员和技术水平相对较低。

随着产权单位的改制、重组，人员的退休，造成房屋管理人员短缺，产权单位对所管房屋疏于管理。

第三节　老旧小区综合整治和既有多层住宅楼增设电梯工作

一、工作推进情况

市委、市政府高度重视老旧小区综合整治工作。蔡奇同志自2018年开年伊始就到老旧小区进行现场调研，强调要抓好老旧小区综合整治和增设电梯工作，总结试点经验，全面推进。陈吉宁市长多次召开专题会议，多方听取意见，全力推进老旧小区整治和增设电梯工作。隋振江副市长多次对老旧小区综合整治工作作出明确的指示、批示，牵头召开老旧小区综合整治联席会议，确定2018年老旧小区综合整治项目。市人大领导和部分代表多次到现场调研、指导和督办。2018年4月12日，市人大刘伟副主任带队到市住建委调研，对2016年、2017年两年议案办理情况进行了总结，提出具体指导意见。

市政府将老旧小区综合整治作为专项工作，持续推进。在继续实施10个试点项目基础上，研究制定了《老旧小区综合整治工作方案（2018—2020年）》，将老旧小区综合整治工作编入新总规，明确2018年实施100个老旧小区综合整治项目，同时大力开展既有多层住宅增设电梯。

二、2017年试点工作情况

2017年中心城区和通州区10个试点项目，涉及住宅楼76栋、43万平方米、居民5600余户。截至2018年12月底，西城区、朝阳区、丰台区、石景山区已全部完成；海淀区和通州区除自选类改造内容增设电梯和补建养老服务驿站，其他改造内容已全部完成；东城区春秀路小区已完成改造整治内容，胡家园东区已完成楼本体和小区内热力管线改造，综合服务用房、地下车库和小区外热力管线改造正在积极推进。

试点项目共计完成楼本体节能改造（包括增加楼本体外墙保温、屋面防水保温改造、更换门窗）21万平方米，楼内上下水管线完成403根立管更新，完成增设电梯49部（准备继续实施16部）；补建停车位共计658个，其中立体停车设施5个，停车位407个（已完成232个）；架空线入地完成1.3万延米；补建、改造养老和社区服务设施共实施4处，已完成1处。其他改造内容还包括小区公共区域地下管网综合改造、小区环境提升等。

试点项目在小区治理体系、物业管理长效

机制建设方面进行了有益尝试，形成了精治共治法治引领老旧小区综合整治不断完善的工作局面。在试点项目实施过程中，各区积极探索发挥党建引领的作用，充分调动居民积极性，着力夯实共治基础；落实政府主导、居民自治、社会力量协同的政策措施，加强宣传，引导居民参与改造整治工作；大力推进小区治理体系建设，指导成立小区居民自治组织或议事机构，引入规范化物业管理。在市、区、街乡和社区组织共同努力下，试点工作取得了良好的效果和经验。

新一轮老旧小区综合整治由“十二五”时期的以“工程管理”为主转变为“社会治理”和“工程管理”并重。

三、2018 年工作开展情况

（一）出台“1+5”配套政策措施

市委、市政府将新一轮老旧小区综合整治作为专项工作，纳入新总规，大力推进。2018 年 3 月，市政府办公厅制发《老旧小区综合整治工作方案（2018—2020 年）》（京政办发〔2018〕6 号），明确了新一轮老旧小区综合整治工作目标、实施路径。市住建委及市有关部门陆续出台了关于规划建设、工程管理、物业管理长效机制、加装电梯、资金支持等 5 份配套文件，形成了“1+5”政策体系，推进了试点项目实施。

（二）有序实施 2018 年老旧小区综合整治

新一轮老旧小区综合整治由“任务制”改为“申报制”，在各区上报整治项目基础上，市政府确定全市 2018 年开展 100 个老旧小区综合整治项目，涉及住宅楼 1165 栋、638 万平方米、7.62 万户，预算资金约 108 亿元；其中中心城区和通州区 29 个项目列入疏解整治促提升专项行动。

各区根据全市统一部署和“1+5”配套政策要求，积极开展老旧小区综合整治政策宣传、征求民意、实地踏勘、编制整治方案和组织招标等工作。截止 12 月底，共有 95 个项目完成或进入设计、施工、监理招标阶段；34 个项目实现进场施工。其中 4 个项目的 28 栋楼、共 6.6 万平方米完成了楼本体节能改造。列入疏整促的 29 个项目已完成拆违 1.2 万平方米，治理开墙打洞 26 处，治理群租 224 户，治理地下空间 48 处，拆除地桩地锁 651 个。

（三）继续大力推进老楼加装电梯工作

为确保完成“全年开工 400 部以上，完成加装 200 部以上的任务”，根据市政府工作部署，市住建委制定印发了《2018 年老楼加装电梯实施方案》。根据年初确定的加装电梯任务目标，将任务分解到各区，落实到小区、楼栋。各区牵头部门负责加装电梯工作的组织、实施、检查和验收工作，加强协调调度，确保加装电梯工作顺利进行。为切实把民生实事落实到位，及时解决推进过程中出现的问题，委领导带队先后到朝阳、丰台、海淀等区调研督导，同时结合各区实际工作情况和遇到的问题，及时研究解决办法，协调推进解决。

注重做好老楼加装电梯工作的宣传报道，通过电视、报纸、网络等媒体，多角度、多批次报道北京市老楼加装电梯政策和措施。为使居民生动直观地了解加装电梯申报流程，市住建委还制作了加装电梯动画 APP，起到了很好的宣传效果。同时，为使广大居民深入了解加装电梯政策、技术方案，破解疑虑等，相关负责人和有关专家到北京电视台讲解政策、技术方案和相关措施，起到了很好的引导作用，居民参与加装电梯的积极性越来越高。

（四）开发建设老旧小区综合整治信息系统

为落实 6 号文有关要求，市住建委已组织开发北京市老旧小区综合整治管理信息系统，拟运用信息化手段，建立健全北京市老旧小区数据库。系统初步开发设计内容包括网上申报、项目管理、资金管理、监督检查等模块。根据各区6月份上报的需整治老旧小区台账，已完成全市老旧小区基础数据录入工作。拟从2019年申报项目开始，通过信息系统，实现对整治改造项目的全过程跟踪管理。

四、创新做法

与“十二五”时期相比，北京市新一轮老旧小区综合整治工作在审批方式、治理体系、实施方式、工作措施、资金筹措上都有创新，增强了针对性和可操作性。

（一）优化流程，下放审批权限

将规划审批工作向区级层面下放。试点项目改造方案在不损害周边群众权益，同时确保满足日照、安全等相关强制性要求的基础上，由区政府同意后，直接组织实施。明确老旧小区综合整治涉及的工程建设手续均由各区办理；进一步简化建设工程招标条件，加强安全质量管理，工程投资额在30万元以上且建筑面积在300平方米以上的综合整治工程，应办理施工许可手续，并进行质量、安全监督；工程竣工验收工作应做到随竣随验，以保证居民的正常生活，物业企业参与综合整治工程验收工作，实施主体办理完验收备案后，将综合整治相关资料移交物业企业。

（二）健全治理体系，建立物业管理长效机制

2017年、2018年实施的110个试点项目在小区治理体系、物业管理长效机制建设方面进行了有益尝试，通过2年的工作实践，已初步形成了精治共治法治引领老旧小区综合整治不断完善的工作局面。推动社会治理重心下移，各区积极探索发挥党建引领的作用，充分调动居民积极性，着力夯实共治基础；落实政府主导、居民自治、社会力量协同的政策措施，加强宣传，引导业主依法履行职责，参与和决策老旧小区改造事项；大力推进小区治理体系建设，指导成立小区居民自治组织或议事机构，引入规范化物业管理，暂不具备专业化物业管理条件的，按单位自管等现行管理方式或准物业管理方式进行管理。

（三）创新实施方式，发挥街道社区群众工作优势

坚持自下而上、以需定项；理顺机制、强化服务；标本兼治、完善治理的工作原则。推行“基层组织、居民申请、社会参与、政府支持”的实施方式，变“任务制”为“申报制”。在实施过程中，寻求居民共识是工作启动的前提，充分发挥街道、社区居委会的作用，广泛宣传政策，深入了解群众意见诉求，画出最大同心圆。坚持“申报制”和“自下而上”的原则，根据小区实际情况、结合群众意愿，确定整治项目。老旧小区综合整治工作要让群众参与进来，让群众得到实实在在的实惠；老旧小区整治效果如何，关键要看群众满意不满意。

（四）实施菜单式改造整治

《老旧小区综合整治工作方案（2018—2020年）》提出，对老旧小区实施“六治七补三规范”：所谓“六治”，就是要治危房、治违法建设、治开墙打洞、治群租、治地下空间违规使用、治乱搭架空线；“七补”主要包括，补抗震节能、补市政基础设施、补居民上下楼设施、补停车设施、补社区综合服务设施、补小区治理体系、补小区信息化应用能力；“三规范”，主要是规范小区自治管理、规范物业管理、规范地下空间利用。整治内容采用“菜单式”，分为基础类和自选类。基础类包括抗震加固、节能改造、拆除违法建设、整治开墙打洞等，是必须改造整治的内容；自选类根据居民意愿确定，包括增设电梯、补建综合服务设施、补建停车位等。

（五）多元化筹集资金

注重多元化筹集资金，明确基础类改造内容以政府出资为主；自选类改造内容由居民自愿选择实施，采取社会投资、居民付费和政府补贴方式筹集资金。

（六）采取多种措施推进开展加装电梯工作

市财政局加大资金补贴力度，对已完成加装的电梯，按照每部不高于64万元的标准对区财政进行补贴。市规划自然资源委缩短了施工图审查时限。市市场监管局规范了加装电梯报装渠道，缩短了安装检验审核时限，免予收取加装电梯的安装监督检验费用，减轻了居民负担。市住建委针对居民利益协调难的问题，鼓励各区创新服务方式、方法，吸引有经验、懂业务、善沟通的热心居民群众和专业技术人员参与，协助街道和社区开展工作，在市住建委指导下，以企业为主导，先后成立了2个加装电梯服务中心（堡头筑福加梯服务中心、市既有多层住宅增设电梯一站式咨询服务中心），长期设立服务点，并深入社区为居民提供服务，起到了很好的引导作用。

第四节　普通地下室安全使用管理和超限高层建筑工程抗震设防审查

一、全市普通地下室安全使用管理工作

按照北京城市总体规划和市委、市政府部署要求，2018年普通地下室综合整治，围绕安全有序、规范管理、公益便民的总体目标，进一步完善管理机制，提高地下空间管理法治化、精细化水平，为有序疏解北京非首都功能，优化提升首都核心功能，加快建设国际一流的和谐宜居之都创造良好的地下空间环境。

根据《北京市“疏解整治促提升”专项行动2018年工作计划》，市住建委按照要求，深入基层调研，解决热点难点，积极督导检查，促进工作落实，已完成了2018年300处挂账整治任务。截止2018年10月底，全市共有普通地下室28581处、面积5827万平方米，日常检查20254处，专项检查2133处，现场整改1577处，限期整改358处，约谈285处，处罚238处，清理364处，清出11558人，清出面积243205平方米。

（一）主要工作

一是加强督导检查，消除安全隐患，确保春节和两会安全。二是制定好方案。地下空间列入疏解促提升10大专项行动，积极开展调查研究，多次与民防局研讨，修改完善制定了2018年地下空间整治专项行动实施方案。三是积极开展使用政策的研究。协调相关部门，开展清空后普通地下室的再利用的政策和办法，积极引导普通地下室用作社区配套、居家养老服务、社区文化服务、居民文体活动空间、便民商业网店、居民停车改造、居民仓储等方面的再利用，探讨普通地下室统筹使用、合理利用的有效途径。四是会同市商委研究制定了《利用地下空间补充完善便民商业服务设施的指导意见》，会同市公安消防局、民防局研究制定

了《地下空间整治期间自用性宿舍消防技术措施》。五是及时核查督导处理市长电话要情、群众来信来访反映普通地下室存在的问题。多次联合房屋安全管理事务中心、对市长电话要情及群众反映普通地下室散租反弹、违法违规使用等问题进行了现场复查督导。六是会同应急处、物业处、信息处等就落实居住小区、普通地下室、写字楼、重要施工现场“雪亮工程”有关工作方案进行研讨。

（二）存在的主要问题

一是产权单位不配合。主要针对国管、央产、军产单位管辖范围内发现的违规居住和使用现象，由于条块分割、行政隶属关系等原因，存在沟通难、协调难、属地整治工作开展十分困难问题。

二是清空后普通地下室的利用问题亟待解决。几年来，普通地下室综合整治，各区投入了很大的人力、物力和精力，清空了散租住人普通地下室，由于前期经费及使用政策的原因，大多数未恢复原貌，受经济利益的驱动，使用者与管理者开展游击战术，反弹现象时有发生。

三是整治与现实需求的难题。自用性集体宿舍的整治工作面临较大的难度。全市目前有员工宿舍2495处，住有8.8万人。基本为自用性宿舍，多数为本小区、本单位服务的物业员工，法规（152号令）对自用性宿舍并没有禁止。清理可能对这些服务居民的工作产生一定影响，目前出台了《地下空间整治期间自用性宿舍消防技术措施》，但对执行程序配套措施还要进一步研究。

（三）改进措施

落实市委、市政府工作要求，一是严格按照《2018年地下空间整治专项行动实施方案》，积极开展普通地下室综合治理，督导方案的落实，全面提升普通地下室管理水平和使用环境。二是积极与中直、国管、部队联系，建立健全沟通机制，配合中直、国管、部队开展普通地下室综合整治工作，全面推进全市行政区域内普通地下室综合整治工作。三是积极督导各区采取有效措施，加强管理，防止反弹，发现一处清理一处，实时保持动态清零。四是开展普通地下室再利用政策的研究，协调相关部门，开展清空后普通地下室的再利用的政策和办法，不断完善普通地下室合理开发利用的长效机制，积极引导普通地下室用作社区配套、社区文化服务、居民文体活动空间、便民商业网店、居民仓储等方面，探讨普通地下室统筹使用、合理利用的有效途径。

二、超限高层建筑工程抗震设防审查工作

2018年，依据《国务院对确需保留的行政审批项目设定行政许可的决定》（国务院令第412号）、《超限高层建筑工程抗震设防管理规定》（建设部令第111号）、《建设部关于纳入国务院决定的十五项行政许可的条件的规定》（中华人民共和国建设部令第135号）及《超限高层建筑工程抗震设防专项审查技术要点》（建质〔2015〕67号）等文件的要求，对9项超限高层建筑工程进行了抗震设防专项审查。其中包括北京铁路枢纽丰台站改建工程（站房）、门头沟区体育文化中心建设工程、国家科技传播中心等项目。

第十三章

房地产行业信息

第一节　房地产开发企业

一、2018 年房地产开发企业概况

截至 2018 年 12 月底，全市资质有效期范围内房地产开发企业 2501 家，其中一级企业 77 家，二级企业 118 家，三级企业 86 家，四级企业 1660 家，暂定级企业 560 家。2018 年，全市新设立房地产开发企业 210 家，注销企业 166 家。

二、2018 年房地产开发企业名录

（见附录二附表 7）

第二节　房产测绘行业

房产测绘单位及人员情况

截至年底，全市已在市住房城乡建设委备案的房产测绘机构 124 家，从业人员 946 人。其中，甲级资质 24 家，乙级资质 33 家，丙级资质 38 家，丁级资质 29 家（机构名录见附录二附表 8）。从业人员中，硕士学历 16 人，本科学历 472 人，大专学历 304 人，其他学历 154 人。

第三节　房地产经纪行业

一、截至 2018 年 12 月 31 日房地产经纪机构备案情况

目前北京市已备案的房地产经纪机构共有 2897 家，分支机构共有 3976 家，业务种类包括新建商品房销售代理、存量房转让经纪、房屋租赁经纪。

表 13-1　北京市房地产经纪机构设立情况统计

截至 2018 年 12 月 31 日

企业类型 \ 数量 \ 注册资金（万元）	10 以下	10-30	30-50	50-100	100 以上	合计
有限责任公司	31	280	148	710	1641	2810
合伙制企业	1	1	0	0	0	2

（续表 13-1）

注册资金（万元）/数量/企业类型	10 以下	10-30	30-50	50-100	100 以上	合计
三资企业	0	1	0	4	23	28
股份合伙制企业	0	2	0	1	5	8
全民所有制企业	0	1	2	1	5	9
集体所有制企业	0	0	3	0	4	7
其他	8	7	0	6	12	33
合计	40	292	153	722	1690	2897
备注	注册资本含下限，不含上限					

表 13-2 北京市房地产经纪机构设立情况统计

2018 年 12 月 1 日——2018 年 12 月 31 日

注册资金（万元）/数量/企业类型	10 以下	10-30	30-50	50-100	100 以上	合计
有限责任公司	0	0	0	0	0	0
合伙制企业	0	0	0	0	0	0
三资企业	0	0	0	0	0	0
股份合伙制企业	0	0	0	0	0	0
全民所有制企业	0	0	0	0	0	0
集体所有制企业	0	0	0	0	0	0
其他	0	0	0	0	0	0
合计	0	0	0	0	0	0
备注	注册资本含下限，不含上限					

二、北京市房地产经纪人员状况

目前北京市已备案的房地产经纪从业人员共有 100083 人。

第四节 房地产评估行业

一、房地产估价机构情况

全市共有房地产估价机构 129 家。其中，一级估价机构 52 家，二级估价机构 35 家，三级估价机构 29 家，外地一级机构在京分公司 10 家，仅在军队系统内执业的机构 3 家。2018 年新核定的三级暂定估价机构0家，三级暂定升三级备案1家，三级升二级备案3家，二级升一级备案0家，外地一级机构在京分支机构备案1家。详见下面列表。

表 13-3　2018 年北京市三级核定备案房地产评估机构

序号	机构名称	备案证书编号	住　所	联系人	联系电话
1	北京昌房房地产评估有限责任公司	京建房估备字〔2002〕第 0081 号	北京市昌平区昌平镇南环东路 32 号楼-10 号	王鑫	010-89742381

表 13-4　2018 年北京市二级核定备案房地产估价机构

序号	机构名称	备案证书编号	住　所	联系人	联系电话
1	北京中海城房地产评估有限公司	京建房估备字〔2010〕第 0185 号	北京市朝阳区双花园南里二区 11 号楼 3 层 335	乔蕾	87767976
2	北京瑞德联盟房地产估价有限公司	京建房估备字〔2005〕第 0140 号	北京市宣武区珠市口西大街 120 号 1 号楼 721 室	丁洪英	64862748
3	沃克森（北京）国际房地产土地评估有限公司	京建房估备字〔2008〕第 0172 号	北京市海淀区车公庄西路 19 号 37 幢 3 层 307	史建波	88019300

表 13-5　2018 年外地一级房地产估价机构在京分支机构备案

序号	公司名称	住　所	联系电话	联系人
1	厦门均达房地产资产评估咨询有限公司北京分公司	北京市东城区王府井大街 99 号 A811A	010-65126187	张正文

表 13-6　北京市一级房地产估价机构

序号	单位名称	住　所	法定代表人	联系电话
1	北京市金利安房地产咨询评估有限责任公司	北京市西城区右安门内大街 65 号 11 幢 536 房间	谢静	010-88400887
2	北京宝孚房地产评估事务所有限公司	北京市海淀区车公庄西路 19 号华通大厦 A 座 2 层 218B 号	杨国龙	010-84186982
3	宝业恒（北京）土地房地产资产评估咨询有限公司	北京市东城区藏经馆胡同 17 号 1 幢 2165 室	王学发	010-64051428
4	北京东华天业房地产评估有限公司	北京市朝阳区朝外雅宝路 12 号 22 层 2205	马云	010-85550730
5	北京国融兴华房地产土地评估有限公司	西城区裕民路 18 号北环中心 2011 室	程殿卿	010-63287811-815

（续表 13-6）

序号	单位名称	住　所	法定代表人	联系电话
6	北京京都房地产土地评估有限公司	北京市朝阳区建国门外大街 22 号（赛特广场）3 号楼十层 30509 室	李中江	010-85665863
7	北京鼎春德房地产土地评估有限公司	北京市门头沟区滨河南路 3 号 415 室	刘长刚	010-64966611-8708
8	北京大地盛业房地产土地评估有限公司	北京市朝阳区和平街西苑甲 12 号楼二层 203 室	黄辉	010-84285588
9	北京世诚嘉业房地产土地评估有限责任公司	北京市海淀区北小马厂 6 号 14 层 1401	刘强	010-63393188
10	北京汇盛信达房地产土地评估有限公司	北京市东城区和平里九区甲 4 号 A703 室	张慎	010-63927361
11	北京国信达房地产土地评估有限公司	北京市东城区安外大街 2 号 1901 室	翟波	010-58256689
12	北京仁达房地产评估有限公司	北京市西城区车公庄大街 9 号院五栋大楼 B 座 1-401 室	于京博	010-88395886
13	杜鸣联合房地产评估（北京）有限公司	北京市西城区陶然亭路 45 号北京电信建筑工程有限公司网信鸿玺宾馆 516 室	杜鸣	010-65186610
14	北京市中恒业房地产评估有限责任公司	北京市西城区香炉营头条 33 号院 2 号楼 3 层 3-305	陆伟俊	010-66137551
15	北京北方房地产咨询评估有限责任公司	北京市西城区金融大街 27 号投资广场 A601	白龙吉	010-66210088
16	北京中地华夏土地房地产评估有限公司	北京市西城区闹市口大街 1 号院 2 号楼 5A1、5A2 室	张红	010-58528307
17	博文房地产评估造价集团有限公司	北京市宣武区宣武门外大街 6、8、10、12、16、18 号 6 号楼 8 层 804	徐文井	010-83482911
18	北京高地经典房地产评估有限责任公司	北京市西城区太平桥大街 98 号院 5 号楼 1 门 101	郭俊英	010-68000178
19	北京京城捷信房地产评估有限公司	北京市朝阳区芍药居甲 2 号院 1-4 号 403 室-411 室	龚秋平	010-84635538
20	北京华瑞行房地产评估咨询有限公司	北京市朝阳区安苑路 11 号西楼 306 室	程群	010-82843315
21	北京华信房地产评估有限公司	北京市朝阳区建国门外永安里中街 25 号 3 幢二层	王庆泽	010-65830385

（续表 13-6）

序号	单位名称	住　　所	法定代表人	联系电话
22	北京百成首信房地产评估有限公司	北京市朝阳区农展馆南路 12 号 1 号楼 2 层 2003 室	陈再进	010-65821797
23	中建银（北京）房地产土地评估有限公司	北京市朝阳区建外大街甲 12 号 15 层 1542 室	陈红江	010-63980500
24	仲量联行（北京）土地房地产评估顾问有限公司	北京市朝阳区八里庄西里 100 号 1 号楼西区 706 号	周亮	18611636105
25	北京盛华翔伦房地产土地评估有限责任公司	北京市朝阳区东三环南路 58 号 2 号楼 701 室	陈丽名	010-58673053
26	名洋灏正房地产土地评估（北京）有限公司	北京市朝阳区红军营南路 15 号院 5 号楼 6 层 603B 室	钟芹	010-64828788
27	中财宝信（北京）房地产土地评估有限公司	北京市朝阳区新源南路 6 号 1 号楼 43 层 4305 室	于娟	010-84865027
28	北京建正合生房地产评估有限公司	北京市朝阳区高碑店乡半壁店村惠河南街 1008-B 四惠大厦 3 层 3013-3015 房间	刘凯	010-85517887
29	北京银通安泰房地产评估有限公司	北京市朝阳区朝阳北路 199 号 1811 室	范先平	010-85970326
30	北京中企华房地产估价有限公司	北京市朝阳区工体东路 18 号 2 号楼三层东南侧	刘洪帅	010-65881818
31	北京中鼎联合房地产评估有限公司	北京市朝阳区安慧里四区 15 号楼院 2 号楼 2-4 内 4 层 426 室	徐春荣	010-88825655
32	北京华源龙泰房地产土地资产评估有限公司	北京市丰台区丰台北路 18 号院 C 座 601 室	邓峰	010-84831344
33	北京建亚恒泰房地产评估有限公司	北京市丰台区南三环西路 88 号 1022 室	杨军	010-68133577
34	北京康正宏基房地产评估有限公司	北京市丰台区芳城园一区 16 号楼 2 层 2 门配套公建 01	齐宏	010-82253558
35	北京北方亚事房地产土地评估有限公司	北京市丰台区丰台北路 18 号院 3 号楼 6 层 601 内 0607 室	夏铁石	010-51292929
36	北京中锐行房地产土地评估有限公司	北京市丰台区郭公庄中街 20 号院 1 号楼 2 层 201	张化学	010-56319311
37	北京首佳房地产评估有限公司	北京市海淀区紫竹院路 116 号嘉豪国际中心 B 座 7 层	熊光华	010-58930818

（续表 13-6）

序号	单位名称	住　所	法定代表人	联系电话
38	北京中资房地产土地评估有限公司	北京市海淀区首体南路22号国兴大厦17层A2	冯春雷	010-88334853
39	北京京港房地产估价有限公司	北京市海淀区西三环北路100号金玉大厦1101室	吴庆忠	010-68727081
40	北京国地房地产土地评估有限公司	北京市海淀区中关村南大街17号韦伯时代中心3号楼1401室	蔡苏文	010-51667273
41	中瑞国际房地产土地资产评估（北京）有限公司	北京市海淀区西直门北大街32号院1号楼15层1809-1	吕晓英	010-66553366
42	北京吉翔房地产土地评估有限公司	北京市海淀区龙岗路51号院4号楼1层49室	吴日才	010-82483585
43	北京海创房地产土地评估有限公司	北京市海淀区茉莉园西里23号楼1层101-1	马晋功	010-62487316
44	北京华天通房地产评估有限公司	北京市海淀区甘家口21号楼7层	张治超	010-88385315
45	北京市国盛房地产评估有限责任公司	北京市海淀区中关村南大街2号A座13层1615	彭惠秋	010-84477677
46	北京潞通房地产土地评估有限公司	北京市通州区漷县镇漷兴一街610号	张海涛	010-80817145
47	北京银地联合房地产土地资产评估有限公司	北京市通州区通胡大街25号10幢三层302	罗登江	010-60561599
48	北京申洋房地产土地评估有限公司	北京市顺义区南法信镇金关北二街3号院2号楼3层314室	田朝旭	010-69441598
49	北京金诚立信房地产土地评估有限公司	顺义区龙湾屯镇府前街12号201	张丽颖	010-89446767
50	北京圣元房地产评估咨询有限公司	北京市大兴区中关村科技园区大兴生物医药产业基地天华大街5号院3号楼7层701室	冯永辉	010-56170050
51	北京华中兆源房地产土地评估有限公司	北京市大兴区黄村镇兴政街甲23号2幢5层502室	陈蓓	010-69288161
52	北京植地通诚房地产评估有限公司	北京市怀柔区于家园二区30号楼12号1-2层	温杰	010-69648826

表 13-7 外省市一级房地产估价机构在京分支机构

序号	单位名称	住所	联系电话	联系人
1	深圳世联土地房地产评估有限公司北京分公司	朝阳区建国门外大街甲6号中环世贸C座7层	010-85678186	孙雪佳
2	深圳戴德梁行土地房地产评估有限公司北京分公司	东城区建国门内大街7号光华长安大厦2座152	010-65101388	陈学军
3	国众联资产评估土地房地产估价有限公司北京分公司	北京市朝阳区建国路29号兴隆家园24号楼803	010-85752002	李雲媞
4	深圳市国策房地产土地估价有限公司北京分公司	北京市朝阳区东三环中路9号富尔大厦2708室	010-85911588	廖凡幼
5	厦门均达房地产资产评估咨询有限公司北京分公司	北京市东城区王府井大街99号A811A	010-65126187	张正文
6	深圳市同致诚土地房地产估价顾问有限公司北京分公司	北京市朝阳区东四环中路82号1座1206	010-65388685	张方艳
7	深圳市国房土地房地产评估咨询有限公司北京分公司	北京市朝阳区芳园西路6号院1号楼、2号楼、3幢颐锦酒店2号楼210室	010-64376929	杨丽艳
8	深圳市中诚达土地房地产评估顾问有限公司北京分公司	北京市朝阳区东三环中路乙10号艾维克大厦21层第05C	010-84868118	聂志勇
9	李艳星驰（天津）房地产土地评估有限公司北京分公司	北京市朝阳区广渠门外大街8号15层东座-1806	010-58613661	冀少方
10	广州第一太平戴维斯房地产与土地评估有限公司北京分公司	北京市朝阳区建国门外大街乙12号双子座大厦东塔2106B（2）	010-59252288	司彩英

第五节 房屋安全鉴定行业

一、房屋安全鉴定机构情况

2018年北京市新增3个业务范围不限的房屋安全鉴定机构备案。截至2018年底，备案鉴定机构总数达33个，其中业务范围不限15个，中小型3个，小型15个（见表13-8）。

业务范围不限的鉴定机构可以受理各种房屋建筑的安全评估与鉴定业务。

业务范围中小型的鉴定机构可以受理的业务有：（1）一般公共建筑工程：（a）单体建筑面积20000平方米及以下，不含钢结构；（b）建筑高度50米及以下。（2）住宅宿舍，20层及以下一般标准的居住建筑工程，不含钢结构。（3）地下工程：（a）总建筑面积10000平方米及以下地下空间；（b）防护等级五级及以下附建式人防工程。（4）其他类：（a）使用住宅专项维修资金鉴定；（b）变动房屋建筑主体和承重结构认定。

业务范围小型的鉴定机构可以受理的业务有：（1）使用住宅专项维修资金鉴定。（2）变动房屋建筑主体和承重结构认定。（3）平房（文物古建筑房屋除外）。（4）跨度小于12米的单层空旷砖房。（5）六层及以下砖混、砖木结构楼房。

表13-8　北京市房屋安全鉴定机构一览

序号	备案编号	机构名称	机构地址	联系电话	业务范围
1	京鉴字01006	北京市住房和城乡建设科学技术研究所（北京市房屋安全鉴定总站）	北京市通州区达济街9号院3号楼	55598315	不限
2	京鉴字01007	北京市朝阳区房屋安全鉴定站	北京市朝阳区三里屯南56号	64186164	不限
3	京鉴字01008	北京市海淀区房屋安全鉴定站	海淀区东王庄小区16甲楼	62525745	不限
4	京鉴字01012	北京市建设工程质量第三检测所有限责任公司	西城区百万庄大街3号	68334806	不限
5	京鉴字01018	北京市建设工程质量第六检测所有限公司	丰台区南苑新华路1号	67995531	不限
6	京鉴字01021	北京市建设工程质量第二检测所有限公司	西城区南礼士路62号	68048508	不限
7	京鉴字01022	中国建筑科学研究院有限公司/国家建筑工程质量监督检验中心	北京市北三环东路30号	64517830	不限
8	京鉴字01023	北京市建设工程质量第一检测所有限责任公司	北京市海淀区复兴路34号	88223802	不限
9	京鉴字01027	中冶建筑研究总院有限公司/国家工业建构筑物质量安全监督检验中心	北京市海淀区西土城路33号	82227134	不限
10	京鉴字01028	奥来国信（北京）检测技术有限责任公司	北京市顺义区高丽营镇顺于路高丽营段138号	81700898	不限
11	京鉴字01029	北京市建设工程质量第五检测所有限公司	北京市朝阳区华威北里18号楼101、103室	67731836	不限
12	京鉴字01030	中国建材检验认证集团股份有限公司	北京市通州区张家湾镇光华路1号310室	80896652	不限
13	京鉴字01031	中电投工程研究检测评定中心有限公司	北京市海淀区西四环北路160号	88194105	不限

（续表 13-8）

序号	备案编号	机构名称	机构地址	联系电话	业务范围
14	京鉴字 01032	北京三茂建筑工程检测鉴定有限公司	北京市海淀区马甸东路19号9层1026	62912726	不限
15	京鉴字 01033	清华大学/清华大学结构工程检测中心	北京市海淀区清华大学土木系	62788624	不限
16	京鉴字 02001	北京首华建设经营有限公司房屋安全鉴定室	朝阳区芍药居2号院	84643383-8011 84645587-8011	中小型
17	京鉴字 02004	北京市西城区房屋安全鉴定一站	北京市西城区西四东大街49号	66026813	中小型
18	京鉴字 02014	北京房地集团有限公司房屋安全鉴定室	北京市朝阳区芍药居甲2号院1号楼北楼一层	84631858	中小型
19	京鉴字 03002	北京紫衡轩建筑工程检测有限公司（原房山区房屋安全鉴定站）	房山区苏庄东街2号	69376993	小型
20	京鉴字 03003	北京市门头沟区房屋安全鉴定站	门头沟区新桥大街48号	69822760	小型
21	京鉴字 03005	北京市顺义区房屋安全鉴定站	顺义区光明北街7号	69441570	小型
22	京鉴字 03009	北京市昌平区房屋安全鉴定站	昌平区南环东路36号	69704074	小型
23	京鉴字 03010	北京天岳恒房屋经营管理有限公司房屋安全鉴定室	北京市丰台区右安门外西三条甲2号	63295296	小型
24	京鉴字 03011	北京市怀柔区房屋安全鉴定站	怀柔区青春路48号	69641817	小型
25	京鉴字 03015	石景山区房屋安全鉴定站	石景山区古城东街103号	68867438	小型
26	京鉴字 03016	北京众鑫云工程质量检测有限公司（原北京市密云区房屋安全鉴定站）	北京市密云区河南寨镇工业开发区	61088522	小型
27	京鉴字 03017	北京市平谷区房屋安全鉴定站	平谷区平安街老武装部西院	89991590	小型
28	京鉴字 03019	北京市东城区房屋安全鉴定管理所	北京市东城区富贵园二区3号楼	64023166	暂停营业
29	京鉴字 03020	通州区房屋安全鉴定站	通州区玉桥南里24号楼	81587316	小型
30	京鉴字 03024	北京市大兴区房屋安全鉴定站	北京市大兴工业开发区科苑路17号	69242522	小型
31	京鉴字 03025	北京市丰台区房屋安全鉴定站	丰台区大井东里甲2号	63841972	小型

（续表 13-8）

序号	备案编号	机构名称	机构地址	联系电话	业务范围
32	京鉴字 03026	北京市延庆区房屋安全鉴定站	北京市延庆区东外大街 89 号城建大厦 11 楼 1106	69176128	小型
33	京鉴字 03037	北京市西城区房屋安全鉴定二站	西城区万明路 18 号院 1 号楼 103 室	83551191	小型

注：1. 房山区将原北京市房山区房屋安全鉴定站鉴定职能划转至北京紫衡轩建筑工程检测有限公司。

2. 密云区将原北京市密云区房屋安全鉴定站鉴定职能划转至北京众鑫云工程质量检测有限公司。

二、2018 年房屋安全鉴定和评估业务完成情况

全市 33 个鉴定机构在 2018 年共完成涉及建筑面积 2265 万平方米的房屋安全鉴定和评估（详见表 13-9）。涉及屋面防水、小区路面、小区围墙、小区给排水等无法统计在建筑面积中的鉴定、评估项目统计在表 13－9 备注栏中备注。

表 13-9　2018 年房屋安全鉴定和评估业务完成情况

序号	机构名称	建筑面积（m^2）								
		小计	安全鉴定（楼房）	安全鉴定（平房）	综合安全性鉴定（楼房）	综合安全性鉴定（平房）	修缮定案鉴定（楼房）	修缮定案鉴定（平房）	安全评估（楼房）	安全评估（平房）
1	北京市总站	164035	4200	0	33031	77	85876	0	40851	0
2	东城区鉴定站	150	0	150	0	0	0	0	0	0
3	西城区鉴定一站	635887	37140	0	911	6179	591657	0	0	0
4	西城区鉴定二站	315553	5213	3427	0	0	306913	0	0	0
5	朝阳区鉴定站	4291726	30454	8651	26828	2497	4211315	0	11981	0
6	海淀区鉴定站	5077405	138089	33564	79074	25152	4392102	15210	388889	5325
7	丰台区鉴定站	2703416	30628	35288	3133	0	2634367	0	0	0
8	石景山区鉴定站	220018	0	22	0	0	219996	0	0	0
9	门头沟区鉴定站	616	0	616	0	0	0	0	0	0
10	昌平区鉴定站	116497	0	5948	0	0	110549	0	0	0
11	通州区鉴定站	282308	0	147	0	0	282161	0	0	0
12	大兴区鉴定站	83	0	83	0	0	0	0	0	0
13	紫衡轩检测检测有限公司（原房山区鉴定站）	82750	5050	1365	0	0	76335	0	0	0
14	平谷区鉴定站	0	0	0	0	0	0	0	0	0
15	顺义区鉴定站	205	0	205	0	0	0	0	0	0
16	怀柔区鉴定站	0	0	0	0	0	0	0	0	0

（续表 13-9）

序号	机构名称	建筑面积（m^2）								
		小计	安全鉴定（楼房）	安全鉴定（平房）	综合安全性鉴定（楼房）	综合安全性鉴定（平房）	修缮定案鉴定（楼房）	修缮定案鉴定（平房）	安全评估（楼房）	安全评估（平房）
17	北京众鑫云工程质量检测有限公司（原北京市密云区房屋安全鉴定站）	0	0	0	0	0	0	0	0	0
18	延庆县鉴定站	1239	0	1239	0	0	0	0	0	0
19	首华鉴定室	292522	3350	1308	0	0	286339	0	1525	0
20	天岳恒鉴定室	0	0	0	0	0	0	0	0	0
21	房地集团鉴定室	39105	9051	9936	0	0	20118	0	0	0
22	建设工程质量第一检测所	314570	4018	18469	24220	12444	0	0	255419	0
23	建设工程质量第二检测所	716570	496632	16103	100976	97351	0	0	5508	0
24	建设工程质量第三检测所	800872	230674	61246	154079	5922	299947	0	49004	0
25	建设工程质量第五检测所	2569831	127113	4437	21383	0	2273963	142935	0	0
26	建设工程质量第六检测所	1221182	3127	1623	68674	1409	1128614	0	17135	600
27	国家建筑工程质量监督检验中心	1174539	419392	0	368673	7888	0	0	378586	0
28	国家工业建构筑物质量安全监督检验中心	851898	188238	6441	574168	25475	16358	0	41218	0
29	中国建材检验认证集团股份有限公司	482153	97592	8117	4790	0	71725	0	299929	0
30	奥来国信（北京）检测技术有限责任公司	297487	18420	21469	90876	3740	162982	0	0	0
31	中电投工程研究检测评定中心有限公司	0	0	0	0	0	0	0	0	0
32	北京三茂建筑工程检测鉴定有限公司	0	0	0	0	0	0	0	0	0

（续表 13-9）

序号	机构名称	建筑面积（m^2）								
		小计	安全鉴定（楼房）	安全鉴定（平房）	综合安全性鉴定（楼房）	综合安全性鉴定（平房）	修缮定案鉴定（楼房）	修缮定案鉴定（平房）	安全评估（楼房）	安全评估（平房）
33	清华大学/清华大学结构工程检测中心	0	0	0	0	0	0	0	0	0
合计		22652617	1848381	239854	1550816	188134	17171317	158145	1490045	5925

注：中电投工程研究检测评定中心有限公司、北京三茂建筑工程检测鉴定有限公司、清华大学/清华大学结构工程检测中心为2018年底新备案鉴定机构。

附录一

业界观点

北京市房地产年鉴 2019

2018年北京市房地产市场发展研究报告

中国指数研究院　中国房地产指数系统

摘要

一、市场分析：商品房成交量显著下滑，价格稳中有升

价格方面：北京商品房销售均价为33208元/平方米，同比涨幅7.1%。商品住宅均价为40384元/平方米，较去年上涨10.5个百分点，二手房价格同比小幅回落5%。**需求方面：**北京市共成交商品房834.5万平方米，销售金额2771.3亿元，同比分别下降14.8%、8.8%。其中，住宅销售面积515.3万平方米，同比下降5.3%，销售金额2081.1亿元，同比上涨4.6%。**供应方面：**2018年北京商品房供应节奏加快，全年商品房新批上市面积1681.9万平方米，同比升幅达62.0%；商品住宅新批上市面积1037.9万平方米，同比上升72%。**供求对比来看：**北京市商品房销供比为0.50，市场基本处于供大于求状态；住宅销供比为0.50，市场亦处于供大于求状态。**二手房市场：**北京二手房成交"量升价跌"，年成交量15.1万套，同比上涨13%，价格同比下跌5%。

二、土地市场：溢价率持续走低，流拍现象增加，市场整体偏冷

价格方面：2018年土地成交楼面均价为19652元/平方米，同比下降3%，但仍维持在高位；成交溢价率为14%，同比下降43%，为近五年最低水平。**成交方面：**北京土地市场成交面积明显缩减，共成交建设用地面积490万平方米，同比下降38%；规划建筑面积856万平方米，同比下降38%。**供应方面：**供应节奏放缓，全年土地推出942万平方米。**出让金方面：**北京市土地出让金总额为1683亿元，较2017年减少1113亿元，同比缩减四成。**成交结构分析：**共有产权房成交量及比例均明显回落，联合拿地成为主要趋势。

三、开发企业：销售前十企业销售额继续下滑，企业拿地锐减

2018年北京在严格执行限购、限贷、限售等政策基础上，楼市调控政策继续加码，使得前十房企的总销售额微降，同比下滑4%，受连续稳定性调控政策影响，整体市场预期明显下滑，购房观望情绪较为浓烈，市场交易去化环境冷淡，前十房企占全市商品房销售份额下降至44%。拿地方面，在2017年供给侧逐步改革影响下，限竞房、共有产权地块供应规模快速回升，多数房企补仓规模较大，2018年调控政策继续加码，土地市场快速降温，流拍地块明显增加，政府推地节奏放缓，致使房企拿地面积缩减53%至低位。

四、市场展望：供应增加，成交小幅回升，价格稳中趋弱

2018年北京商品住宅（不含保障房）全年成交规模同比小幅增加，在楼市调控政策不放松、市场监管加强、公积金政策收紧等背景下，成交均价保持相对平稳。伴随限房价项目快速入市，房贷利率、限价限签等政策边际调整，市场预期有所改善，预计2019年市场供应规模将增加，成交量或将筑底回升，但在限购限贷等主体政策不放松情况下，预计市场成交规模回升恐将有限，未来市场价格仍将保持相对平稳。

一、政策环境：房住不炒，因城施策

（一）全国政策：中央坚持住房居住属性，强调遏制房价上涨，引导预期回归理性

2018年，房地产政策调控面临的宏观经济环境更加复杂，在金融财政政策定向“宽松”的同时，房地产调控政策仍然“从紧”。3月份的两会政府工作报告，7月份的中央政治局会议，12月份的中央经济工作会议确定了房地产调控的政策基调，中央楼市调控的政策定力较强。

1．中央坚持住房居住属性定位，加快制度建设促进市场平稳发展

2018年**将继续严格执行各项调控措施，因城施策、分类调控，热点城市政策深化与调控城市扩围并存的态势不变**。2018年房地产市场将坚持“房子是用来住的、不是用来炒的”的定位，坚持调控目标不动摇、力度不放松，保持房地产市场调控政策的连续性和稳定性，继续严格执行各项调控措施，防范化解房地产市场风险，促进房地产市场平稳健康发展。未来差别化调控政策将持续，热点城市调控将始终保持趋紧态势，去库存政策将向县城下沉，库存仍然较多的部分三四线城市和县城将更注重通过棚改货币化安置等途径，推进库存去化。

表1　两会政府工作报告关于房地产的关键内容

宏观目标
•**国内生产总值增长6.5%左右**；居民消费价格涨幅3%左右；居民收入和经济增长基本同步；供给侧结构性改革取得实质性进展，宏观杠杆率保持基本稳定，各类风险有序有效防控。

房地产市场
•**租购并举**。预计2018年楼市将会构建立体化住房租赁政策体系，落实支持政策推动住房租赁市场供应主体多元化、规模化、专业化。
•**多主体供给、多渠道保障**。2018年将更注重多渠道增加住房有效供应，更注重对中低收入、刚需住房人群的住房保障，全力推进住有所居目标实现。
•**住房制度改革助力长效机制建设**。2018年我国住房制度改革将不断深化。未来将以满足新市民住房需求为重点，通过土地、金融、税收等方面的政策调整，以加大棚户区改造、住房租赁市场和共有产权住房建设等方式，完善阶梯式住房供应体系，实现“高端有市场、中端有支持、低端有保障”的住房市场，在现有政策基础上，以保障和改善民生为立足点，以建立租购并举的住房制度为主要方向，推进房地产市场长效机制加快建设。

资料来源：中国指数研究院综合整理。

中央强调楼市调控不放松，坚决遏制房价上涨。3月，两会政府工作报告强调“房子是用来住的、不是用来炒的”的定位，落实地方主体责任，继续实行差别化调控，建立健全长效机制，促进房地产市场平稳健康发展。五一前后，住建部约谈了西安、海口、三亚、长春、哈尔滨、昆明、大连、贵阳、徐州、佛山10个城市政府负责同志。5月9日，住建部负责人就

房地产市场调控问题约谈了成都、太原两市政府负责同志，强调要坚持房地产市场调控目标不动摇、力度不放松，认真落实稳房价、稳租金的调控目标。5 月 19 日，住建部印发《住房城乡建设部关于进一步做好房地产市场调控工作有关问题的通知》，再度重申坚持房地产调控目标不动摇、力度不放松。7 月 31 日，中央政治局会议进一步强调下决心解决好房地产市场问题，坚持因城施策，促进供求平衡，合理引导预期，整治市场秩序，坚决遏制房价上涨，加快建立促进房地产市场平稳健康发展的长效机制。8 月 7 日，住建部在辽宁沈阳召开部分城市房地产工作座谈会，会上提出坚决遏制投机炒房。对工作不力、市场波动大、未能实现调控目标的地方坚决问责。8 月 17 日，住建部约谈海口、三亚、烟台、宜昌、扬州五市主要负责人，要求严厉打击投机炒作，坚决遏制房价上涨。10 月 28 日，住房和城乡建设部发布《关于巡视整改进展情况的通报》表示，坚决落实坚持“房子是用来住的，不是用来炒的”的定位。10 月 29 日，新华社刊文指出“决不会允许房地产调控半途而废、前功尽弃”。12 月 21 日，中央经济工作会议在加强保障和改善民生部分强调要构建房地产市场健康发展长效机制，坚持“房子是用来住的、不是用来炒的”的定位，因城施策、分类指导，夯实城市政府主体责任，完善住房市场体系和住房保障体系。12 月 24 日，全国住房和城乡建设工作会议将“以稳地价稳房价稳预期为目标，促进房地产市场平稳健康发展”作为明年重点工作之一，提出“坚持房子是用来住的、不是用来炒的”的定位，着力建立和完善房地产市场平稳健康发展的长效机制，坚决防范化解房地产市场风险等。

加大房地产市场监管力度，完善房地产市场监管体系。6 月 28 日，住建部等七部委印发了《关于在部分城市先行开展打击侵害群众利益违法违规行为，治理房地产市场乱象专项行动的通知》，决定于 2018 年 7 月初至 12 月底，在 30 个城市先行开展治理房地产市场乱象专项行动。7 月 31 日，住建部要求各地继续深入开展专项行动，整顿和规范房地产市场秩序。8 月 7 日，住建部在辽宁沈阳召开部分城市房地产工作座谈会，要求参会城市坚决遏制投机炒房，加强舆论引导和预期管理，持续开展房地产市场乱象治理专项行动，严厉打击违法违规开发企业、中介机构。8 月 15 日，发改委表态，要大力整顿市场秩序，严厉打击投机炒作，遏制房价上涨。9 月 14 日，住建部再次要求各地要持续深入开展专项行动，通过部门联合执法，把打击侵害群众利益违法违规行为，作为整治房地产市场乱象工作的重中之重。11 月 8 日，中央人民政府网站发布消息显示，住建部重拳治理房地产市场失信行为，拟将 101 种违法违规行为“拉黑”。

中央提出要构建房地产市场健康发展长效机制。12 月 21 日，中央经济工作会议提出要构建房地产市场健康发展长效机制，坚持“房子是用来住的、不是用来炒的”的定位，因城施策、分类指导，夯实城市政府主体责任，完善住房市场体系和住房保障体系。为未来一年乃至更长时间的楼市发展方向奠定了基调。2019 **年，在房地产市场保持稳定运行的前提下，主体调控政策仍将以稳为主，同时也将更加强调因城施策、理性施策和结构优化**。需求端坚持因城因区精准化调控，持续推进楼市乱象整治，强化市场监管，实施差别化信贷政策。供应端将继续围绕增加短期供应量、调整住房及土地供应结构，推进中长期住房制度改革进行政策构建，继续保障“有效供给”。在坚持“房子是用来住的，不是用来炒的”的定位基础上，维持房地产市场平稳发展的长效机制也将加快建立。

2. 稳健的货币政策松紧适度，积极的财政政策更加积极

强化金融监管，防控金融风险。2018 年初中央多次表态，将防范化解金融风险工作提到更高层次。1 月 22 日，原保监会工作会议指出要加大防范化解风险力度，把防控风险放在更加重要的位置。1 月 25 日，原银监会工作会议强调打好防范化解金融风险攻坚战，使宏观杠杆率得到有效控制，金融结构适应性提高，金融服务实体经济能力明显增强，硬性约束制度建设全面加强，系统性风险得到有效防控。2 月 5 日，中国人民银行工作会议要求切实防范化解金融风险。加强金融风险研判及重点领域风险防控，完善金融风险监测、评估、预警和处置体系。3 月 2 日，证监会系统 2018 年工作会议指出要坚决打好防范化解资本市场重大风险攻坚战，加强股市、债市、期货市场风险监测和应对能力建设，坚决守住不发生系统性风险的底线。3 月 28 日，中央全面深化改革委员会第一次会议对规范金融机构资产管理业务、加强非金融企业投资金融机构监管作了进一步强调。4 月 2 日，中央财经委员会第一次会议强调打好防范化解金融风险攻坚战。5 月 15 日，全国政协召开“健全系统性金融风险防范体系”专题协商会，强调把服务实体经济作为金融工作的出发点和落脚点，实现稳健中性货币政策与严格监管政策有效组合。10 月 20 日，国务院金融稳定发展委员会主持召开防范化解金融风险第十次专题会议，指出要统筹好稳增长和防范金融风险的平衡。此外，《关于规范金融机构资产管理业务的指导意见》和《关于完善系统重要性金融机构监管的指导意见》的出台，积极引导社会资金流向实体经济，更好地支持经济结构调整和转型升级，防范系统性金融风险。

稳健中性的货币政策取向保持不变，要松紧适度。央行 2018 年工作会议指出，保持政策的连续性和稳定性，实施好稳健中性的货币政策。3 月，两会政府工作报告提到货币政策保持稳健中性，要松紧适度，管好货币供给总闸门，控制信贷增量。4 月，中央政治局会议提出保持货币政策稳健中性，注重引导预期。6 月底，央行货币政策委员会二季度例会分析了国内外经济金融形势，提出稳健的货币政策保持中性，要松紧适度，管好货币供给总闸门，保持流动性合理充裕。7 月，国常会坚持稳健的货币政策，不搞“大水漫灌”。同月，中央政治局会议要求坚持实施积极的财政政策和稳健的货币政策。另外，央行下半年工作电视会议、中国银行保险监管工作电视电话会议、央行《2018 年第二季度中国货币政策执行报告》以及国务院金融委随后召开的会议均明确提出，实施稳健的货币政策，把好货币供给总闸门，加强预调微调，保持流动性合理充裕。12 月，中央经济工作会议提出稳健的货币政策要松紧适度，保持流动性合理充裕，改善货币政策传导机制，提高直接融资比重。

强调坚持金融服务实体经济，缓解小微企业融资难融资贵问题。1 月 25 日，央行普惠金融定向降准释放流动性 3000 亿左右。4 月 25 日起，央行降准置换中期借贷便利（MLF），释放 4000 亿增量资金。7 月 5 日起，下调国有大型商业银行等人民币存款准备金率 0.5 个百分点，释放大约 7000 亿元人民币。10 月 15 日起，下调大型商业银行、股份制商业银行、城市商业银行、非县域农村商业银行、外资银行人民币存款准备金率 1 个百分点，以置换当日到期的 4500 亿中期借贷便利（MLF），同时还可再释放增量资金约 7500 亿元。2018 年，央行通过降准、公开市场操作、再贷款再贴现等工具，明显加大了流动性供给力度，有利于流动性保持合理充裕，缓解小微企业融资难融资贵问题。

3. 深化土地和住房制度改革，建立健全住房保障体系

多部委明确工作任务，深化土地和住房制度改革。住建部强调，2018 年要深化住房制度改革，加快建立多主体供给、多渠道保障、租购并举的住房制度，抓好房地产市场分类调控，促进房地产市场平稳健康发展。原国土部工作会提出，要改变政府作为居住用地唯一供应者的情况，深化利用农村集体经营性建设用地建设租赁住房试点，完善促进房地产健康发展的基础性土地制度，推动建立多主体供应、多渠道保障租购并举的住房制度。国务院办公厅印发《城乡建设用地增减挂钩节余指标跨省域调剂管理办法》，提出人均城镇建设用地水平较低、规划建设用地规模确有不足的，可以使用跨省域调剂节余指标少量增加规划建设用地规模。完善土地供应制度，健全城乡一体化土地供应体系。农业农村部提出允许在符合规划的前提下，利用闲置的各类房产设施、集体建设用地等，以自主开发、合资合作等方式来发展租赁物业。《土地管理法修正案（草案）》提请十三届全国人大常委会第七次会议审议，草案删去了现行土地管理法关于从事非农业建设使用土地的，必须使用国有土地或者征为国有的原集体土地的规定；对土地利用总体规划确定为工业、商业等经营性用途，并经依法登记的集体建设用地，允许土地所有权人通过出让、出租等方式交由单位或者个人使用。

表 2　住建部供给侧调控的政策思路

住房发展规划
• 要结合当地经济社会发展水平、住房供需状况、人口变化情况，科学编制住房发展规划，明确住房发展目标、重点任务和政策措施，合理确定住房和用地供应规模、结构、时序。一线、二线城市要在2018年底前编制完成2018年至2022年住房发展规划，并报住房城乡建设部备案后向社会公布实施。

住房土地供应
• 落实人地挂钩政策，有针对性地增加住房和用地有效供给，提高中低价位、中小套型普通商品住房的供应比例；
• 热点城市住房用地比例应不低于建设用地的25%，力争用3-5年时间，租赁住房和共有产权住房用地供应在新增住房用地供应中的比例达到50%以上；
• 北京、上海、广州、深圳、天津、南京、苏州、无锡、杭州、合肥、福州、厦门、济南、郑州、武汉、成都16个城市要探索推动供地主体多元化，并于6月底前上报建设租赁住房的具体实施方案。

资料来源：中国指数研究院综合整理。

住建部要求加快制定实施住房发展规划，调整住房供应结构。5 月 19 日，住建部印发《关于进一步做好房地产市场调控工作有关问题的通知》，提到一线、二线城市要在 2018 年底前编制完成 2018 年至 2022 年住房发展规划，切实提高中低价位、中小套型普通商品住房在新建商品住房供应中的比例。同时要求热点城市住房用地比例应不低于建设用地的 25%，力争用3-5年时间，租赁住房和共有产权住房用地供应在新增住房用地供应中的比例达到50%以上。8月7日，住建部在辽宁沈阳召开部分城市房地产工作座谈会，要求各地加快制定实施住房发展规划，抓紧调整住房和用地供应结构，大力发展住房租赁市场。

稳步推进住房租赁市场建设。1月16日，原国土部和住建部联合发函同意沈阳、南京、杭州、合肥等11个城市利用集体建设用地建设租赁住房试点实施方案。3月，两会提出支持居民自住购房需求，培育住房租赁市场，发展共有产权住房。9月20日，中共中央、国务院印发《关于完善促进消费体制机制进一步激发居民消费潜力的若干意见》，指出住行消费方面，大力发展住房租赁市场特别是长期租赁。同时，加快推进住房租赁立法，保护租赁利益相关方合法权益。10月11日，国务院办公厅印发《完善促进消费体制机制实施方案（2018—2020年）》，提出大力发展住房租赁市场，加快研究建立住房租赁市场建设评估指标体系；支持专业化、机构化住房租赁企业发展。12月14日，全国住房和城乡建设工作会议召开，会议将以解决新市民住房问题为主要出发点，补齐租赁住房短板作为明年重点工作任务之一，强调在人口流入量大、住房价格高的特大城市和大城市要积极盘活存量土地，加快推进租赁住房建设，切实增加有效供应。

探索共有产权新模式，推进共有产权住房发展。3月，两会政府工作报告提出支持居民自住购房需求，培育住房租赁市场，发展共有产权住房。5月7日，北京提出将限价房中可售住房销售限价与评估价比值不高于85%的，收购转化为共有产权住房。6月19日，《北京住房和城乡建设发展白皮书（2018）》提出积极发展共有产权住房。加大共有产权房土地供应、工程建设协调力度，尽快形成有效供应，提高建设品质；继续满足“新北京人”住房需求，面向符合条件的非京籍家庭配售的房源不少于30%，增强群众获得感。6月26日，佛山明确以配建方式建设共有产权住房的，可采用“定配建、竞地价”“综合招标”等多种出让方式。6月28日，广东提出在广州、深圳、珠海、佛山、茂名5市先行探索试点共有产权住房政策，试点时限为1年。7月10日，烟台试点共有产权住房供应模式，明确购房人共有2年后可按规定增购剩余产权。9月10日，广东明确共有产权住房享有同等的落户、入学等公共服务，购买共有产权住房不满5年不得转让，购买满10年的可增持取得完全产权。9月14日，西安明确自2018年起，全市20%的居住用地，用于公共租赁住房，20%的居住用地用于建设限地价、限售价的共有产权住房。9月26日，上海扩大共有产权保障住房保障范围，积极解决符合条件的非户籍常住人口住房问题。10月11日，国务院办公厅印发《完善促进消费体制机制实施方案（2018—2020年）》的通知，鼓励有条件的城市结合实际探索发展共有产权住房，多渠道解决群众住房问题。12月24日，全国住房和城乡建设工作会议提出支持人口流入量大的一线、二线城市和其他热点城市，降低准入门槛，增加公租房有效供应，因地制宜发展共有产权住房。12月27日，北京市规划和自然资源委员会挂牌的三宗位于大兴区瀛海镇的集体建设用地将用于建设共有产权房。大大扩充了共有产权房的土地供给渠道。

4. 力推优惠政策争抢人才，放宽落户条件吸引人口

调整落户政策，以放宽条件为主。中央层面，3月13日，国家发改委官网发布通知，全面放宽城市落户条件，2018年实现进城落户1300万人。10月11日，国家发改委发布《关于督察〈推动1亿非户籍人口在城市落户方案〉

落实情况的通知》持续推进政策落实。12月21日，中央经济工作会提出要抓好已经在城镇就业的农业转移人口的落户工作，督促落实2020年1亿人落户目标。**地方层面，**1月9日，青岛深化户籍制度改革，以合法稳定住所（含租赁）或合法稳定就业为基本落户条件，全面放开城镇落户限制。2月1日，西安市推出最新户籍新政新举措，公布了外地人在西安落户的九种方式，分别是：学历落户、在校大学生落户、高级人才落户、专业技术人才落户、技能人才落户、投资纳税落户、长期在本市市区就业并拥有合法固定住所人员落户、买房落户、投靠直系亲属落户。2月4日，东莞取消积分制入户，实施参加城镇社会保险满5年且办理居住证满5年为入户条件的居住社保入户。7月25日，《南京市积分落户实施办法》《南京市户籍准入管理办法》两大新规正式执行，并于8月1日起全面废止购房落户政策。11月2日，佛山明确不再执行原购房入户政策，同时取消购房类政策性借读生待遇并设置过渡期，将房产情况作为申请入户、入学的计分指标，增加积分入住公租房的内容。11月11日，江苏发布户籍新政，自2019年1月1日起，徐州、连云港、淮安、盐城、宿迁5市率先实施户口通迁制度。

表3　2018年各省市出台人才政策

类别	主要内容	省市
人才政策	降低落户门槛	合肥、广州、南京、天津、吉林、徐州、北京、石家庄、唐山、沈阳、南昌、呼和浩特、山东、海南、新余、三亚、郑州、福州、深圳、太原、珠海、杭州、上海、广州南沙、厦门、济南
	住房保障	南京、吉林、徐州、北京大兴、石家庄、张家口、唐山、沈阳、珠海、合肥、南昌、呼和浩特、海南新余、漳平、西安、四川、郑州、福州、太原、莱芜、珠海、苏州、柳州、江门、广州、海南、北京、东莞、洛阳、广州南沙、厦门
	人才奖励	石家庄、辽宁、昆山、合肥、南昌、文昌、海南、西安、四川、郑州、温州、嘉兴、福州、太原、莱芜、珠海、上海嘉定区、江门、洛阳
	子女入学	吉林、北京大兴、海南、新余、漳平、四川、三亚、郑州、太原、珠海、广州南沙
	配偶工作	海南、新余、漳平

资料来源：中国指数研究院综合整理

5. 棚改工作稳步推进，但货币化安置强调因地制宜

棚改工作稳步推进。3月，两会政府工作报告明确启动新的三年棚改攻坚计划，2018年开工580万套。7月6日，国务院发布《关于开展2018年国务院大督查的通知》，明确2018—2020年三年开工1500万套新三年棚改攻坚计划。2018年1-11月，全国已开工616万套，超额完成年度目标总量，完成投资16000多亿元。2018年全国住房和城乡建设工作会议提出，2019年将继续推进棚户区改造，严格把握棚改范围和标准，重点改造老城区内脏乱差的棚户区和国有工矿区、林区、垦区棚户区，加大配套基础设施建设，严格工程质量安全监管，确保按时保质保量完成全年任务。

因地制宜调整完善棚改货币化安置政策。7月12日，住建部提出因地制宜推进棚改货币化安置，商品住房库存不足、房价上涨压力较大的地方，应有针对性地及时调整棚改安置政策，更多采取新建棚改安置房的方式。10月8日，李克强总理在国务院常务会议上强调，要因地制宜调整完善棚改货币化安置政策，商品住房库存不足、房价上涨压力大的市县要尽快取消货币化安置优惠政策。10月11日，住建部副部长倪虹在国务院政策例行吹风会上作出公开回应，这次不是取消货币化安置方式，而是因地制宜调整货币化安置的鼓励政策。

规范棚户区改造融资行为。3月1日，财政部和住房城乡建设部联合发布《试点发行地方政府棚户区改造专项债券管理办法》，坚决遏制地方政府隐性债务增量，有序推进试点发行地方政府棚户区改造专项债券工作。7月18日，国开行相关部门负责人表示，为深入贯彻中央关于打赢防范化解重大风险攻坚战的精神，落实有关监管要求，国开行将合同审查权限统一到总行，防范地方政府过度举债。

多地出台新规完善棚改工作。5月25日，深圳出台《关于加强棚户区改造工作的实施意见》，明确了棚户区改造政策适用范围、搬迁安置补偿和奖励标准等。指出各区政府应当根据实际情况，按照套内建筑面积1∶1或不超过建筑面积1∶1.2的比例，确定辖区内老旧住宅区棚户区改造项目的产权调换标准。9月21日，深圳市南山区发布《深圳市南山区棚户区改造实施细则（试行）（征求意见稿）》，提出改造意愿征集达“双95%”即可立项。10月10日，北京发布关于印发《关于进一步完善北京市棚户区改造计划管理工作的意见》的通知，更侧重严格项目准入、规范项目实施。10月11日，《黑龙江省人民政府办公厅关于进一步完善棚户区改造工作的意见》，要求优先合理安置棚户区居民，鼓励棚户区居民选择新建棚改安置房方式进行安置。10月16日，深圳龙岗住建局发布关于征求《龙岗区棚户区改造实施细则（试行）》（征求意见稿），提出改造意愿征集达“双98%”可立项，1万平方米以下老旧小区可纳入计划意见。11月7日，深圳市罗湖区印发《深圳市罗湖区棚户区改造实施办法（试行）》，规定改造意愿征集达“双95%”即可立项。

（二）北京政策：需求供给双轨调控，推进建立房地产长效调控机制

在“房住不炒”和“坚决遏制房价上涨”的政策基调下，2018年北京调控力度不减，在前叙主体调控政策不放松的前提下，升级公积金贷款门槛、整顿市场秩序、强化监管。同时更加注重优化住房供给结构，明显提升共有产权住房、租赁住房在各类住房中的比重，增加有效供给。在短期调控不放松、长效机制稳步推进的同时，更加注重人才引进、城市发展规划与调控政策的协同性，多维度共同推进房地产行业长效机制建设，保障北京房地产市场健康发展。

表4　2018年北京市主要房地产调控政策

时间	政策/事件	重点内容
1月22日	北京市规划国土委	将适度扩大北京土地供应并优化结构，同时探索多种方式提供租赁住房和共有产权房，预计至2021年北京将累计新增6000公顷住宅用地，住房150万套
1月23日	北京市住建委联合银监部门开展专项执法	重点查处房地产经纪机构、金融机构等参与变相加杠杆、首付贷等违法违规行为

（续表 4）

时间	政策/事件	重点内容
1月24日	2018年北京市政府工作报告	2018年将完成1200公顷宅地供应，着力推进已供地的290万平方米共有产权住房和600万平方米商品住房建设，尽快形成市场供应。发展长期租赁住房市场，鼓励产业园区建宿舍
2月9日	2018年住房保障工作目标	建设筹集各类保障性住房5万套，分配公租房1.5万套以上，进一步解决中低收入家庭住房困难；完成2.36万户棚户区改造，提高群众居住质量
3月21日	《北京市引进人才管理办法（试行）》发布	科技创新人才、文化创意人才、国际交往中心建设人才、金融人才、教育卫生人才等可办理快速引进
3月23日	北京市规划国土委发布《建设项目规划使用性质正面和负面清单》	限制四环路以内和中轴线延长线、长安街延长线这“两轴”周边的各类用地调整性质改建住宅商品房
4月10日	北京市住房保障办公室发布《关于印发北京市2018年第一批政策性住房建设计划的通知》	纳入2018年政策性住房建设计划的项目共125个，涉及房源约17万套，其中公租房1.4万套、棚改安置房11.7万套、共有产权住房3.9万套
6月19日	《北京住房和城乡建设发展白皮书（2018）》发布	大力培育和发展住房租赁市场，稳步推进公租房建设管理，面向符合条件的非京籍家庭配售的房源不少于30%供应产权住房，继续加强房地产市场调控
6月22日	北京市规划国土委发布《北京市2018年建设用地供应计划》	今年北京计划建设用地供应总量4300公顷，其中住宅用地1200公顷，供应计划首次明确和建设用地减量相挂钩
6月26日	《北京城市副中心控制性详细规划（街区层面）》向公众开放	城市副中心将承接中心城区40万～50万常住人口疏解，到2035年常住人口控制在130万人以内
7月24日	《关于明确北京市共有产权住房购房人使用个人住房贷款有关事项的通知》印发	规定适用首套房贷政策的共有产权住房贷款最低首付比例按照政策性住房执行，不低于30%；不适用首套房贷政策的共有产权住房贷款最低首付比例参照普通住房执行，不低于60%
8月19日	《关于进一步维护住房公积金缴存职工购房贷款权益的通知》印发	要求房地产开发企业及其委托的房地产销售机构不得以提高住房销售价格、减少价格折扣等方式，限制、阻挠、拒绝购房人使用住房公积金贷款
9月14日	北京住房公积金管理中心出台关于公积金贷款的新政	新政将实行贷款额度与借款申请人住房公积金的缴存年限挂钩，每缴存一年可贷10万元，最高可贷120万元。还更改了判定“二套房”的规矩，变成与商贷一样“认房又认贷”；同时新政下调了二套房贷款最高贷款额度，由80万元下调为60万元

（续表 4）

时间	政策/事件	重点内容
9 月 19 日	《促进城市南部地区加快发展行动计划（2018—2020 年）》发布	强调促进职住平衡。围绕重点功能和产业布局，优先在南部地区建立包括商品住房、共有产权住房、棚改安置房、租赁住房等多种类型及一二三级市场联动的住房供应体系
9 月 27 日	北京规土委宣布印发《北京土地资源整理暂行办法》	要求节约集约和合理利用土地，统筹全市土地资源的利用和保护
11 月 7 日	北京规土委发布补充公告，推出保证金共享机制	相当于本来只够报名 1 宗地的，现在可同时报名 2-3 宗地，增加土地拍卖的企业数量，降低土地流拍率
12 月 3 日	《关于进一步加强公共租赁住房转租转借行为监督管理工作的通知》出台	公租房违规转租的，取消该家庭各类保障房资格，停发租金补贴，记入不良信息档案，5 年内不允许该家庭申请公租房及共有产权住房。严厉打击经纪机构、租赁企业违规从事公租房相关业务

资料来源：中国指数研究院整理分析

1. 《北京住房和城乡建设发展白皮书（2018）》正式发布

6 月 19 日，《北京住房和城乡建设发展白皮书（2018）》正式对外发布。

2017 年商品房市场供需两端乏力，市场显疲软；租赁住房供应量加大，申请量大幅增加，租金价格趋稳。北京市强力调控房地产市场成效明显，商品住房成交量价回落，投资投机行为得到有效抑制，房地产市场供求结构正发生变化，租赁住房也将成为人民居住的主要选择之一，房屋居住属性进一步强化，租赁市场运行平稳。

北京将按照中央深化住房制度改革的方向，加强顶层设计，建立多主体供给、多渠道保障、租购并举的住房制度，落实 2017—2021 年住房供地计划，新增住宅用地 6000 公顷，保障 150 万套住房建设需求，全面推进住有所居目标。

建立多主体供给、多渠道保障、租购并举的住房制度。2017—2021 年住房供地计划，新增住宅用地 6000 公顷，保障 150 万套住房建设需求。

大力培育和发展住房租赁市场。发展长期租赁，推动规模化、专业化的住房租赁经营主体发展。鼓励开发企业持有经营租赁住房，丰富租住产品类型，满足多层次租住需求。加大公租房实物供应力度，推动集体建设用地建设租赁房。

积极发展共有产权住房。将加大共有产权房土地供应，提供更多群众可承受的住房。继续满足“新北京人”住房需求，面向符合条件的非京籍家庭配售的房源不少于 30%。

加强住房调控。保持政策连续性和稳定性，继续严格执行各项调控措施，实现稳定房价目标，防范化解市场风险。加快建立基础性制度和长效机制，将加快形成符合北京市特点、适应市场规律的房地产市场平稳健康发展长效机制。

北京一方面从供给侧加大住房供应力度，改善住房供应结构，提高刚需住房供应比例；另一方面，继续保持政策的连续性和稳定性，以稳定房地产市场价格。未来，随着基础性制度和长效机制的建立并完善，北京住房的供需矛盾将逐步解决，住房价格将平衡在一个合理的区间。

2. 北京出台公积金新政，房地产管控依然严厉

9 月 13 日，北京市公积金管理中心发布消息称，从下周一起网签的购房，在使用公积金贷款的时候，将执行“认房又认贷”的政策。同时，今后公积金贷款将与缴存年限挂钩，每缴存一年可贷 10 万元，缴存 12 年可以贷到最高的 120 万元。

此次出台公积金贷款政策，充分说明房地产政策管控依然是比较严厉的，尤其是结合公积金贷款的实际情况，采取了相对收紧的政策内容。这既符合公积金贷款的政策大思路，也符合房地产市场的管控内容。

截止到 2017 年底，北京市住房公积金收支状况良好。其中缴存余额小幅增加，提取额增幅大幅回落，个人贷款发放规模减半。与其他一二线重点城市相比，北京公积金新政可谓最为严格。北京首套首付比例最高，贷款额度与缴存年限挂钩，实际贷款额度受限较大。

3.《促进城市南部地区加快发展行动计划（2018—2020 年）》正式发布

9 月 19 日，北京市正式对外发布《促进城市南部地区加快发展行动计划（2018—2020 年）》，这已是北京第三轮城南三年行动计划。新一轮城南行动，将在丰台区、房山区、大兴区和北京经济技术开发区实施，聚焦“一轴、两廊、两带、多点”，其中包括“南中轴生态文化发展轴、西山永定河文化带（南段）”等与文化相关的内容。

图 1　南部地区发展行动计划

资料来源：中国指数研究院整理分析。

经济开发区。提高外资引进和开放发展水平，抓好一批重大项目落地，打造高精尖产业集群，创新土地开发模式，补足市政基础设施，提升教育、医疗等公共服务水平。

中关村园区。中关村丰台园重点发展轨道交通、航空航天、应急救援等产业；中关村房山园重点发展现代交通和新材料产业，推动京东方医工科技园、石墨烯种子企业孵化加速器等重大项目实施。

西山永定河文化带。推进西山永定河文化带保护建设，打造房山国际旅游休闲区和永定河生态文化区。

丽泽金融商务区。推进与金融街一体化发展，主动承接金融街、北京商务中心区外溢配套辐射资源。

北京新机场临空经济区。加快规划申报综合保税区，加强对外交通枢纽与城市功能整合，适度承接会议会展、国际交往、文化交流等功能，配套规划建设国际化社区。

良乡大学城。推动良乡大学城扩区，按需求配套建设教师居住、医疗、商业等服务设施。加强与中关村合作，引入一批有实力、有带动力的高科技企业。

北京南部地区紧邻首都功能核心区，居于北京城市副中心和河北雄安新区中间，区位重要性迅速提升，《计划》明确提升城南基础设施，推动高端产业发展，解决南北发展不平衡不充分问题；随着基础设施改善、产业园区发展、北京新机场建成等，城南居住生活、工作环境将改善，职住会更为平衡。

二、市场分析：商品房成交量显著下滑，价格稳中有升

（一）商品房市场：价格继续稳步增长，市场处于供大于求状态

2018 年，北京商品房销售均价继续稳步增长，创历史新高，均价达 33208 元/平方米，较 2017 年涨幅达 7%，增速逐渐收窄；住宅市场价格稳步增长，均价为 40384 元/平方米，突破历史高位，涨幅达 11%。供应方面，新批上市面积自 2014 年创历史新高之后，开始持续下降，2018 年则出现大幅回升，同比升幅达 62%，商品房销供比为 0.5，住宅销供比 0.5，整体市场处于供大于求状态。

1. 价格：商品房价格继续稳步增长，突破 3.3 万元/平方米

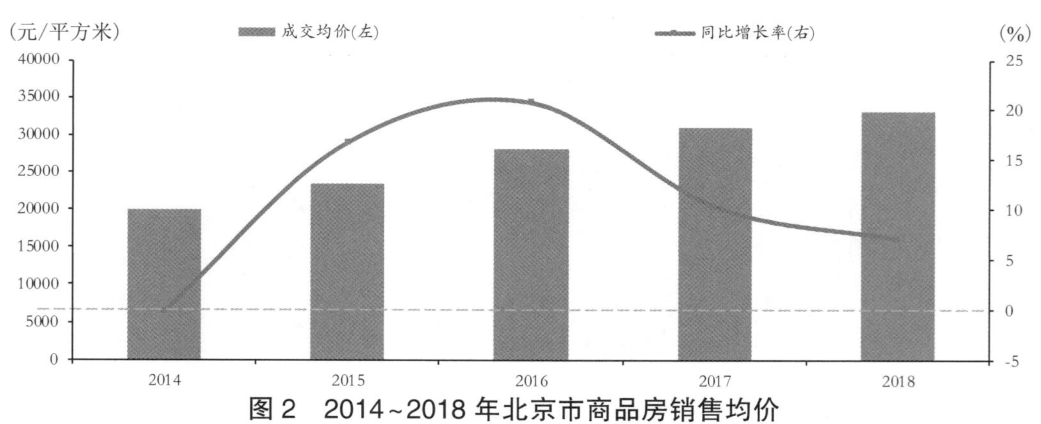

图 2 2014~2018 年北京市商品房销售均价

数据来源：CREIS 中指数据，fdc.fang.com。

2018 年，北京商品房销售均价为 33208 元/平方米，同比涨幅 7%，增幅逐渐收窄。

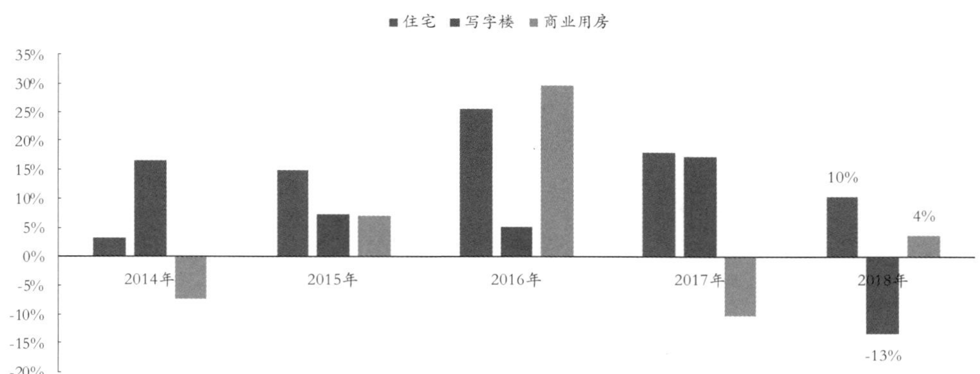

图 3 2014~2018 年北京市不同物业销售均价增速

数据来源：CREIS 中指数据，fdc.fang.com。

住宅价格呈上涨态势，写字楼价格回落，商业价格小幅上涨。分物业看，2018 年北京市住宅销售均价 40384 元/平方米，突破历史高位，涨幅达 11%，延续上涨态势；写字楼销售均价 30534 元/平方米，结束五年持续上涨态势，出现回落，下降 13%。商业用房销售均价小幅回升至 29137 元/平方米，上涨 4%。

2. 需求：商品房及住宅（含保障房）销售面积持续下降

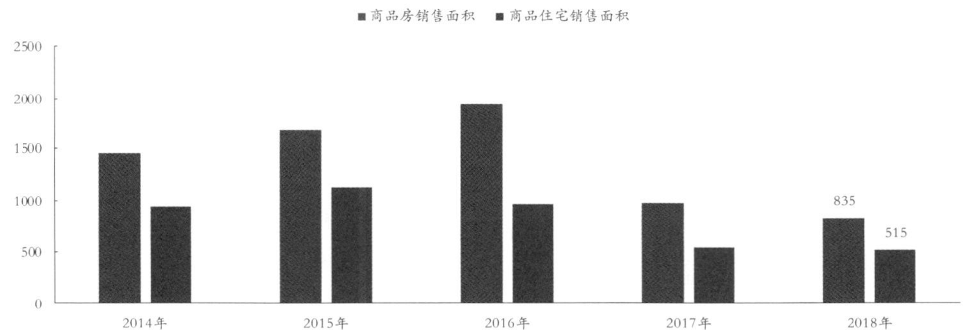

图 4 2014~2018 年北京市商品房及住宅（含保障房）销售面积

数据来源：CREIS 中指数据，fdc.fang.com。

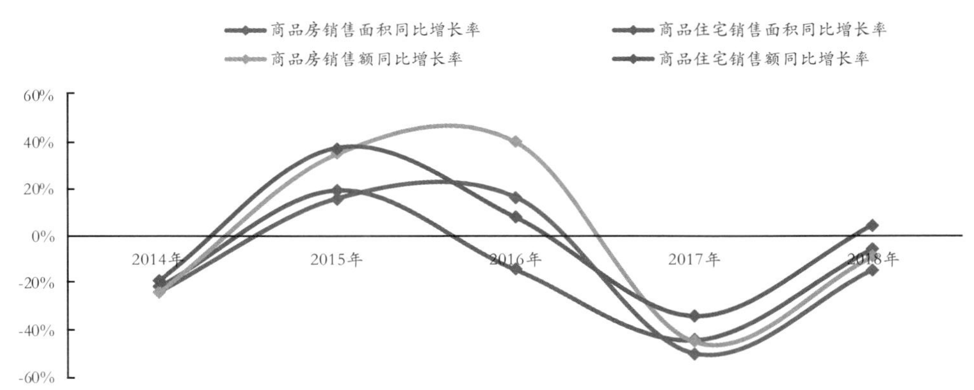

图 5 2014~2018 年北京市商品房和住宅（含保障房）销售面积及销售金额增速

数据来源：CREIS 中指数据，fdc.fang.com。

商品房市场及住宅（含保障房）市场均降温，成交面积持续下降。2018 年，北京市共成交商品房 834.5 万平方米，销售金额 2771.3 亿元，同比分别下降 15%、9%。其中，住宅（含保障房）销售面积 515.3 万平方米，同比下降 5%，销售金额 2081.1 亿元，同比上涨 5%。2018 年，房住不炒依然是不动摇的大方向，整体房价“稳”字当头，限购政策抑制部分需求，成交量保持低位运行，预计后期成交或有小幅回升，价格基本维持稳定。

3. 供给：新批上市面积大幅回升，升幅 62%

商品房供应量结束下降趋势，同比回升 62%。2018 年，商品房新批上市面积 1681.9 万平方米，新批上市面积自 2014 年创历史新高之后，开始持续下降，2018 年则出现大幅回升，同比升幅达 62%。

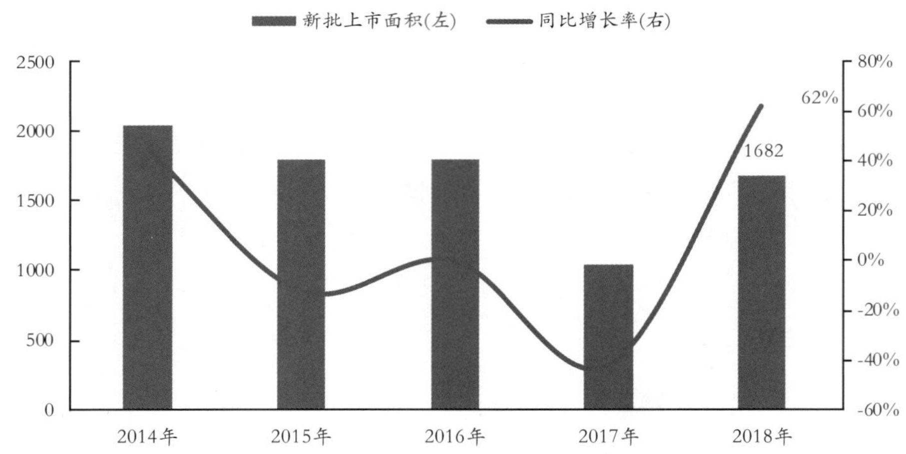

图 6　2014~2018 年北京市商品房新批准上市面积

数据来源：CREIS 中指数据，fdc.fang.com。

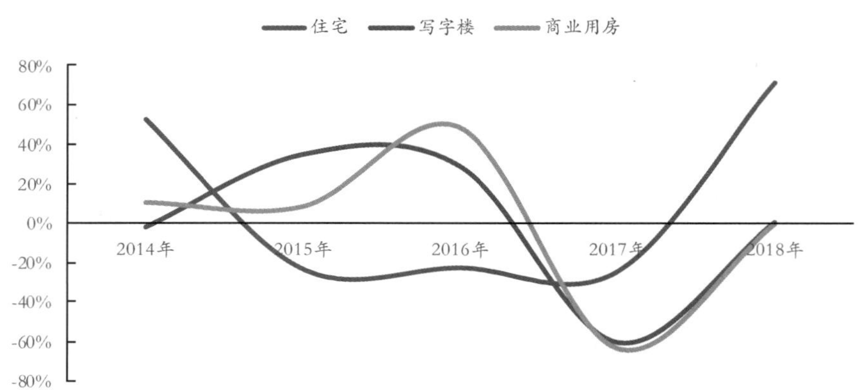

图 7　2014~2018 年北京市不同物业新批上市面积增速

数据来源：CREIS 中指数据，fdc.fang.com。

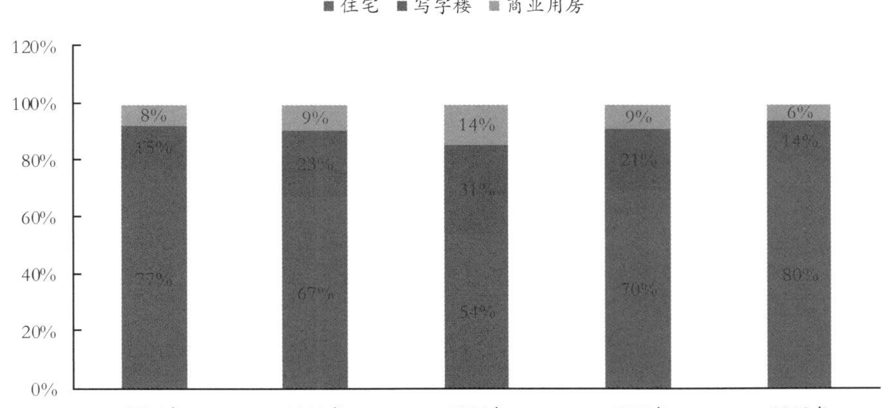

图8 2014~2018年北京市不同物业新批上市面积占比

数据来源：CREIS中指数据，fdc.fang.com。

住宅新批上市面积同比大幅回升，写字楼及商业用房与2017年基本持平。分物业看，2018年北京住宅新批上市面积1037.9万平方米，同比上升72%；写字楼、商业用房新批上市面积分别为186.4万平方米、77.8万平方米，与2017年基本持平。从占比看，写字楼、商业用房占比分别为14%、6%，相比2017年分别减少7和3个百分点，住宅新批上市面积占比为80%，相比2017年增加10个百分点。

4. 供求对比：商品房供大于求，销供比为0.5

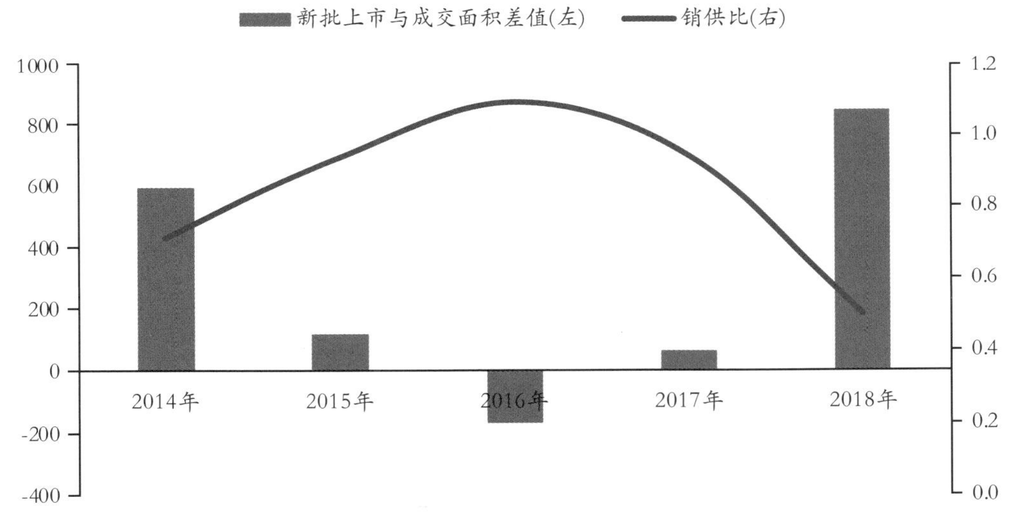

图9 2014~2018年北京市商品房销供比

数据来源：CREIS中指数据，fdc.fang.com。

商品房供应过剩，需求不足。2018年，北京市商品房新批上市面积与销售面积相差847.3万平方米，销供比为0.5，市场处于供大于求状态。2018年北京大量商品房新批入市，而调控政策不放松，需求端受限，市场供大于求矛盾突出。

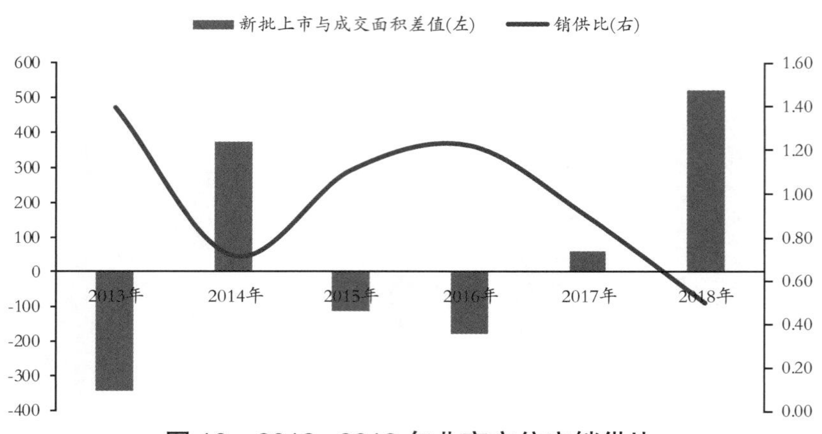

图 10　2013~2018 年北京市住宅销供比

数据来源：CREIS 中指数据，fdc.fang.com。

住宅成交量远低于供应量，市场处于供大于求状态。2018 年，下半年供应节奏加快，供应量持续增加，但由于大量限竞房及共有产权房入市，产品同质化严重，新开盘项目去化较差，加之调控高压下投资性需求受到抑制，需求端持续疲软，住宅销供比为 0.5，市场处于供大于求状态。

（二）住宅市场：北京市场成交同比“量价齐升”

在“房住不炒”和“坚决遏制房价上涨”的政策基调下，2018 年北京调控力度不减，在前期主体调控政策不放松前提下，逐步升级公积金贷款门槛、整顿市场秩序、强化监管。同时注重优化住房供给结构，提升共有产权住房、租赁住房在各类住房中的比重，增加有效供给。其中，北京新建商品住宅均价整体稳中有升，二手房价格指数略有微升。需求方面，全年成交 478.8 万平方米，同比上升 9 个百分点。60-90 平方米成交占比上升，六环外住宅成交占比最大。受供应大幅增加影响，整体销供比降至 0.5，市场供求呈现供大于求态势。

1. 全市总体：整体住宅（不含保障房）市场“量价齐升”，高价位项目成交占比提升

（1）价格：调控高压下，住宅价格涨幅收窄

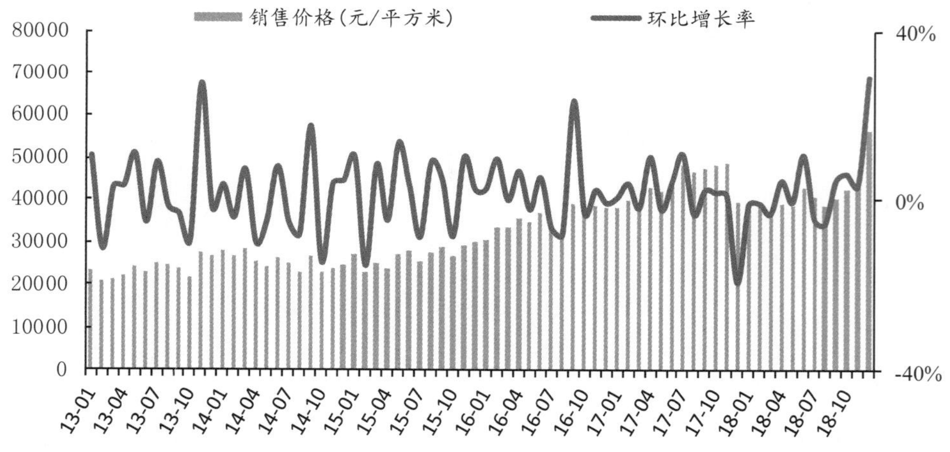

图 11　2013~2018 年北京商品住宅（不含保障房）成交均价及环比涨跌幅

数据来源：CREIS 中指数据，fdc.fang.com。

楼市调控持续深化，住宅成交均价涨幅收窄。2018年，北京商品住宅均价（不含保障房）为42891元/平方米，较2017年上涨0.2个百分点。2018年3月，两会政府工作报告进一步强调“房子是用来住的、不是用来炒的”的定位，继续实行差别化调控。7月，中央政治局会议强调“下决心解决好房地产市场问题，坚决遏制房价上涨”，两次重要会议确定了全年房地产调控的政策基调，同时伴随限竞房、共有产权房大量入市稳定市场行情，北京商品住宅成交均价基本保持稳定，同比增幅连续两年回落。

从价格指数来看，新房以稳为主，二手房稍有回升。2018年，北京新房价格指数从1月份的4533点涨至12月的4537点，增幅4.0个百分点。二手房价格指数从1月份的8122点上涨至12月份的8232点，上涨110个百分点。北京楼市调控常态化，北京房地产市场以稳为主，新房价格滞涨的同时，二手房价格缓慢回升，预计短期内调控效应还将持续。

从成交价格来看，北京住宅（不含保障房）成交均价同比上涨。2018年，北京商品住宅（不含保障房）成交均价为42891元/平方米，同比微涨0.24%。具体来看，2018年以来，受政策偏紧影响，上半年北京商品住宅（不含保障房）成交均价低位徘徊。2018年下半年，部分高价楼盘入市，伴随金九银十及开发商年底业绩冲刺，北京商品住宅（不含保障房）成交均价缓慢上行，预计短期内北京商品住宅成交均价将逐步趋于平稳。

按价格段来看，5万元以上价格段为2018年市场成交主力。市场成交主力延续2017年形势，50000元/平方米以上的产品价格段较2017年上升2.1个百分点；10000-16000元/平方米增加11.5个百分点至17.1%。一方面由于北京住宅整体价格已处高位，加之改善型需求较多，高价位成交套数占比逐步扩大，市场偏向豪宅化、高端化；另一方面，北京住宅随着土地推出逐渐向郊区化发展，2018年在售楼盘部分位于密云、延庆、平谷等远郊区，叠加共有产权房的大量入市，带动中低价位段成交套数占比有所提升。

（2）需求：政策调控常态化，全年成交量触底回升

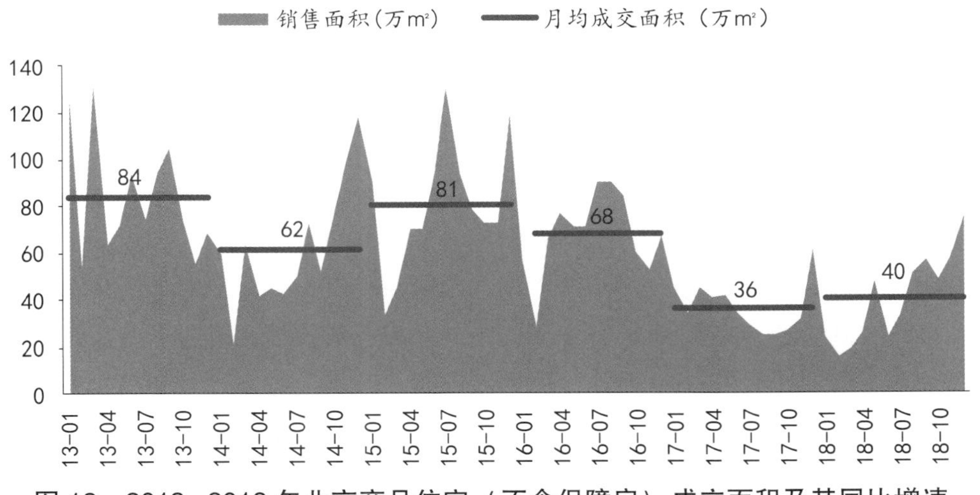

图12 2013~2018年北京商品住宅（不含保障房）成交面积及其同比增速

数据来源：CREIS中指数据，fdc.fang.com。

全年成交量止跌回升。2018年，房地产市场政策保持高压态势，部分城市限售、限价持续，政策调控趋于常态化，投资投机需求被有效抑制，住房回归居住属性，市场预期下滑，月均成交同比呈现上升趋势，月平均成交40万平方米，全年成交量为478.8万平方米，同比上升9个百分点。分月份来看，开局楼市明显降温，3月，两会政府工作报告进一步强调“房子是用来住的、不是用来炒的”的定位，继续实行差别化调控，成交持续回落，二季度之后，受益于部分一二线城市预售政策的松动及热点二三四线城市的持续火热，房企销售业绩迎来小高峰，年底开发商为冲刺年终业绩加大推盘力度，以及预售证获取环境有所改善，促使供应量增加，年末翘尾行情显现。

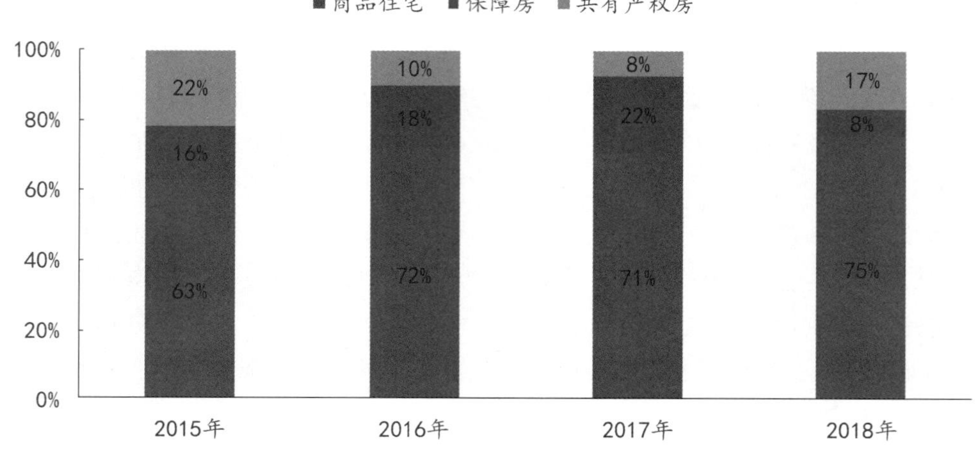

图13 2015~2018年北京商品住宅成交情况占比细分

数据来源：CREIS中指数据，fdc.fang.com。

2018年共有产权房项目成交占比较2017年上升9个百分点。2018年北京市共有产权房项目集中入市，全年成交占比较2017年上升9个百分点。保障房项目成交占比下降14个百分点。

（3）供应：新增供应量大幅增加

2018年新增供应量大幅增加。2018年，北京商品住宅月均新批上市面积81.5万平方米，较2017年均值相比上升103%，创近年来新高。单月来看，4月新增供应量最小，仅为10.3万平方米，之后波动上升，并于12月达到全年新增供应峰值，新批上市198.3万平方米。伴随着年末房企冲刺年终业绩，以及预售证获取环境有所改善，12月份供应量大幅增加。

（4）供需对比：总体成交下滑，库存持续上升

商品住宅供应规模大幅增加，导致销供比快速降至0.5，市场呈现供大于求状态。2018年，北京商品住宅（不含保障房）共计成交478.78万平方米，较2017年437.81万平方米上升9%，商品住宅供应面积977.89万平方米，比2017年增加102%，导致销供比下降至0.5，市场呈现供大于求状态。

库存量持续上升，出清周期升至17个月。2018年，北京住宅市场可售面积持续上升，12月末达978.7万平方米，同比上涨51%。在2018年政策严控的背景下，出清周期持续回升，截至12月出清周期升至16.9个月。

2. 产品形态：刚需型产品占比大幅提升

（1）价格：三四环之间成交均价同比涨幅最大，达21%

三四环之间区域成交均价同比明显上涨。2018年，二环以内区域及五六环之间区域成交均价下跌，二三环之间及六环外区域成交均价微涨，均价分别为91630元/平方米、29450元/平方米；四五环之间区域成交均价保持稳定，均价为69574元/平方米。三四环之间受高端别墅供应影响，成交均价上涨至70185元/平方米，同比增幅21%。

（2）需求：60-90平方米成交占比上升，六环外住宅成交占比最大

按面积段来看，刚需型产品成交量持续增加，60平方米以下户型段较2017年上升个4百分点，60-90平方米户型段成交占比较2017年上升17个百分点。2018年大量限竞房和共有产权房入市，中低面积段刚需户型供应量剧增。

五环外仍为主要成交区域，六环外区域成交占比最大。2018年，北京五环内区域商品住宅成交占比较上年增加7个百分点；五环外仍为主要成交区域，五六环之间成交占比达20%，六环外成交占比达36%；分环线看，六环外住宅成交占比最大。

（3）供给：供应面积整体上升，主要集中在京南区域

2018年，多数区域供应面积增加，仅东城、西城、顺义、门头沟、怀柔、密云、延庆区供应面积低于50万平米。朝阳区以高精尖经济带连接了CBD、奥林匹克公园核心区、中关村朝阳园、大望京科技商务创新区等重点功能区，为世界500强企业提供顶级的办公环境和配套设施，轨道交通“四通八达”，成为住房需求最大的区域之一。大兴区规划利好逐渐显现，新机场的建设和南中轴的发展，吸引众多房企入驻，随着京南产业及交通布局的逐渐完善，将提升大兴区域的板块价值。丰台区定位首都新商务区，是北京最为重要的新增功能区之一，新区具有明显的吸引力，未来商务服务、时尚创意、交易、展示等新兴产业将在这里落地生根，将吸引更多的人到此置业。

（4）供求对比：二环外各环线区域均呈供大于求

二环外各环线均呈供大于求。2018年，北京市二环内呈供不应求状态，销供比达6.0，二环以外区域供求关系整体呈现供大于求。北京市总体销供比均值为0.5。具体来看，除二三环之间和四五环之间销供比超0.5，二环以外其他环线区域销供比均小于0.5，供大于求状态明显。

3. 重点区域：朝阳区供应及需求两端占比均名列前茅

（1）价格：多数区域商品住宅成交均价同比上涨，通州领涨

多数区域商品住宅成交均价同比上涨，通州领涨。2018年，北京市各区域仅东城、朝阳、大兴、昌平、平谷成交均价有所下滑，其余均上涨，其中通州同比领涨，涨幅达45%；石景山、西城区同比涨幅分别为28%、22%，位居第二、第三。

（2）需求：昌平、朝阳成交面积占比位居前列

各区域中昌平成交量最大，占比15%。从各区域成交占比来看，2018年，北京楼市的热点板块郊区化趋势明显，其中昌平、朝阳成交占比位居全市第一、第二位，商品住宅（不含保障房）分别成交72.5和68.7万平，占比分别达15%、14%，其余区域成交占比均未达到10%。与2017年相比，朝阳、石景山、大兴三个区域成交占比增幅均超2个百分点，顺义成交占比下降4个百分点，为7%。

（3）供给：朝阳、大兴供应量面积占比最大

朝阳、大兴供应量最大，占比分别达 14%、13%。2018 年，新批上市面积占比下降的区域有朝阳、通州、顺义、门头沟、密云、昌平，与 2017 年相比，占比分别缩小 1%、5%、5%、6%、5%、5%。其他区域占比有所提升，其中石景山、大兴供应面积占比提升明显，分别提升 6%和 5%。2018 年，朝阳、大兴供应量最大，占比分别达 14%、13%。

（4）供求对比：多数区域供大于求，西城区供不应求状态明显改善

2018 年，多数区域供求关系缓解，西城、密云供不应求。2018 年，门头沟供求基本平衡；东城、朝阳、海淀、丰台、石景山、通州、房山、昌平等 14 个区域销供比小于 1，市场呈现供大于求；西城、密云处于供不应求状态，其中西城区销供比由 2017 年的 13.3 转变为 2.3，供不应求状态有所改善。

（5）热销项目：改善型产品为市场成交主力

表 5　2018 年北京商品住宅（不含保障房）成交面积 TOP10

排名	项目名称	成交金额（亿元）	成交面积（万平米）	成交套数（套）	单价（元/平）	套均总价（万元/套）	套均面积（平/套）
1	中海寰宇天下	91.2	14.8	1346	61499	677	110
2	景粼原著	46.4	6.0	290	77190	1602	207
3	亦庄·金茂府	38.1	5.9	396	65109	963	148
4	瑞悦府	35.2	6.1	484	57278	727	127
5	泰禾·昌平拾景园	33.0	6.5	358	50922	921	181
6	京投银泰公园悦府	29.5	5.1	499	57603	592	103
7	翡翠公园	28.7	4.5	346	63485	830	131
8	亦庄·金茂悦	28.1	4.3	244	65155	1151	177
9	远洋天著春秋	27.8	3.3	134	84807	2072	244
10	昆仑域	27.6	2.7	159	102084	1737	170
前十名合计		385.7	59.3	4256	65076	906	139
全市		2081.1	515.3	47368	40384	439	128

数据来源：CREIS 中指数据，fdc.fang.com（不含自住及保障房项目）

热销项目以改善类户型为主。2018 年北京商品住宅十大热销项目共成交面积 59.3 万平方米（占全市商品住宅的 12%），成交金额约 385.7 亿元（占全市商品住宅的 19%），市场集中度较高，成交均价为 65076 元/平方米，套均总价 906 万元/套，套均面积 139 平方米，套均总价和套均面积均高于全市平均水平。分项目来看，热销面积前十大项目中改善型产品为市场成交主力，10 个项目的套均总价均高于全市商品住宅水平，其中 4 个项目套均总价超过千万。

（三）写字楼：供给微增，需求下滑，销售价格回落

2018 年，北京写字楼①销售价格结束连续

① 写字楼各类数据中，销售面积、销售额、销售均价等销售类数据，以及新批准上市面积均来自北京市房管局；开发投资额、新开工面积、竣工面积等开发投资类数据来自统计局。

四年上涨态势，出现小幅回落，同比下降13%。供给方面，新批上市面积为186万平方米，同比上涨1%。需求方面，销售面积较2017年明显回落，成交107万平方米，同比降幅达39%；销售额为326亿元，同比下降47%。销供比为0.6，市场处于供大于求状态。

1. 价格：销售价格结束连续上涨态势，同比有所回落

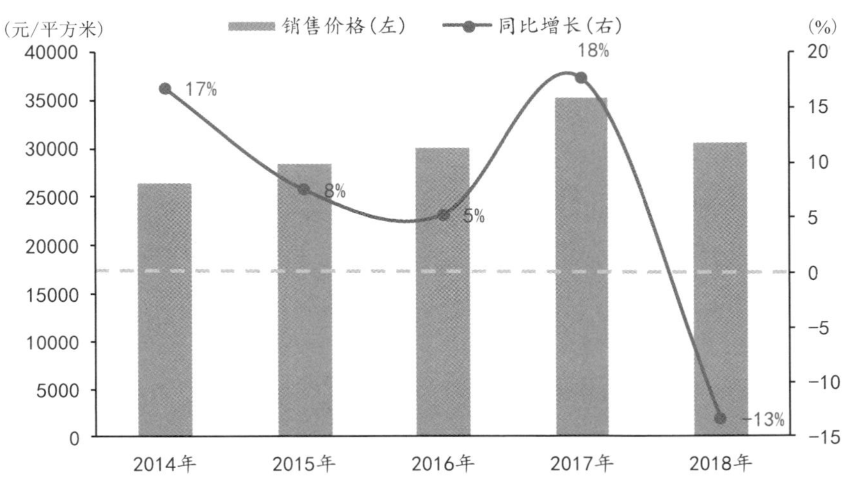

图14 2014~2018年北京写字楼销售价格及同比增长率

数据来源：CREIS中指数据，fdc.fang.com。

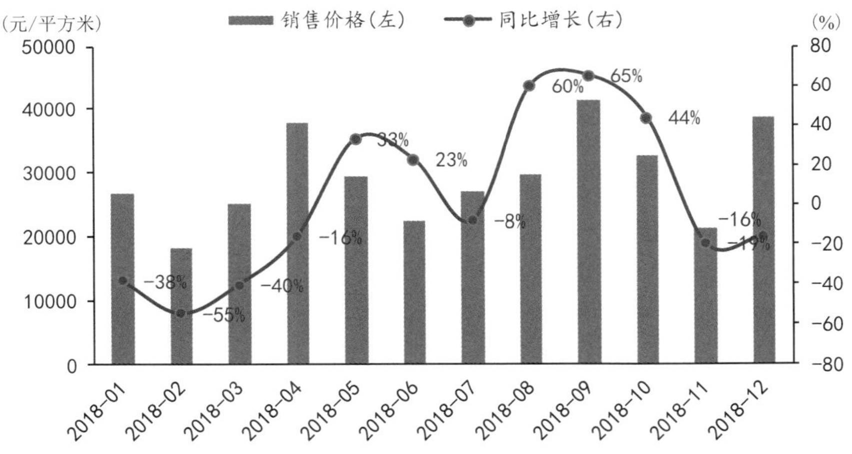

图15 2018年各月北京写字楼销售均价及同比增长率

数据来源：CREIS中指数据，fdc.fang.com。

写字楼价格回落，均价超3万元/平方米。 2014—2017年，写字楼成交均价连续四年保持上涨态势，2018年，北京写字楼价格为30524元/平方米，结束四年连续上涨态势，同比下降13%。分月来看，2018年1-2月，北京写字楼平均价格连续下降，其中，1月下降38%，2月下降55%。写字楼价格于2月达到近一年低点，随后逐步回升，并处于不断震荡过程。9月，北京写字楼成交价格为41286元/平米，达到近一年高点。

2. 需求：受政策收紧影响，销售面积同比减少39%

➤ 销售面积：同比减少39%

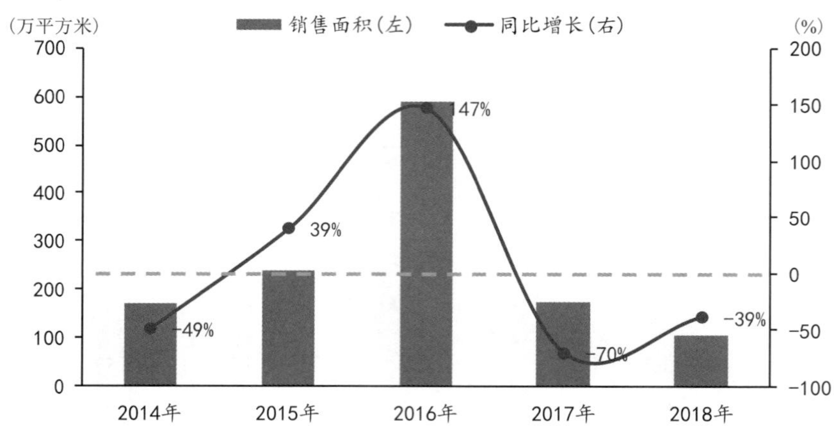

图16 2014~2018年北京写字楼销售面积及同比增长率

数据来源：CREIS中指数据，fdc.fang.com。

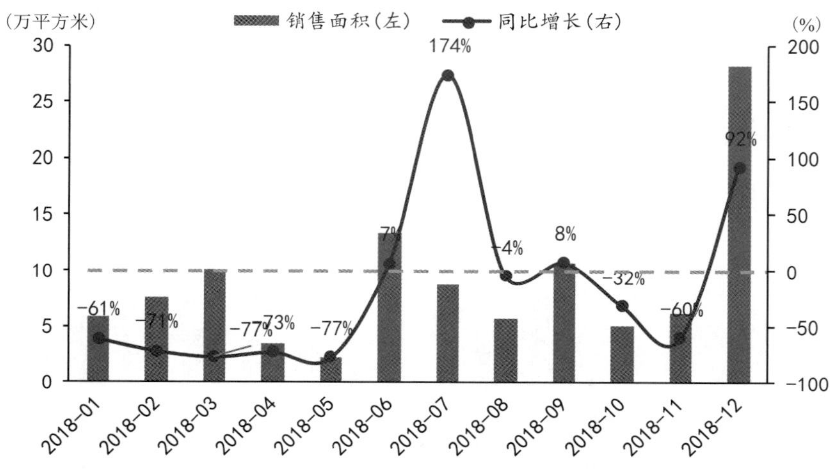

图17 2018年各月北京写字楼销售面积及同比增长率

数据来源：CREIS中指数据，fdc.fang.com。

写字楼销售面积明显减少，降幅达39%。纵观写字楼近几年市场行情。2014年受整体楼市放缓影响，北京写字楼销售面积同比下滑49%。2015年，政府的诸多利好政策为房地产市场释放更多的发展空间，拉动北京写字楼市场销售面积增长至238万平方米，同比增幅达39%。2016年，受北京住宅市场及城市规划影响，大兴、顺义、通州成为写字楼成交热点区域，拉动整体写字楼市场成交面积大幅上升至589万平方米，同比增长147%。2017年“3·26”政策出台后，商业、办公类项目销售受到严厉限制，商办市场成交量持续低位运行。同时北京发布新版产业禁止和限制目录政策，成交规模进一步下降。2018年北京写字楼项目供应大部分位于大兴、通州、顺义、昌平等郊区，核心区域的供应面积明显减少，全年写字楼销售107万平方米，同比下降39%。

➤ 销售金额：降幅明显，同比减少47%

写字楼销售额明显下降，同比减少 47%。2014 年受住宅市场波及，写字楼需求大幅下降，销售额大幅收窄至 453 亿元，同比下滑 41%。2015 年，在央行多次降准降息等利好政策的刺激下，北京写字楼市场销售额达 679 亿元，同比大幅增长 50%。2016 年，房地产市场火热，受上渡中心、林肯公园等项目的热销，北京写字楼市场销售额达 1765 亿元，同比大幅增长 160%。2017 年，受房地产政策持续收紧，写字楼需求大幅下降，销售额同比减少 65%。2018 年初，楼市调控升级，政策对办公类项目销售限制明显，市场预期不明导致 2018 年销售情况进一步下降，销售金额为 326 亿元，同比下降 47%。

4. 供应：新批上市面积同比微增 1%

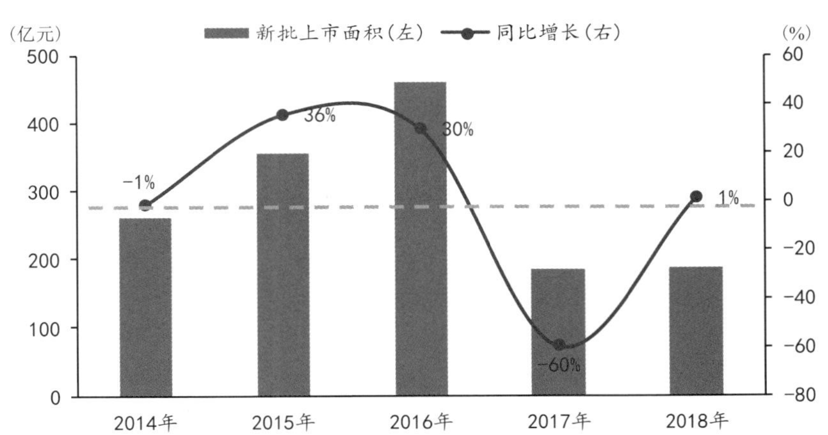

图 18 2014~2018 年北京写字楼新批上市面积及同比增长率

数据来源：CREIS 中指数据，fdc.fang.com

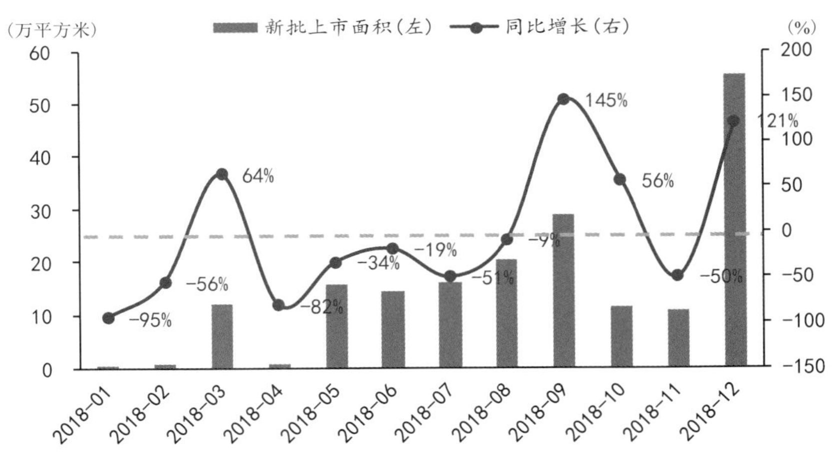

图 19 2018 年各月北京写字楼新批上市面积及同比增长率

数据来源：CREIS 中指数据，fdc.fang.com

写字楼新批上市面积同比微增 1%。2014 年，写字楼市场趋于平稳，新批上市面积略有回落，新批上市面积 261 万平方米，同比下降 2%。2015 年，在利好政策和北京房地产市场持续回暖的双重刺激下，新批上市面积达 354 万平方米，同比增幅达 36%。2016 年，受政策扶持、联合办公需求多元化等影响，北京写字楼市场新批上市面积达 459.32 万平方米，同比大幅上升30%。2017年，受政策收紧、需求下降、项目入市节奏变缓影响，北京写字楼市场新批上市面积184.39万平方米，同比减少59.9%。2018年，北京写字楼新批入市面积同比微增1%，供应大部分位于大兴、通州、顺义、昌平等郊区，核心区域供应规模较小，供求不匹配态势明显。

4. 供求对比：销供比为0.6，供求矛盾加剧

2018年北京市写字楼销供比为0.6，供需矛盾加剧。2014年，市场供应不断增加，写字楼销供比下降为0.7大于需求，开发商面临较大的去化压力。2015年开始回升，至2016年，整体市场呈现供不应求状态，销供比为1.3，市场库存有所下滑。2017年，供需两端较上年均下滑明显，销供比为1，市场整体表现为供求基本平衡。2018年，受政策限制以及供需之间的空间不匹配等多重因素影响，北京写字楼需求端下滑明显，销供比为0.6，供需矛盾加剧。

5. 写字楼热销项目分析

表6　2018年北京写字楼成交金额热销排行榜前十位

排名	项目名称	成交金额（亿元）	成交均价（元/平方米）	区
1	复地中心	34.93	56178	通州区
2	金融街园中园	23.73	27975	通州区
3	方恒时尚中心	14.84	73272	海淀区
4	融尚未来	13.47	101098	昌平区
5	恒泰中心	13.24	16000	丰台区
6	金融街中心	13.01	70849	西城区
7	融汇国际大厦	11.91	50000	海淀区
8	北京诺德中心	11.08	45885	丰台区
9	泰禾长安中心	10.61	49370	石景山区
10	TBD万科天地	9.52	36324	昌平区

数据来源：CREIS中指数据，fdc.fang.com

2018年北京写字楼成交额排行榜前十项目空间分布较为分散，呈核心区域与近郊区域并存态势。上榜项目的主要优势在于周边配套完善、区域内人流量密集，潜在客源充足，同时交通便利、商业气氛浓厚，其中海淀、丰台、通州、昌平各有2个，西城区与石景山区各有1个。

单个项目来看，受区域优势、配套设施成熟以及未来规划利好影响，复地中心成交金额位列榜首。复地中心项目位于北京城市副中心、运河CBD高端商务之地，西接中央商务区，东享新市府资源，南邻环渤海高端总部基地。项目四地齐发，规划约40万平方米地标级综合体，涵盖高端商办、精装商务公寓、商业旗舰等业态，周边商务办公、餐饮、购物、休闲、娱乐教育、医疗等生活配套极其完善。

随着通州城市副中心的地位确认，作为"一核两翼"中的一翼，通州以最先进的理念、最高的标准、最好的质量推进城市副中心的建设。在此基础上，通州运河核心区作为与国贸商圈对望的东部第二个CBD，将承载整个城市副中心未来产业的转型和崛起。北京市政府多次提到，加快通州高端商务服务建设，优先启动金融业与总部经济，增强对东部发展带的带动作用，使之成为主导京津冀城市群发展的核心驱动力。复地中心凭借优质资源，即将服务中国金融业再提升，积极配合城市副中心优先发展金融业与总部经济战略部署，放大区域经济，助力金融中心核心区形成，加速新城蜕变。

（四）商业用房：政策收紧，整体市场成交量跌价升

2018 年，在一系列调控政策的影响下，投资者对于商业用房的投资热情也有所下滑，市场整体呈现量跌价升，2018 年商业用房销售额下滑 25%，销售均价上涨 4%，年度销供比回落至 0.9，市场整体表现为供大于求。

1. 销售均价同比上涨 4%

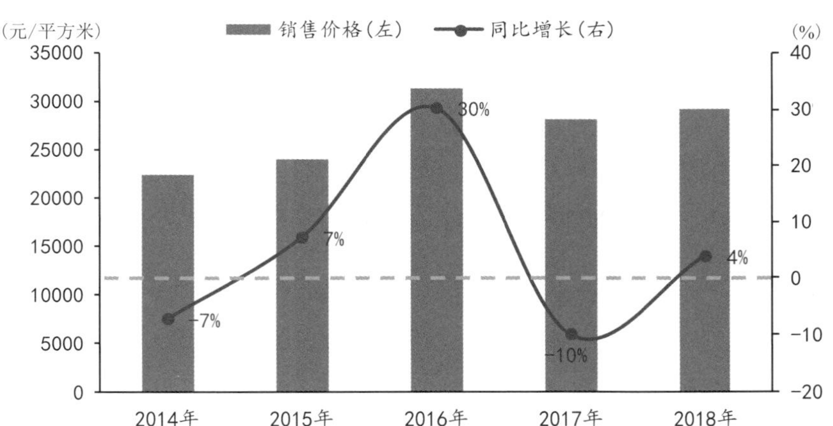

图 20　2014~2018 年北京商业用房销售均价及同比增长率

数据来源：CREIS 中指数据，fdc.fang.com。

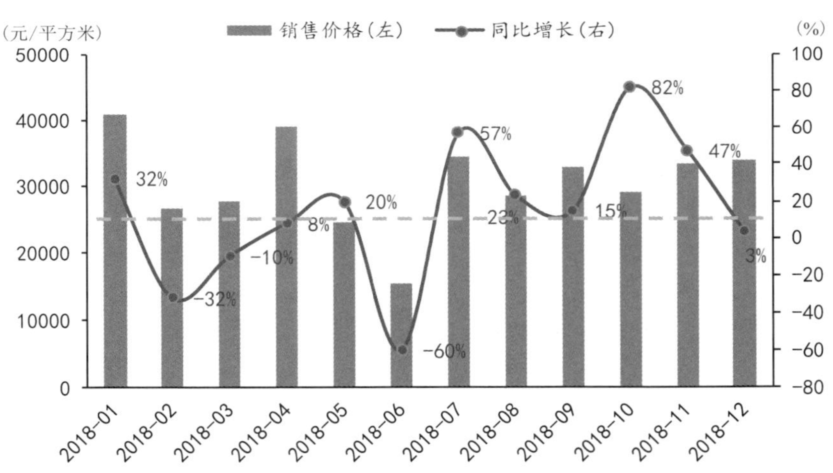

图 21　2018 年各月北京商业用房销售均价及同比增长率

数据来源：CREIS 中指数据，fdc.fang.com。

商业营业用房年销售价格同比上涨 4%。从近几年的商业用房销售价格来看，2014 年、2015 年销售均价则相对保持平稳态势，2016 年受投资需求增加的影响，商业用房销售均价同比大幅上涨，2017 年销售均价回调，同比下降 10%。2018 年，销售均价同比保持微弱上涨态势，同比上涨 4%。具体来看，2018 年上半年的销售均价起伏波动较大，1 月成交价格达到年度最高值 40938 元/平方米，同比上涨 32%，6 月份，销售均价同比回落 60%，为 15306 元/平方米，达到近一年低点。

2. 需求：政策抑制，销售面积和销售金额同比均下滑

➢ 销售面积：市场降温，同比下滑 28%

2018 商业用房市场降温，销售面积同比下滑 28%。2018 年北京商业用房市场在政策限制下，市场热度下降，销售面积继续下降，全年销售面积仅为 69 万平方米，同比大幅减少 28%。分月度来看，2018 年销售面积仅 6-9 月同比有所增加，其余各月同比均有不同程度的减少，9 月成交量为本年度最高值，单月销售 12 万平方米。从近五年商业用房的销售面积来看，2014 年，商业用房销售面积大幅减少至 111 万平方米，同比下降 30%；2015 年小幅回升至 112 万平方米；2016 年市场大幅升温，销售面积达近六年最高值，为 174 万平方米。2017 年全年销售面积未超百万平方米。2018 年，在政策限制下，市场预期不明，导致成交量进一步下滑，全年仅成交 69 万平方米，创近五年新低。

➢ 销售金额：同比下滑 25%

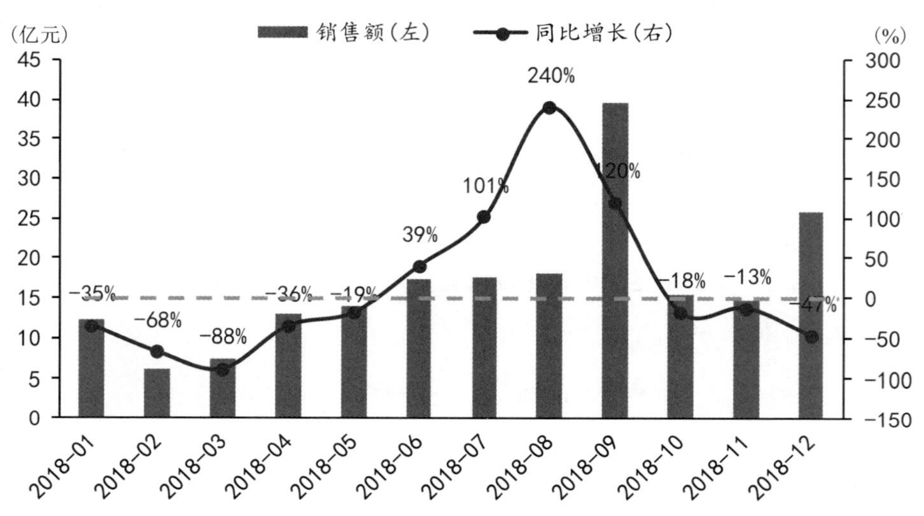

图 22 2018 年各月北京商业用房销售金额及同比增长率

数据来源：CREIS 中指数据，fdc.fang.com。

销售金额同比下滑 25%。2018 年商业用房销售面积下降幅度较大，致使 2018 年销售金额下降至 201 亿元，同比下降 25%。分月度来看，2018 年销售金额除 6-9 月以及 12 月增加外，其余各月同比均有不同程度的减少，其中 9 月成交金额达到本年最高值 40 亿元。从近五年销售金额来看，其走势与销售价格和销售面积基本一致，但变化幅度更为明显，2014 年有所下滑，2015 市场小幅回暖，2016 年则大幅升温，销售金额创历史新高，达 542 亿元，同比增长一倍多。2017 年，市场降温，销售金额同比下滑超五成。2018 年，调控政策收紧，市场继续降温，但降幅有所收窄，销售金额同比下滑 25%。

3. 供应：新增供应同比持平

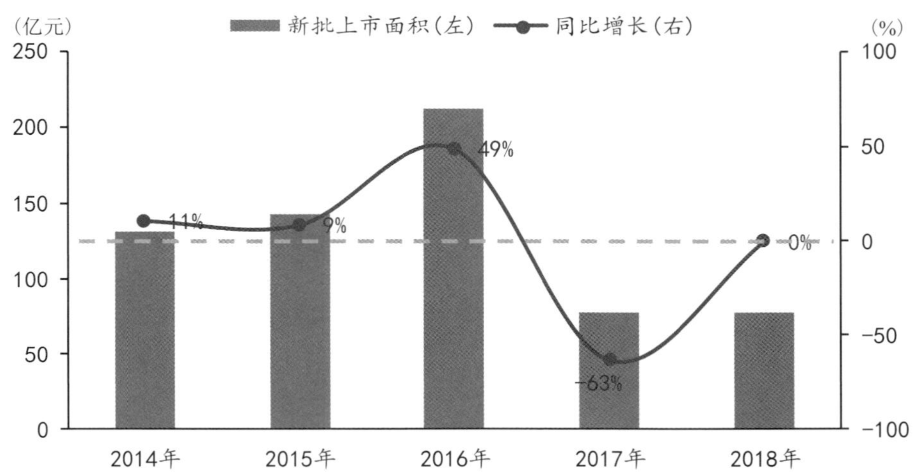

图 23　2014~2018 年北京商业用房新批上市面积及同比增长率

数据来源：CREIS 中指数据，fdc.fang.com。

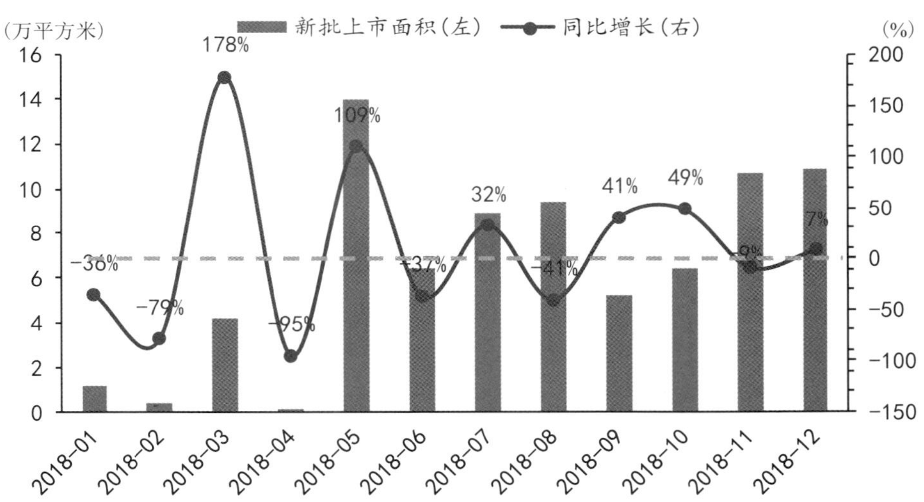

图 24　2018 年各月北京商业用房新批上市面积及同比增长率

数据来源：CREIS 中指数据，fdc.fang.com。

2018 **年新增供应同比持平**。2018 年商业用房新增供应同比持平，新增供应面积为 78 万平方米。2018 年上半年商业用房推盘力度小于下半年，其中 5 月新批上市面积达 14 万平方米，为本年度最高值。从近五年商业用房整体供应来看，2016 年前新增供应呈现逐年上升态势，2016 年高达 212 万平方米，同比大幅增长 49%，创历史新高。随后出现断崖式回落，2017 年，受政策收紧、项目推盘暂缓影响，新批上市面积同比降幅超六成。2018 年，新增供应面积企稳，并未出现进一步下降态势。

4. 供求对比：销供比为 0.9，商业用房市场供大于求

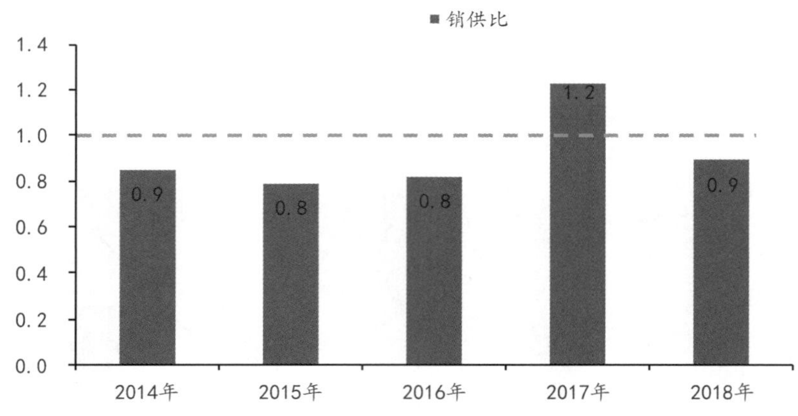

图 25　2014~2018 年北京商业用房供求对比

数据来源：CREIS 中指数据，fdc.fang.com。

2018 年商业用房销供比为 0.9，市场整体表现为供大于求。从近五年商业用房销供比来看，2014—2016 年，商业用房供应量充足，整体市场供大于求。2017 年，北京商业用房市场供求均降，但供应速度小于销售速度，年度销供比为 1.2，市场整体表现为供不应求。2018 年，随着限制性政策的出台，在新增供给持平情况下，需求萎缩明显，导致市场反转，商业用房市场呈现供大于求态势，销供比为 0.9。

5. 商业用房热销项目分析

2018 年，上榜商业用房项目多位于北京近郊区域。商业销售金额 TOP10 中门头沟区 3 个项目，海淀和通州各 2 个，大兴、石景山和丰台均有 1 个项目。新桥花园凭借交通便利，环境优美，高宜居性等优势，在成交金额中居第一位。

新桥花园位于门头沟区中心地段，总销售金额达 10.51 亿元，排名第一。项目位于门头沟的中心地段，紧邻门头沟区政府，十余条公交车途经小区。外出可直达苹果园地铁、中关村等地。交通便利，环境优美，适合居住。

表 7　2018 北京商业用房销售金额 TOP10

排名	项目名称	成交金额（亿元）	成交均价（元/平方米）	区
1	新桥花园	10.51	16499	门头沟区
2	华远·西山雅园	10.19	33074	门头沟区
3	金融街（长安）中心	8.66	24881	石景山区
4	方恒时尚中心	7.45	71724	海淀区
5	融汇国际大厦	5.89	46137	海淀区
6	中建·国际港	5.56	27182	大兴区
7	复地中心	5.31	68066	通州区
8	龙湖·西宸广场	4.83	36762	丰台区
9	首开万科·公园里	4.50	45014	通州区
10	长安天街	4.29	51034	门头沟区

数据来源：CREIS 中指数据，fdc.fang.com

（五）二手房市场：成交量上升，同比增长超一成

北京二手房市场远远活跃于新房市场，2018 年北京二手房与新房成交套数比值高达为 3.7，二手房成交 15.1 万套，新房仅成交 4.1 万套。二手房市场成交量较大，一方面房地产市场步入存量时代，二手房市场活跃度超过新房市场；另一方面，随着新房供应的郊区化，二手房与之相比，区域、交通、配套等方面优势明显，因此也受到部分购房者的青睐。

1. 全市总体：成交"量升价跌"，年成交量 15.1 万套，同比上涨 13%，价格同比下跌 5%

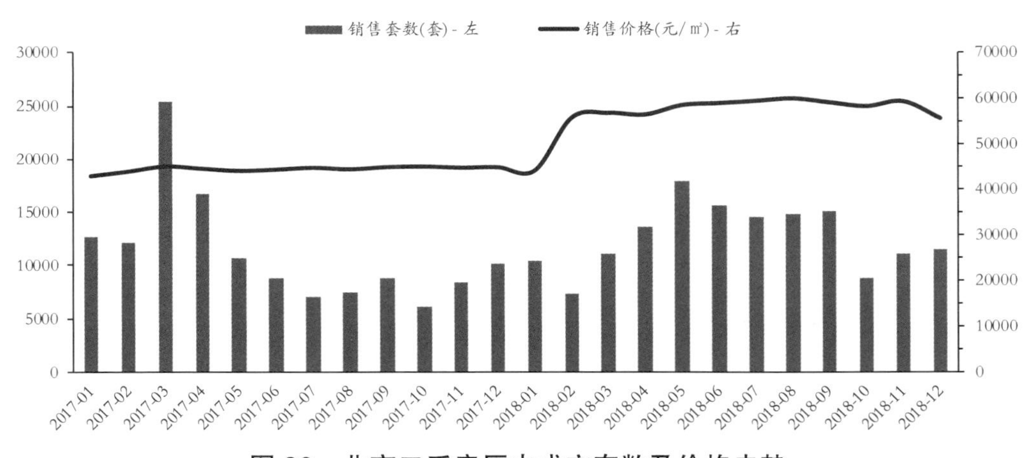

图 26　北京二手房历史成交套数及价格走势

数据来源：CREIS 中指数据，fdc.fang.com。

2018 年北京二手房成交 15.1 万套，同比增加 13%。2 月份受春节小假期影响，成交量较低；随后"金三银四"传统销售旺季，拉动成交量低位回升，并于 5 月份升至 1.5 万套以上，之后成交量较为稳定，9 月份北京公积金新政发布，对刚需形成一定冲击，加之国庆小长假的影响，10 月成交量出现大幅下滑，11、12 月成交量保持低位，略有回升。

2018 年北京二手房成交均价小幅下滑。全年成交均价为 58405 元/平方米，较 2017 年下跌 5%，降幅有所收窄。一季度，二手房成交价格降幅明显，后期均价基本保持平稳。

2. 分区域：价格跌多涨少，朝阳、海淀、昌平、丰台二手房市场较活跃，东城、西城、海淀、朝阳成交均价超 7 万元/平方米

表 8　部分城区二手房价格环比涨跌幅

城区	东城	西城	朝阳	海淀	丰台	石景山	通州	房山	顺义	门头沟	大兴	昌平
1 月环比	-0.3%	0.1%	-1.1%	-0.4%	-0.2%	0.0%	0.0%	0.9%	-0.3%	-0.2%	-0.1%	-0.1%
2 月环比	2.5%	0.6%	3.8%	1.2%	0.1%	1.5%	2.6%	-4.3%	-2.6%	1.7%	-0.6%	0.1%
3 月环比	15.4%	25.1%	-0.3%	5.9%	0.0%	-4.8%	-2.2%	-3.5%	-1.3%	-1.0%	-5.1%	-5.3%
4 月环比	-6.4%	-5.2%	0.1%	-3.8%	-1.4%	-1.8%	-2.3%	1.0%	-1.0%	-5.8%	-5.4%	2.9%
5 月环比	4.3%	6.0%	-0.8%	4.0%	-1.5%	2.8%	2.8%	-3.7%	0.1%	-4.5%	4.0%	-4.7%
6 月环比	4.3%	0.3%	0.5%	0.1%	0.8%	-0.4%	-0.5%	-0.1%	1.3%	-6.8%	0.0%	0.5%

（续表 8）

城区	东城	西城	朝阳	海淀	丰台	石景山	通州	房山	顺义	门头沟	大兴	昌平
7 月环比	0.2%	0.8%	0.4%	0.2%	1.2%	0.2%	1.2%	0.8%	0.7%	-1.2%	0.2%	0.8%
8 月环比	0.6%	0.3%	-0.3%	-0.1%	0.0%	-0.8%	0.5%	-0.7%	-0.4%	0.9%	0.4%	1.2%
9 月环比	0.0%	0.0%	0.8%	0.9%	0.3%	0.4%	0.6%	-8.2%	0.9%	-1.3%	-0.2%	-0.6%
10 月环比	0.1%	0.7%	-0.5%	0.0%	-0.3%	-1.9%	-0.1%	0.1%	0.1%	2.0%	-0.5%	-0.7%
11 月环比	-0.3%	0.7%	-0.5%	-0.7%	0.0%	-0.9%	0.1%	-1.4%	-1.0%	-1.1%	-0.5%	-0.1%
12 月环比	-0.1%	-0.5%	-0.5%	0.0%	-0.1%	0.1%	-0.1%	-0.1%	-1.1%	0.1%	-0.1%	-0.7%
2018 年同比	-2.8%	-1.0%	7.0%	9.1%	-0.2%	-6.1%	-3.9%	-9.7%	2.3%	6.4%	-7.3%	16.4%

数据来源：CREIS 中指数据，fdc.fang.com

分城区来看，2018 年各区域二手房成交均价跌多涨少，其中昌平、海淀、朝阳价格增幅分列前三位，同比分别上涨 16.4%、9.1%、7.0%，丰台、西城成交均价同比小幅回落，降幅分别为 0.2%、1.0%。分月份来看，多数区域成交均价集中在 2 月上涨。其中，朝阳 2 月环比上涨 3.8%。

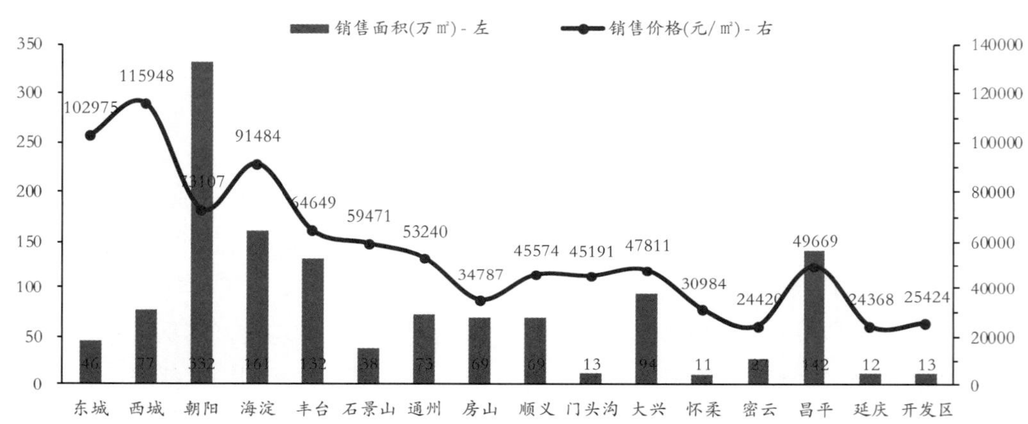

图 27　2018 年北京二手房分区域成交量价走势

数据来源：CREIS 中指数据，fdc.fang.com。

分区域来看，西城和东城区成交价格最高，分别为 115948 元/平方米和 102975 元/平方米，其次为海淀和朝阳区，分别为 91484 元/平方米和 78107 元/平方米。由于区域、交通、配套等方面优势明显，朝阳、海淀、昌平、丰台二手房市场比较活跃，成交面积均超过 100 万平方米，其中朝阳区成交量达 332 万平方米，居各区第一位。

2018 年主城区（海淀区、朝阳区、西城区、东城区、丰台区、石景山区）中峰谷对比值高于 11%的为东城和西城。2018 年，全市二手房均价峰谷对比值（年内最高价与最低价变化幅度）为 11%，年内涨跌幅（12 月份价格与 1 月份价格对比变化幅度）为 4%，2017 年全市二手房均价峰谷对比值为 5%，年内涨跌幅为 4%。从重点城区看，西城区峰谷对比值最高，为 29%，其次是东城区，峰谷对比值为 19%；朝阳区峰谷对比值最低，为 2%。年内变化幅度方面，2018 年西城区变化幅度最高，上升 28%，而朝阳区最低，为 1%。

从郊区看，2018 年除顺义、通州，峰谷对比值均超 11%，其中门头沟峰谷对比值最高，为 22%，顺义峰谷对比值较低，为 3%。年内变化幅度方面，2018 门头沟变化幅度最高，达 17%，而顺义最低，为 2%。

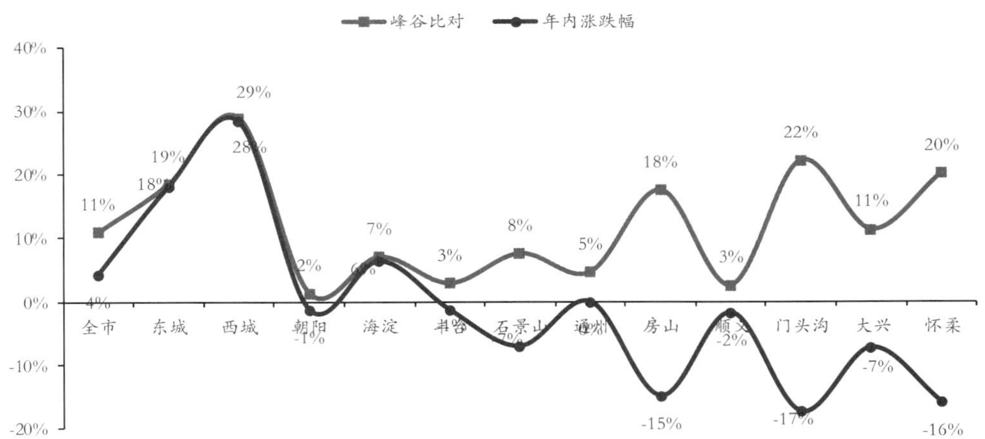

图 28 2018 年北京分城区二手房均价峰谷与年内涨跌幅对比

注：峰谷对比为年内最高值与最低值变化幅度；年内涨跌幅为 12 月份与 1 月份变化幅度。

数据来源：CREIS 中指数据，fdc.fang.com

三、土地市场：溢价率持续走低，市场整体偏冷

2018 年，北京土地市场全面进入调控时代，"限竞房""共有产权房"成为地块成交的主要方式。受严苛的土地出让条件、楼市深度调控、土地供应节奏放缓等多方面影响，北京土地市场成交面积缩减近四成，土地溢价率持续走低，流拍现象较为严重，房企拿地动力不足。拿地企业方面，万科、保利等龙头房企缺席，以中铁置业为代表的国企拿地积极。

（一）土地价格：楼面均价小幅回落，溢价率持续走低

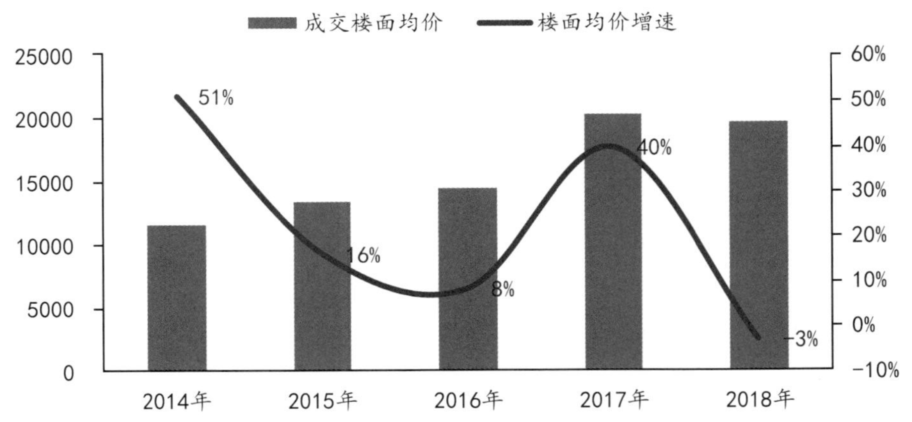

图 29 2014~2018 年北京市土地成交楼面均价及同比增速

数据来源：CREIS 中指数据，fdc.fang.com。

图 30　2014~2018 年北京市土地成交平均溢价率

数据来源：CREIS 中指数据，fdc.fang.com。

成交楼面均价下滑，溢价率持续走低。2018 年北京市坚持调控力度不放松，优化土地的供应结构，土地市场呈现平稳健康发展的态势。从成交楼面价看，北京土地成交楼面价从 2016 年以来开始走高，2017 年达到高峰，2018 年土地成交楼面均价为 19652 元/平方米，同比下降 3%，但仍维持在高位；从溢价率来看，北京土地成交溢价率从 2016 年开始呈现下滑趋势，2018 年土地成交溢价率为 14%，同比下降 43%，为近五年最低水平。

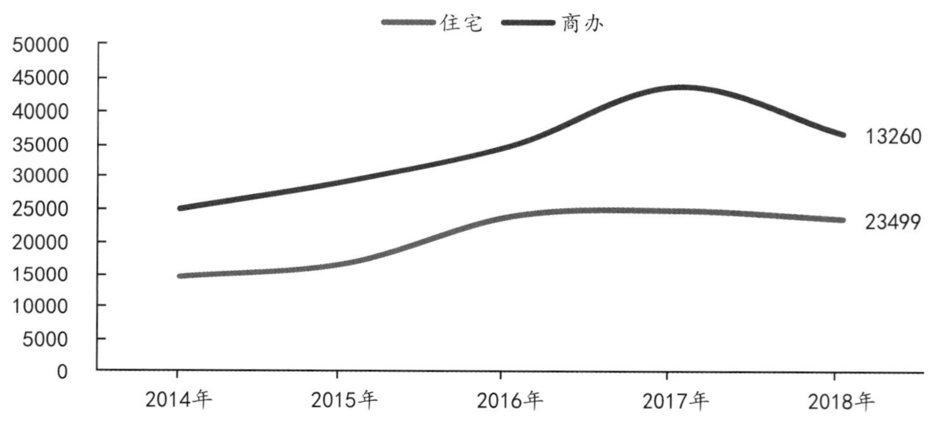

图 31　2014~2018 年北京市住宅、商办用地楼面均价对比

数据来源：CREIS 中指数据，fdc.fang.com。

住宅楼面均价同比下降，商办楼面均价大幅下降。2018 年，北京住宅用地楼面均价为 23499 元/平方米，同比下降 5%；商办用地楼面均价为 13260 元/平方米，同比下降 30%。受金融监管趋严，房企融资压力大，出让土地附加条件较多，楼市调控不放松等因素综合影响，房企拿地态度更加谨慎，土地流拍现象明显增多，流拍率创历史新高。

（二）土地成交：成交量缩减近四成，近郊区仍是成交主力

土地成交面积缩减近四成。2018 年，受严苛的土地出让条件、楼市深度调控、土地供应节奏放缓等多方面影响，北京土地市场成交面积明显缩减，全年成交建设用地面积 490 万平方米，同比下降 38%；成交规划建筑面积 856 万平方米，同比下降 38%。

住宅用地占比上升 3 个百分点。2018 年北京住宅、商办市场累计成交 63 宗用地。土地面积合计 449 万平方米，同比下降 28%；土地规划建筑面积 783 万平方米，同比大幅下降 32%；土地出让金合计 1678 亿元，同比大幅下降 39%。其中住宅用地成交 52 宗，土地面积为 348 万平方米，规划建筑面积 624 万平方米，同比大幅下降 36%；商办用地成交 11 宗，土地面积 101 万平方米，规划建筑面积 159 万平方米，同比下降 13%。

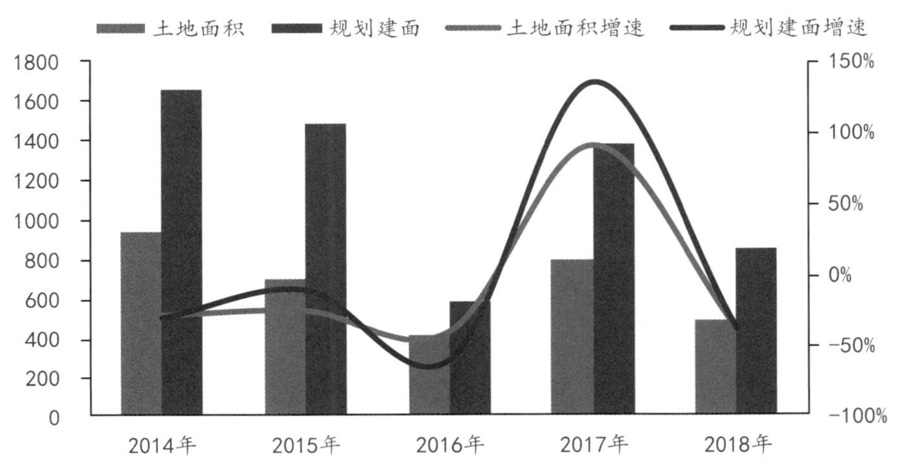

图 32　2014~2018 年北京市土地成交面积及同比增速

数据来源：CREIS 中指数据，fdc.fang.com。

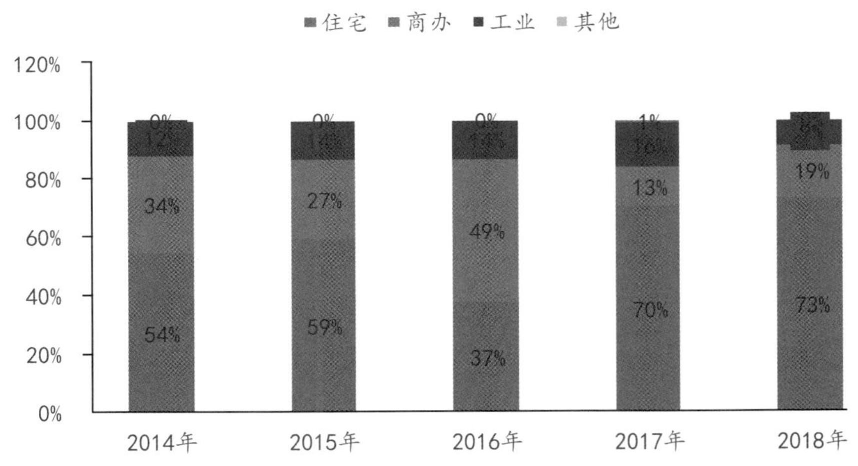

图 33　2014~2018 年北京市各类用地成交结构对比

数据来源：CREIS 中指数据，fdc.fang.com。

商办用地占比上升 6 个百分点。2018 年商办用地成交 159 万平方米，占比较 2017 年上升 6 个百分点至 19%个百分点。

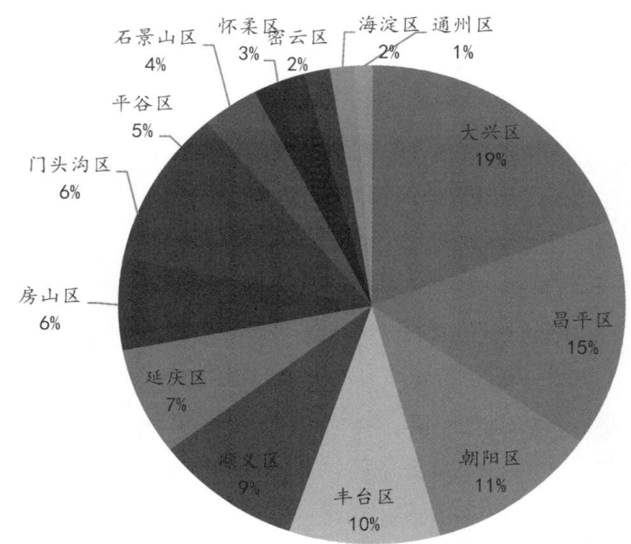

图 34　2018 年北京土地总成交量的区域分布

数据来源：CREIS 中指数据，fdc.fang.com。

土地成交以郊区为主，昌平、大兴和顺义住宅用地成交占比较高。2018 年，土地成交面积排名前三的区域为大兴、昌平和朝阳，占比分别为 19%、15%、11%。住宅用地成交方面，2018 年成交面积排名前三的区域为昌平、大兴和顺义，土地成交面积分别为 124.45 万平方米、80.98 万平方米、80.41 万平方米。受中心城区土地资源有限、城市建设往外扩建等影响，土地供应及成交呈现郊区化发展。

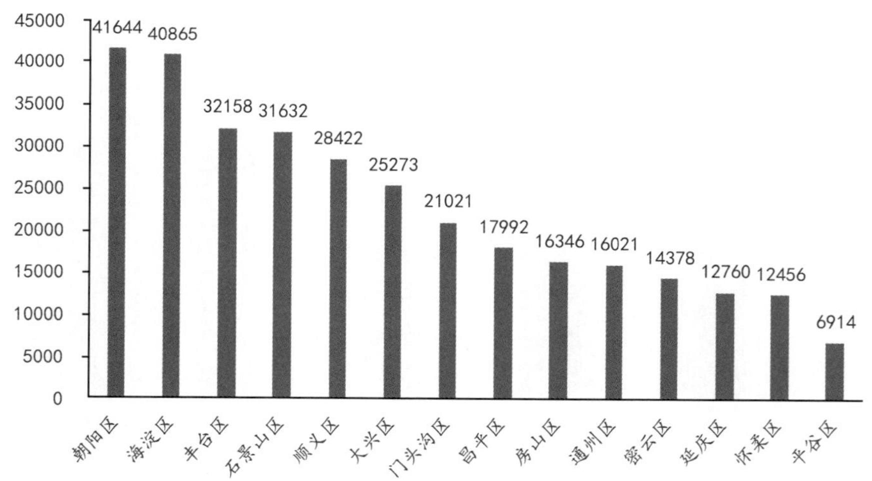

图 35　2018 年北京各区住宅用地成交楼面均价

数据来源：CREIS 中指数据，fdc.fang.com。

区域宅地成交：昌平宅地成交规划建面最高，朝阳宅地成交楼面均价最高。住宅用地成交规划建面方面，昌平成交 5 宗宅地，成交面积为 124.45 万平方米；大兴成交 9 宗宅地，为 80.98 万平方米；顺义成交 9 宗宅地，成交面积为 80.41 万平方米；丰台成交 5 宗宅地，成交面积为70.40万平方米，其余区域宅地成交面积均不足50万平方米。成交楼面均价方面，朝阳宅地成交楼面价最高，达41644元/平方米；其次是海淀，成交楼面价为40865元/平方米；丰台排第三，楼面均价为32158元/平方米；石景山宅地成交楼面价为31632元/平方米；顺义、大兴和门头沟地块楼面价介于2万–3万元/平方米之间，平谷地块楼面价不足万元，其他区域地块楼面价介于1万–2万元/平方米之间。

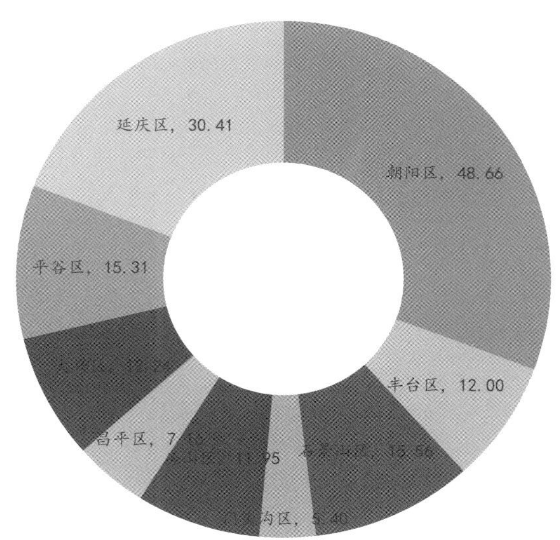

图36 2018年北京各区商办用地成交建面

数据来源：CREIS中指数据，fdc.fang.com。

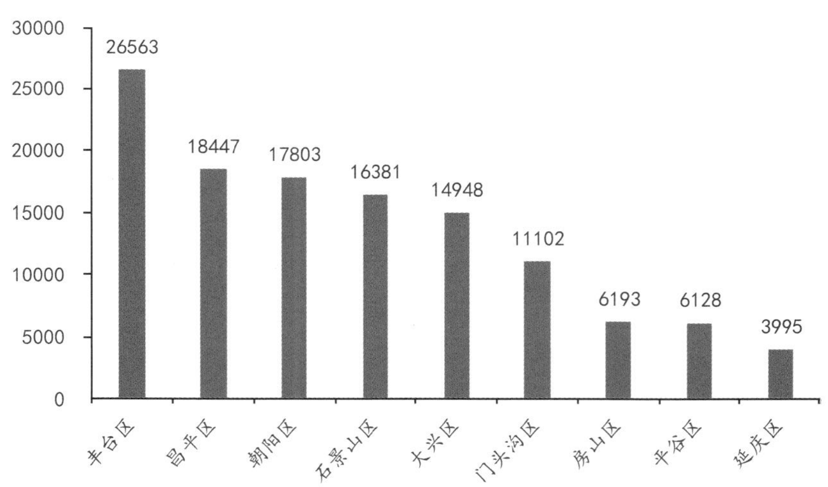

图37 2018年北京各区商办用地成交楼面均价

数据来源：CREIS中指数据，fdc.fang.com。

区域商办用地成交：朝阳商办用地成交规划建面最大，丰台楼面均价最高。商办用地成交规划建面方面，朝阳成交1宗商办用地，成交面积为48.66万平方米；延庆成交2宗，为30.41万平方米；石景山成交2宗，成交面积为15.56万平方米；平谷成交1宗，成交面积为15.31万平方米；其他区域均成交1宗商办用地且规划建面均不足13万平方米。成交价格方面，丰台商办用地成交楼面价最高，达 26563 元/平方米；其次是昌平，成交楼面价为 18447 元/平方米；朝阳排第三，成交楼面均价为 17803 元/平方米；石景山排第四，成交楼面均价为 16381 元/平方米；大兴和门头沟楼面价介于 1 万-1.5 万元/平方米之间；房山、平谷和延庆地块楼面价不足万元。

（三）土地推出：供应节奏放缓，全年土地推出 942 万平方米

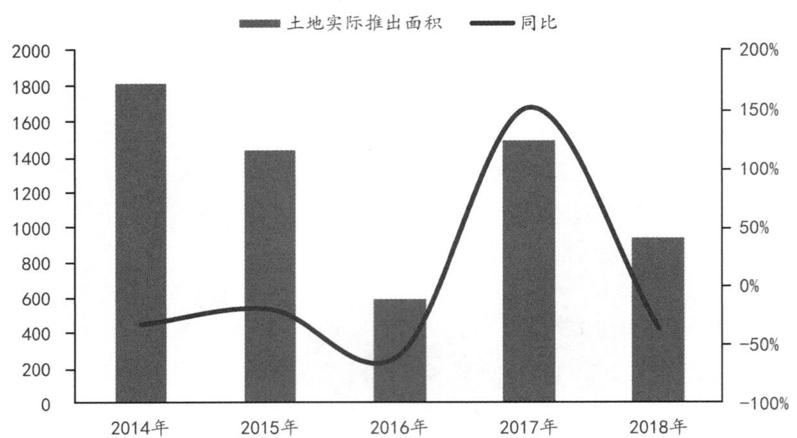

图 38　2014~2018 年北京市实际推出面积及同比增速

数据来源：CREIS 中指数据，fdc.fang.com。

2018 年住宅用地推出大幅减少。2018 年北京供地基本以限竞房地块为主，同时推出少量共有产权房地块。2018 年计划供应住宅用地 1000 万平方米，包含商品住宅用地 650 万平方米（其中共有产权房用地 200 万平方米），保障性安居工程用地 350 万平方米。其中，共有产权住房用地 207 万平方米，计划完成率为 103%；商办用地推出 156 万平米（计划推出 180 万平），完成率 87%。

（四）土地出让金：出让金 1683 亿元，同比缩减四成

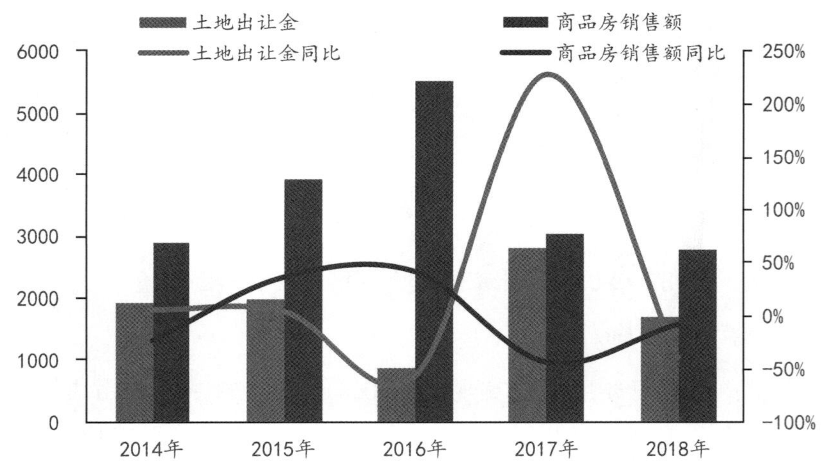

图 39　2014~2018 年北京市土地出让金与商品房销售额对比

数据来源：CREIS 中指数据，fdc.fang.com。

受成交规模下降影响，土地出让金同比缩减四成。随着土地市场调控深入，土地出让条件严苛，房企利润空间被压缩，房企拿地愈加谨慎。2018 年，北京市土地出让金总额为 1683 亿元，较 2017 年减少 1113 亿元，同比缩减四成。与此同时，2018 年北京市商品房销售总额为 2771 亿元，同比下降 9%。

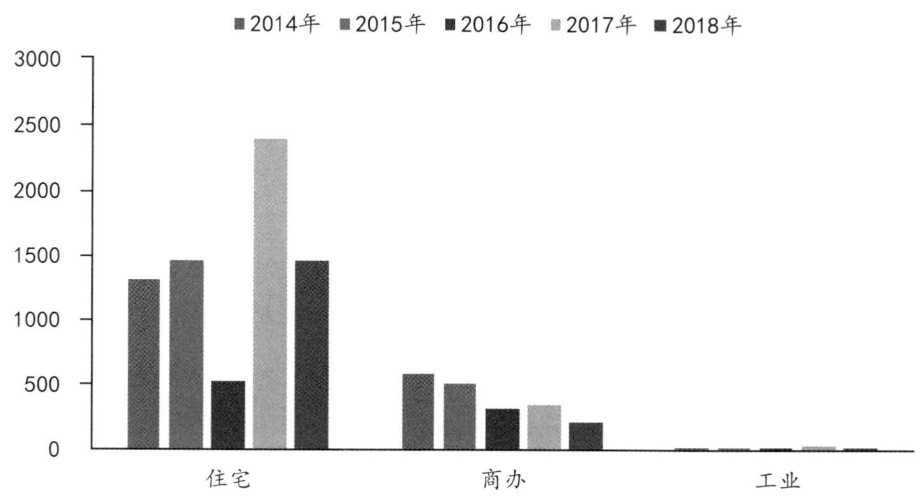

图 40　2014~2018 年北京市各类用地出让金对比

数据来源：CREIS 中指数据，fdc.fang.com。

各类用地出让金均不同程度下降，其中工业用地下降近九成。2018 年，北京住宅用地土地出让金总额为 1467 亿元，较 2017 年的 2398 亿元下降 39%；工业用地成交金额为 5 亿元，较 2017 年的 38 亿元下降 87%；商办用地成交金额为 210 亿元，较 2017 年的 345 亿元下降 39%。

（五）成交结构分析：共有产权房成交量及比例均明显回落，联合拿地成为主要趋势

2018 年共有产权房等刚需楼盘大量入市，开盘去化率相对较低，房企对共有产权房用地拿地态度谨慎，2018 年全年新增共有产权房用地 122 万平方米，同比减少近六成，占全年宅地成交比例为 20%，较 2017 年减少 11 个百分点；自持地块全年累计成交 3 宗，成交规划建面 37 万平方米，同比减少 57%，占全年宅地成交比例为 6%，较 2017 年缩减 3 个百分点。

2018 年北京拿地主力变成了国资背景的企业。万科、保利等以往积极参与北京土地招拍挂市场的龙头房企在 2018 年土拍中并未获得土地，甚至在拍卖阶段参与竞价的次数都极少。拿地的主力变成了国资背景的企业。其中，中铁置业斥 213.64 亿元在北京拿得 4 宗地块，获得规划建筑面积 53.95 万平方米。

2018 年房企联合拿地成为北京房企拿地主要方式。2018 年成交的 63 宗住宅、商办用地中，23 宗地块是由联合体拍下，占比 37%。2018 年北京土地成交楼面价排行榜中，首创与远洋联合体竞得的朝阳区孙河乡 2902-46 地块楼面价最高，达 61348 元/平方米，该地块采用“限房价、竞地价、竞自持、竞方案”出让方式，且商品住房销售均价不超过 68924 元/平方米，且最高销售单价不得超过 72370 元/平方米。

表 9　2018 年北京商办、住宅用地成交楼面价排行榜

排名	宗地名称	规划用途	规划建筑面积（万平）	成交总价（亿元）	楼面地价（元/平）	溢价率（%）	受让单位
01	北京市朝阳区孙河乡北甸西村、北甸东村、西甸村 2902-46 地块	R2 二类居住用地	9.94	61.00	61348	9.34	首创+远洋
02	北京市朝阳孙河乡北甸西村 2902-14 地块	R2 二类居住用地	5.89	33.65	57152	1.02	旭辉+中粮
03	北京市顺义区后沙峪镇 21-18-001e 地块	R2 二类居住用地、A33 基础教育用地	15.24	68.54	44981	49.00	中铁置业
04	北京市丰台区花乡白盆窑村 BPY-L011 地块	R2 二类居住用地	13.18	58.40	44296	26.30	中铁置业
05	北京市丰台区花乡白盆窑村 BPY-L010、BPY-L013 地块	R2 二类居住用地、A33 基础教育用地	16.35	70.20	42942	25.36	北京中铁诺德
06	北京市丰台区卢沟桥乡小瓦窑村 XWY-01 地块	R2 二类居住用地	7.62	31.25	41032	4.83	国瑞+世茂
07	北京市海淀区“海淀北部地区整体开发”翠湖科技园 HD00-0303-6022 地块	R2 二类居住用地	13.46	55.00	40865	16.45	葛洲坝
08	北京市朝阳区崔各庄乡 2909-0603 地块	F1 住宅混合公建用地	5.76	23.40	40624	17.00	金地+首开
09	北京市丰台区城乡一体化槐房村和新宫村旧村改造项目二期（第七宗）NY-001 等地块	R2 二类居住用地、A33 基础教育用地	4.17	16.75	40164	24.07	中国电建
10	北京市顺义区后沙峪镇马头庄村 SY00-0019-6007 地块	R2 二类居住用地	6.55	26.00	39720	44.44	北京建工

数据来源：CREIS 中指数据，fdc.fang.com

2018 年 6 月，中铁置业以 68.54 亿元自持 16%斩获北京市顺义区后沙峪镇 21-18-001e 地块，总建筑面积约 15 万平方米。北京市顺义区后沙峪镇 21-18-001e 地块为 R2 二类居住用地、21-18-002 地块为 A33 基础教育用地国有建设用地。该宗地采用“限房价、竞地价”的出让方式，土地上限后竞自持，达到自持商品住房预设比例后竞方案。商品房最高销售单价不得超过 65208 元/平方米。起拍价 46 亿，参与竞拍的有中海、保利、首开、龙湖、万科等 10 余家房企。在经历了 58 轮竞拍后，由中铁置业竞得。该地块位于顺义区后沙峪镇，交通便利，商业配套和教育配套齐全。

表 10　2018 年北京 3 宗自持地块概况

地块名称	土地面积（万平）	建筑面积（万平）	自持商品住宅面积比例	竞得企业
北京市密云区檀营乡 MY00-0103-6002 地块 R2 二类居住用地	6.36	12.71	2%	北京京投
北京市顺义区后沙峪镇 21-18-001e 地块 R2 二类居住用地、21-18-002 地块 A33 基础教育用地	15.17	15.24	16%	中铁置业
北京市大兴区采育镇区 01-0128A 地块 R2 二类居住用地	8.76	9.20	2%	北京住总

数据来源：CREIS 中指数据，fdc.fang.com

四、销售前十房企销售额继续下滑，企业拿地锐减

2018 年北京在严格执行限购、限贷、限售等政策基础上，楼市调控政策继续加码，使得前十房企的总销售额稳中有降，同比下滑 4%，受连续稳定性调控政策影响，整体市场预期显著下滑，购房观望情绪增加，市场交易去化环境冷淡，前十房企占全市商品房销售份额下降至 44%。拿地方面，2018 年北京调控政策继续加码，土地市场快速降温，流拍地块明显增加，政府推地节奏放缓，致使销售前十房企拿地面积缩减 53% 至低位。

（一）市场份额：TOP10 房企销售额下降，市场份额减少

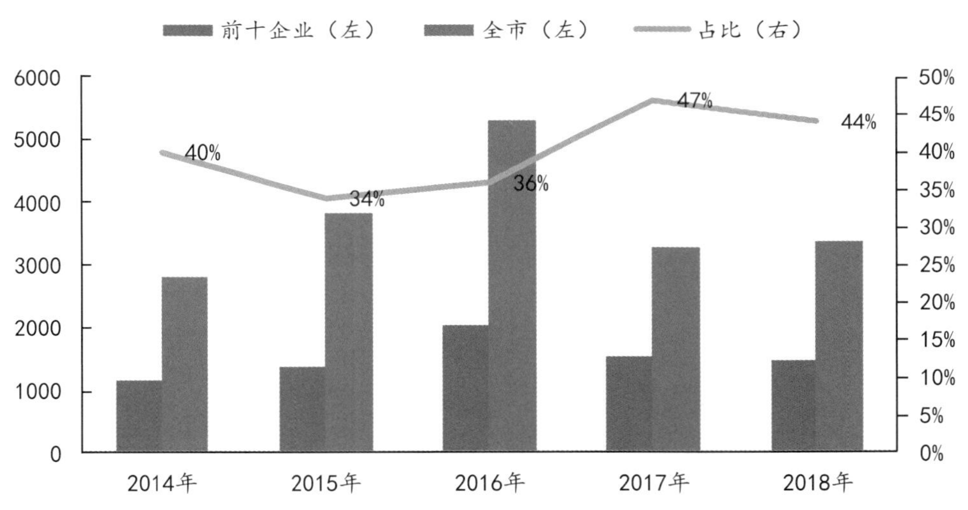

图 41　2014~2018 年北京市销售额前十房企合计市场份额

数据来源：CREIS 中指数据，fdc.fang.com。

销售前十房企市场份额小幅下滑。在“房住不炒”和“坚决遏制房价上涨”的政策基调下，2018 年北京调控力度不减，在前叙主体调控政策不放松的前提下，升级公积金贷款门槛，

需求进一步受抑制，整体市场成交量处于低位。前十房企销售额为1462亿，同比下降4%，整体市场份额占比为44%，较2017年下降3个百分点。

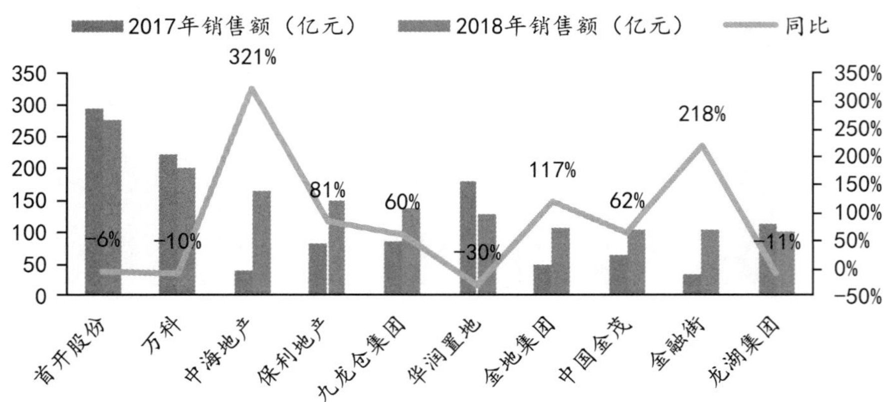

图42　2017~2018年北京市十大房企销售额（按2018年销售额排名）

数据来源：CREIS中指数据，fdc.fang.com。

销售前十企业销售额小幅下降。2018年，北京市销售额排名前十的房企总销售额为1462亿元，同比下降4%。前十企业中中海地产凭借其不断创新的高品质产品在北京市场地位稳步上升，销售额增速最快，同比增长321%，其次是金融街、金地集团，分别增长218%和117%，首开股份、万科、华润置地和龙湖集团销售额均同比下降。

表11　2018年北京市销售额前十房企项目销售情况

排名	企业名称	总销售额（亿元）	项目数	项目均销售额（亿元）	销售均价（元/平）	2017排名
1	首开股份	275.15	48	5.73	44588	1
2	万科	200.13	27	7.41	31115	3
3	中海地产	164.23	12	13.69	50597	25
4	保利地产	148.53	24	6.19	44924	11
5	九龙仓集团	135.77	4	33.94	69807	9
6	华润置地	126.02	15	8.40	49196	4
7	金地集团	106.34	15	7.09	44955	21
8	中国金茂	103.73	7	14.82	59166	15
9	金融街	101.72	13	7.82	36880	31
10	龙湖集团	100.30	21	4.78	45923	6

数据来源：CREIS中指数据，fdc.fang.com

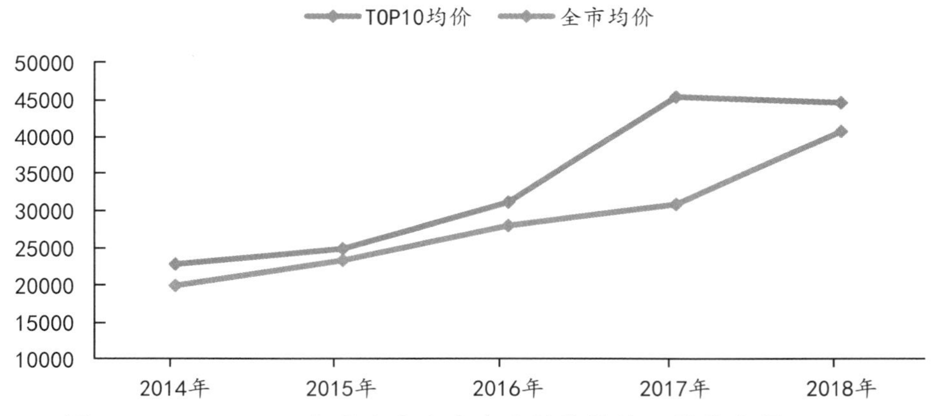

图 43 2014~2018 年北京市十大房企销售均价（销售金额 top10）

数据来源：CREIS 中指数据，fdc.fang.com。

前十房企销售均价小幅回落。从 2014 年到 2018 年，全市商品房销售均价整体呈缓慢上行趋势。但前十企业销售均价 2018 年同比小幅回落。主要原因在于限价政策严格执行，中高价位段项目入市较少；另一方面，限竞房、共有产权房受调控政策影响，企业预售定价方面受到一定的限制。2018 年前十企业销售均价为到 44677 元/平方米，同比下降 2%。

（二）拿地情况：土地市场快速降温，企业拿地金额与规模大幅下挫

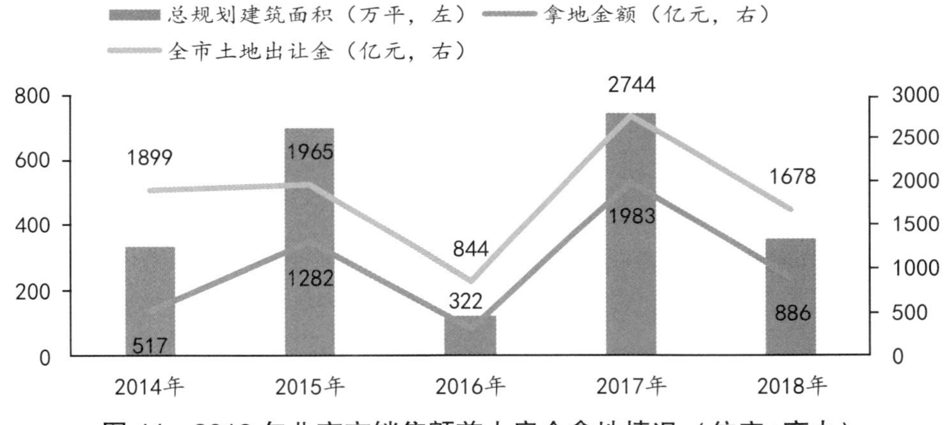

图 44 2018 年北京市销售额前十房企拿地情况（住宅+商办）

数据来源：CREIS 中指数据，fdc.fang.com。

2018 **年北京土地市场整体成交显著下滑，企业拿地金额与规模大幅回落**。2017 年在供给侧逐步改革影响下，供应规模快速回升，拿地企业增至 48 家。2018 年调控政策继续加码，土地市场降温，房企联合拿地成为常态，从前十房企成交金额看，销售额排名前十房企的拿地总金额 886 亿元，同比下降 55%，占全市拿地总金额的 53%，较 2017 年下降 3 个百分点；从总规划建筑面积来看，销售前十企业共计拿地 350 万平方米，同比下滑 53%。

表 12　2018 年新增土地金额排行前十名企业

排名	企业简称	总成交金额（亿元）
1	中铁置业	213.64
2	华润置地	199.97
3	首开股份	195.70
4	中海地产	181.96
5	电建地产	147.55
6	金地集团	146.80
7	中国金茂	98.80
8	北辰实业	86.63
9	首创置业	70.38
10	远洋集团	61.00

表 13　2018 年新增土地面积排行前十名企业

排名	企业简称	总成交金额（亿元）
1	华润置地	88.74
2	中海地产	74.33
3	首开股份	73.67
4	电建地产	70.45
5	绿地控股	54.57
6	中铁置业	53.95
7	北辰实业	48.66
8	金地集团	43.53
9	中国金茂	41.75
10	首创置业	25.25

数据来源：CREIS 中指数据，fdc.fang.com

2018 **年前十企业的新增土地金额以及新增土地面积显著回落**。2018 年新增土地金额排行第一的企业为中铁置业，华润置地位居全年新增土地面积排行榜首位。在 2017 年供给侧逐步改革影响下，限竞房、共有产权房地块供应规模快速回升，多数房企补仓规模较大，2018 年调控政策继续加码，土地市场降温，流拍地块明显增加，政府推地节奏显著放缓，致使房企拿地面积缩减五成以上至低位。2018 年房企在北京新增土地金额榜前十合计 1402.43 亿元，较 2017 年下降 55%，面积榜前十合计 574.90 万平方米，较 2017 年减少 17%。

2018年北京市住宅市场分析与总结

我爱我家研究院

摘要：

政策方面，2018年北京市主要出台了公积金“认房又认贷”的政策，延续了2017年出台的商贷“认房又认贷”的思路，对2018年下半年出现的房价上涨趋势进行了有效的遏制；在国家层面，《土地管理法》和《房地产管理法》删去“从事非农业建设使用土地的，必须使用国有土地或者征为国有的原集体土地”的规定，标志着集体建设用地可直接入市，增加了土地供应渠道。

土地市场方面，2018年北京土地供应87宗，居住类58宗，其中共有产权房用地供应17宗；土地成交72宗，居住类52宗，其中，宅地中有7宗出现流拍情况，供应量和成交量指标同比均降。宅地平均楼面价23499元/平方米，同比下滑5.05%，平均溢价率15.22%。2018年北京土地交易量明显下降，土地出让金、楼面价、溢价率等价格指标走低，受“限房价、竞地价”模式影响，土地流拍现象明显增多，远郊化趋势加剧，市场降温明显。

新建商品住宅市场方面，2018年北京新建商品住宅网签32799套，其中共有产权住房网签7729套，共有产权住房交易量同比大幅增加；普通住宅网签21515套，成交均价47148元/平方米，交易量位于低谷，均价上涨；全年新增供应67904套，年底存量89022套，去化减速，存量创新高。别墅新增供应7495套，创历年新高。市场远郊化趋势持续，两居、三居及50-90平方米户型占主导。

二手住宅市场方面，2018年北京二手住宅网签153407套，较2017年回升12.6%。月平均网签12784套，5月超1.8万套，全年最高。2018年成交均价56118元/平方米，历年首次下跌，套均价格约438万元。5月成交均价59907元/平方米，全年最高，12月最低。西城区价格最高，超10万/平方米，通州区价格降幅最大，达14.8%。付款方式方面，商贷占比大幅下降至22.2%，市管公积金占26%，9月新政后大幅萎缩。2018年北京二手房市场在刚需支撑下有所回温，但房价在政策调控下出现了历年首次下跌。

住宅租赁市场方面，2018年北京住宅租赁交易量同比增长6.0%，3月和7月为全年交易高峰。套均租金4628元/月，同比上涨7.8%，其中7、8月租金最高。全年六成交易套租金在4000元/月以上。

总体来说，2018年北京市住宅交易市场低温运行，受调控影响，供需双方均受到抑制，交易量虽较2017年有所回升，仍处近五年较低水平，价格近十年也首次出现回落，投资投机需求得到有效遏制。

市场预测方面，预计2019年北京土地供应力度将加大，出让金有望上升，楼面价、溢价率大概率趋稳。新房市场仍将持续加大供应，共有产权房、保障性用房占比增加，成交量增价稳。二手房交易量大概率连续增长，价格受调控影响趋稳。租赁市场淡旺季走势将继续保持，交易量和租金价格延续上升，涨幅有望收窄。

一、政策热点

（一）公积金新政

2018 年 9 月 13 日，北京住房公积金管理中心发布了《关于调整住房公积金个人住房贷款政策的通知》，新政自 2018 年 9 月 17 日正式执行，主要在以下几方面对公积金政策作出一些调整：贷款额度与缴存年限挂钩，每缴存一年可贷 10 万元，最高可贷 120 万元；二套房“认房又认贷”，最高贷款额度降至 60 万；首付比不再统一 20%，二套普宅 60%，二套非普 80%；城六区到六区外买房可上浮额度；贷款年限最长算到 65 岁；月还款额不超月收入 6 成，收入不够将降低额度；异地购房提取不再随便取，只能买户籍或户籍所在省会等，公积金贷款政策大幅收紧。

此次公积金调整政策被称为“史上最严公积金新政”，目的是落实“房住不炒”房地产调控政策目标，积极引导市民合理住房消费，鼓励阶梯式购房，抑制投机性购房行为。可见当前北京房地产调控政策基调未变，依旧严厉。另一方面，“贷款额度与缴存年限挂钩”及“增加首付比比例”的要求尤其增加了年轻刚需人群买房的难度，影响其购房决策，一部分刚需人群不得不暂时放弃购房，也在某种程度上影响了今年北京新房、二手房的交易量。

（二）集体建设用地有望入市

2018 年 12 月底，《土地管理法》和《房地产管理法》同步修订，删去了“从事非农业建设使用土地的，必须使用国有土地或者征为国有的原集体土地”的规定，标志着集体建设用地可直接入市。随着集体土地逐渐入市，预期共有产权房将大量增加，为平抑北京楼市价格和满足“刚需”提供进一步保障。

（三）个税新政

12 月 21 日，国税总局发文公告《个人所得税专项附加扣除操作办法（试行）》自 2019 年 1 月 1 日起施行，明确子女教育、继续教育、大病医疗、住房贷款利息或者住房租金、赡养老人共六大专项附加可予以扣除。住房成本首次纳入税收优惠视野，在减轻纳税人负担的同时也对楼市形成利好。

二、土地市场分析

（一）土地供应量

2018 年北京新增土地供应 87 宗，同比下降 32. 03%；总供应规划建筑面积 1016. 73 万平方米，同比下降 40. 24%。

分类型看，87 宗供地中居住类用地占 58 宗，同比下降 36. 26%；规划建筑面积 716. 95 万平方米，同比下降 41. 91%。另外，商服金融类用地 9 宗，同比下降 43. 75%；工业用地 20 宗，同比上涨 66. 67%。

2018 年 12 月单月新增供应 28 宗，占全年供地的 32%，居各月之首。

2018 年北京全年供应共有产权地块 17 宗，较 2017 年的 38 宗下降 39. 29%，占全年宅地供应量 29. 3%。17 宗共有产权地块中 8 月、9 月各供应 1 宗，10 月供应 3 宗，12 月供应 12 宗。

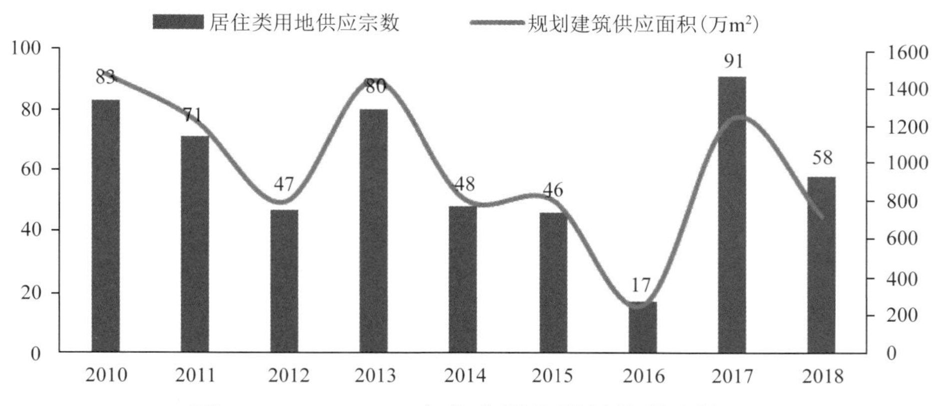

图 1　2010~2018 年北京居住类用地供应情况

数据来源：北京房地产供需动态监测研究系统。

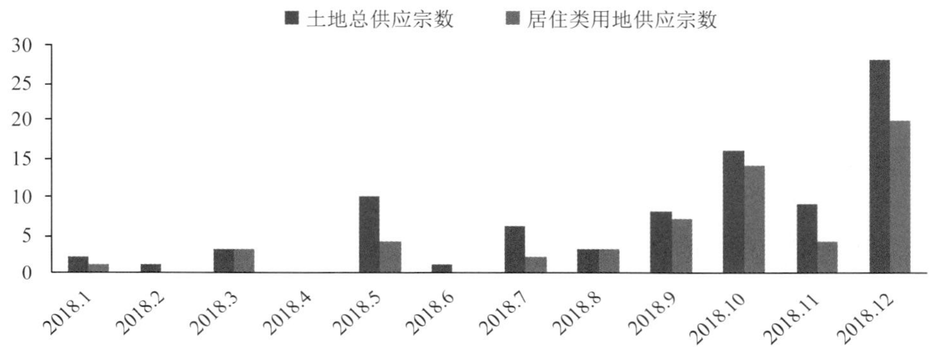

图 2　2018 年北京土地月供应情况

数据来源：北京房地产供需动态监测研究系统。

（二）土地交易量

2018 年北京共成交土地 72 宗，同比下降 32.08%；合计规划建筑面积 856.36 万平方米，同比下降 40%。72 宗成交土地中，居住类用地占 52 宗，同比减少 26.76%；商服金融类用地成交 11 宗，同比下降 8.33%；工业用地成交 9 宗，同比下降 25%。全年宅地合计成交规划建筑面积 624.48 万平方米，同比下降 35.55%。

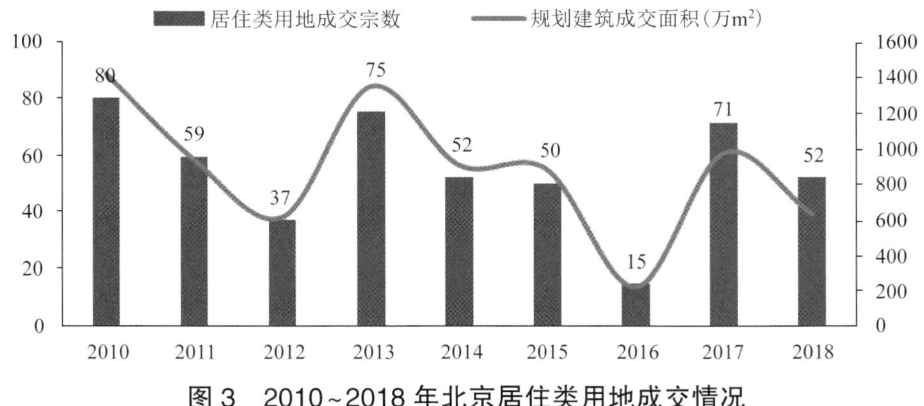

图 3　2010~2018 年北京居住类用地成交情况

数据来源：北京房地产供需动态监测研究系统。

2018年北京全年土地成交宗数最多的是1月，共成交16宗，其中居住类用地成交12宗。其次是11月，共成交15宗地，含居住类用地12宗。

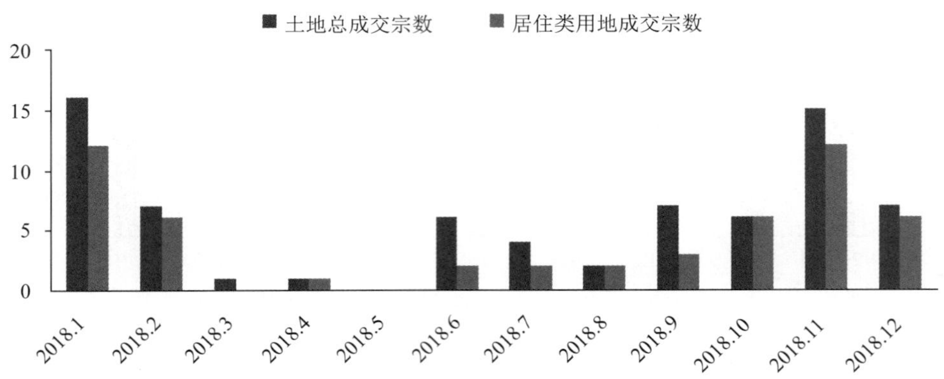

图4　2018年北京土地月成交情况

数据来源：北京房地产供需动态监测研究系统。

（三）土地交易价格

2018年北京72宗成交用地出让金合计为1682.92亿元，同比下滑39.81%；平均楼面价19652元/平方米，同比下降0.31%。52宗宅地成交金额共1467.48亿元，平均楼面价23499元/平方米，同比下滑5.05%。

2018年10月楼面均价为31852元/平方米，全年最高。

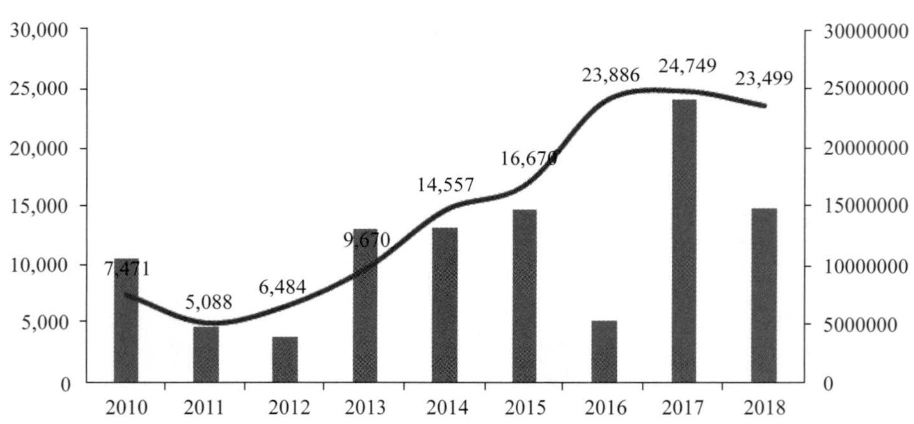

图5　2010~2018年北京住宅类用地成交楼面价＆成交金额情况

数据来源：北京房地产供需动态监测研究系统。

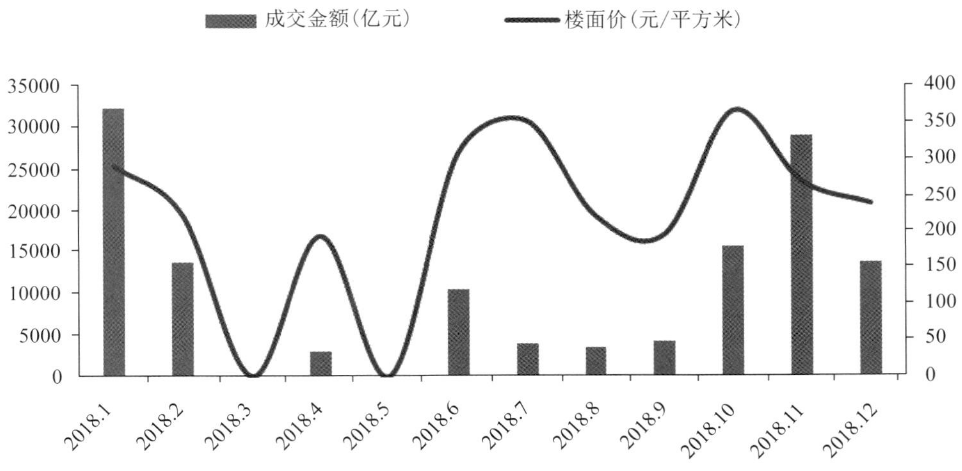

图 6　2018 年北京住宅类用地月成交楼面价 & 成交金额情况

数据来源：北京房地产供需动态监测研究系统。

（四）土地溢价率

2018 年北京 72 宗成交用地的平均溢价率为 13.47%，较 2017 年这一指标下降 10.86 个百分点。其中居住类用地年均溢价率为 15.22%，相比 2017 年减少 10.59 个百分点。

2018 年 7 月溢价率 43.09%，全年最高，其他月份均不足 30%。

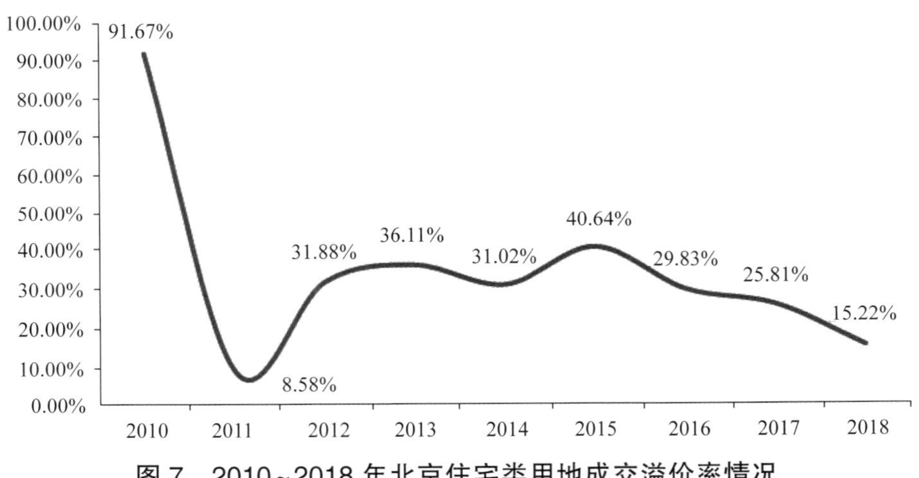

图 7　2010~2018 年北京住宅类用地成交溢价率情况

数据来源：北京房地产供需动态监测研究系统。

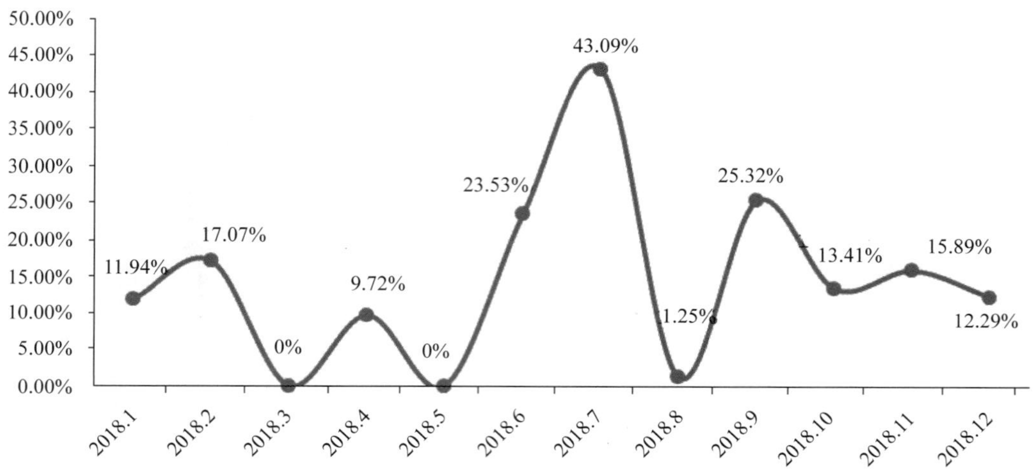

图 8　2018 年北京住宅类用地月成交溢价率情况

数据来源：北京房地产供需动态监测研究系统。

（五）土地流拍情况

2018 年北京住宅用地共流拍 7 宗，为 2017 年流拍总数的三倍多。流拍的 7 宗地块中，3 宗为共有产权住房用地，4 宗为限竞房用地。值得注意的是，有两块流拍地块重新入市但仍未成交。丰台区卢沟桥乡小瓦窑村地块（京土整储挂（丰）〔2017〕113 号）流拍后于 2018 年 5 月重新挂牌，起始价从最初的 63.27 亿元降至 49.8 亿元后低价成交，其他 4 块流拍地块则通过改变规划用途、规划建筑面积以及降低起始价、单价等方式重新挂牌成交。

表 1　2018 年北京住宅用地流拍统计

编号	地块名称	出让方式	住宅性质	建设用地面积（m^2）	起始价（万元）	二次成交
京土整储挂（丰）〔2017〕106 号	北京市丰台区花乡白盆窑村 BPY-L010、BPY-L013 地块	挂牌	共有产权住房	58664.1	505800	是
京土整储挂（丰）〔2017〕107 号	北京市丰台区花乡白盆窑村 BPY-L011 地块	挂牌	共有产权住房	43166.3	417800	是
京土整储挂（丰）〔2017〕113 号	北京市丰台区卢沟桥乡小瓦窑村 XWY-12 等地块	挂牌	限竞房	90247	632700	是
京土整储挂（密）〔2018〕001 号	北京市密云区密云新城 0102 街区 MY00-0102-6014 地块	挂牌	限竞房	5690.6	8450	是
京土整储挂（房）〔2018〕005 号	北京市房山区青龙湖镇中心区 01-0010、0021 地块	挂牌	限竞房	88000	163000	是

（续表 1）

编号	地块名称	出让方式	住宅性质	建设用地面积（m^2）	起始价（万元）	二次成交
京土整储挂（门）〔2018〕006 号	北京市门头沟区永定镇曹各庄桥户营村 MC00-0016-061 地块	挂牌	限竞房	50700	262000	否
京土整储挂（顺）〔2018〕033 号	北京市顺义区北小营镇顺义新城第 30 街区 30-01-02 地块	挂牌	共有产权住房	146640	239500	否

数据来源：北京房地产供需动态监测研究系统

三、新建商品住宅市场分析

（一）交易情况

2018 年北京市新建商品住宅（不含保障房）共网签 32799 套，较 2017 年的 29857 套增长 9.85%，但仍位于近五年较低水平，不到 2015 年成交量的 1/2。

2018 年北京市新建商品住宅（不含保障房）的成交均价为 47148 元/平方米，同比上涨 9.90%，呈现逐年递增趋势。

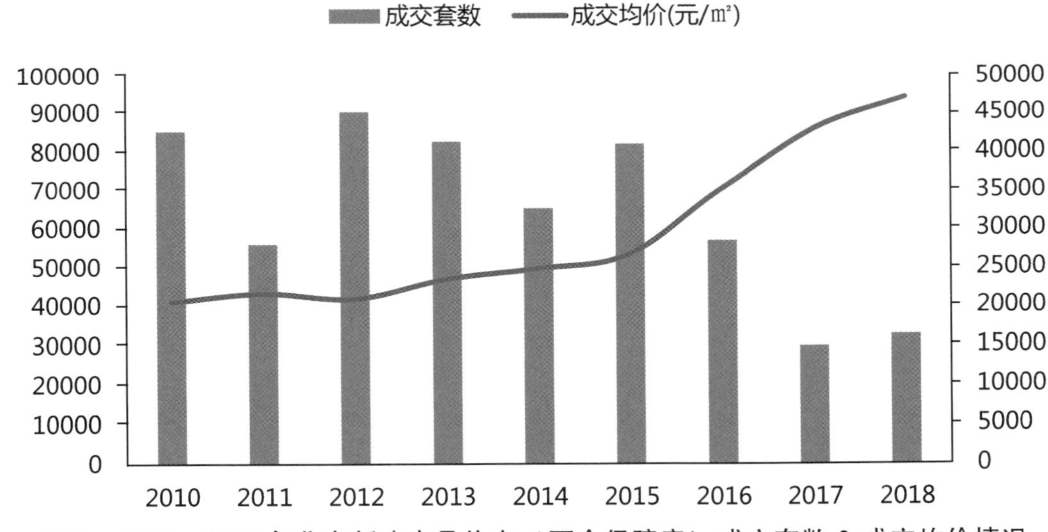

图 9　2010~2018 年北京新建商品住宅（不含保障房）成交套数 & 成交均价情况

数据来源：北京房地产供需动态监测研究系统。

2018 年全年北京新房成交面积 415.21 万平方米，同比下降 0.48%，创 9 年以来新低。成交金额全年共计 1957.61 亿元，同比上涨 9.36%。

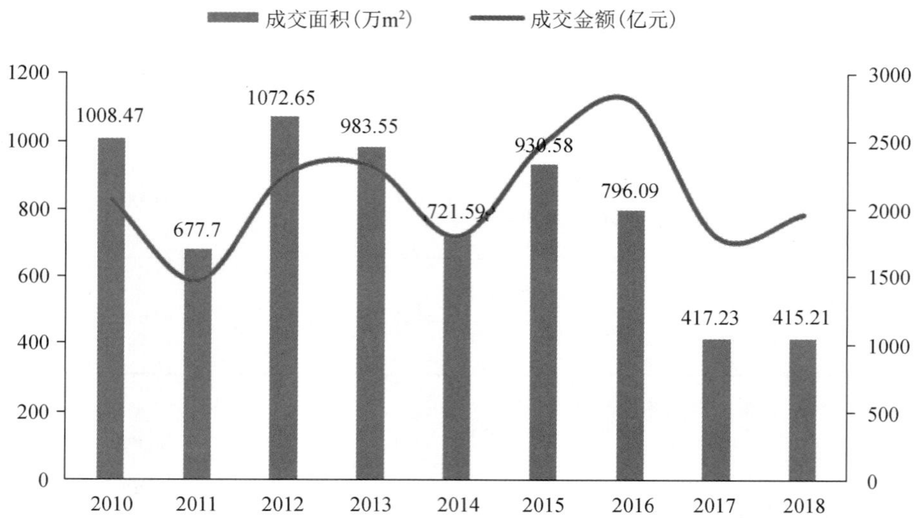

图 10　2010~2018 年北京新建商品住宅（不含保障房）成交面积 & 成交金额情况

数据来源：北京房地产供需动态监测研究系统。

2018 年下半年各月交易量明显高于上半年，其中 8 月成交 4365 套，全年最多；12 月成交均价 62722 元/平方米，全年最高。

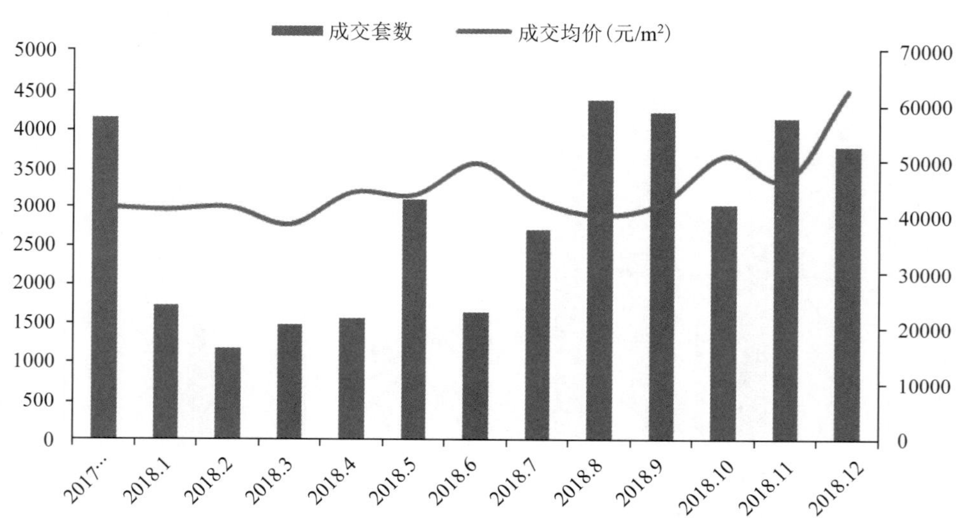

图 11　2018 年北京新建商品住宅（不含保障房）月成交套数 & 均价情况

数据来源：北京房地产供需动态监测研究系统。

（二）新增供应与存量套数

北京新建商品住宅（不含保障房）2018 年的新增供应量为 67904 套，同比增长 1 倍有余，是 2010 年以来的第 4 高位。截至 2018 年底，北京新建商品住宅（不含保障房）存量套数为 89022 套，较 2017 年年底的 53917 套增长 65.11%，是 2010 年以来的最高值。新建住宅市场供应多，存量大，去化速度较慢。

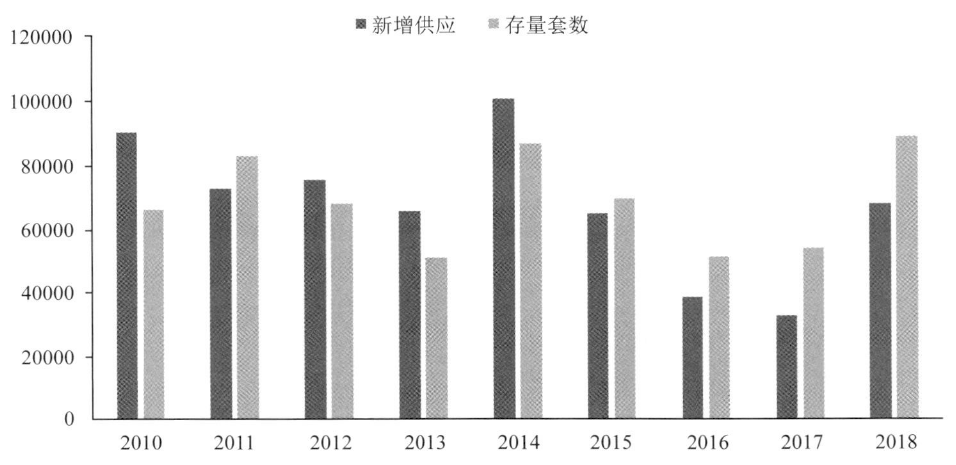

图 12　2010~2018 年北京新建商品住宅（不含保障房）新增供应 & 存量套数情况

数据来源：北京房地产供需动态监测研究系统。

（三）别墅供应与成交

2018 年北京别墅新增供应 7495 套，为 2017 年的 1.43 倍。别墅全年网签 3505 套，同比减少 32.79%。北京别墅成交量自 2016 年以来持续走低，同时新增供应大增，呈现供过于求的状态。

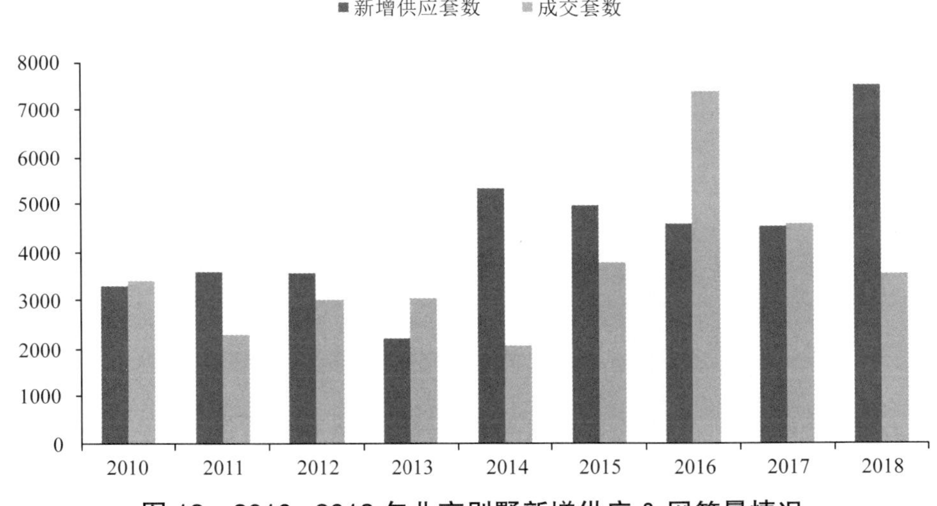

图 13　2010~2018 年北京别墅新增供应 & 网签量情况

数据来源：北京房地产供需动态监测研究系统。

2018 年北京别墅成交量占全年新建商品住宅网签量（不含保障房）的 10.69%，较 2017 年的 15.30%、2016 年的 12.94%有所降低，但明显高于 2010—2015 年的 3%-5%。

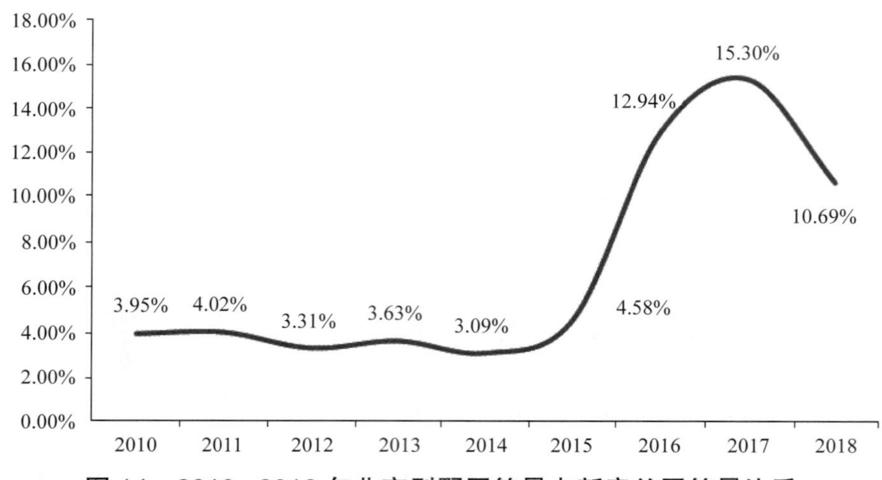

图 14 2010~2018 年北京别墅网签量占新房总网签量比重

数据来源：北京房地产供需动态监测研究系统。

2018 年北京别墅供应主要集中在四季度，其中 10 月的 1581 套为全年月供应之最，7 月则以 1106 套的供应量位居其次。

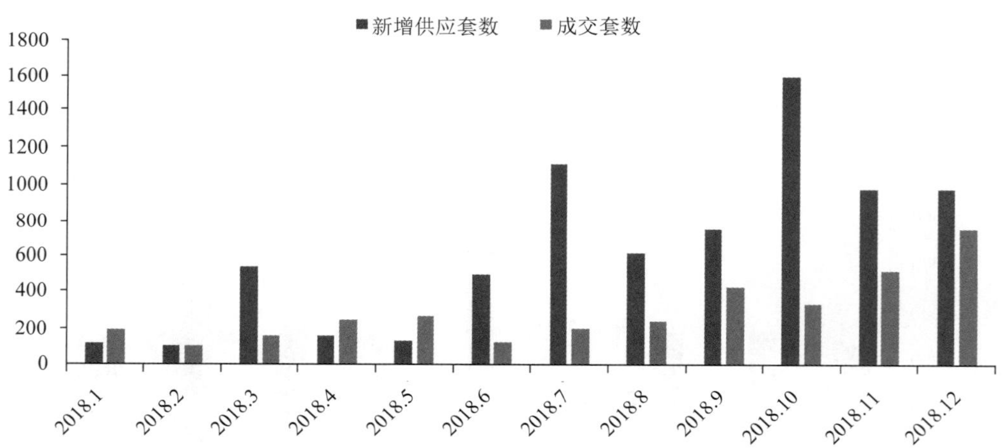

图 15 2018 年北京别墅新增供应 & 网签量情况

数据来源：北京房地产供需动态监测研究系统。

（四）共有产权及其他类型住宅成交量

北京共有产权房 2018 年网签 7729 套，是 2017 年 3116 套的 2 倍有余；新增供应量几近 2017 年的 4 倍。

2018 年北京共有产权房成交量占新房网签量（不含保障房）的 23.56%，较 2017 年这一指标上升 13.12 个百分点。

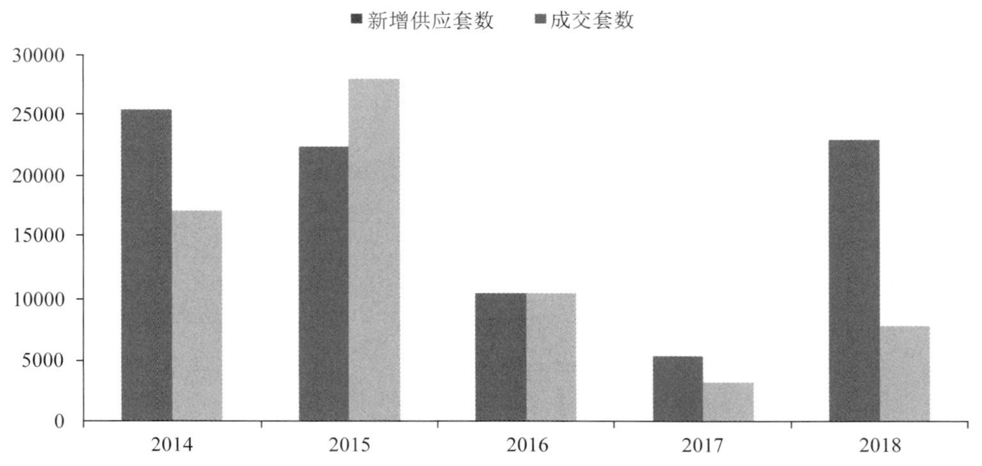

图 16　2014~2018 年北京共有产权房新增供应 & 网签量情况

数据来源：北京房地产供需动态监测研究系统。

除去别墅、共有产权住房和公寓式住宅，2018 年北京共网签 21515 套普通住宅，同比下降 2.55%。普宅占全年总网签量的 65.6%，较 2017 年减少 8.34 个百分点。

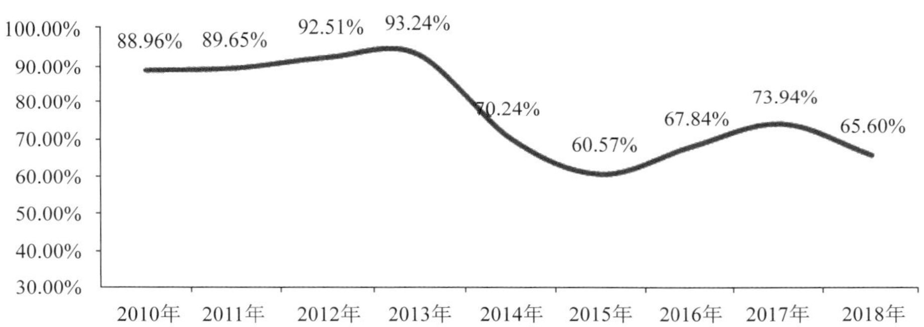

图 17　2010~2018 年普通住宅网签量占新房总网签量比重

数据来源：北京房地产供需动态监测研究系统。

（五）交易特征

区域分布上，昌平、顺义、大兴、密云和丰台 5 区贡献了全年总成交量的一半。其中昌平区占比 13%，网签 4419 套；顺义区占 11%，网签 3762 套；大兴区占比 10%，网签 3372 套；密云区占比 9%，网签 2975 套；丰台区占比 9%，网签 2888 套。其他 11 区合计网签量占全年总网签量的 46.90%，成交主要集中在远郊区域。

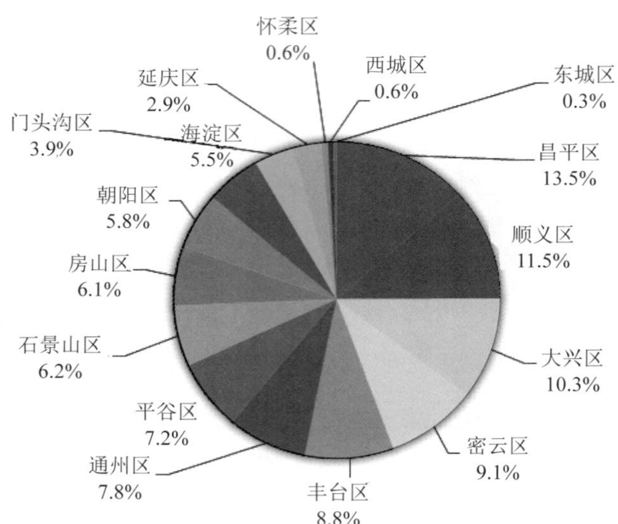

图 18　2018 年北京新建商品住宅（不含保障房）成交区域分布

数据来源：北京房地产供需动态监测研究系统。

环线分布上，五、六环之间及六环以外的新房成交占比最高，并且自 2010 年以来呈逐年增加的趋势，当前五环内新房市场基本饱和。

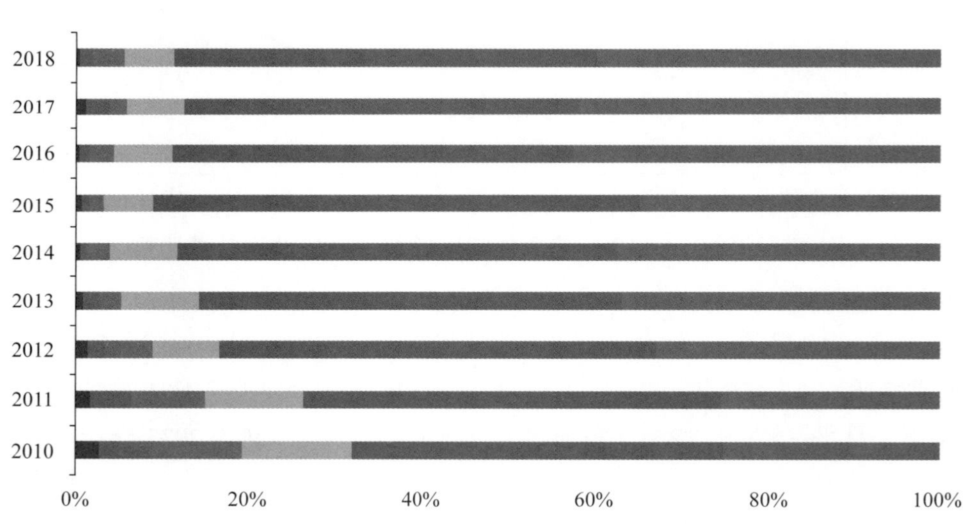

图 19　2010~2018 年北京新建商品住宅（不含保障房）成交环线分布

数据来源：北京房地产供需动态监测研究系统。

户型结构上，两室和三室仍为主要房型。2014 年之后，一室成交量占比相比 2014 年之前明显萎缩，但四室户型成交占比有所扩张，可见当前改善型住房需求逐渐增加并占有一定市场。

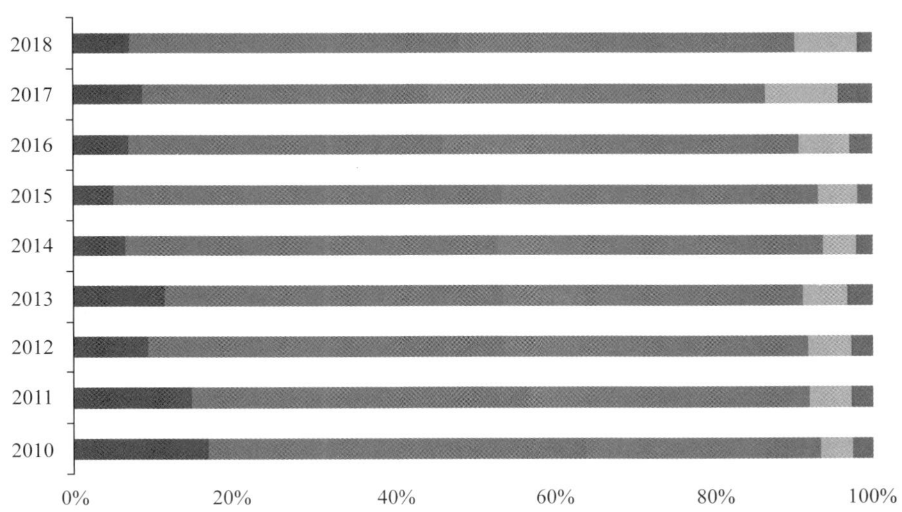

图 20　2010~2018 年北京新建商品住宅（不含保障房）成交户型结构

数据来源：北京房地产供需动态监测研究系统。

面积结构上，2018 年 50-90 平方米面积段的网签量占绝对比重，超 50%。主流面积段仍旧是 50-90 平方米和 90-120 平方米。

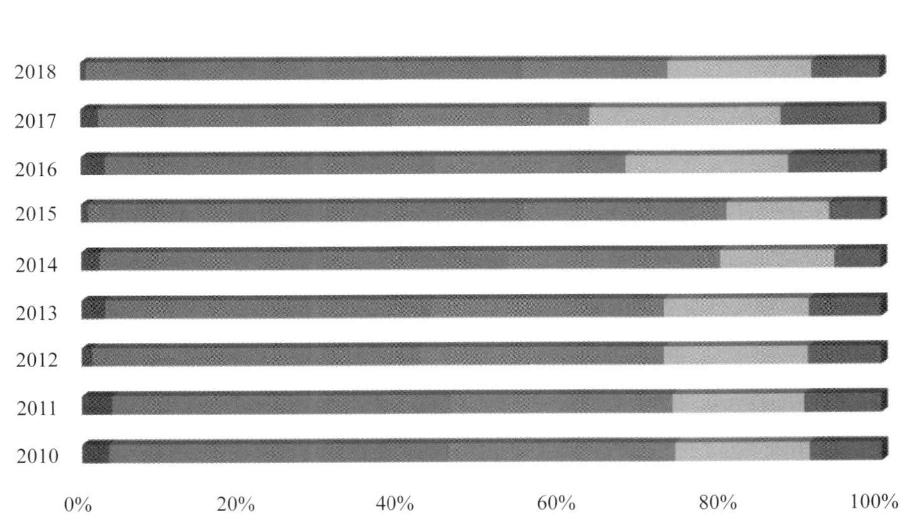

图 21　2010~2018 年新建商品住宅（不含保障房）各面积段占比结构

数据来源：北京房地产供需动态监测研究系统。

2018 年全年北京新房成交量排名前十的项目全部位于五环以外，其中七个项目具有共有产权房性质。位于石景山区的中海寰宇天下项目以1338套年成交量成为2018年最火项目，该项目与通州区的台湖银河湾项目作为纯商品房，均价都在60000元/平方米以上；海淀区的中铁碧桂园共有产权房项目均价35000元/平方米，其他具有政策性住房性质的项目成交均价均不到3万元/平方米。

表2　2018年北京新建商品住宅（不含保障房）成交套数排名

排名	项目名称	环线	行政区	套数	面积（m^2）	均价（元/m^2）	金额（亿元）
1	中海寰宇天下（景山府）	五、六环之间	石景山区	1338	147352.59	61500	90.62
2	金港嘉园共有产权房	五、六环之间	顺义区	1254	99578.26	22018	21.93
3	北京城建棠樂共有产权房	六环以外	平谷区	1228	116384.14	14504	16.88
4	首创悦欣汇限竞房（含共有产权房）	六环以外	密云区	1200	105539.48	15000	15.83
5	金隅上城庄园（金隅大成金成雅苑自住房/共有产权房）	五、六环之间	顺义区	969	77079.03	19000	14.65
6	k2十里春风（永乐花园经适房）	六环以外	通州区	839	69489.04	25138	17.47
7	天润和丽嘉苑（含共有产权房/回迁房）	六环以外	延庆区	618	49760.86	13998	6.97
8	中铁碧桂园共有产权房（丰锦苑）	五、六环之间	海淀区	615	53739.54	35000	18.81
9	北京湾（绿海家园共有产权房/两限房）	六环以外	昌平区	590	42731.11	17996	7.69亿元
10	台湖银河湾	五、六环之间	通州区	512	37482.77	69720	26.13

数据来源：北京房地产供需动态监测研究系统

四、二手住宅市场分析

（一）交易量

2018年北京全市的二手住宅网签总量为153407套，较2017年全年增长12.6%。

从2009年到2018年，北京二手住宅平均每年网签175461套，2018年略低于平均值，排在十年第六位。但与2017年的腰斩相比，2018年存在一定程度的回温。

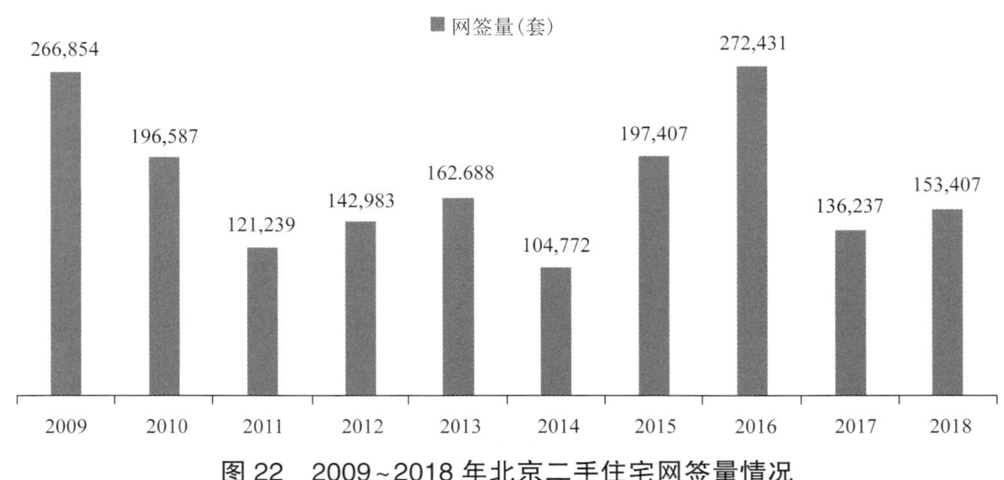

图 22　2009~2018 年北京二手住宅网签量情况

数据来源：北京房地产供需动态监测研究系统。

2018 年北京二手住宅的月网签走势呈现出了四个明显的不同阶段：1-2 月为春节期间的传统淡季，市场交易量较低，在 0.9 万套左右；3-5 月市场明显回升，交易量持续上涨，5 月单月网签量超过了 1.8 万套，全年最高；6-9 月，市场保持平稳，单月网签量稳定在 1.5 万套左右；10-12 月，市场同样平稳，但单月网签量水平下降到 1.1 万套左右。

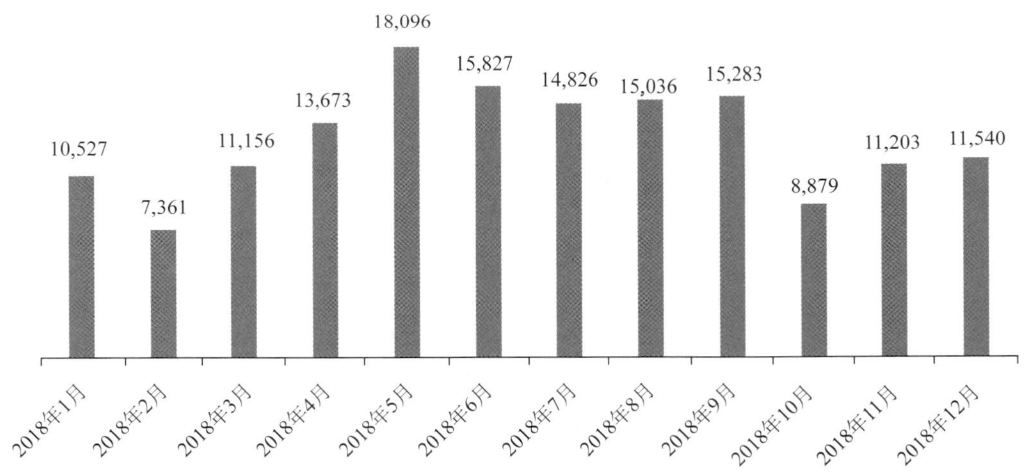

图 23　2018 年北京二手住宅月网签量情况

数据来源：北京房地产供需动态监测研究系统。

（二）交易价格

2018 年北京全市二手住宅的平均成交价格为 56118 元/平方米，环比 2017 年下跌 4284 元/平方米，跌幅达 7.1%。

2009 年北京二手房成为市场主导时，其年成交均价为 13763 元/平方米，此后逐年上涨，2017 年涨至 60401 元/平方米，2018 则出现了近十年的首次下跌。

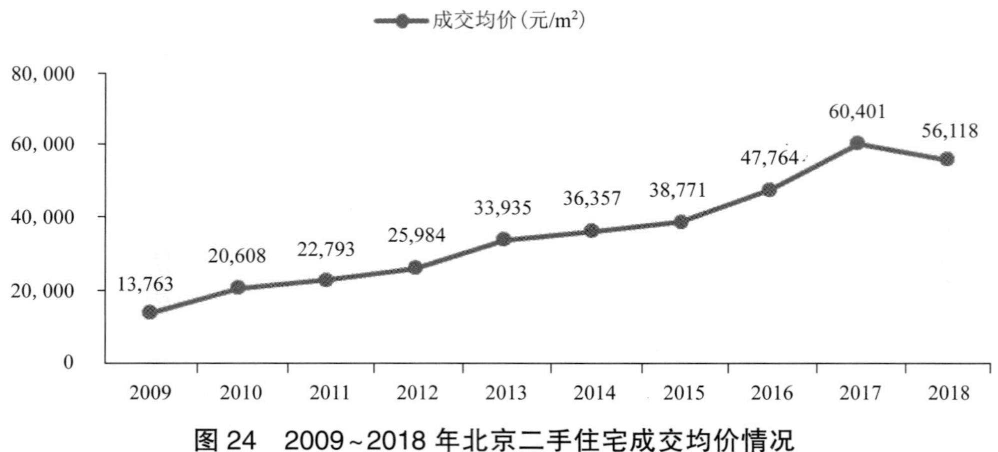

图 24　2009~2018 年北京二手住宅成交均价情况

数据来源：我爱我家研究院。

随着平均价格的下跌，2018 年北京二手住宅每套的支出成本也在下降，全年单套平均价格约为 438 万元，较 2017 年减少 34 万元（-8%）。如果以中位数计算，2018 年北京二手住宅的中位数总价为 390 万，较 2017 年减少 25 万（-14%）。

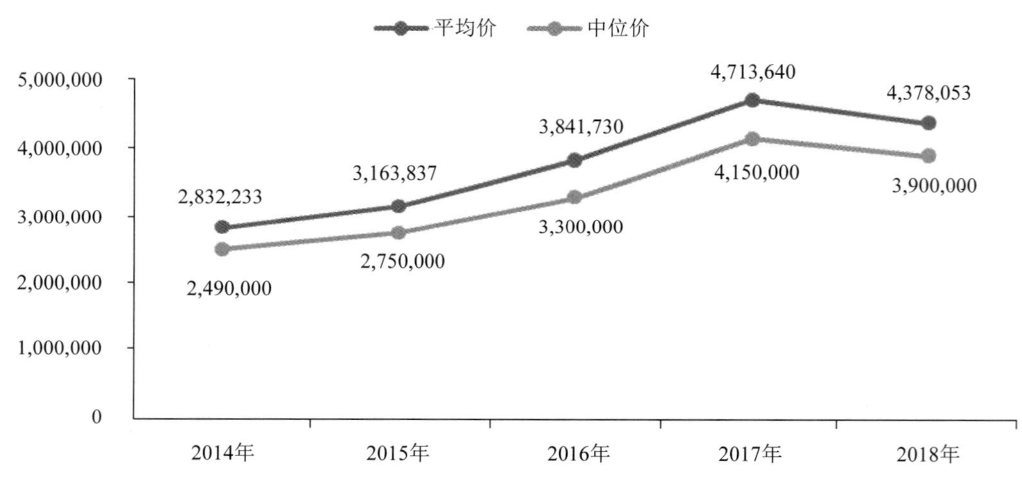

图 25　2014~2018 年北京二手住宅套均价情况（元/套）

数据来源：我爱我家研究院。

2018 年北京二手住宅月均价与交易量表现出了类似的趋势：1-2 月低位平稳，3-5 月连续上涨，6-12 月在波动中回落。5 月的 59907 元/平方米为全年最高价，12 月的 52000 元/平方米为全年最低价，12 月较 5 月的高点累计下跌 13.2%。

12 个月的均价走势显示，北京二手房价的上涨速度明显快于下跌速度。从 3 月的 5.3 万元/平方米到 5 月的 5.9 万元/平方米，市场仅用两个月便上涨了 0.6 万元/平方米。而从 5 月到 12 月，市场下跌 0.7 万元/平方米则用时 7 个月。

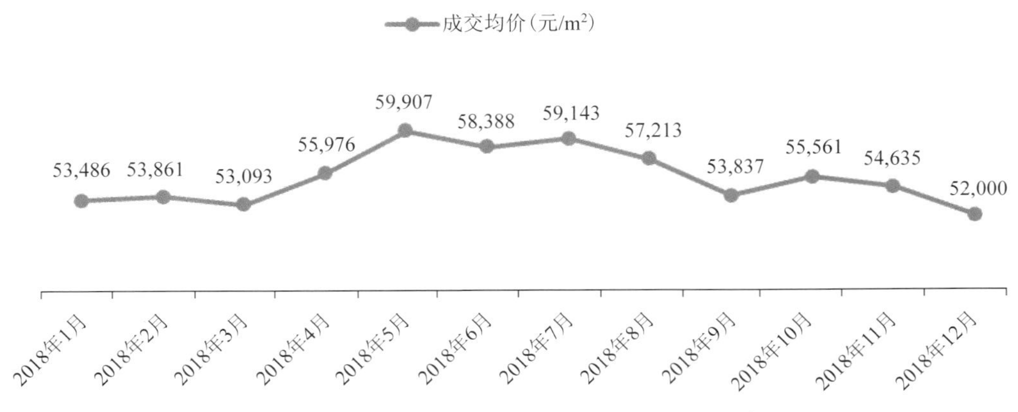

图 26 2018 年北京二手住宅月成交均价情况

数据来源：我爱我家研究院。

2018 年北京二手住宅交易量较大的 11 个区里，成交均价从高到底依次为西城、东城、海淀、朝阳、丰台、石景山、昌平、大兴、通州、顺义、房山。各区价格水平仍然是中心高，四周低，其中西城区是唯一均价超过 10 万元/平方米的城区。

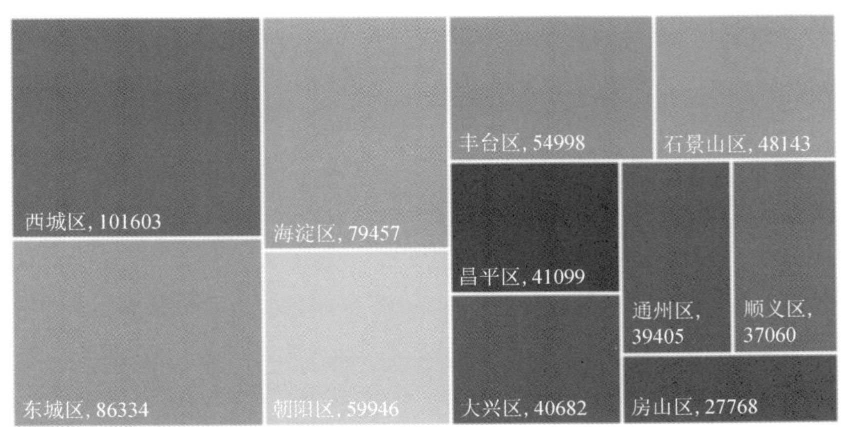

图 27 2018 年北京各区二手住宅成交均价（元/m^2）

数据来源：我爱我家研究院。

与 2017 年相比，2018 年北京各区的二手住宅成交均价都呈现出了下跌趋势。其中昌平区的下跌幅度最小，仅 1.5%；通州区的下跌幅度最大，达 14.8%；其他各区的同比跌幅都在 2%-9%之间。

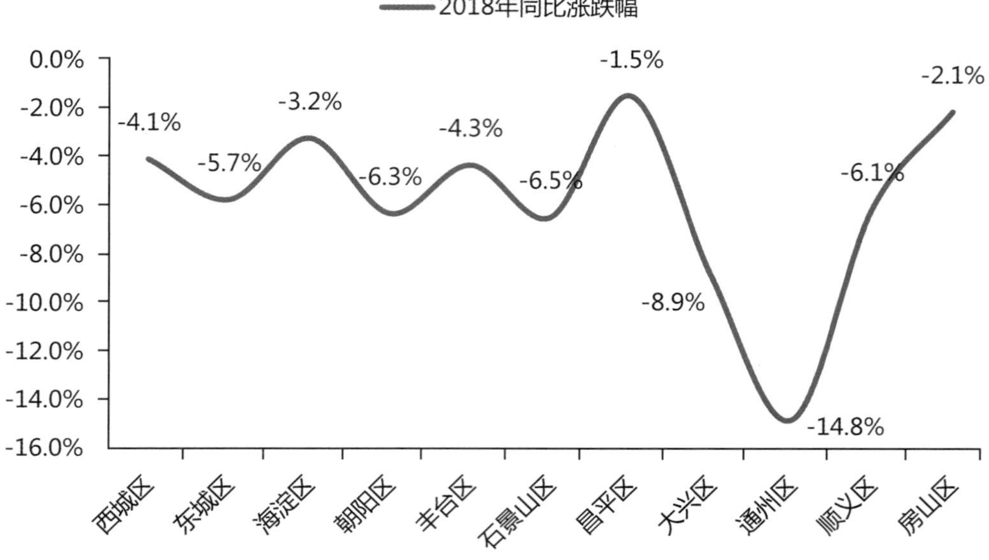

图 28　2018 年北京各区二手住宅成交均价同比涨跌幅

数据来源：我爱我家研究院。

（三）付款方式

2018 年北京二手住宅交易中，使用全款进行支付的占 28.3%，较 2017 年减少 2.7 个百分点；使用商业贷款进行支付的占 22.2%，较 2017 年减少 17 个百分点；使用市管公积金进行支付的占 26%，较 2017 年增加 6.2 个百分点；使用市管组合贷进行支付的占 15.8%，较 2017 年增加 10.1 个百分点；使用其他方式支付的占 7.6%，较 2017 年增加 3.5 个百分点。

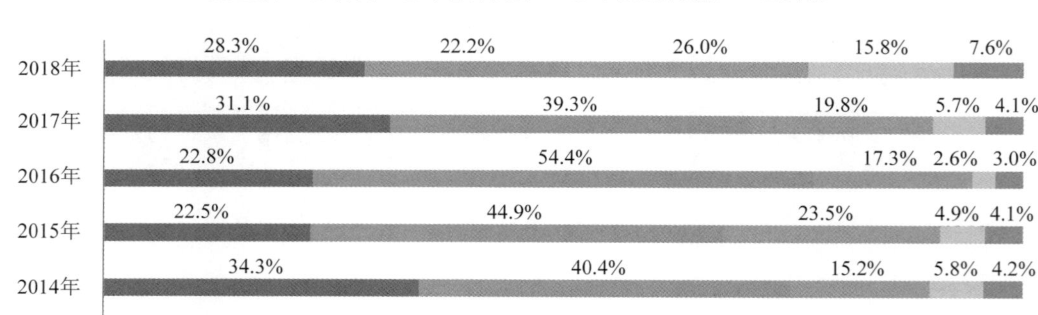

图 29　2014~2018 年北京二手住宅交易支付结构变化

数据来源：我爱我家研究院。

2014 年到 2016 年阶段，北京二手住宅交易支付结构的主要变化是商贷占比不断提高，2016 年高达 54.4%，超过一半；全款占比不断缩小，2016 年只占 22.8%。2016 年到 2018 年阶段，商贷的占比大幅萎缩，2018 年降至 22.2%。市管公积金的占比则持续扩大，2018 年达到了 26% 的历史最高值。可见，2017 年、2018 年的限贷政策对北京二手房市场产生了极其重大的影响，在商贷占比不断缩小的同时，公积金逐步成为了购房者的重点选择。

不过，2018 年 9 月北京出台的公积金新政再次对北京二手市场的支付结构产生了重大影响。2018 年 1-8 月，市管公积金在北京二手住宅交易中的占比基本稳定在 30% 左右，一度是市场上客户选择最多的方式。但 9 月过后，市管公积金的占比大幅收窄，11 月仅占 8.7%，12 月仅占 10%，而商贷的占比重新回到了 30% 以上。

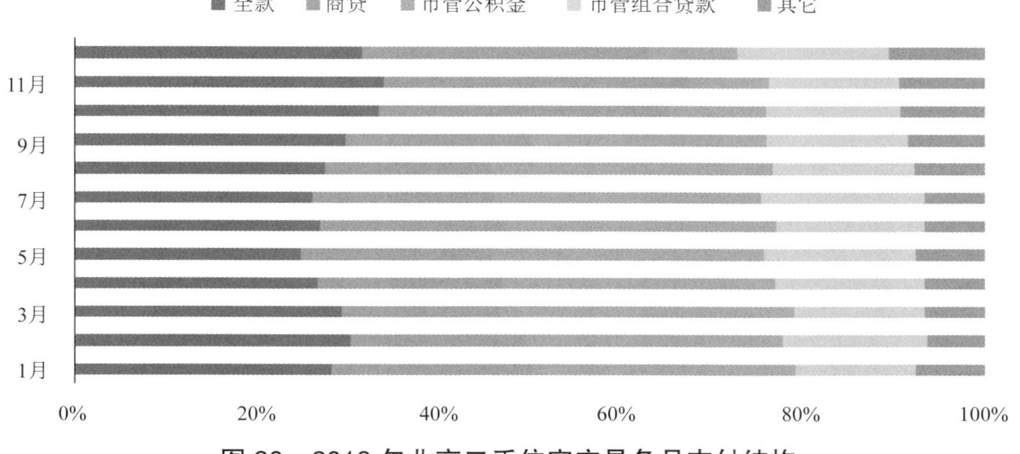

图 30　2018 年北京二手住宅交易各月支付结构

数据来源：我爱我家研究院。

（四）交易节奏

2018 年北京全市的二手住宅交易中，平均每套成交房源的被看次数为 13.46 次，较 2017 年增加 2.69 次；平均每位成交客户的看房次数为 5.70 次，较 2017 年增加 1.83 次。

对比 2014 年到 2018 年的数据，在市场热度高的年份里，房源、客户的交易节奏也非常快，2015 和 2016 年期间房源仅被看几次就会卖出、客户仅看两三次房子便能成交。2017 和 2018 年期间，随着政策调控力度的加大，房源成交前的被看次数和客户成交前的看房次数明显增多，市场的交易节奏大幅放缓。

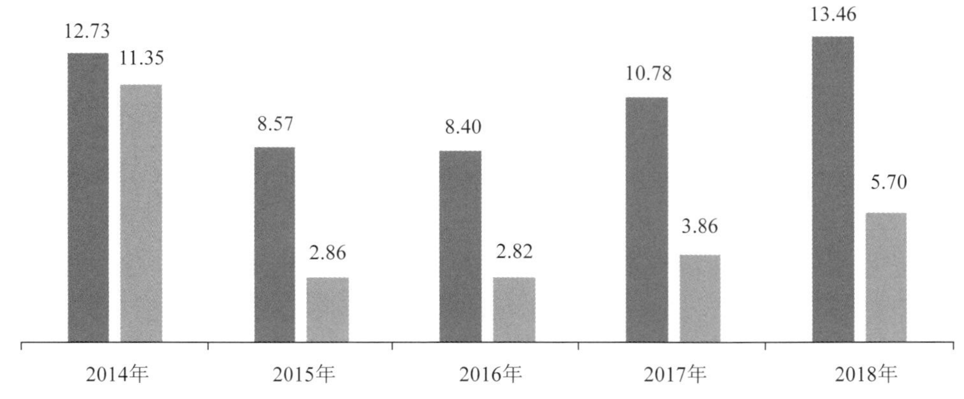

图 31　2014~2018 年北京二手住宅交易房源被看次数及客户看房次数变化

数据来源：我爱我家研究院。

五、租赁市场分析

（一）交易量

2018 年北京住房租赁交易量同比 2017 年增长 6.0%，继续保持历年来的持续上升趋势。但在涨幅上，2018 年与 2013 年、2015 年一样仅有 6%左右，处于十年来的最低水平，市场规模增速放缓。

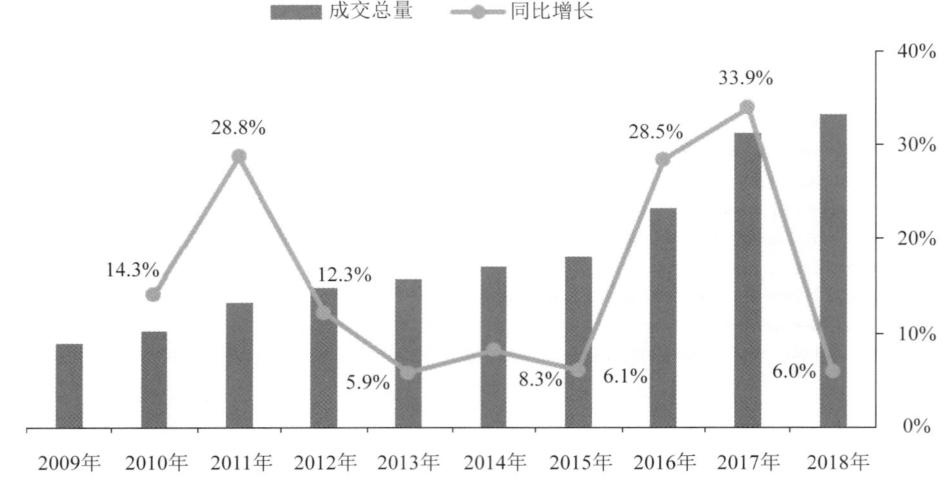

图 32　2009~2018 年北京住房租赁交易量情况

数据来源：我爱我家研究院。

2018 年北京住房租赁交易高峰出现在 3 月和 7 月，两月交易规模持平。1 月和 2 月交易量全年最低，4-6 月交易量持续小幅增长，8-12 月交易量持续下滑，月度走势与往年保持一致，传统淡旺季规律依旧。

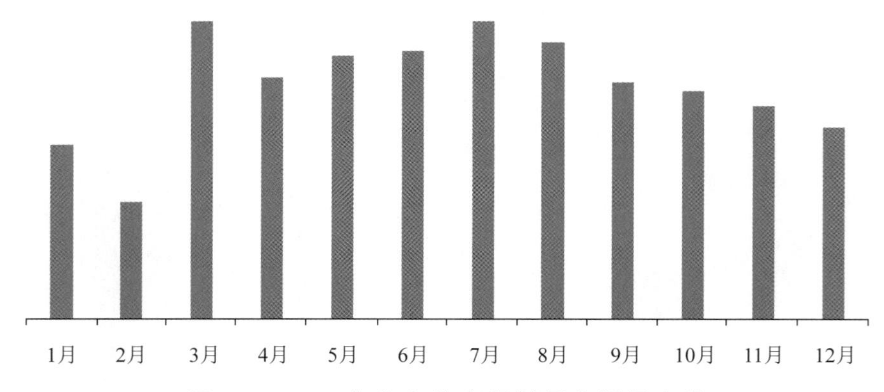

图 33　2018 年北京住房租赁月交易量走势

数据来源：我爱我家研究院。

（二）租金水平

从租金走势来看，从 2009 年到 2018 年，北京租金价格十年累计上涨 90.5%。2013 年以前，北京的租金价格基本保持每年 10%以上的涨幅，2013 年开始租金涨幅降到 10%以下，2017 年首次下跌，2018 年重新回到上涨轨道。

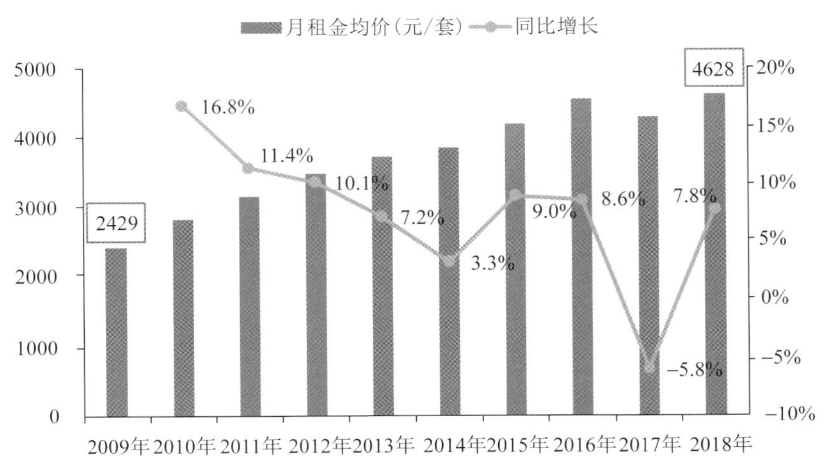

图 34　2009~2018 年北京住房租金情况

数据来源：我爱我家研究院。

2018 年北京的最高套均租金出现在 7、8 月，7 月为 4901 元/月，8 月为 4909 元/月。1、2 月租金全年最低，3-8 月租金持续上涨，9、10 月租金下跌，10-12 月保持稳定，同样表现出明显的淡旺季规律。

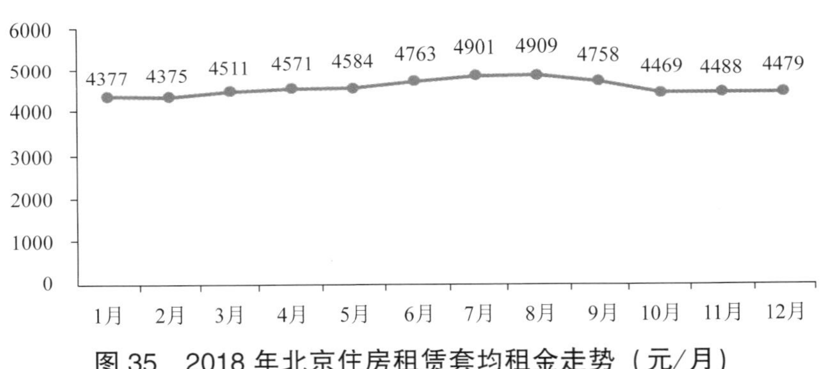

图 35　2018 年北京住房租赁套均租金走势（元/月）

数据来源：我爱我家研究院。

2018 年北京的住房租赁交易中，套均月租金在 2000 元以下的交易占 9.4%，较 2017 年减少 6.2 个百分点；2000-4000 元的占 29.3%，较 2017 年减少 7.1 个百分点；4000-6000 元的占 28.8%，较 2017 年增加 1.6 个百分点；6000-8000 元的占 18.7%，较 2017 年增加 6.2 个百分点；8000-10000 元的占 7.1%，较 2017 年增加 3.1 个百分点；10000 元以上的占 6.7%，较 2017 年增加 2.4 个百分点。

2018 年北京住房租赁交易中每套月租金在 4000 元以下的占比合计缩小了 13.3 个百分点；4000 元以上的占比则扩大了 13.3 个百分点。2018 年低租金价格段的占比明显缩小，目前六成以上的租赁住房月租金均价都在 4000 元以上。

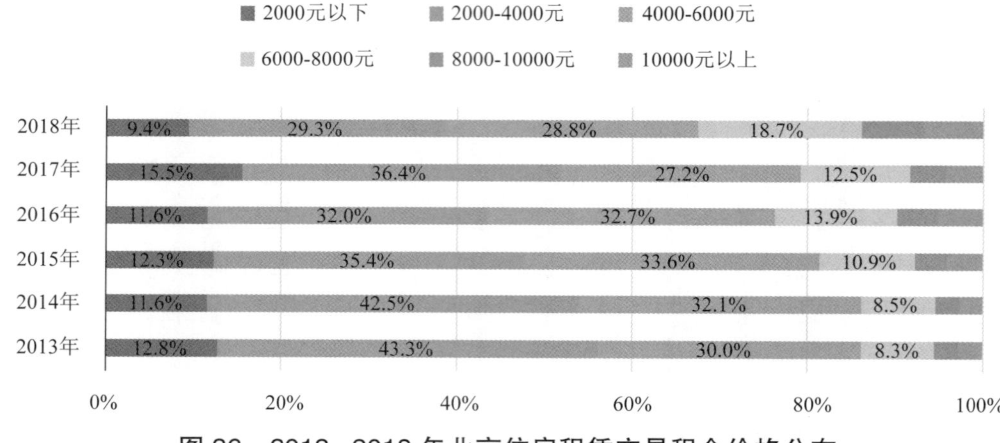

图 36　2013~2018 年北京住房租赁交易租金价格分布

数据来源：我爱我家研究院。

（三）交易特征

2018 年北京住房租赁交易客户中，70 后人群占 19.8%，同比 2017 年增加 0.5 个百分点；80 后人群占 41%，同比减少 0.9 个百分点；90 后人群占 27.1%，同比增加 1 个百分点；其他人群占 12.1%，同比减少 0.6 个百分点。

80 后仍是北京住房租赁市场的主力，90 后其次；但 80 后占比已从过半下降到了四成，90 后占比已从不足一成增长至超过四分之一。

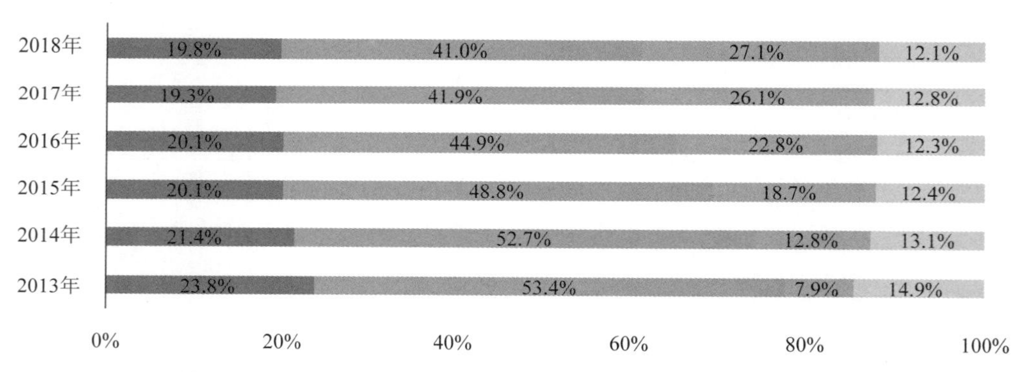

图 37　2013~2018 年北京住房租赁客户年龄结构变化

数据来源：我爱我家研究院。

户型结构上，2018 年北京住房租赁交易中一居室占 31.5%，同比 2017 年增加 0.2 个百分点；两居室占比为 53%，同比 2017 年减少 0.6 个百分点；三居及以上户型占 15.5%，同比 2017 年增加 0.4 个百分点。其中三居及以上户型占比为历年最高。

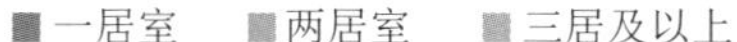

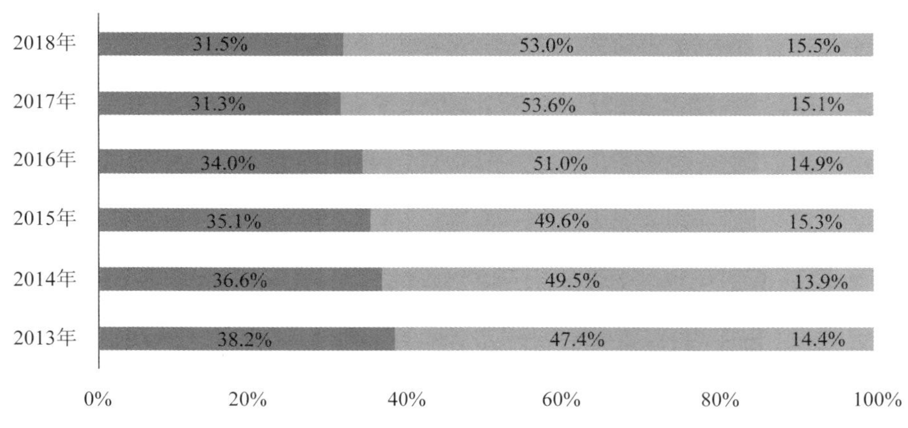

图 38 2013~2018 年北京住房租赁户型结构变化

数据来源：我爱我家研究院。

六、总结与预测

（一）2018 年总结

土地市场方面，量价下滑，流拍增多，远郊化特征明显。

第一，不论是从成交宗数还是土地建面来看，土地交易量均明显下降。根据《北京市 2018 年建设用地供应计划》，2018 年北京市建设用地计划供应总量为 4300 公顷，其中住宅用地 1000 公顷（含商品住宅 650 公顷）。但 2018 年北京供应的总土地建设用地面积为 585.39 公顷，居住类建设用地面积为 396.51 公顷，均未达到计划指标，也明显低于 2017 年。

第二，土地出让金、楼面价、溢价率等价格指标走低。土地出让金过去多年总体呈上升趋势，2018 年开始下行；宅地成交楼面价自 2011 年来首降；溢价率在 2010 年达到阶段性高点后急剧下滑，2015 年后持续回落。显然，在房地产调控政策整体收紧，限房价、竞地价、竞自持比例成为北京土地拍卖的主流模式后，北京土地市场的热度大幅下降。

第三，流拍现象明显增多。这主要是“限房价、竞地价”的土拍模式压缩了开发商的获利空间，导致开发商拿地动力不足。其次，2018 年开发商面临的融资困境尤其突出，2018 年下半年到 2019 年迎来开发商还贷高峰期，资金压力迫使开发商在拿地上更为谨慎。

第四，远郊化趋势不断加剧。这主要是北京房地产市场开发趋于饱和，北京核心区域的土地资源越来越稀缺所致，这也从区位上拉低了北京土地市场的各项交易指标。

总体来看，在经济环境下行、调控政策加码、房企面临融资困境、土地招拍挂限制条件苛刻等诸多因素的影响下，2018 年北京土地市场降温明显，整体供应量并未达到政府的规划要求。

新建商品住宅市场方面，限竞房、共有产权住房渐成主流，去化速度减缓。

2016 年底开始，北京土地供应多以“限房价、竞地价、竞自持”的方式展开，从而导致 2018 北京新房市场限竞房渐成供应主流，并在一定程度上抑制了新房价格的上涨空间。同时，共有产权房逐步成为北京新房市场重要组成部分，既满足了大量刚需人群的置业需求，也成为了稳定北京楼市的重要因素。

不过，别墅在 2018 年的供应增长较为明显。

一方面，临近年底，出于业绩考核和销售回款等因素的考虑，开发商有集中出货的动机；另一方面，2018年9月，北京发布《北京市新增产业的禁止和限制目录》，明确“全市禁建独栋别墅”，别墅集中入市极有可能是受此政策影响。虽然供应大增，但在市场整体的降温趋势下，2018年北京的别墅成交量也继续下滑。

2018年北京新房政策调控仍以加大新房供应、满足刚需人群需求、稳定市场为既定方向，全年新增供应明显高于此前三年，限竞房、共有产权房成为市场主力，别墅、豪宅虽有放量但市场占比不大。而在限购限贷等政策的作用下，2018年北京新房的去化速度并没有跟上供应速度，新房的存量套数因此达到了历史高位。

二手住宅市场方面，网签量微升，价格近十年首次下跌，市场虽有所回温但仍低位运行。

2017年，受“3·17新政”等一系列政策影响，北京二手房交易量大幅下滑。2018年，北京楼市调控力度未减，投资投机需求仍受遏制，但刚需却经过一段时间的观望后开始复苏，市场得以回温。

在政策的作用下，市场在各月的表现并不一致：1、2月为市场淡季，交易冷清；春节过后，刚需人群入市，市场持续升温；5月前后，政策调控基调再度趋紧，许多商业银行进一步调高了贷款利率上浮上限，市场因此重新降温进入平稳期；9月13日，北京出台公积金贷款新政，公积金贷款门槛提高，进而造成了四季度市场的再次降温，这也是2018年北京房地产市场影响最大的一项政策。当前北京房价整体较高，购房者大多只能通过贷款进行购房，“3·17新政”后，商业贷款门槛大幅提高，公积金贷款成为了许多购房者，尤其是刚需人群解决资金问题的主要渠道。因此，2018年收紧公积金贷款政策后，刚需人群大受影响，北京二手房市场也再次降温。

房价方面，“3·17新政”后北京二手房价当年从5月至12月连跌8月，累积跌幅达到了15%。不过，由于前期房价上涨较快，2017年的年平均价格较2016年仍是上涨的；2018年价格的下跌则是“3·17新政”后价格下跌的延续和彻底显现。

过往历年，经济高速发展、土地价格上涨、房地产市场繁荣等因素让北京二手房价始终保持上升趋势，即使有政策调控，效果也不明显。2018年二手房价格出现首次下跌，一是因为北京二手房价已经达到了一个较高的水平，继续上涨空间不大；二是因为“3·17新政”后北京的政策调控力度和政策执行力度为历史之最，各种限制政策挤压出了房价中由投资投机需求带来的水分。

虽然2018年北京二手房整体均价在下跌，但期间房价仍有上涨的时候，且上涨的速度远大于下跌的速度。因此，稳定房价对房地产政策调控来说仍然具有很大的挑战。

住房租赁市场方面，量价小幅上涨，淡旺季走势依旧。

近年来，北京常住人口开始下滑，但2018年北京住房租赁交易量仍在继续增长，一是北京人口基数大、外来人口多，住房租赁市场拥有很大的基本盘；二是北京大力疏解人口也迫使不少人口进入到了正规的租赁市场；三是年轻一代租客追求生活质量，越来越倾向单独租住而非合租。

当前北京住房租赁市场尚未达到饱和，仍有上升空间，但北京住房租赁的体量已经很大，人口增速也已放缓，市场的增长空间正在收窄。随着租房市场交易量日趋见顶，未来市场将从单纯追求数量和规模的扩大转向追求质量和服务的提升。

租金价格上，2018年二三季度租赁市场、长租公寓等一度因租金价格上涨较快成为社会热门话题。事实上，租金受多重因素影响，房价、收入水平、物价水平等都是关键因素。作为一个外来人口众多的大都市，北京的租金价格，尤其是年平均租金的上涨在现阶段几乎是常态，2017 年的平均租金下跌则是人口疏解中租客从租金高的中心城区向租金低的远郊区域转移带来的结构性下跌，若单从某一套住房来看，北京的租金价格历年来基本是上涨态势。

而在一年之中，租金的上下波动更多由市场需求决定。北京住房租赁市场的传统旺季就是春节后的返京潮和 7 月前后的毕业潮，期间住房租赁交易量、租金价格都会上涨。9 月之后逐渐步入淡季，一方面像相寓等长租公寓租金价格保持稳定，另一方面各大租赁企业也集中推出大批房源，北京的租金价格开始下滑也就不足为怪。与过往多年相比，2018 年北京租金 7.8%的整体涨幅并不算高。

总之，2018 年北京住房租赁市场依旧表现出了传统的淡旺季规律，市场并未出现重大变化，供需关系依旧是影响市场量价波动的核心因素。

（二）2019 年预测

2018 年北京土地供应并未达到五年规划要求，预计 2019 年北京土地供应力度将在 2018 年的基础上明显加大，土地出让金有望上升，但楼面价、溢价率仍将大概率趋稳，“地王”频出的日子难以再现，政策方向将以保障刚需、促进民生为主。不过，为减少流拍，提高开发商拿地积极性，预计 2019 年政府将在拍地价格、拍地条件上做出一定调整，以适应市场的反应和变化。

2019 年北京新房市场仍将持续加大供应，共有产权房、保障房也将继续发挥重要作用。预计 2019 年北京新房成交量将保持增长；成交均价从历年变化趋势来看或许仍将上浮，但在当前调控政策力度不变的情况下，上浮空间比较有限，全年价格大概率将稳中有升。

从历年交易量走势来看，北京二手房市场基本以三年为一个周期，经历 2017 年的低谷之后，北京二手房交易量大概率会在 2018 年、2019 年连续增长。不过，目前中央“房住不炒”的整体基调并没有变化，保持房价的稳定也将成为长期目标。北京作为全国楼市表率，2019 年调控政策的基本面也不会有太大变化，即使有所调整，有利政策也会更多地导向自住型需求、刚性需求。因此，如果现有的政策力度得以持续，2019 年北京二手房市场交易量可能有一定幅度增长，但房价没有太大的上涨空间，大概率市场将趋于稳定。

根据当前的人口政策，我爱我家研究院认为，2019 年北京住房租赁市场的整体局面并不会有太大变化，现有的淡旺季走势将继续保持，全年整体的交易量、租金价格也将延续上升趋势，但涨幅有望收窄。此外，随着经济的发展，收入的增加，租客对房屋质量、服务质量的要求越来越高，拥有标准化、规范化、科技化、高质量服务的长租公寓将继续发展壮大。

2018年北京市房地产市场分析年报

北京首佳顾问

报告要点：

• 市场热点

2018年12月3日，北京进一步加强公租房转租、转借管理政策正式发布。

2018年12月14日，北京17家房地产经纪机构被查处，另有6家恢复上线。

2018年12月31日，北京公积金49项业务可网上申请或办结。

• 土地市场

2018年北京市累计成交土地72宗，其中住宅用地52宗，商办用地11宗，工业用地9宗，其他用地0宗，共计489.96万平方米，较上年同期下降38.26%。

• 住宅市场

新房市场：2018年新建商品住宅（不含保障房）成交面积478.77万平方米，相比2017年上涨9.36%。2018年新建商品住宅（不含保障房）均价42891元/平方米，同比上涨0.24%。

存量住宅市场：2018年存量住宅网签面积1343.31万平方米，相比2017年上涨9.14%。12月份存量住宅均价为58411元/平方米，环比下降0.82%，同比下降0.56%。

住宅租赁市场：12月份，北京住宅租赁市场月均租金为94元/平方米·月，环比上涨1.1%，套均租金8503/套·月，环比上涨0.6%。

• 商业办公市场

商业用房：2018年新建商业用房成交面积68.94万平方米，同比下降28.03%。2018年新建商业用房成交均价29137元/平方米，同比上涨3.78%。

办公用房：2018年新建办公楼成交面积106.90万平方米，同比下降39.03%。2018年新建办公楼成交均价30534元/平方米，同比下降13.31%。

• 市场走向

2018年土地市场成交量同比明显减少，新房和存量房市场成交量均有所回暖，但市场整体呈趋冷态势。2019年初央行全面降准再次释放1.5万亿，金融货币政策应会放松。预计2019年北京调控政策仍将以维持稳定为主，同时将强化市场监管，增加有效供给，多维度共同推进长效机制建设，而房地产市场或受金融货币政策放松影响，较2018年有所回暖。

一、政策走向

近期房地产政策持续跟踪

➢ 2018年12月3日，北京进一步加强公租房转租、转借管理政策正式发布。为进一步强化对公共租赁住房转租、转借行为的监督管理，切实落实监管职责，加大违规惩处力度，实现公共资源公平善用，维护社会公平正义。市住房城乡建设委正式发布《关于进一步加强公共租赁住房转租、转借行为监督管理工作的通知》

（以下简称《通知》）。《通知》重点从进一步落实产权单位管理责任、强化管理部门监管职责、加大督导和联合惩戒力度、严打中介机构和网络平台违规行为、全面加强技防手段应用、完善责任追究机制等方面提出明确要求，建立完善公租房使用监管的长效机制。《通知》指出，一是严格依法行政，依据上位法制定查处标准。二是结合北京特色，增加更为严厉的处罚条款。三是开展部门联动，多领域共同实施联合惩戒。四是加强技防建设，促进信息技术手段推广应用。

➢ 2018 年 12 月 14 日，北京 17 家房地产经纪机构被查处。市住建委执法部门采取线上线下相结合的方式，从主流互联网平台抽取房源信息核实发布委托手续，逐项比对实地房屋状况信息，同时对房地产经纪机构进行拉网式现场实地抽检，进一步压缩“黑中介”违规经营空间。截止 12 月 14 日，17 家房地产经纪机构发布违法违规房源信息被查处，另有 6 家房地产经纪机构积极整改，经复查符合恢复上线条件。

➢ 2018 年 12 月 31 日，北京公积金 49 项业务可网上申请或办结。北京住房公积金管理中心发布《关于 49 个服务事项可以通过网上申请或网上办结的通知》。按照通知要求，本市实现 17 个服务事项可在网上办结，32 个服务事项可通过网上申请到柜台审核后办结。除了 49 个可以网上申请、网上办结的事项，还有 3 个事项仍然需要单位经办人到管理部或受托银行代办点办理。分别为：继承人、受遗赠人申请提取公积金；婚姻变动的公积金缴存人分割提取原配偶公积金；在职期间判处死刑、判处无期徒刑或有期徒刑刑满时达到国家法定退休年龄申请提取公积金。

二、土地市场分析

2018 年，北京市成交土地 72 宗。成交土地总面积为 489.96 万平方米，规划总建筑面积 856.36 万平方米，相比 2017 年下降 38.26%，其中住宅用地 52 宗，成交土地面积 347.86 万平方米，同比下降 36.72%。

12 月份，北京市成交土地 7 宗。成交土地总面积为 41.91 万平方米，规划总建筑面积 77.23 万平方米，其中住宅用地 6 宗，成交土地面积 40.06 万平方米。各宗地出让情况详见表 1。

表 1　2018 年 12 月北京市土地市场成交信息一览

宗地名称	土地面积 规划面积 （m^2）	规划用途	成交 总价 （万元）	楼面单价 （元/平方米） 溢价率 （%）	开发程度	受让单位
北京市昌平区沙河镇七里渠南北村土地一级开发项目 CP00-1600-0015 等地块 R2 二类居住用地、B4 综合性商业金融服务业用地	121729.8 327948	综合用地（含住宅）	690000	21039.91 13.23	五通一平	北京建工地产有限责任公司、北京首都开发股份有限公司和北京润置商业运营管理有限公司联合体
大兴生物医药产业基地 0503-011-1、014-1、016-1 地块工业用地国有建设用地使用权出让	18550.19 18550	工业用地	2221.26	1197.45 0	五通一平	北京生物医药产业基地发展有限公司

（续表 1）

宗地名称	土地面积 规划面积 （m^2）	规划用途	成交 总价 （万元）	楼面单价 （元/平方米） 溢价率 （%）	开发程度	受让单位
北京市怀柔区庙城 HR00-0014-6019 等地块 R2 二类居住用地、B1 商业用地、S4 社会停车场用地、A33 基础教育用地、U22 环卫设施用地	115895.2 176111	综合用地（含住宅）	255500	14507.89 0	三通一平	北京银地房地产开发有限责任公司、北京京粮置业有限公司、北京三元嘉业房地产开发有限公司联合体
北京市顺义区顺义新城牛栏山组团一级开发项目 17-11-07 地块（南侧）R2 二类居住用地	21403.13 38526	住宅用地	92000	23879.97 29.58	三通一平	北京拓景商务服务有限公司
北京市顺义区高丽营镇于庄 SY02-0103-6004、SY02-0103-6007 地块 R2 二类居住用地	43325.9 64988	住宅用地	204000	31390.40 7.37	三通一平	北京尚恒睿信商业运营管理有限公司、北京联华基业房地产开发有限公司、北京炎焱燚商业管理有限公司和北京首都开发股份有限公司联合体
北京市顺义区顺义新城第 13 街区 SY00-0013-6008、SY00-0013-6009 地块 R2 二类居住用地、A33 基础教育用地	28367.28 42028	综合用地（含住宅）	88500	21057.38 16.45	六通一平	北京润置商业运营管理有限公司
北京市顺义区顺义新城第 13 街区 SY00-0013-6022 等地块 R2 二类居住用地、A61 机构养老用地、A33 基础教育用地	69856.02 104180	综合用地（含住宅）	233000	22365.13 22.63	六通一平	北京新城金郡房地产开发有限公司

数据来源：北京市土地房产交易中心

2018 年，累计成交土地 72 宗，其中住宅用地 52 宗，商办用地 11 宗，工业用地 9 宗，其他用地 0 宗，共计 489.96 万平方米，较 2017 年同期下降 38.26%。土地出让情况详见表 2。

表2　2018年1-11月全市土地出让情况

用地性质	宗地数	土地面积（平方米）	建筑面积（平方米）	楼面均价（元/平方米）	溢价率（%）
住宅用地	52	3478649.3	6244827.5	23499	15.41%
商业/办公用地	11	1006387	1586912	13260	0
工业用地	9	414608.94	731831.5	685	0
其他用地	0	0	0	0	0
合计	72	4899645.87	8563571.6	19652	13.72%

数据来源：北京市土地房产交易中心

三、住宅市场分析

（一）2018年新建商品住宅（不含保障房）成交面积478.77万平方米，相比2017年上涨9.36%。

2018年，全市新建商品房成交面积为834.52万平方米，同比下降14.82%；全市新建商品房成交套数为88480套，同比下降15.01%。其中，新建商品住宅（不含保障房）成交面积为478.77万平方米，同比上涨9.36%；新建商品住宅（不含保障房）成交套数为41163套同比上涨29.04%。

12月份，全市新建商品房成交面积为133.19万平方米，环比上涨46.98%，同比上涨6.96%；全市新建商品房成交套数为10918套，环比上涨10.97%，同比下降19.90%。其中，新建商品住宅（不含保障房）成交面积为74.96万平方米，环比上涨30.11%，同比上涨23.60%；新建商品住宅（不含保障房）成交套数为4946套，环比上涨2.27%，同比下降1.57%。

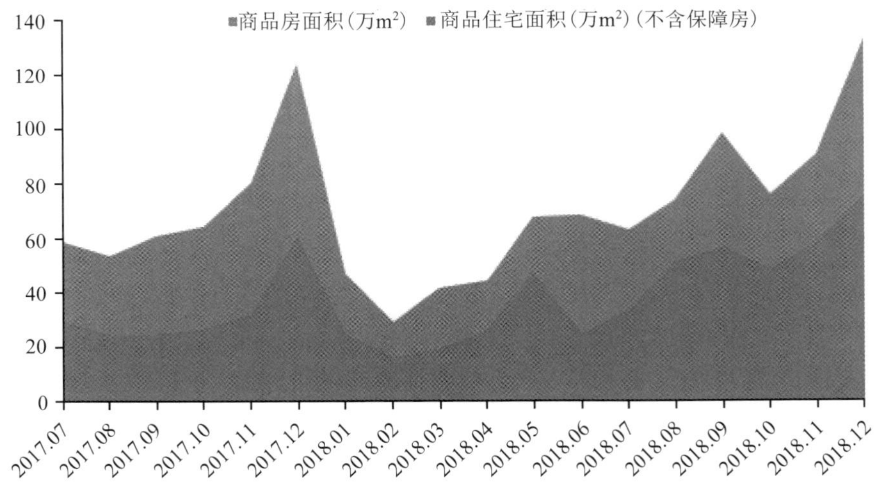

图1　2017年7月至2018年全市新建商品房和商品住宅（不含保障房）成交面积

数据来源：北京市住房和城乡建设委员会。

（二）2018 年新建商品住宅（不含保障房）均价 42891 元/平方米，同比上涨 0.24%。

2018 年全市新建商品住宅（不含保障房）均价为 42891 元/平方米，比 2017 年同期的 42789 元/平方米上涨 0.24%。

12 月份全市新建商品住宅（不含保障房）均价为 56543 元/平方米，环比上月的 43880 元/平方米上涨 28.86%，比 2017 年同期的 39271 元/平方米上涨 43.98%。

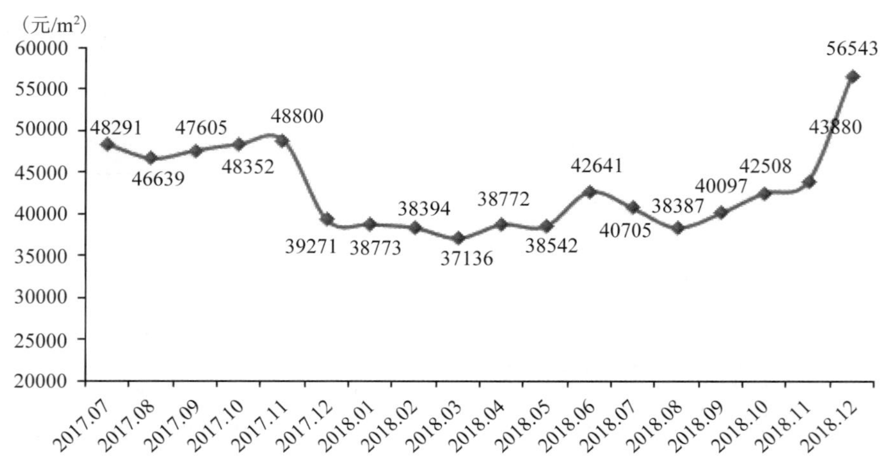

图 2　2017 年 7 月至 2018 年新建商品住宅（不含保障房）平均价格

数据来源：北京市住房和城乡建设委员会。

（三）2018 年 12 月新建商品住宅（不含保障房）供求比为 2.65，短期市场供过于求。

12 月，北京市新建商品住宅（不含保障房）供求比为 2.65。商品住宅供给增加，批准上市面积为 198.29 万平方米，环比上月 108.67 万平方米上涨 82.47%，同比上涨 88.99%；需求也有所增加，销售面积 74.96 万平方米，环比上月 57.62 万平方米上涨 30.09%，同比上涨 23.59%。

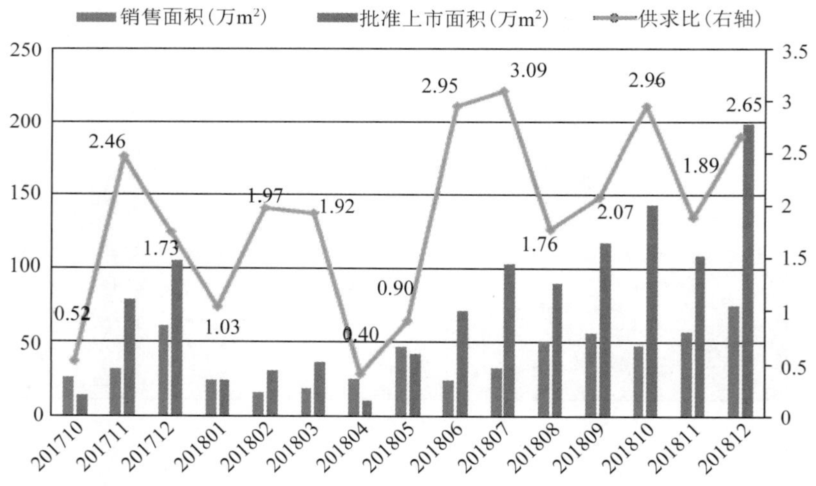

图 3　2017 年 10 月至 2018 年新建住宅（不含保障房）供求情况

数据来源：中指数据库。

（四）2018 年，存量住宅网签面积 1343.31 **万平方米，相比** 2017 **年上涨** 9.14%。

2018 年全市存量房网签面积为 1478.8 万平方米，同比上涨 6.30%，存量房网签套数为 170019 套，同比上涨 8.79%；其中存量住宅网签面积为 1343.31 万平方米，同比上涨 9.14%；存量住宅网签套数为 153493 套，同比上涨 112.67%。

12 月份，全市存量房网签面积为 119.5 万平方米，环比上涨 4.9%，同比上涨 16.7%，存量房网签套数为 13065 套，环比上涨 3.2%，同比上涨 14.4%；其中，12 月存量住宅网签面积为 104.88 万平方米，环比上涨 3.7%，同比上涨 16.5%；存量住宅网签套数为 11626 套，环比上涨 3.8%，同比上涨 13.5%。

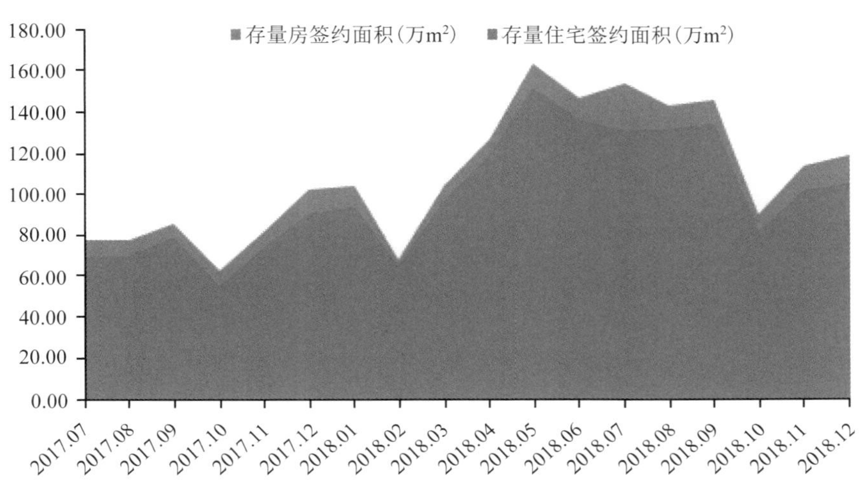

图 4　2017 年 7 月至 2018 年全市存量商品房和商品住宅网签面积

数据来源：北京市住房和城乡建设委员会。

（五）12 月份存量住宅均价为 58411 **元/平方米，环比下降** 0.82%，**同比下降** 0.56%。

根据 V 估价系统对北京市 114 个住宅板块、共计 8687 个存量住宅小区的监测，本月存量住宅均价为 58411 元/平方米，环比下降 0.82%，同比下降 0.56%。

远郊区存量住宅均价最高的是经济技术开发区（亦庄开发区），监测均价为 45515 元/平方米，环比下降 2.0%；其次，通州区监测均价为 37656 元/平方米，环比下降 1.3%；远郊区中均价最低的是平谷区，监测均价为 20790 元/平方米，环比上涨 2.4%，其次是密云区，监测均价为 21244 元/平方米，环比下降 1.2%。

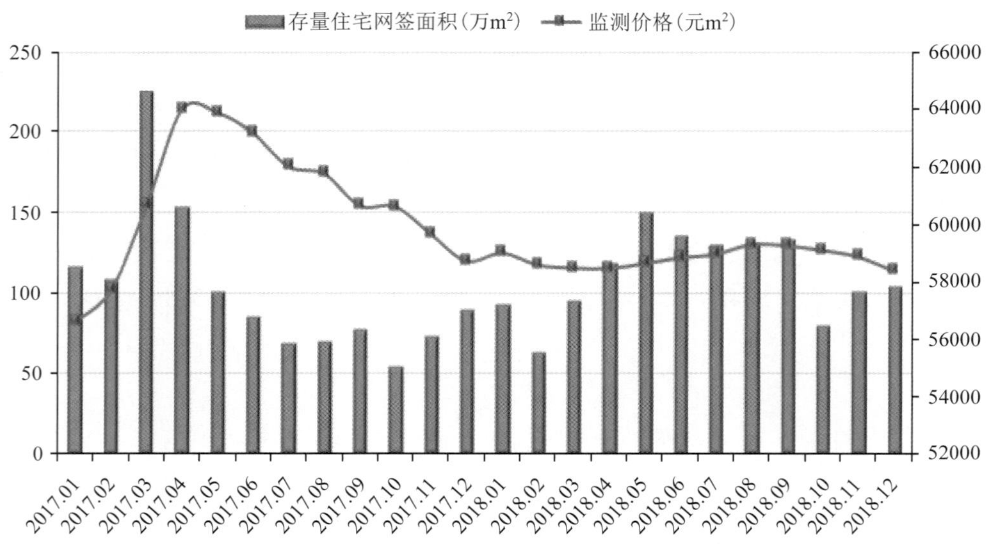

图5　2017～2018年全市存量住宅网签面积及监测均价

数据来源：北京市住房和城乡建设委员会、V估价系统。

（六）12月份，北京住宅租赁市场月均租金为94元/平方米·月，环比上涨1.1%，套均租金8503元/套·月，环比上涨0.6%。

12月份，北京市租金一居98元/平方米·月，二居43元/平方米·月，三居95元/平方米·月；就租金价格段占比来看，6000元以上价格段占比超过50%；从户型占比来看，两居室占比47.90%，排在首位，其次为一居室，占比28.22%。

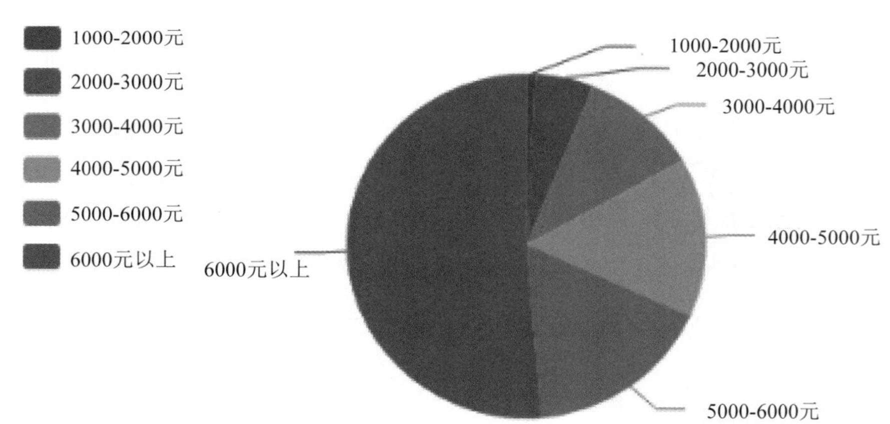

图6　2018年北京市租金价格段占比分布

数据来源：中指数据库。

12月份，西城区、东城区、朝阳区平均租金位居前三位，分别为132元/平方米·月，127元/平方米·月和112元/平方米·月；排名后三位的为怀柔区、平谷区和延庆区，月均租金分别为33元/平方米·月，34元/平方米·月和35元/平方米·月。

四、商业办公分析

（一）商业价格

2018 年新建商业用房成交均价 29137 元/平方米，同比上涨 3.78%。

2018 年全市新建商业用房成交均价为 29137 元/平方米，比 2017 年的 28075 元/平方米上涨 3.78%。其中 12 月份，全市新建商业用房成交均价为 33894 元/平方米，环比上月的 33407 元/平方米上涨 1.5%，比 2017 年同期的 32863 元/平方米上涨 3.1%。

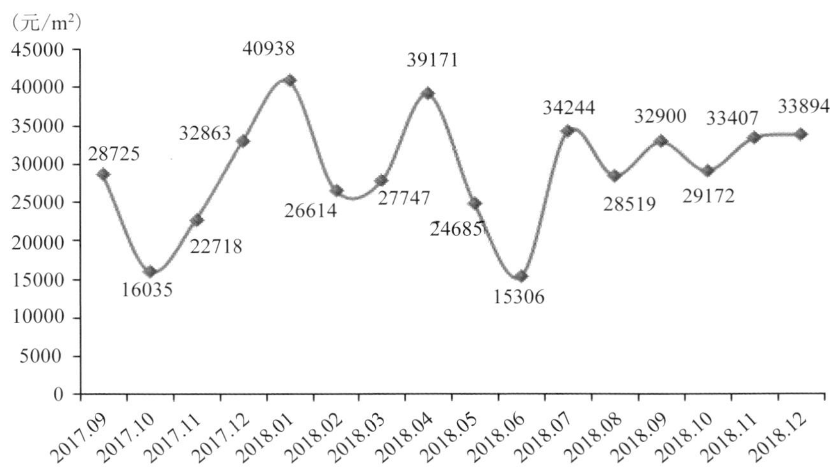

图 7　2017 年 9 月至 2018 年全市新建商业用房成交均价

数据来源：北京市住房和城乡建设委员会、V 估价系统。

（二）商业新房市场成交

2018 年新建商业用房成交面积 68.94 万平方米，同比下降 28.03%。

2018 年全市新建商业用房成交面积为 68.94 万平方米，同比下降 28.03%。成交套数为 3246 套，同比下降 43.75%。其中 12 月份，全市新建商业用房成交面积为 7.61 万平方米，环比上涨 73.0%，同比下降 49.1%。成交套数为 414 套，环比上涨 25.8%，同比下降 54.2%。同期全市新建商品房成交面积为 113.19 万平方米，新建商业用房成交面积占其比重为 6.7%。

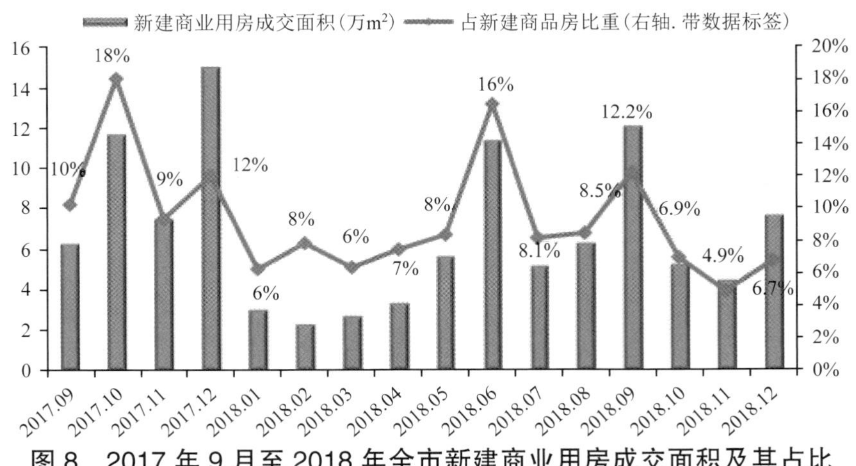

图 8　2017 年 9 月至 2018 年全市新建商业用房成交面积及其占比

数据来源：北京市住房和城乡建设委员会。

（三）办公楼价格

2018年新建办公楼成交均价30534元/平方米，同比下降13.31%。

2018年全市新建办公楼成交均价为30534元/平方米，比2017年35222元/平方米下降13.31%。12月份全市新建办公楼成交均价为38657元/平方米，环比上月的21304元/平方米上涨81.46%，比2017年同期的45986元/平方米下降15.94%。

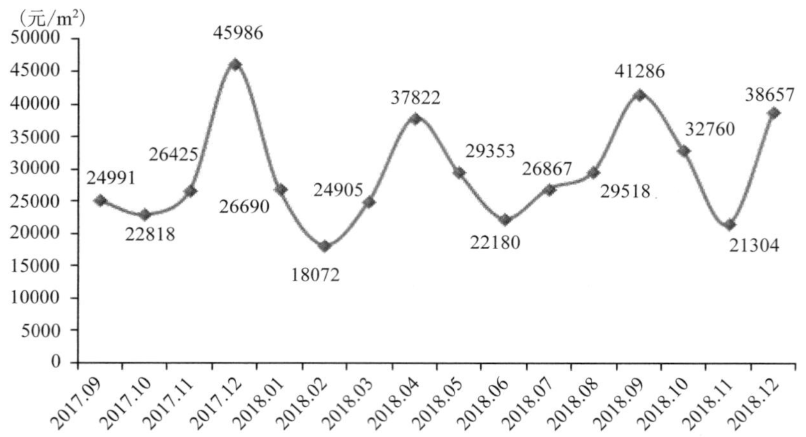

图9　2017年9月至2018年全市新建办公楼成交均价

数据来源：北京市住房和城乡建设委员会。

（四）办公新房市场成交

2018年新建办公楼成交面积106.90万平方米，同比下降39.03%。

2018年全市新建办公楼成交面积为106.90万平方米，同比下降39.03%；成交套数为8796套，同比下降47.34%。12月份全市新建办公楼成交面积为28.18万平方米，环比上涨364.39%，同比上涨91.80%；成交套数为1166套，环比上涨109.34%，同比上涨70.47%。同期全市新建商品房成交面积为113.19万平方米，占其比重为25%。

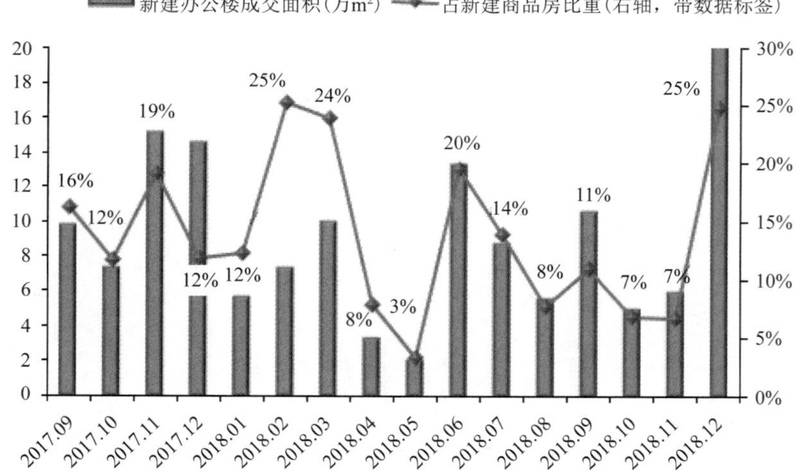

图10　2017年9月至2018年全市新建办公楼成交面积及其占比

数据来源：北京市住房和城乡建设委员会。

五、市场走势分析

2018年，北京市存量住宅市场成交量较2017年有所上涨，存量住宅价格同比下降，商品房新房市场继续保持供过于求的走势，成交量同比也出现上涨，新建商品住宅市场均价基本与2017年持平。商办市场成交规模小幅下降。土地市场成交量同比明显减少，成交楼面价和溢价率同比均下降。

2018年北京楼市调控政策先趋严后趋稳，年内公积金贷款政策升级，二套房“认房又认贷”，目前政策强度已十分严厉，且已取得阶段性成效，未来政策加码的可能性较小。2019年初央行全面降准再次释放1.5万亿，金融货币政策应会放松。预计2019年北京调控政策仍将以维持稳定为主，同时将强化市场监管，增加有效供给，多维度共同推进长效机制建设，而房地产市场或受金融政策放松影响，相比2018年有所回暖。

报告说明

存量住房均价：根据V估价系统监测的北京市114个住宅板块，共计8350个存量住宅小区均价，采用定基定权重的方式计算得出，以保证各期价格的可比性。V估价系统是由中估联行研发的在线批量评估系统。该系统充分集成信息技术与估价师经验，为房地产估价业务提供全新方式的在线评估数据支持。

商办类新房价格波动说明：商办房地产市场成交量小且分布不均匀，因未做同质化处理，商办新房均价波动较大，并不代表市场价格的真实走势，仅供参考。

免责声明

2018 年北京市住房租赁市场分析报告

贝壳研究院

核心观点：

1．2017 年北京房价是十年前的 5 倍，涨幅远超过国内外重点城市。北京房价的绝对水平高、涨幅大。北京房价收入比为 35.9，租售比为 1.8%，购房交易杠杆率为 19.6%，房价与收入、租金及购房杠杆相背离。

2. 2018 年北京住宅市场处于触底过程。新房及二手房总体交易 GMV 达 1.06 万亿元，同比增长 7.7%；交易总量为 20.1 万套，同比增长 9.7%。二手房成交 15.3 万套，同比增长 12.6%。全年二手房均价 60925 元/平，同比下跌 3.3%，是 2008 年以来首次年度下跌。

3. 2019 年北京房地产市场市场将筑底回升。调控政策可能出现边际改善，首次置业刚需进入市场带动换房链条，二手房市场交易量回温带动房价止跌。但需求升温受到新房供应放量制约，预计二手房市场回温幅度有限。

4. 受市场负反馈的影响，潜在购房需求进入越来越困难，换房链条受到制约，新房和租赁的发展使年轻人摆脱对二手房的过度依赖，中长期北京房价从高速上涨转向中低速。未来市场的希望在于刚需的成长，需要发展租赁市场，可行的政策包括 buy to let、build to let 及 re-build to let。

一、六大谜题

长期看，任何一个城市的房价必定与人口、居民收入等基本面相适应，但北京过去 5 年房价的表现似乎打破了这一规律，房价的绝对水平和上涨速度与居民收入或租金水平相背离，且房价的上涨与居民杠杆水平没有直接关系。

（一）房价绝对水平高

从全国城市房价分布看，中国一线城市房价溢价更高。中国排行第十城市房价是排名第一城市的 44%，而美国为 62%。

从绝对房价看，北京 2017 年二手房套总价中位数为 66.2 万美元，是纽约的 1.6 倍，是伦敦的 1.1 倍。且北京核心区房价亦高于纽约核心区。

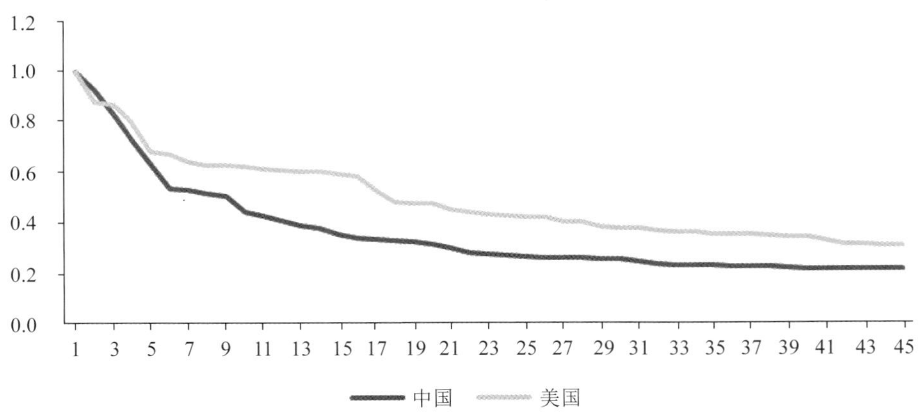

图 1　中美两国 TOP45 城房价分布对比

数据来源：贝壳研究院整理。

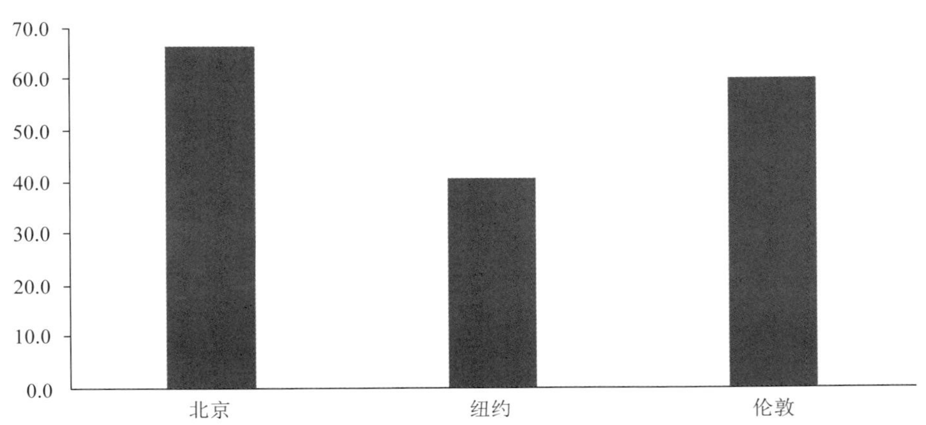

图 2　以美元计 2017 年套总价[①]中位数对比（万美元）（城市）

数据来源：北京数据来自贝壳研究院，纽约数据来自 zillow，伦敦数据来自英国国家统计局。

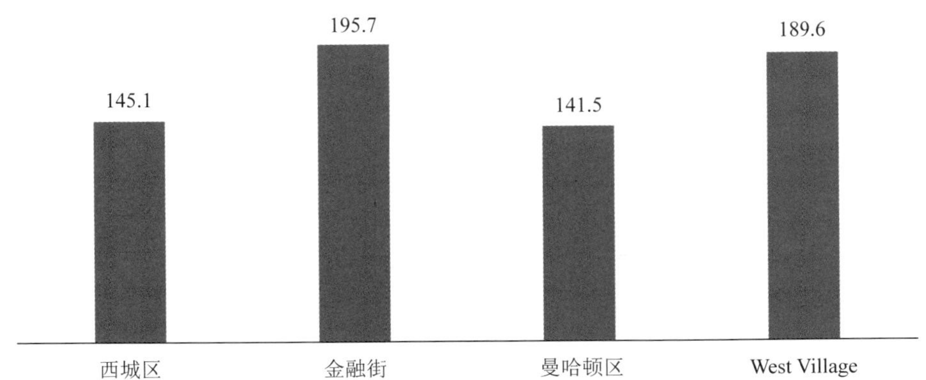

图 3　以美元计 2017 年套总价中位数对比（万美元）（城区）

数据来源：北京数据来自贝壳研究院，纽约数据来自 zillow。

① 房屋套均面积统一按 90 平方米计算。

从区域房价分布看，与深圳相比，北京房价区域分布更失衡。北京离市中心5公里以内区域房屋均价为9.7万元，5-10公里房价为7.3万元，10-15公里降到6.2万元，梯度下降明显。而在深圳，离市中心5公里以内房价为6.6万元，5-20公里的房价水平都比较接近。

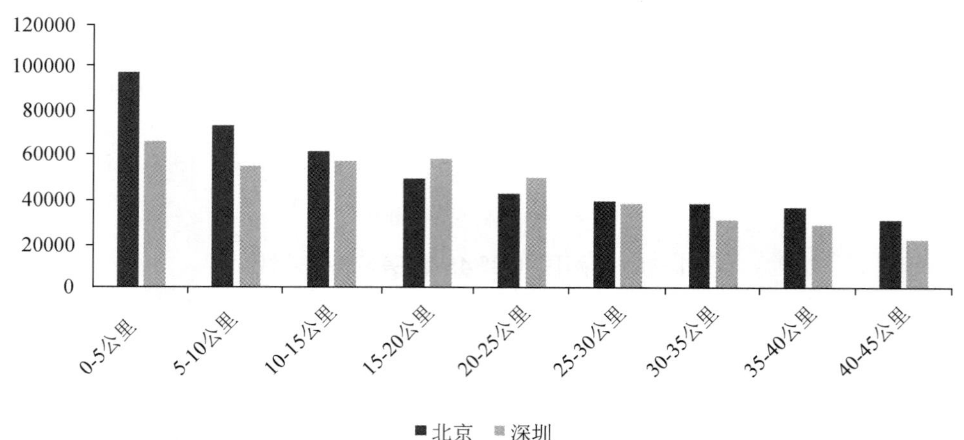

图4　北京和深圳区域房价分布（横轴表示与城市中心点的距离）

数据来源：贝壳研究院 Real Data 数据库。

（二）房价涨幅明显高

2017年北京二手房成交均价是2008年的5.25倍，其中2015—2017年的涨幅明显扩大，房价涨幅明显高于国外大城市，也高于国内的深圳和上海。

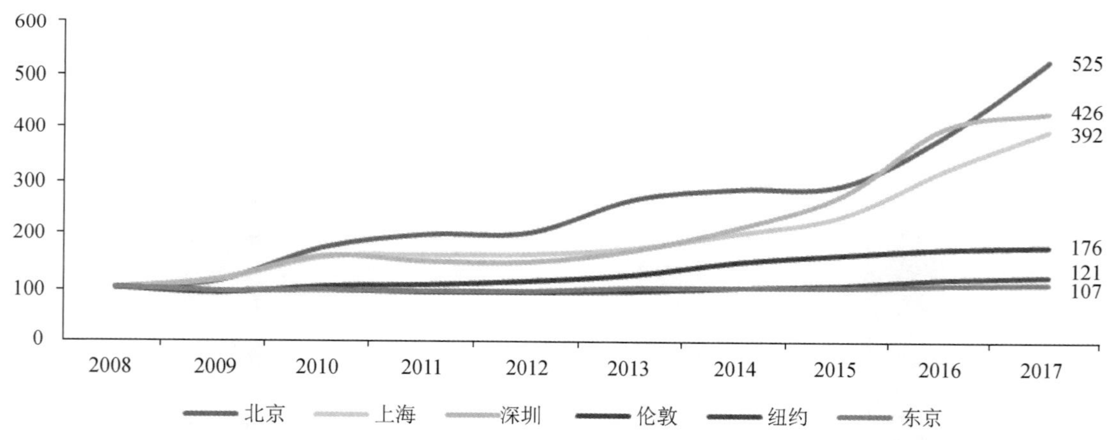

图5　国际大都市十年房价走势对比（以2008年值为100）

数据来源：京沪深房价数据来自贝壳研究院，伦敦房价数据来自英国国家统计局，纽约房价数据来自zillow，东京房价数据来自东京都统计局。

（三）房价与收入长期背离

2017年北京房价是家庭收入的35.9倍，明显高于其他国际大城市。很明显，这样的房价水平是本地人靠收入难以负担的。

表1　2017年国际大都市房价与收入①

	套总价	家庭年均收入	单位	房价收入比
北京	5130000	143075	元	35.9
上海	4590000	158088	元	29.0
深圳	4030000	203282	元	19.8
广州	2525000	167972	元	15.0
纽约	403508	57782	美元	7.0
伦敦	480285	67521	英镑	7.1
东京	7371	1106	万日元	6.7

数据来源：京沪深广收入数据来自各地统计局，房价数据来自贝壳研究院，纽约收入数据来自美国人口调查局，房价数据来自zillow，伦敦数据来自英国国家统计局，东京收入数据来自东京都统计局，房价数据来自（株）东京kantei

北京畸高的房价收入比延续多年，自2012年始，房价保持快速上涨，而收入进入中低速增长，两者的差距越来越大。

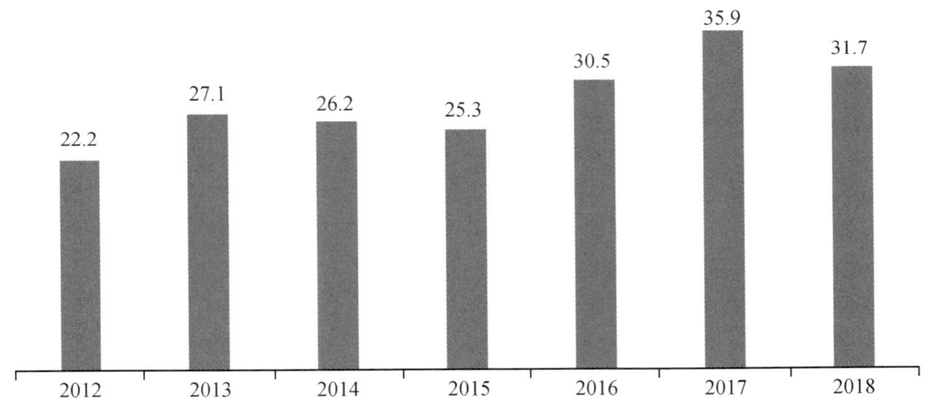

图6　2012~2018年北京房价收入比走势

数据来源：贝壳研究院测算。

（四）房价与租金背离

如果从住房消费的角度看，房价应当是未来租金的贴现。国际上公认的合理租售比大约在6%左右。但北京的租售比长期偏低，北京2017年的租售比为1.8%，并且常年维持在不到2%的水平。

① 纽约房价及收入为中位数，其他区域均为均值

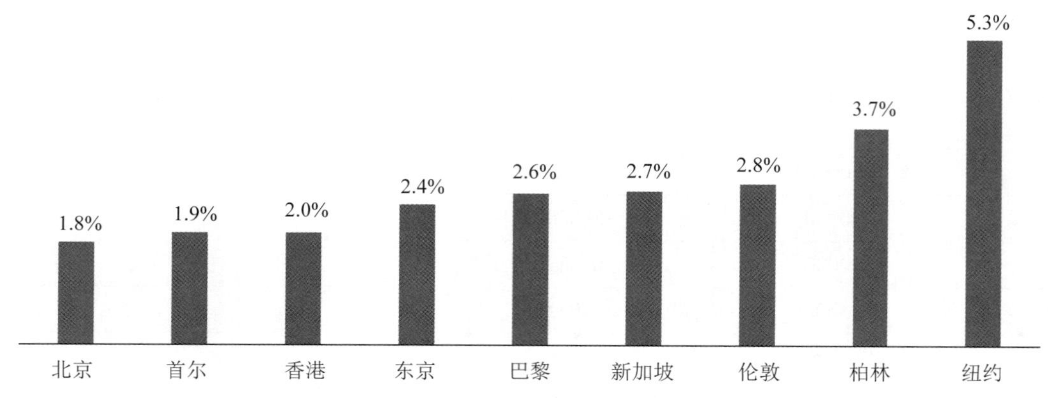

图 7　2018 年国际大城市租售比[①]对比

数据来源：贝壳研究院 Real Data 数据库，NUMBEO。

与国内其他城市相比，北京的租售比仅高于厦门、青岛和深圳，处于较低水平。

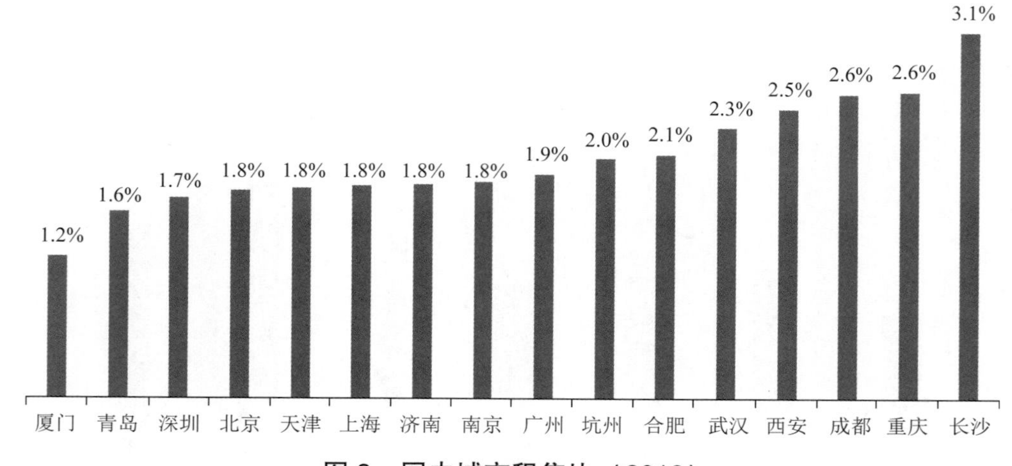

图 8　国内城市租售比（2018）

数据来源：贝壳研究院 Real Data 数据库。

（五）房价易涨难跌

从历史纵向来看，北京房价长涨短跌，易涨难跌。在过去的 120 个月中，房价环比上涨的月份为 79 个，下跌的月份为 41 个。过去四个周期内，房价涨幅远远超过下跌的幅度。

① 租售比=单平方米月租金＊12/单平方米房价

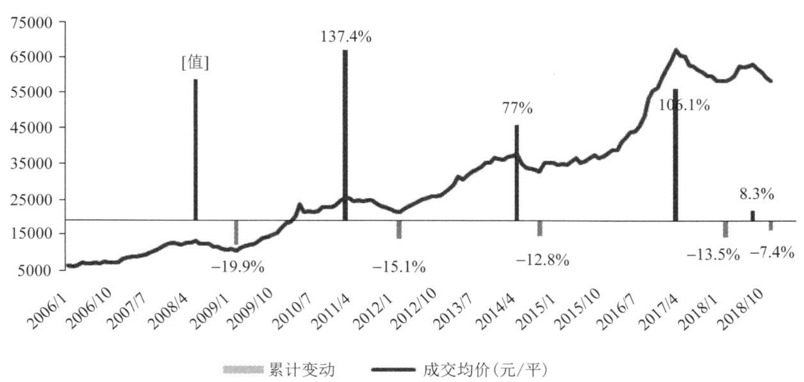

图 9　2006~2018 年北京二手房均价（元/平方米）走势

数据来源：贝壳研究院 Real Data 数据库。

表 2　北京房价周期①

周期	时间跨度（月）	时间跨度	均价走势	均价涨幅	时间跨度
第一个周期	38	2006. 1-2008. 5	上行	114%	29
		2008. 6-2009. 2	下行	-19. 90%	9
第二个周期	36	2009. 3-2011. 2	上行	137. 40%	24
		2011. 3-2012. 2	下行	-15. 10%	12
第三个周期	31	2012. 3-2014. 4	上行	77%	26
		2014. 5-2014. 9	下行	-12. 80%	5
第四个周期	51	2014. 10-2017. 3	上行	106. 10%	30
		2017. 4-2018. 12	下行	-13. 2%%	21

来源：贝壳研究院。

（六）房价高但交易杠杆却不高

2017 年北京购房者交易杠杆率②为 19. 6%，明显低于全国平均水平。

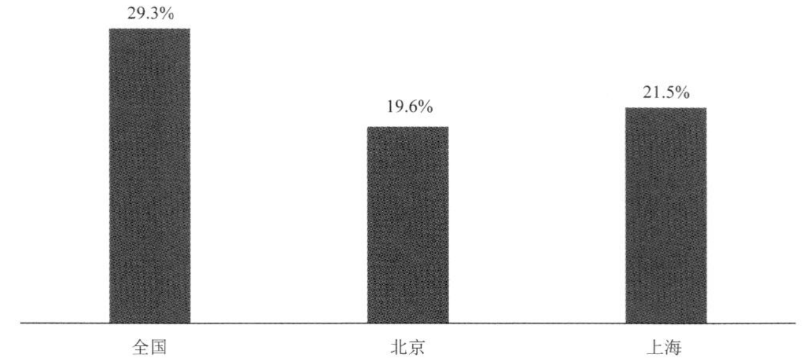

图 10　2017 年居民购房交易杠杆率

数据来源：贝壳研究院测算。

---

① 第四个周期是否到达底部有待进一步观察。

② 居民购房交易杠杆率 =（新增个人住房按揭贷款+住房公积金贷款发放额）/（新房交易 GMV+二手房 GMV）

正是由于上述6个方面的事实，用人口、收入、杠杆等变量解释北京房价都存在一定的困难。我们需要新的理解框架。

二、解析谜题

房地产市场是新房、二手房和租赁三个市场高度关联的体系，市场运行本质上是有房、无房两大群体在三个市场之间的选择和流通，两个群体数量结构与三个市场供给结构，共同决定了市场起落兴衰。北京已经进入三个市场高度流通的时代，要从全流通的视角看待高房价背后的因素。

(一) 二手房成交占比高，乘数效应大

与新房一次性交易不同，二手房市场交易通常会触发连环交易，使最终交易总量高于初始购房需求。比如100个购房者，如果其中50个选择二手房市场，会触发50个存量业主换房(假定一户一套房)，这50个换房业主中若有25个进入二手房市场，又会激发另外25个业主换房。如此下去，触发的交易会越来越多，此即存量市场的交易乘数效应。假定选择二手房的比例为50%，连环单的链条长度为3单，则交易乘数为1.75。选择二手房的比例越高，换房比例越大，连环交易链条越长，则交易乘数越大，市场越容易繁荣，房价越容易快速上涨。

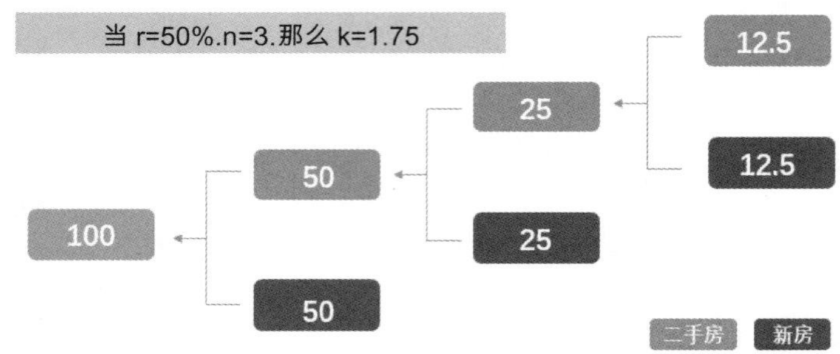

图11 存量市场交易的乘数效应简单示例

数据来源：贝壳研究院。

北京存量市场高度发展，2018年二手房成交占比76%，均居全国城市首位。2018年北京二手房市场的交易乘数为3.4，即10个首次购房者进入市场，最终会产生34单交易，这个效应高于上海及深圳。

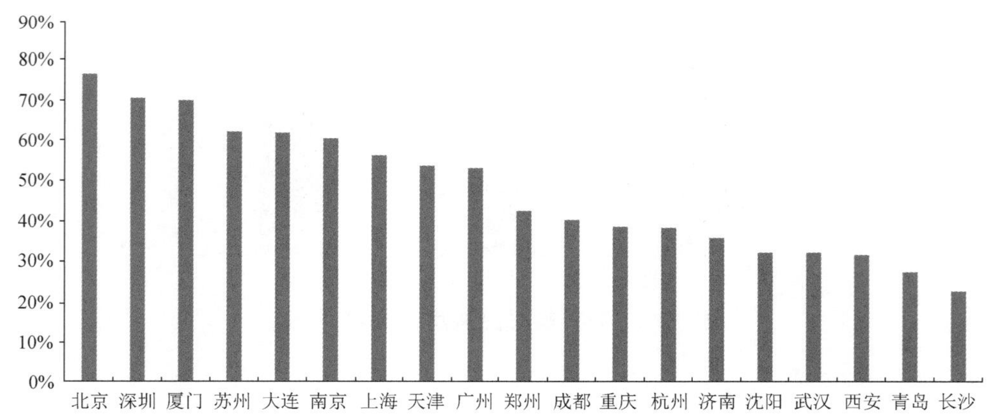

图12 2018年主要城市二手房成交占比

数据来源：贝壳研究院 Real Data 数据库。

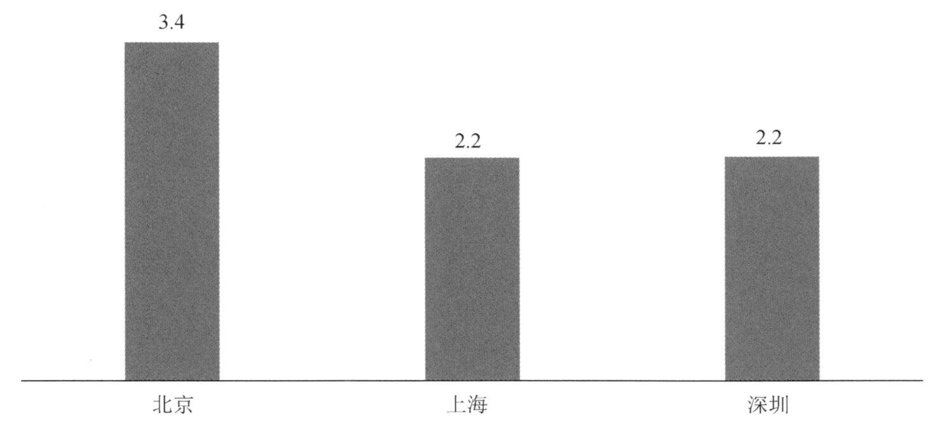

图 13　2018 年一线三城交易乘数对比

数据来源：贝壳研究院。

二手房市场比例高与新房供应数量和结构变化有关。2009 年北京二手房交易量首次超过新房，此后，新房供应不断走低，保障性及政策性住房挤压纯商品住宅供应。近年来，北京新房供应区域外移，产品偏向高端化，与年轻人首次置业的需求相背离。年轻刚需更多依赖二手房市场。

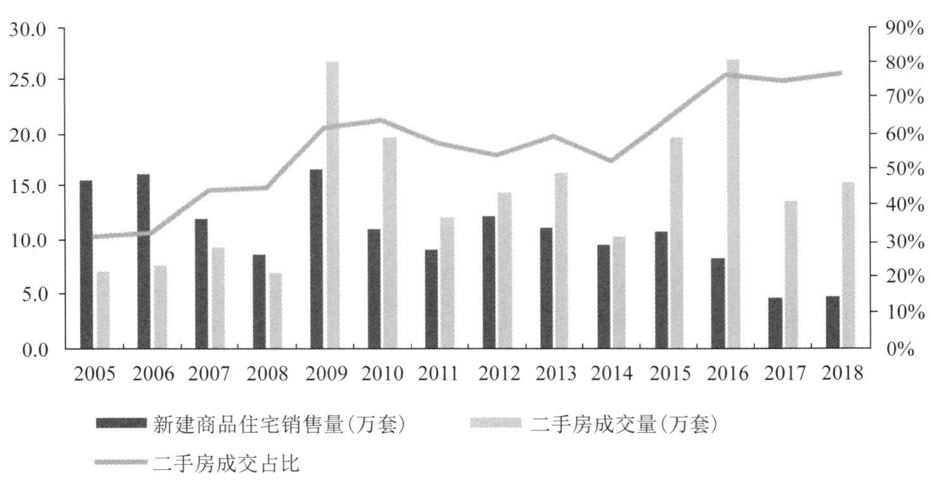

图 14　2005~2018 年北京新房和二手房成交走势及占比

数据来源：贝壳研究院 Real Data 数据库、天朗房研网。

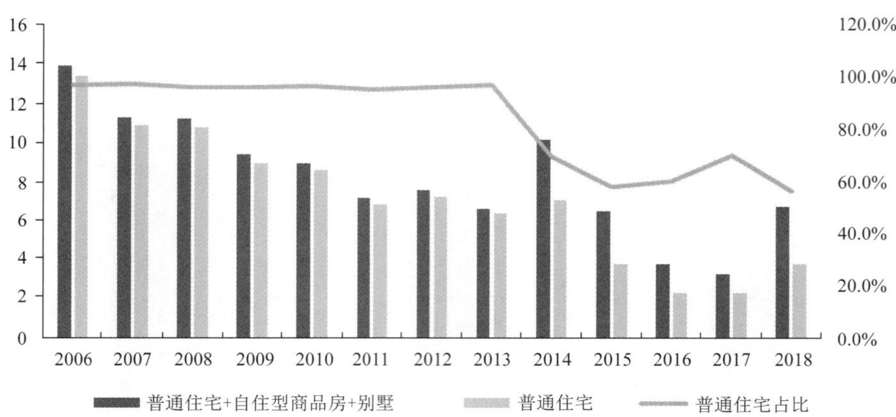

图 15　2006~2018 年北京新房供应数量（万套）及结构变动

数据来源：天朗房研网。

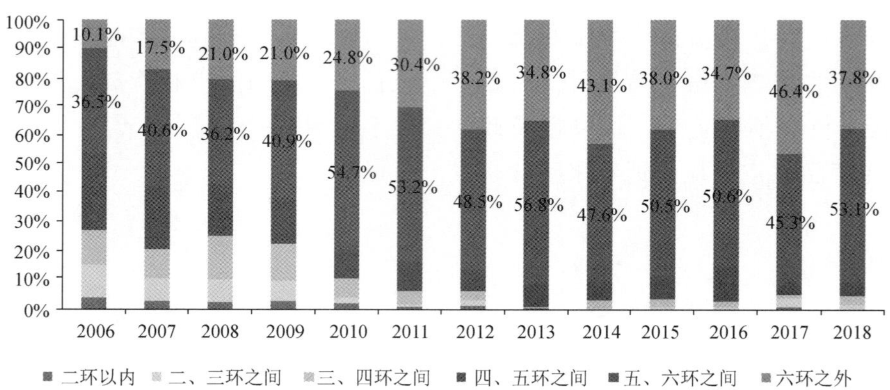

图 16　2006~2018 年北京新房供应环线分布

数据来源：天朗房研网。

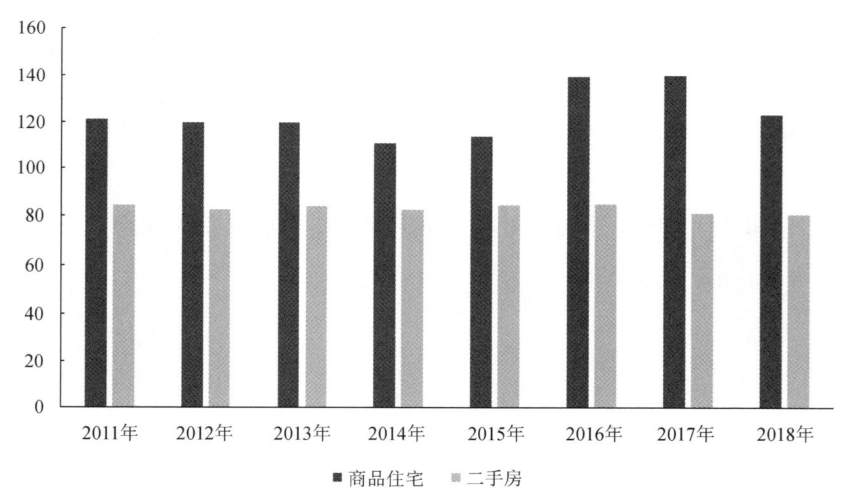

图 17　2011~2018 年北京新房及二手房成交套均面积（平方米）

数据来源：贝壳研究院 Real Data 数据库、天朗房研网。

（二）换房是房价上涨的主力

“卖一买一”的换房需求是市场的主力需求，决定了市场起伏的幅度。根据经纪人调研，北京的换房需求占比达到61.2%，在全国城市中排名第一。

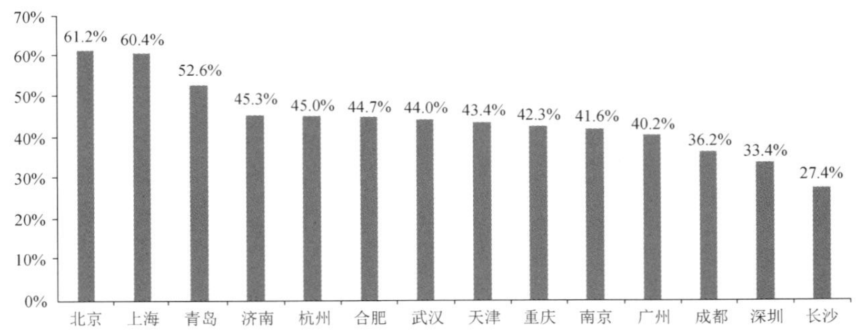

图18　重点城市存量市场上换房占比（2018）

数据来源：贝壳研究院。

第一，换房的购买力主要来自于资产而非现金流。对于有房换房群体而言，由于手中持有的房子不断升值，购房是“资产置换”行为，购买力不在于他们的收入现金流，而在于他们的资产，这导致以收入衡量购买力方式失效。

第二，换房群体对杠杆依赖度不高。有房群体通过换房实现改善，资金压力较小。购房面积越大、总价越高，贷款使用比例和贷款强度越低，对房贷政策调整不敏感。这就导致了高房价与杠杆不直接对应。

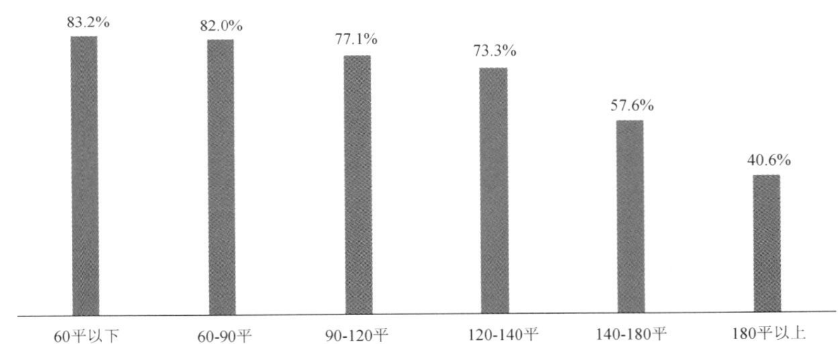

图19　2018年北京二手房成交中不同面积段房源贷款成交占比

数据来源：贝壳研究院 Real Data 数据库。

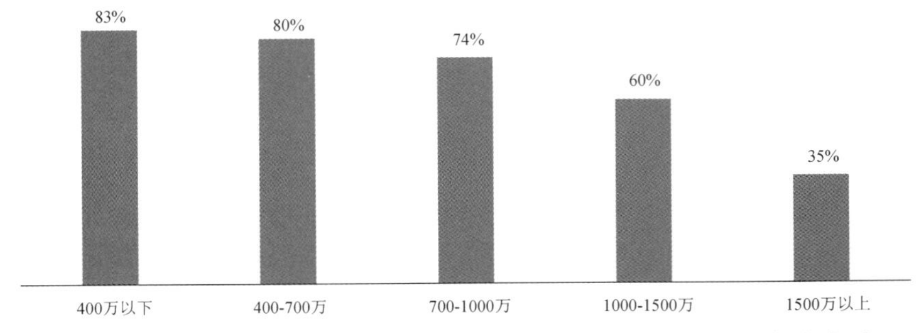

图20　2018年北京二手房成交中不同总价段房源贷款成交占比

数据来源：贝壳研究院 Real Data 数据库。

第三，换房行为决定了房价易涨难跌。在换房交易主导的市场中，市场上的供应者和需求者具有同一性，需求变动与供给变动同步同向，不会对市场供需结构产生影响。如市场低迷时，换房群体只会延迟购房需求，但并不会大幅降价换房。这就是北京房价“长涨短跌”的原因。

（三）换房比例高是住房制度转型导致

北京高换房占比有其历史源由。从上世纪90年代中期开始，全国探索住房制度改革，核心是将国家兴建的公房出售给个人，以弥补住房投资资金缺口。公房出售对象一般为中高收入人群，以财政补贴的方式低价出售，相当于将过去累积的公共财富转移给私人。到2008年，北京近90%的公房已经出售给私人，形成了相当高的住房自有率。

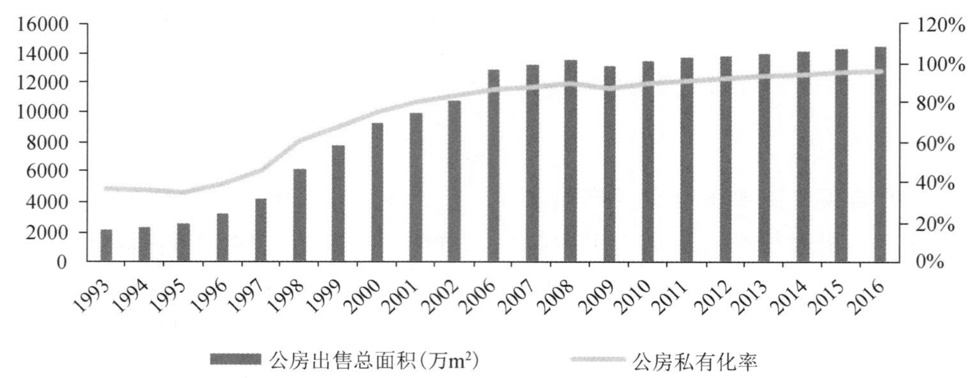

图21　1993~2016年北京公房出售面积与公房私有化率走势

数据来源：北京房地产统计年鉴。

1998年全面房改后，经济适用房以较低的价格向市场出售，购房者大多为中高收入人群。1999年，已售公房和经济适用房允许上市交易，使财政补贴通过市场价格的方式确定下来。

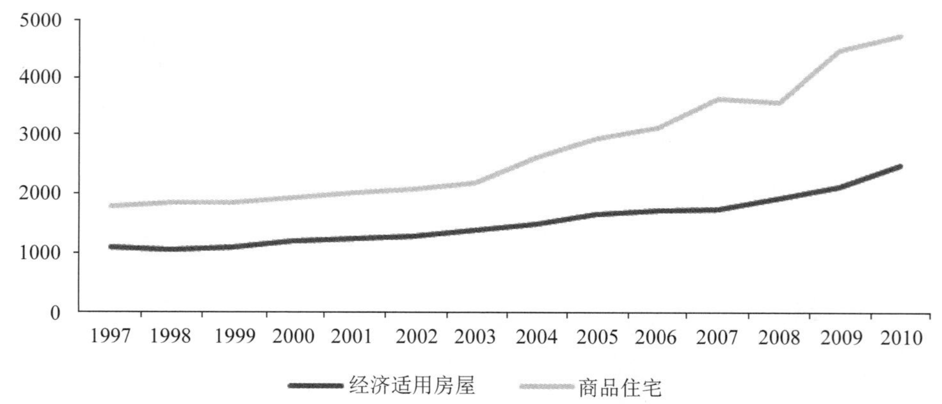

图22　1997~2010年经济适用住房与商品住宅平均销售价格（元/平方米）

数据来源：历年中国统计年鉴。

2008年以来，在通胀压力和金融杠杆支持下，前期以低价获得公房及经适房的家庭陆续进入改善换房阶段，将原有公房或经适房卖掉后购买面积更大、品质更好的新房。2006—2016

再上市的经适房及公房在二手房成交量中的比重达32.3%。

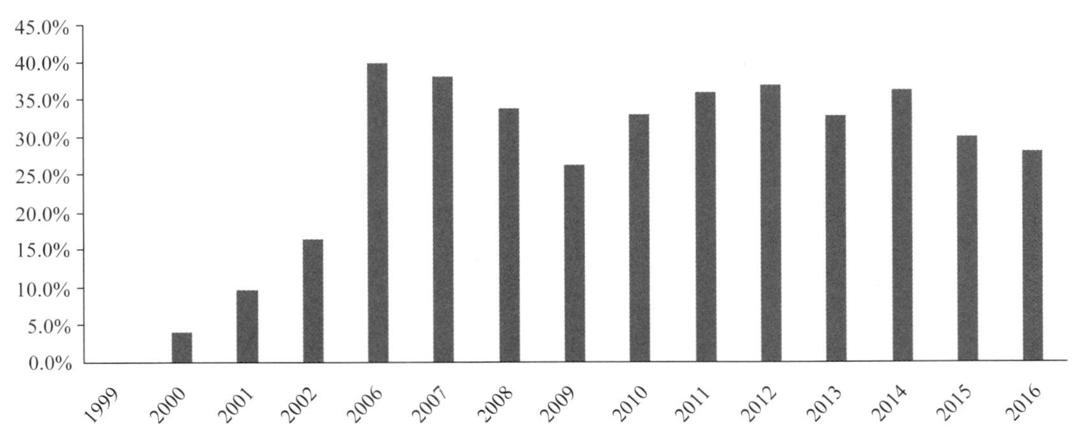

图23 1999~2016年北京再上市经济适用房及公房占二手房成交量的比重

数据来源：贝壳研究院Real Data数据库、北京市房地产年鉴。

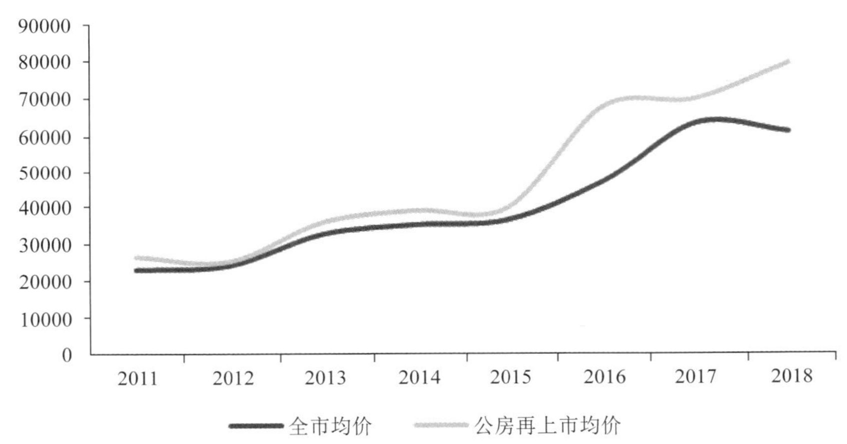

图24 2011~2018年北京公房再上市均价及全市总体均价（元/平方米）对比

数据来源：贝壳研究院Real Data数据库。

正是由于公房和经济适用房是以低价的方式出售，拿今天的市场租金与房价计算的租售比不合理，如果与当年的房价相比，实际上租售比并不算太低。

4. 市场周期取决于潜在需求的进入节奏

换房需求的释放需要以“池子”外部的需求为基础，潜在购房者进入市场的数量和节奏决定了房价上涨的周期。首次置业需求的快速释放为换房提供更多的“接盘者”，撬动更多换房连环单。当首次购房需求被抑制时，有房群体换房需求也受到影响，

第一，北京具有大量的潜在购房需求作为支撑。2017年北京常住外来人口为794.3万人，占常住人口比重为36.6%。无论是外来人口的规模还是比重，北京均居全国重点城市前列。这些需求是北京房价长期上涨的基础。

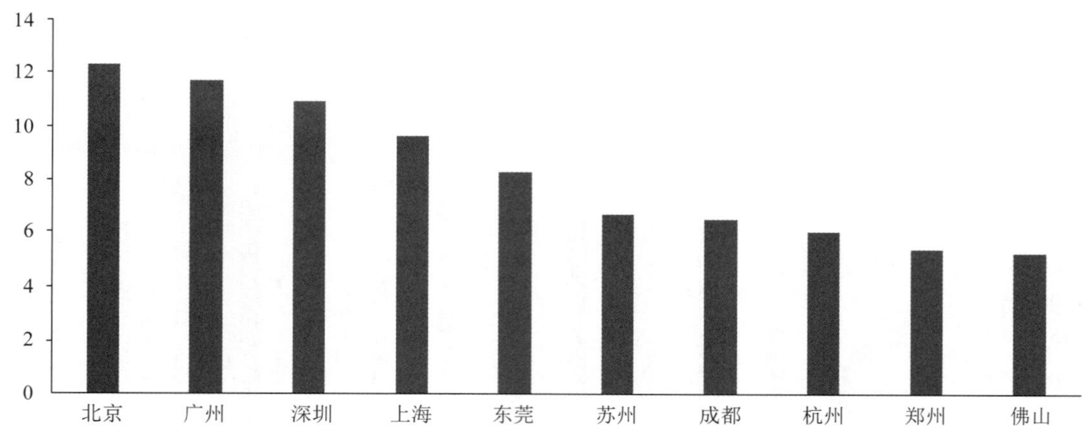

图 25　2018 年二季度人口吸引力指数① TOP10 城市

数据来源：百度地图。

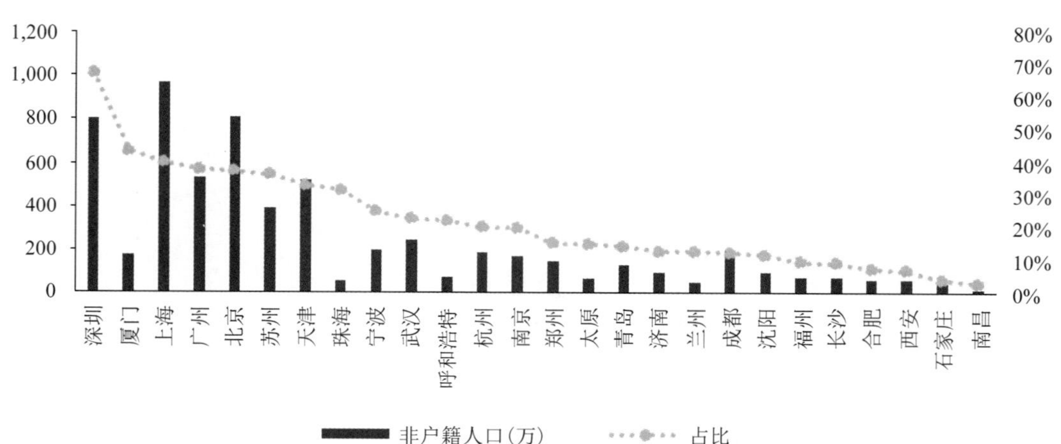

图 26　2018 年主要城市非户籍人口数量及占比②

数据来源：国家统计局。

第二，潜在购房群体进入市场的时间点决定了市场起伏的节奏。（1）首次购房者手中无房，只能高度依赖房贷杠杆，房贷政策的调整会对潜在购房群体进入市场的节奏形成直接影响。（2）首次购房者往往是外来人口，不具有本地户籍，对购房资质的管控决定刚需的进入节奏。历史上每一次抑制性调控都是通过限购或限贷挤出潜在购房者，每一次放松和刺激也都是让更多的潜在购房者能够进入市场。房地产是宏观经济的重要支柱，房地产市场受宏观政策影响，呈现出明显的周期变化。

① 人口吸引力指数来自百度地图发布的《2018 年二季度中国城市活力研究报告》，该报告采用城市常住人口吸引力指标作为评估城市吸引力核心指标，即该城市新流入常住人口与全国所有城市新流入常住人口均值的比值。

② 用城市非户籍人口近似替代常住外来人口。

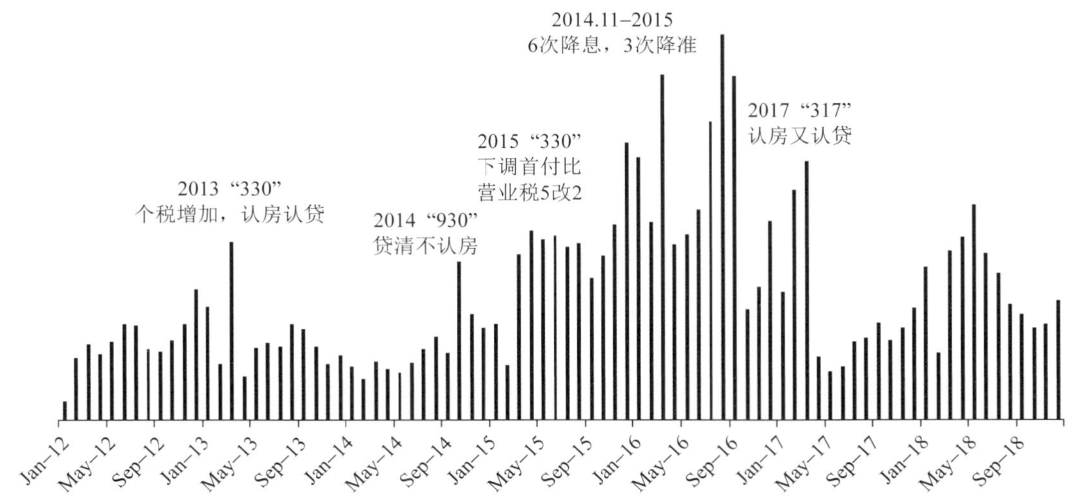

图 27　2012~2017 年北京二手房市场实时成交量随政策变动

数据来源：贝壳研究院 Real Data 数据库。

三、弱势回温

2018 年北京房地产市场在 2017 年的低位上温和复苏，呈现出前高后低的倒 U 形态势。从全流通的角度判断 2019 年北京市场的走势，有两个主线：第一，调控政策的边际修正以及房价的下跌使部分满足条件的刚需入场，带动换房链条；第二，新房供给的上升将分流二手需求，弱化交易乘数效应。总体来看，2019 年北京房地产市场将呈现弱势回温态势。

（一）政策边际修复

北京房地产近三轮周期中市场的升温或房价上涨源于调控政策的刺激，而最关键的因素是房贷政策的宽松，以首付比和房贷利率为重要标志。本轮调控政策的力度和持续时间均达到历史上最高，包括限价、限购、限贷等政策层层加码，认房认贷的政策严重打击了换房需求。从目前来看，北京调控取得阶段性成果，房价基本处于平稳略有下跌的状态。因此，2019 年房地产政策不会再继续紧缩。

表 3　2008—2016 年北京房地产市场周期及政策变动汇总

周期	时间段		周期拐点	政策出台期	政策内容
第一周期	市场差	2008	2009. 4	2008. 9-2008. 12	政策利好：5 次降息、税减免、首付调低
	市场好	2009-2010	2011. 3	2010. 10-2011. 4	政策收紧：5 次加息、二套首付调高
第二周期	市场差	2011	2012. 6	2012. 6-2012. 7	政策利好：2 次降息
	市场好	2012-2013	2014. 1	2013	政策收紧：二手房纳入调控、认房认贷、调整个税征收方式
第三周期	市场差	2014	2015. 4	2014. 9-2015. 3	政策利好：贷清不认房、降息、税收减免、调整普宅标准
	市场好	2015-2016	2016. 1	2016. 9	政策收紧：首付调高

来源：贝壳研究院。

前期高压的房地产调控主要以行政管制为主，这种管制不可避免地带来一些扭曲市场的负面效果，如大量高均价的房子无法网签，限价房使新房建设质量问题受到质疑。在前期紧调控创造的平稳市场环境中，在坚持“房住不炒”，支持正常自住需求的前提下，可能对前期过度干预的政策进行纠偏与完善，如对过去限价、限制签约的规定进行调整。可能发生的政策变动是：

（1）取消限售，支持正常换房需求释放。当前北京部分限竞房项目要求在取得不动产权证书5年后方可买卖，限售本意在抑制投机行为，但同时抑制供给，一定程度上阻碍正常换房需求释放。

（2）调整普通住宅认定标准，减轻购房者尤其是换房者的首付及税费负担。普宅标准的调整本应是一项常规工作，但北京市现行普宅认定标准是2014年10月8日开始执行的，到如今已过4年多。2018年北京二手房成交均价比2014年上涨逾70%，市场上普宅占比下降至不足一半，普宅标准与市场严重不相适应，亟待调整。当前在“认房又认贷”的政策下，二套普宅与非普宅首付比例差20个百分点，标准的调整可促进换房需求的释放。

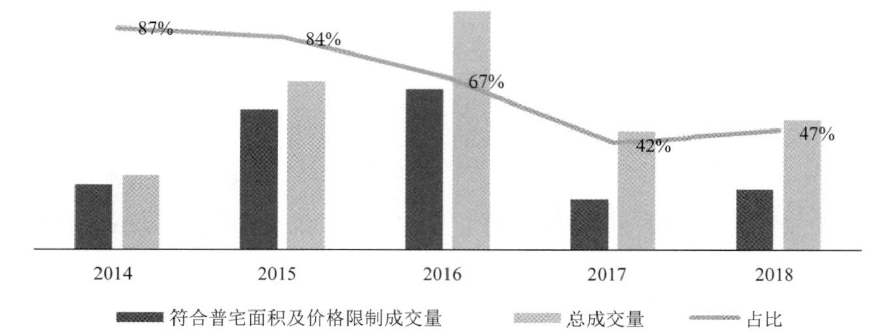

图28 2014~2018年北京市符合普宅面积与价格限制的二手房成交占比变化

数据来源：贝壳研究院 Real Data 数据库。

（3）首套与换房房贷利率趋同，降低换房群体月供压力。在首付比执行“认房又认贷”的前提下，卖一买一换房需求的房贷利率与首套持平，保护正常换房需求，该利率可逐步下调以适当减轻购房者月供压力。

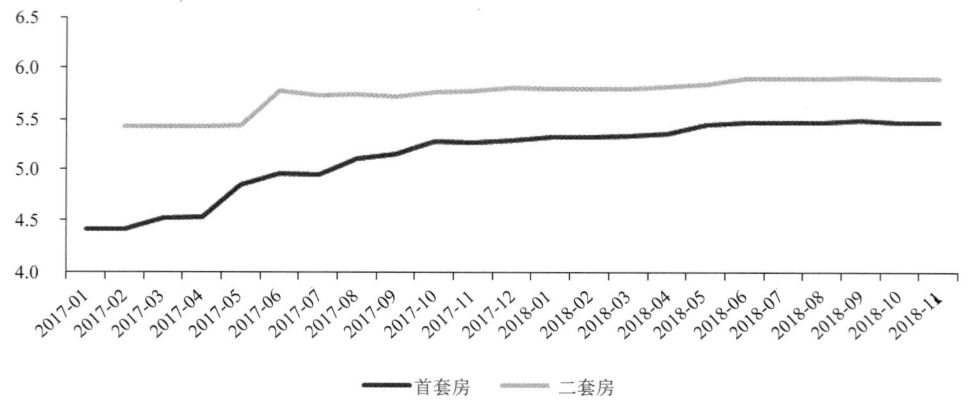

图29 2017~2018年北京首套和非首套房贷利率（%）

数据来源：wind。

（4）在商住公寓纳入住房限购套数认定范围的前提及明确商住公寓居住配套规范前提下，可能适当放开其销售对象。商住产品单价较低，其销售对象的放开可在一定程度上降低刚需群体入市门槛。

表4　北京房地产市场调控未来走向

类型	政策	方向
放开非必要行政干预	限签	放开，向市场释放准确价格信号
	限价	
	个人限售	放开或降低年限，保护正常自住需求
	商办项目出售对象管控	限购前提下，存量允许出售给个人，降低刚需入市门槛
支持正常自主需求	普宅标准	调整标准适应市场，降低交易税费
	首套房及换房贷款利率	可适当降低
“房住不炒”坚决抑制投资	二套房认定标准	“认房认贷”不改变
	购房首付比例	不宜发生较大变动
	法拍房、商办项目限购	不放松
	限离	
	企业限售	
	非户籍限购标准	不放宽

资料来源：贝壳研究院整理。

但行政政策的边际放松只是向市场的回归，不能视为政策转向，北京重启房地产刺激可能性不大。首先，北京房地产市场需要与首都功能和定位相协调，经济增长速度放缓对北京的挑战没有其他城市那么大，政府不会诉诸于刺激房地产来拉动经济增长。其次，北京房地产市场主要以二手房为主，即便市场好转对拉动房地产开发投资作用也不大，只会进一步刺激房价上涨。第三，2018 年房地产市场回归到一个正常合理的水平，没有出现“大落”的风险，不存在“救市”的必要性。第四，北京房地产市场的需求韧性较强，政策的变化对市场预期会有较大的影响，当前市场尽管暂时处于平衡之中，但这种平衡也是刀刃上的平衡，政策的连续性和稳定性对北京来说尤为重要。

基于此，2019 年市场调控的基调是以稳为主，巩固前期调控的成果，以此建立长效管理机制。首先，由于对市场的影响太大，认房认贷的政策不大可能取消，购房首付比例短期不会调整；其次，对购房资格的限制不大可能取消；第三，一些打补丁的政策，如限制离婚购房资质、限制企业购房等政策短期不大会放松。

（二）刚需再起

政策的放松使潜在购房者得以进入市场。过去每次市场的升温几乎都来自首次置业的进入。如，2018 年上半年的市场复苏阶段，外围城区低总价房源的交易占比提升。

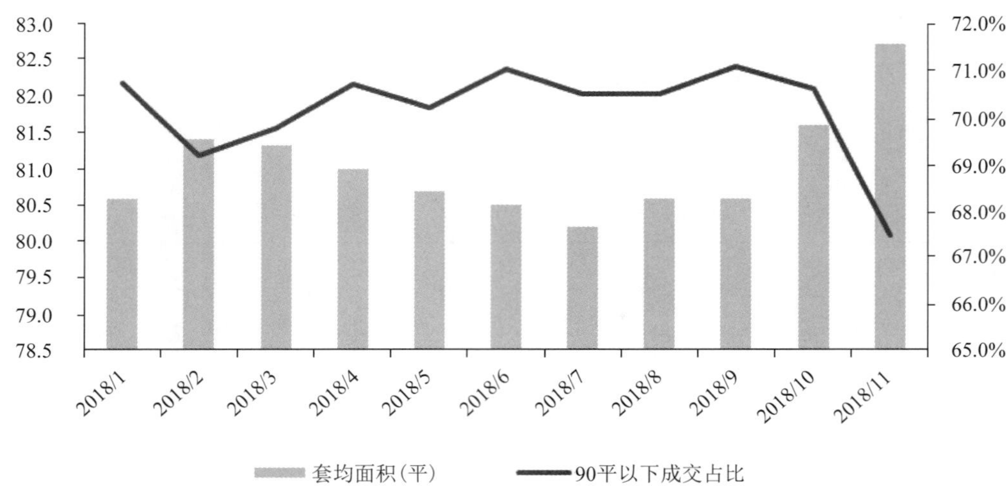

图 30　2018 年北京市二手房成交套均面积及 90 平以下小户型成交占比走势

数据来源：贝壳研究院 Real Data 数据库。

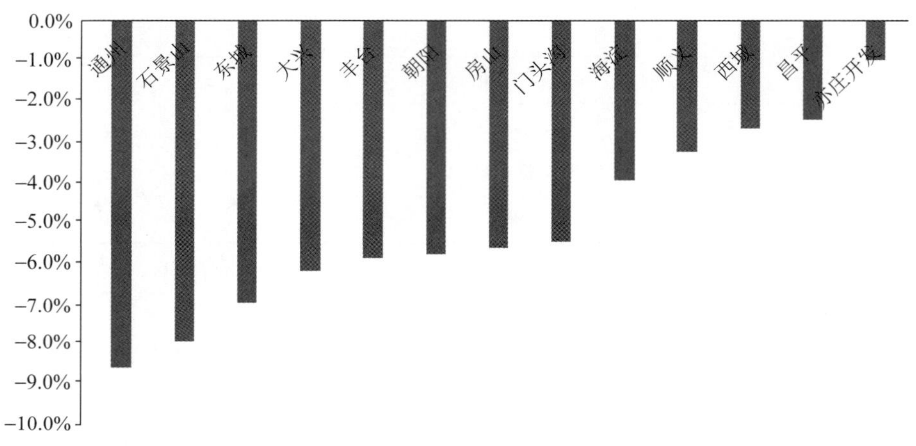

图 31　2018 年北京市 13 区二手房成交均价同比

数据来源：贝壳研究院 Real Data 数据库。

经过长达 20 个月的价格调整，2018 年 12 月二手房成交均价跌至 2016 年同期水平之下，通州、大兴、昌平等城区的价格有明显下跌，部分等待观望的首次置业需求将补位入市，从而撬动换房链条。

但是，与过去不同的是，公积金政策的调整使首次购房需求的释放力度减弱。2018 年 9 月公积金贷款政策调整，首付比例与商贷看齐，贷款额度与缴存年限挂钩。调整前后公积金贷款占比下滑 20 个百分点，导致成交进一步下滑，并重启均价下跌模式。

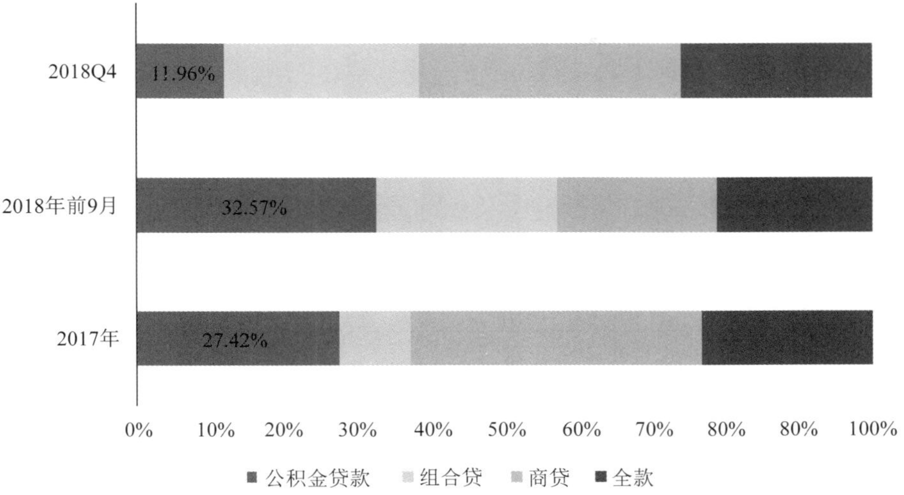

图 32 2017~2018 年北京二手房成交中购房付款方式分布

数据来源：贝壳研究院 Real Data 数据库。

（三）二手房筑底回温

随着首次置业需求释放，2018 年末 2019 年初北京存量市场升温苗头已现。2018 年 12 月市场实时成交低位环比增加 24.7%。随着成交的走高，市场可售房源量也开始高位回落。

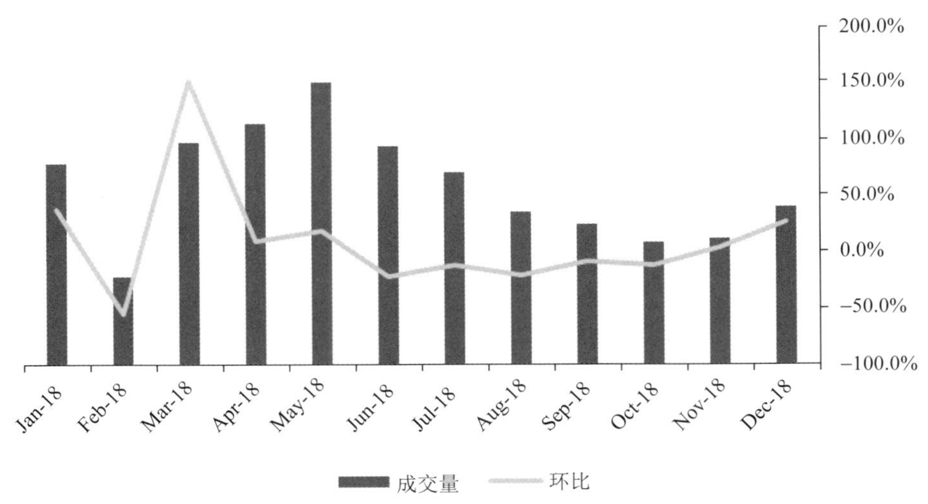

图 33 2018 年北京二手房成交量及环比

数据来源：贝壳研究院 Real Data 数据库。

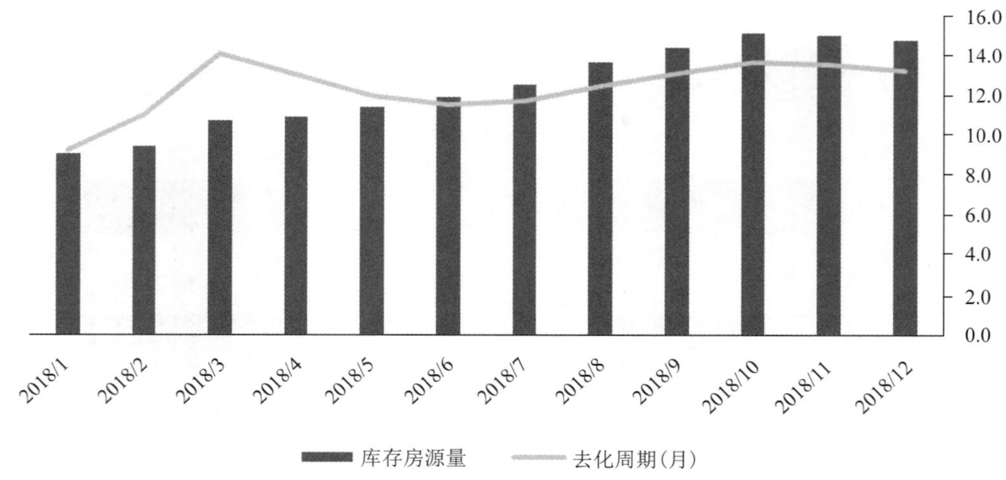

图 34 2018 年库存房源量及去化周期

数据来源：贝壳研究院 Real Data 数据库。

随着年末需求的回暖以及近期政策松动的预期蔓延，二手房市场买卖双方预期有所改善。12 月新增客源及带看量均结束下行态势，环比分别增加 13. 1%和 10. 6%，近两月带看成交比持续下降，市场成交效率逐渐提升。业主端调价中涨价次数占比升至 12%，议价空间结束持续扩大趋势，12 月收窄至 5%。

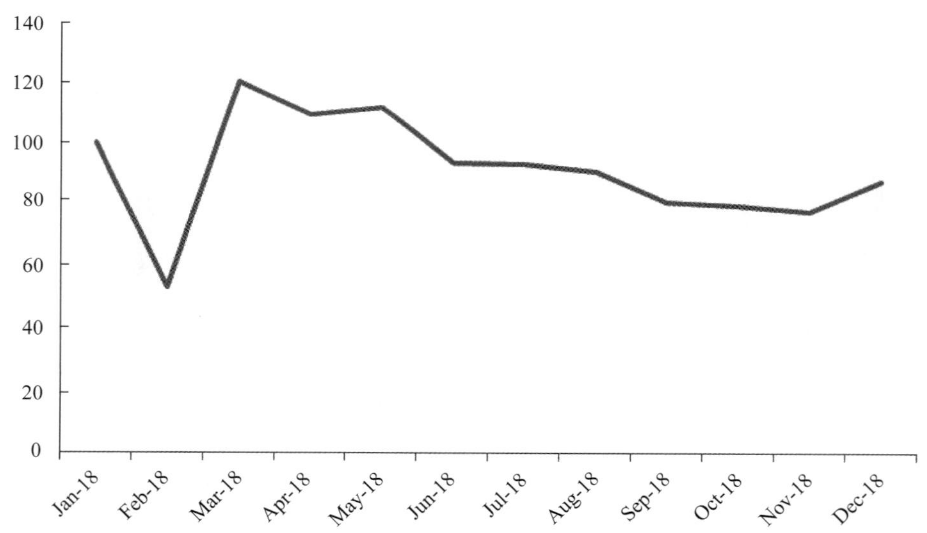

图 35 北京二手房新增客源走势（以 2018 年 1 月值为 100）

数据来源：贝壳研究院 Real Data 数据库。

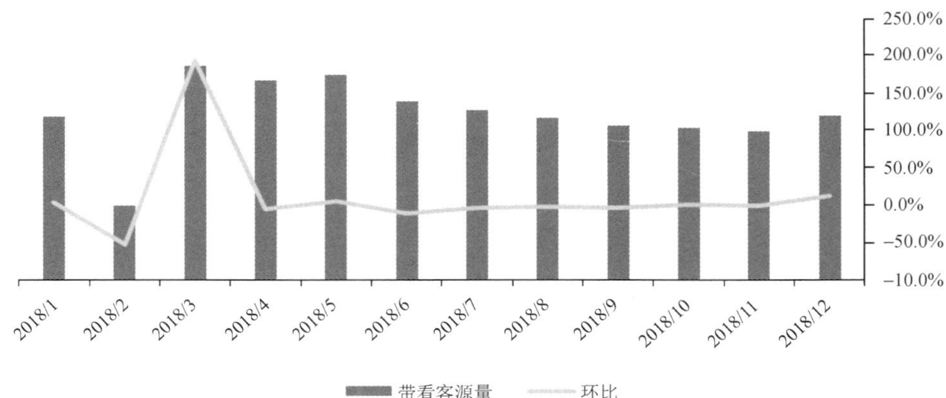

图 36 2018 年北京新增带看客源量及环比走势

数据来源：贝壳研究院 Real Data 数据库。

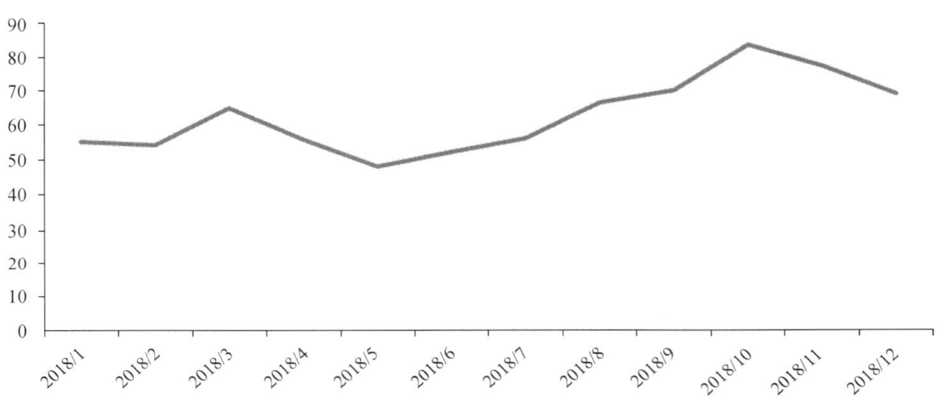

图 37 2018 年带看成交比走势

数据来源：贝壳研究院 Real Data 数据库。

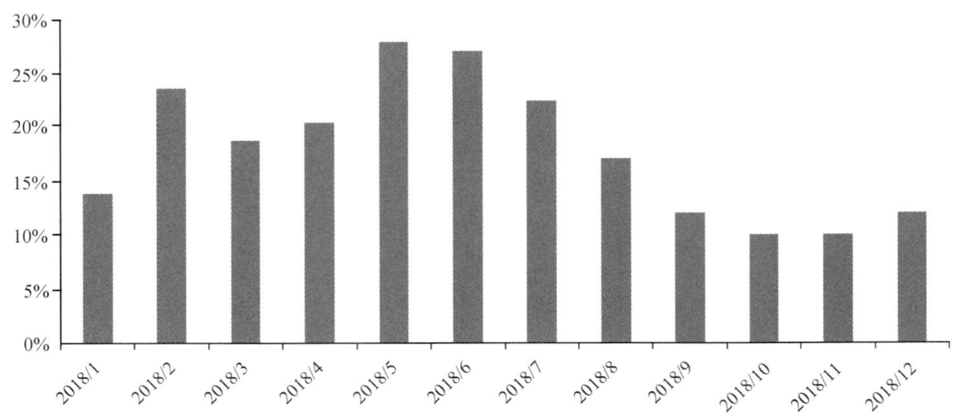

图 38 2018 年调价中涨价次数占比走势

数据来源：贝壳研究院 Real Data 数据库。

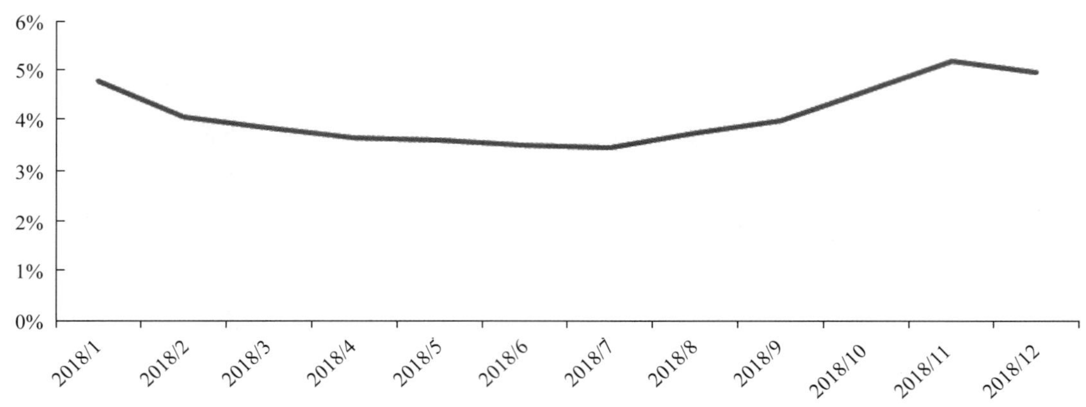

图 39　2018 年北京议价空间走势

数据来源：贝壳研究院 Real Data 数据库。

（四）新房供应放量

2018 年北京商品住宅供应量 6.7 万套，创近四年最高，同比翻倍，是 2007 年以来新房供应最大增幅。截至 2018 年末，北京市取证待售商品住宅 8.7 万套，相当于过去新房年度交易量的 2 倍左右。此外，2018 年成交纯商品住宅用地规划建面 385.7 万平方米，其中执行 90/70 政策的占比 67.7%，该占比高于 2017 年水平，共有产权房建设用地规划建面 107.7 万平方米。粗略匡算，2018 年入市的商品住宅用地可转化为 4 万余套刚需房源（共有产权房及 90 平方米以下的纯商品住宅）及近 1 万套面积改善房源。2019 年新房供应充足，将进一步分流二手房市场需求。

从城区结构来看，2018 年末商品住宅库存份额 TOP5 城区分别是朝阳、大兴、顺义、昌平及丰台，这五区 2019 年商品住宅库存压力大于其他城区。

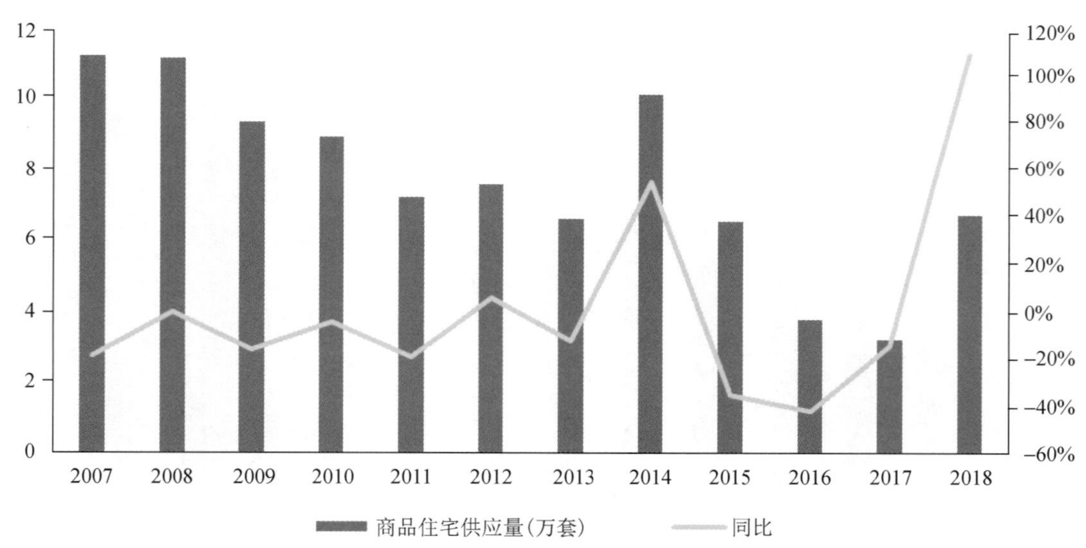

图 40　2007~2018 年北京商品住宅供应量及同比走势

数据来源：天朗房研网。

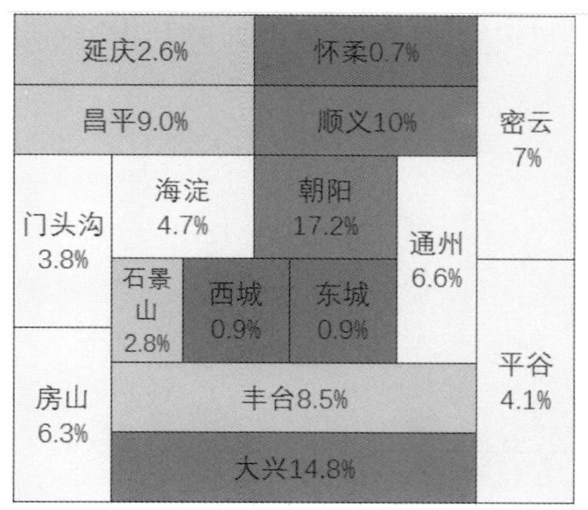

图 41 2018 年末北京商品住宅存量分布

数据来源：天朗房研网。

图 42 2018 年北京商品住宅用地成交占比

数据来源：天朗房研网。

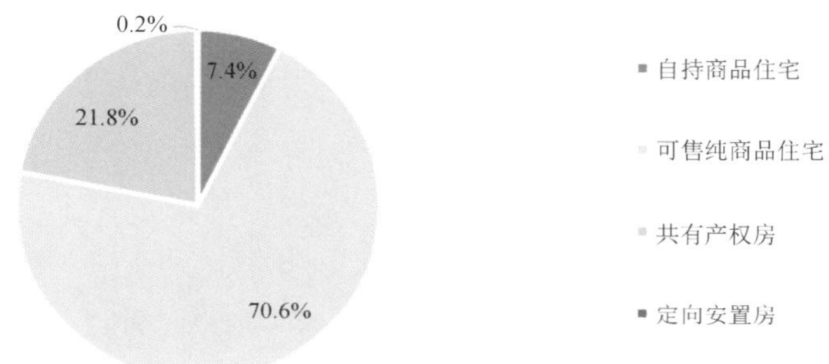

图 43 2018 年北京住宅建设用地成交结构

数据来源：贝壳研究院。

2018 年北京新房（限竞房为主）供应同比翻倍，且位置有所优化，户型偏小总价低，对二手房形成分流作用。预计这一趋势将延续至 2019 年，二手房交易乘数将进一步弱化。

跟过去高端化、豪宅化的新房产品不同，2018 年的新房主要为限竞房，对二手房具有明显的替代效应。首先，产品区域比过去更偏向城区，2018 年中心城六区供应占比明显高于此前两年。

图 44 2016~2018 年北京新房供应区域分布

数据来源：天朗房研网。

其次，新房产品和价格“刚需化”。受“90/70”政策影响，2018年供应的新建商品住宅户型趋小，90平方米以下小户型占比达60%。

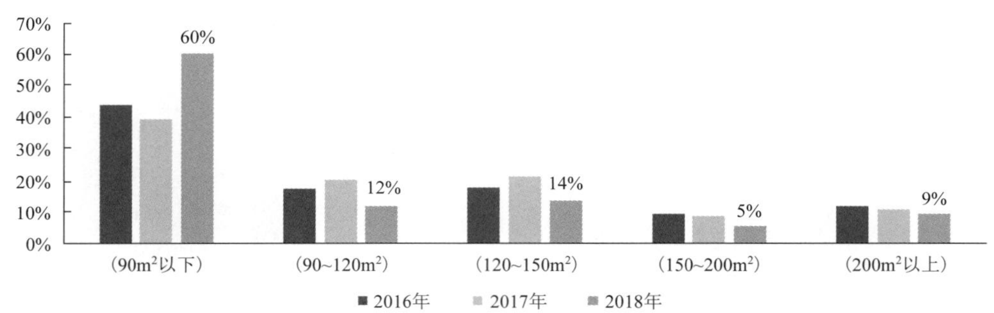

图45　2016~2018年北京新房供应面积分布

数据来源：天朗房研网。

6月以来随着限竞房的集中入市，新房成交占比走高，到10月达40%的高位。限竞房总价以400万-600万为主，2018年6月到10月，处在该总价段内的北京新房交易量持续上升，而相应的二手房交易量持续下降，分流作用明显。

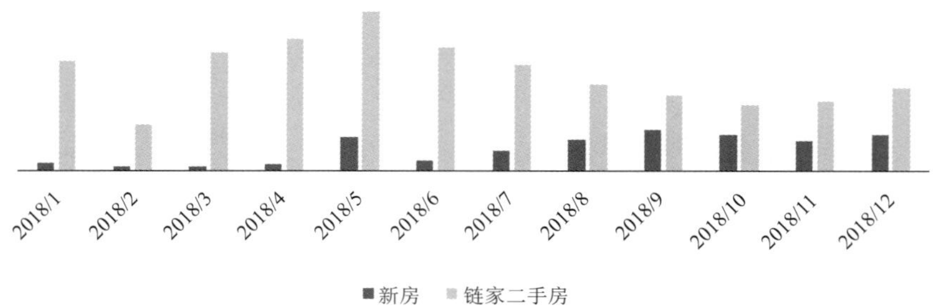

图46　2018年400-600W北京新房、链家二手住宅成交套数走势

数据来源：贝壳研究院Real Data数据库、天朗房研网。

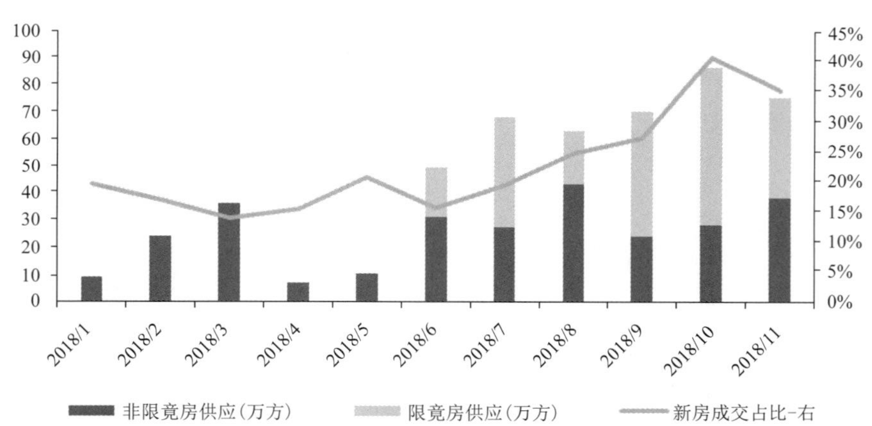

图47　2018年北京新房成交占比月度走势

数据来源：贝壳研究院Real Data数据库、龙湖。

（五）土地市场升温

2019年调控政策边际改善，需求增加，土地供应预计同步增加。受市场环境低温以及建设、销售环节限制等因素影响，2018年开发商拿地积极性不高。2018年北京市成交住宅用地规划建面624.5万平方米，同比减少35.6%。土地拍卖溢价率15.4%，比2017年下降超过10个百分点；土拍楼面价23499元/平方米，环比下跌5.1%。全年流拍住宅用地规划建面115.8万平方米，创近五年新高。预计随着市场上刚需房源库存的增加，90/70限制会有所放开，开发商拿地积极性有所上升。

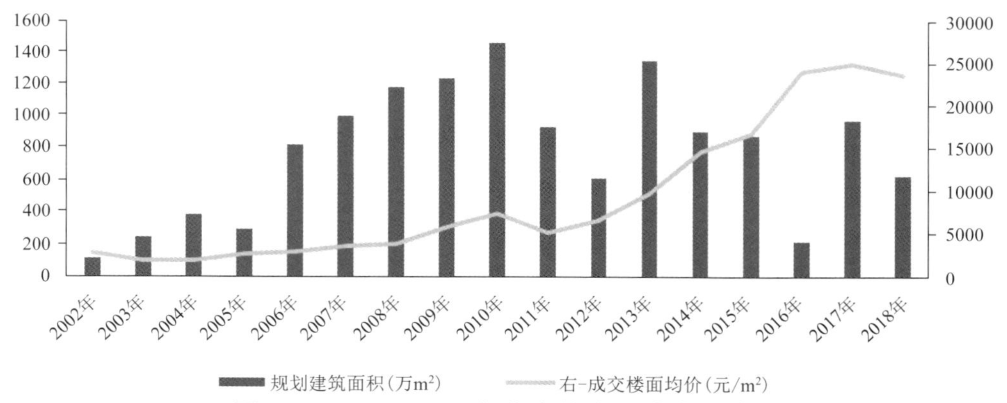

图48　2002~2018年北京住宅用地成交情况

数据来源：天朗房研网。

四、等待刚需

从中长期看，由于人口增长放缓、购买力支撑力度减弱，市场负反馈效应的制约，北京房价快速上涨的时代已经结束，未来房价上涨将转入中低速状态。北京房地产市场的未来希望在于刚需的生长，需要大力培育发展租赁市场，为潜在购房者提供稳定的生长空间。

（一）房价由快速上涨转向中低速

北京房价已经处于畸高的水平，高房价的负反馈使房价快速上涨缺乏增量基础。

首先，年轻首置群体“上车”越来越难。2017年北京首置群体的首付收入比为23，首次购房者不得不用更长的时间储蓄。首次购房者购房条件恶化，不得不向“老破小”妥协。

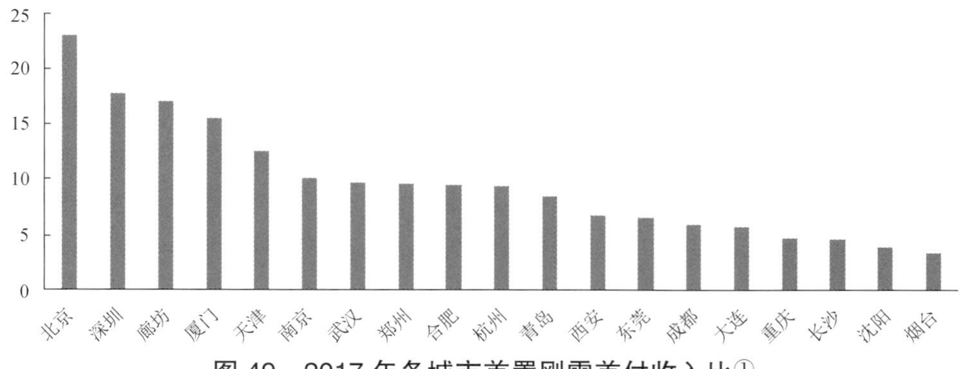

图49　2017年各城市首置刚需首付收入比①

数据来源：贝壳研究院测算。

① 首置首付收入比=两居及以下且80平及以下套均总价＊首套最低首付比例/城镇人均可支配收入。

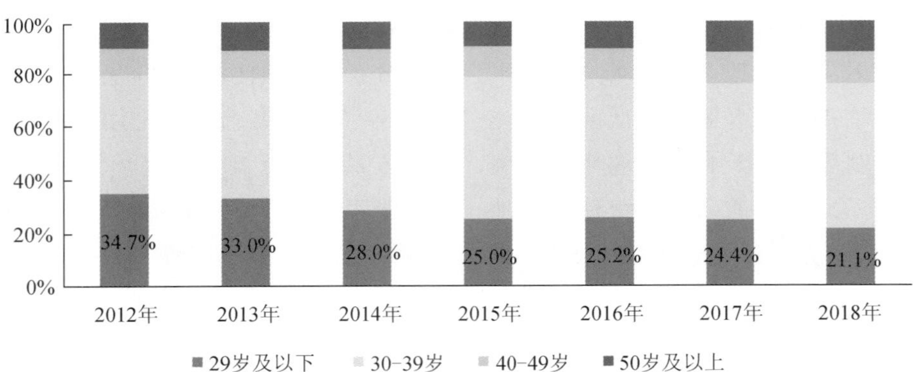

图 50 2012~2018 年北京二手房购房者年龄分布

数据来源：贝壳研究院 Real Data 数据库。

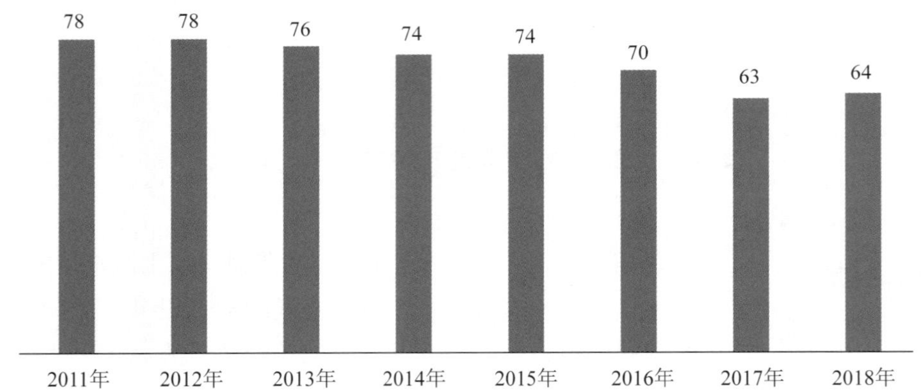

图 51 2011~2018 年 400 万以下房源成交套均面积走势

数据来源：贝壳研究院 Real Data 数据库。

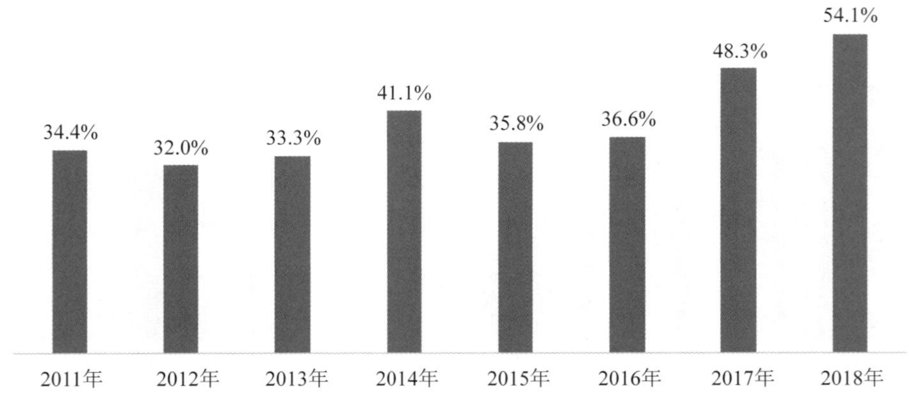

图 52 2011~2018 年 400 万以下房源中 20 年以上老房子占比

数据来源：贝壳研究院 Real Data 数据库。

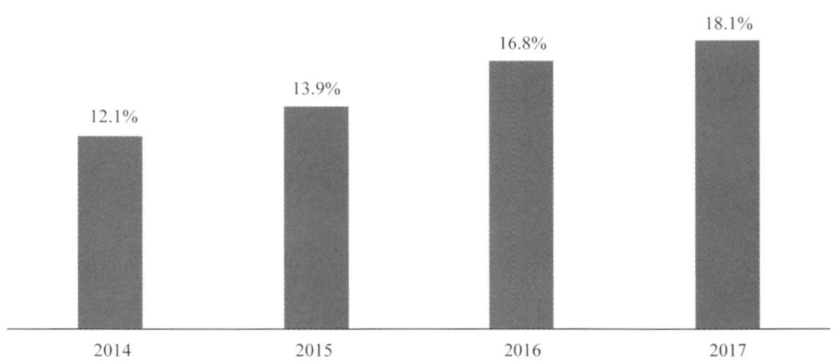

图 53　2014~2017 年 60 平以下小户型外围城七区①成交占比

数据来源：贝壳研究院 Real Data 数据库。

其次，换房链条受到制约。随着房价快速上涨，换房者要付出的成本也在上升，表现在换房前后平均面积差缩小，以旧换新的占比下降，换房的资金缺口逐年扩大。在缺乏刚需接盘的情况下，换房链条也受到制约。

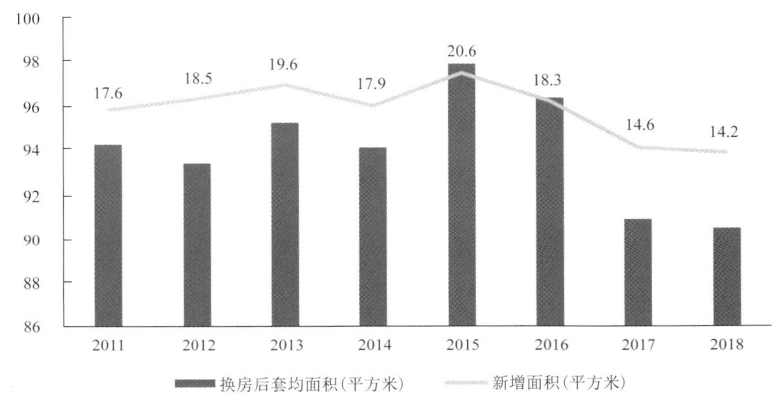

图 54　2011~2018 年北京换房前后平均面积差（平方米）变化

数据来源：贝壳研究院 Real Data 数据库。

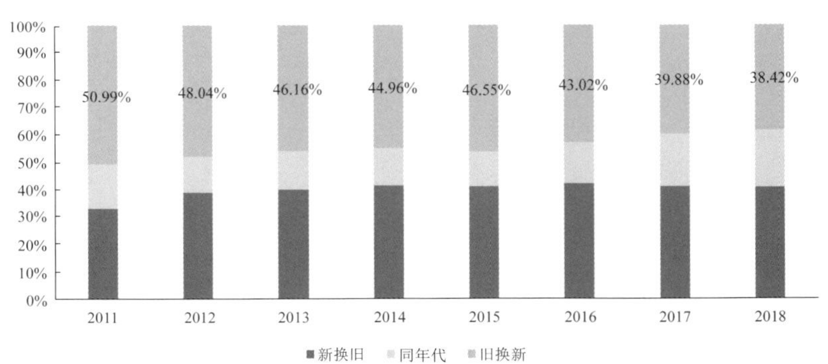

图 55　2011~2018 年北京换房前后房屋建成年代变化

数据来源：贝壳研究院 Real Data 数据库。

---

① 外围城七区：通州、昌平、大兴、顺义、房山、门头沟及亦庄开发区。

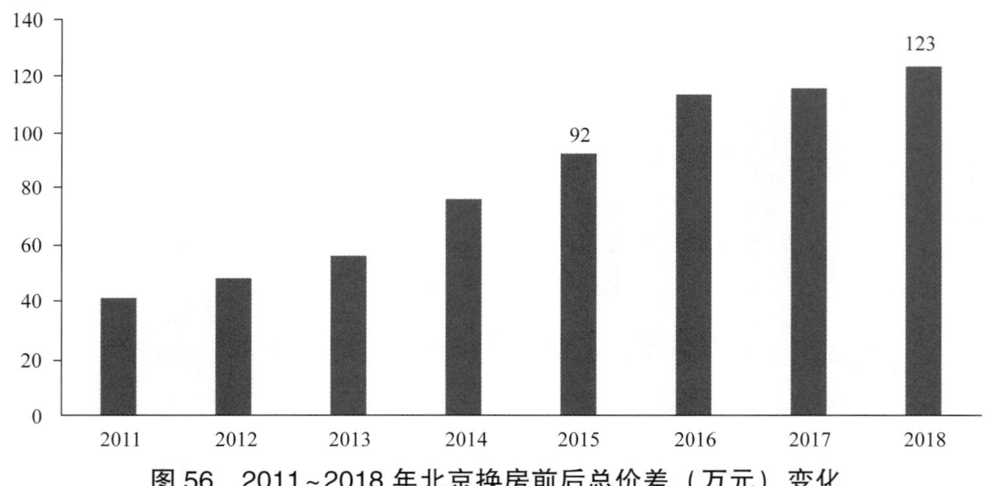

图 56　2011~2018 年北京换房前后总价差（万元）变化

数据来源：贝壳研究院 Real Data 数据库。

第三，中长期新增需求乏力不支持房价快速上涨。进入上世纪 90 年代后北京的“婴儿潮”结束，户籍出生人口数持续下降，并低位保持十几年，这意味着未来十几年北京市场繁荣的人口动力不足。同时，租赁和新房的供给增加，使年轻人的选择范围增加，摆脱对二手房市场的高度依赖。

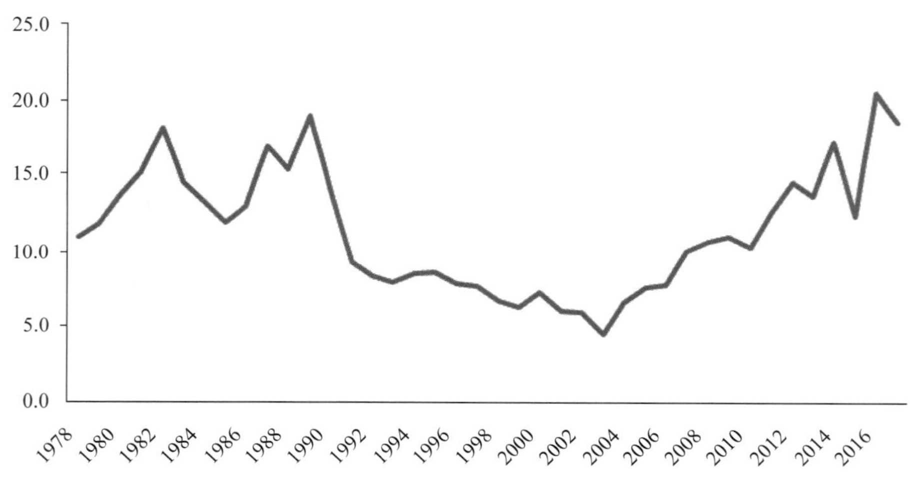

图 57　1978~2016 年北京市户籍出生人口（万人）走势

数据来源：北京市统计局。

第四，首次购房者加杠杆空间有限。尽管北京总体居民购房交易杠杆并不高，但首置刚需群体的杠杆较高，偿债压力较大。首置群体的月供流水超过 50%，且工作年限越短月供压力越大。2016—2017 年，入门级刚需月供经历了较快增加，偿债压力较大。首次购房者已经不能再进一步加杠杆。

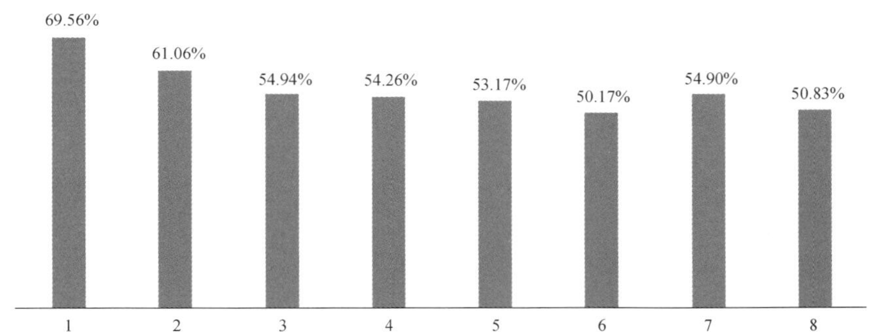

图 58　2018 年北京二手房市场不同工作年限首置群体的月供流水比

数据来源：贝壳研究院 Real Data 数据库。

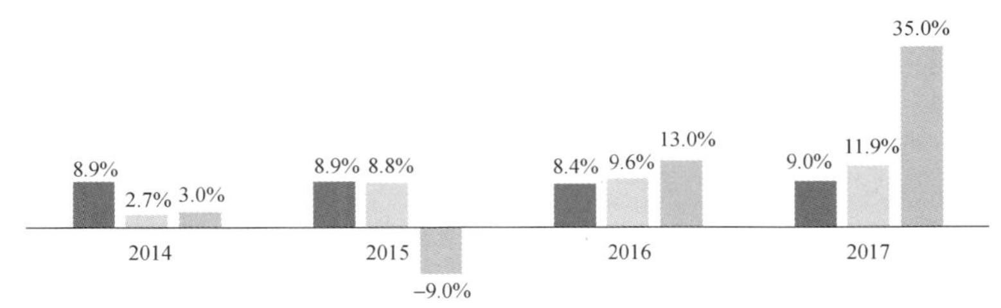

图 59　2014~2017 年北京市居民购房商业贷款月供与人均可支配收入变动情况

数据来源：贝壳研究院 Real Data 数据库。

（二）租赁是未来的希望

北京房地产市场未来的繁荣不能依赖居民加杠杆。虽然当前北京购房杠杆率较低，但年轻人加杠杆蕴含的风险不容忽视。当前我国的住房金融政策应极力避免首次置业群体的杠杆再度扩大，而是等待首次购房者的生长。这就需要稳定健康的租赁市场。

当前北京租赁市场发展滞后，相关法律法规极度缺失。与其他国际大城市相比，北京租购市场明显失衡，表现在：

（1）租赁人口占比偏低，北京租赁人口占比为 38%，低于其他国际大都市。

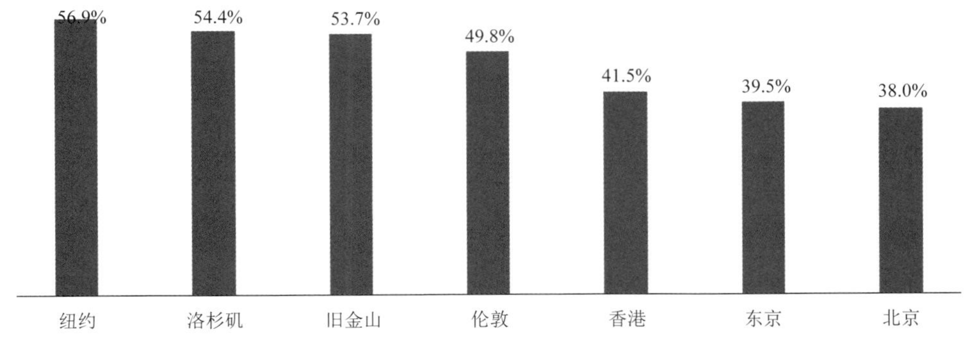

图 60　2018 年国际大都市租赁人口占比情况

数据来源：美国人口调查局，英国统计局，香港统计局，日本总务省统计局，北京市统计局。

（2）租赁房源供给数量和占比偏低，目前北京私人租赁市场的供给房源量占存量比重仅为23.1%，租赁住房供给数量缺少100万套，人均租赁面积仅15平方米左右，大部分租客以合租为主。

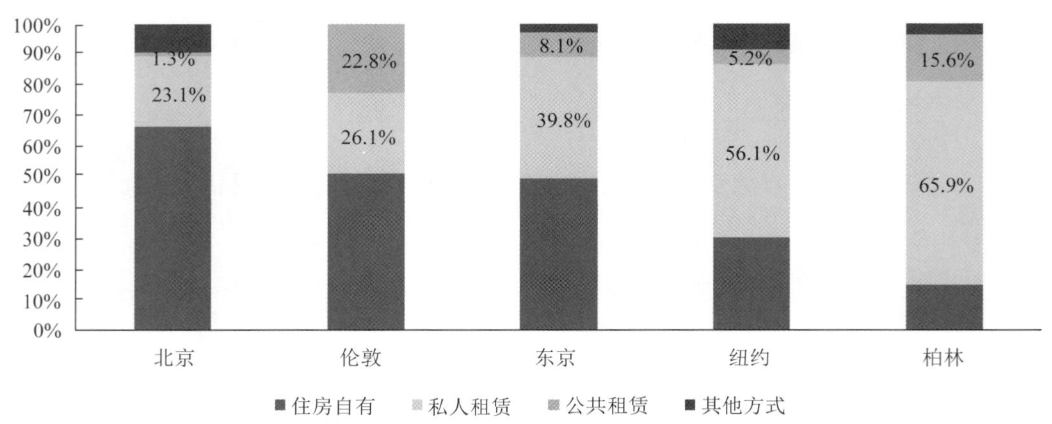

图61　国际大都市住房结构

数据来源：北京数据根据链家楼盘字典测算；纽约数据来自《2014年纽约市住房与空置情况调查》、纽约市房屋局（NYCHA）（2014年数据）；东京数据来自总务省《住宅·土地统计调查》（2013年数据）；伦敦住房数据来自英国国家统计署（2015年数据）；柏林数据来自2011年德国人口普查（2011年数据）。

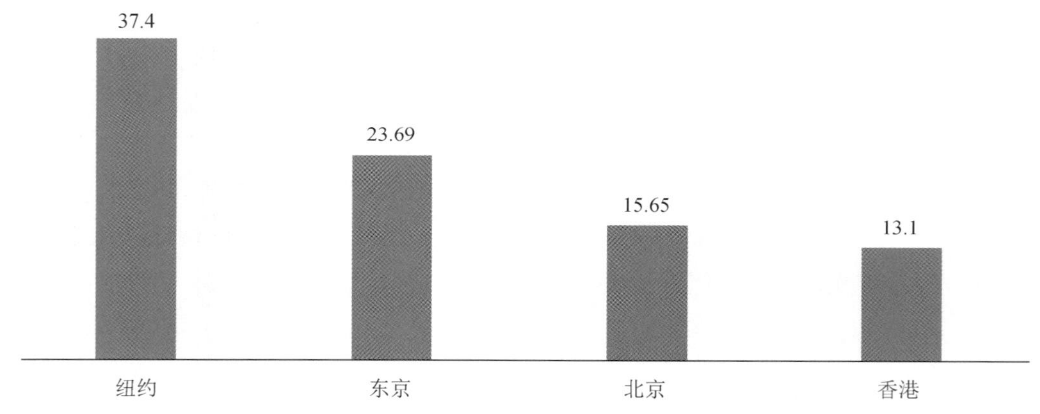

图62　国际大都市租赁人均居住面积对比

数据来源：美国人口调查局，香港统计局，日本总务省统计局，国家统计局。

（3）北京租赁不稳定，租户平均租期约8个月，相比而言，德国租客平均租赁时长为11年，英国平均租期也为2.5年。

租赁市场的发展有助于延缓购房需求释放的速度，减少房价上涨造成的社会矛盾，降低社会风险。采取既能在短期内稳增长，也能在长期内调结构的政策，如buy to let，通过税收优惠，鼓励居民购房用于出租；build to let，鼓励一线城市通过集体建设用地新建一大批租赁住房；rebuild to let，鼓励一线城市对核心地段“老破小”住房及闲置低效工商业用房进行改造出租。

免责声明

附录二

附表

北京市房地产年鉴 2019

附表1 2018年北京市地名审批

东城区（19个）：白桥东街、隆安胡同、阳平会馆南路、东珠市口北路、南翔凤胡同、革新西路、革新北路、革新东路、革新中路、景泰西小街、龙潭百果园路、东便门内滨河路、青化寺街、西石槽胡同、地兴居二巷、地兴居三巷、地坛西门北路、西堂子胡同、天坛西胡同

西城区（136个）：西华潭北路、西华潭路、能仁寺东街、阳泉胡同、翠峰胡同、八道湾胡同、东章胡同、前章胡同、新街口六条、小市五条、六枝胡同、双旗杆东里南路、弓箭胡同、双秀南巷、西小井胡同、六铺炕西小街、百万庄南里西巷、黄瓜园北路、露园南巷、西外南街、南营房路、阜外南小街、万明园北巷、三塔巷、北礼士路头条、北礼士路二条、北礼士路三条、百万庄北街、百万庄西街、百万庄北一巷、百万庄北二巷、百万庄北里西巷、文兴南街、百万庄中街、学院北小街、南千章西巷、王府仓北街、树荫胡同、华嘉寺街、学院北巷、兴盛街、西兴盛胡同、西嘉祥里、闹市口西街、新文化街、向阳胡同、向阳北巷、西绦胡同、鸦儿胡同、饽饽胡同、果匣胡同、牛录胡同、西中胡同、东牛角胡同、口袋胡同、辟才南巷、三里河北一巷、三里河北二巷、三里河北三巷、三里河北四巷、三里河北街西巷、三里河北横街、宣武门东前街、棉花巷、樱桃巷、白广路北巷、白广路南巷、中兴巷、南菜园西二条、南菜园西四条、右内前一巷、右内前二巷、右内后巷、南菜园西巷、南菜园西三条、枣林一巷、枣林二巷、白纸坊西巷、建功一巷、建功二巷、造纸胡同、香仁南巷、燕京北小街、先农坛西路、燕京南街、燕京中街、保吉巷、木樨地北街、白云观前街、真武庙四条北巷、真武庙东一巷、真武庙东二巷、月坛西夹道、月坛西街南巷、月坛南小街、三里河南八巷、三里河南九巷、三里河横二条、三里河横三条、三里河横四条、三里河横五条、德泉二巷、永庆胡同、莲花胡同、牛街四条、枣林北小街、三义里一巷、三义里二巷、三义里三巷、茶源东巷、宣武门西前街、广谊巷、槐柏树北巷、报国寺西巷、槐柏树后小街、上斜街北巷、鱼藻池路、白菜湾一巷、天宁寺东里、天宁寺东里头条、天宁寺东里二条、南新里四巷、龙泉东巷、龙爪槐前街、太平街西巷、姚家井三巷、红土店南巷、红土店西巷、小川淀南巷、三教寺街、半步桥东街、半步桥胡同、半步桥西街、育人里、双槐里中街、二七剧场北路

朝阳区（175个）：广化大街、郎辛庄西路、万通路（西延）、向荣南街、向荣北街、陈家营东路（延长）、广晨街、广惠街、天腾北路、通惠灌渠西路、奶子房北街、奶子房西路、奶子房南街、河荫东路、石门西路、郊亭路、黄辛庄路、白家庄北路、中纺里西路、惠力东路、惠力西路、光华北一街、光华北二街、石佛营西一路、石佛营西二路、八棵杨东路、八棵杨西路、白家庄西路、十里堡南街、华贸中街、光辉东路、西坝河东里路、安慧东里中街、孛罗营东路、孛罗营西路、孛罗营中路、园星街、园星南街、晨光东路、万红南路、万红北路、产业园中路、产业园东路、东柏南小街、诚源三路、宝泉三街、团结湖南里路、南沙滩东路、南沙滩中街、双树北路、马泉营西路、安贞西里中街、安贞西一路、安贞西二路、安贞西里环路、百子湾南三路、拂林北路、双苑路、广泰东路、广信街、广信南街、广泰西路、雅秀北路、雅秀西路、雅秀东路、三源里南小街、新源西里南街、新源西里中路、青青东路、万子营南小街、方丹小街、劲松八区小街、华威

北里小街、潘家园东小街、劲松六区支路、安慧北街、大屯里小街、梆子井街、北沙滩北一路、北沙滩北二路、朝清路、垂杨柳北一街、垂杨柳北二街、花虎沟小街、关西南街、关西北街、科域西路、科域路、将台洼北街、将台洼西路、立先西路、吕营北街、马南里东路、明馨街、明馨西街、北湖渠西路、关庄西路、曙光西小街、西坝河小街、西柳东路、霞光里南街、博雅南街、北石家村北路、左家庄小街、左家庄前街、永安西里南街、怡慧街（西延）、延静西里北路、幸福三村小街、三里屯西街、辛店小街、小黄庄路三条、西店村东路、文化新街、王村西路、陶家湾中路、陶家湾街、牌坊村小街、唐坊北路、松榆里中路、松榆里小街、松榆东里中街、四街坊东路、驼房营南里路、双桥北街、石板房路、少角西街、林语街、林泉东街、丽都花园北街、老君堂北街、康家园东小街、方家村北路、安华西里北街、安华西里小街、安华西里中路、安翔里西路、东三里屯小街、甘露园南里东街、甘露园南里路、甘露园南里中街、道家园南小街、弘善西路、呼家楼西路、呼家楼西里中街、花园闸路、华威西里小街、核桃园北街、向军北里中路、惠新北里街、景园西小街、景园北街、安贞里一街、安贞里二街、静安里中街、安苑东里小街、安家楼北路、安慧里小街、安慧里中街、和平家园小街、光华东里小街、大山子中街、大鲁店南街、晨光南小街、朝体西小街、慈云寺西路、草屯东小街、草屯东路、草场地南街、肖村东路、高碑店东路、四合庄东路、容远路、广达北路、广和里西路（南延）

海淀区（148个）：清河文苑路、毛纺东路、后屯中街、后屯东路、中关村南五街、科翔路、水云居路、永丰嘉园中街、东小营路、东小营南路、东小营西路、前章村东路、八家西路、上庄永泰中街、上庄永泰东街、北玉河路、皂甲屯东街、皂甲屯南一路、皂甲屯南二路、麦钟桥东街、万寿寺北街、梅所屯南路、太平南街、石佛寺西小街、小月河东路、小月河西路、北坞嘉园北小街（西延长）、中坞村北路、玉慧路、四季青双拥路、常青园中街、常青园东路、林语山庄路、月清路、乔建南路、会城门公园北路、信悦华庭路、北蜂窝南路、皇亭子弯巷、茂林居中街、茂林居路、玉渊潭滨河路、翠微东一条、翠微东二条、翠微东三条、福东巷、朱房中街、太月园中街、首都体育学院西路、罗庄中路、饮马槽西街、五月华庭路、后厂村北路、土井南路、屯佃路、屯佃西路、屯佃北路、知春里弯巷、双榆树北里一条、双榆树北里二条、双榆树北里三条、双榆树北里四条、双榆树北里五条、双榆树北里六条、双榆树西里一条、双榆树西里二条、双榆树中街、双榆树东里西巷、青云西街、甘家口中街、甘家口西街、甘家口东街、甘家口南街、花园桥北街、花园桥东街、增阜巷、西钓鱼台滨河路、正黄旗西路、龙背村东路、龙背村南一街、龙背村南二街、正黄旗南街、正黄旗路、东升科技园北街、三才堂路、中关村北二条（东延）、三才堂南街、正兴街、正福寺北街、石清路、大运村环路、河北村环路、建枫路、翡丽西路（南延）、苏州街西巷、万柳家园东路、小关街、永采路、后八家西路、金沟河北小街、金沟河南小街、中莲胡同、万寿庄南路、西八里庄北街、定慧北里北街、丰阜路、八宝庄路、朱各庄滨河路、八宝庄东街、八宝庄西街、娘娘府路、志强北园中街、财大西巷、南马坊路、观澳园中街、娘娘庙路、白石桥南二街、唐家岭南街、双星路、褐石园北路、体大颐清园路、五机床东路、铁建西巷、沙窝中街、西木社区路、美林东街、希格玛西街、车道沟小北街、北理工东街、六道口东小街、榆树林北路、西木南街、半壁店小街、门头馨村中街、德顺北路（西延）、田村官马道、闵西林果路、缘秀街、曙光花园东路、曙光花园北街、南坞东街、乔建里西巷、燕北园南路、金庄东路、徐庄北巷、皇后店路（延长）、小牛房一街、小牛房路

丰台区（110 个）：高家场北路、樊家村路、东铁营大街、石榴庄大街、时村大街、小瓦窑北街、大瓦窑东二街、槐新街、丽槐街、黄土岗后街、黄土岗中街、黄土岗东路、黄土岗西路、黄土岗路、陈留西路、陈留路、银地西路、银地东路、西五里店路、润芳北路、康久路、康平街、二甲地西街、二甲地街、新发地路、丰海南街、丰海北街、丰海街、海户东路、丽枫街、任家庄路、新宫东路、大瓦窑东一街、春蔚北街、水衙沟西路、大瓦窑东路、金泽路、金泽西路、骆驼湾街、田各庄东路、田各庄北街、田各庄南街、靛厂东路、靛厂西路、益泽西路、怪村南路、蒲黄榆二巷、石榴园北里路、横顺西路、东铁匠营北街、东铁匠营街、南苑南路、六营门街、韩庄东路、韩庄路、泽汇街、万芳西街、欣草西街、欣草东街、欣草路、成寿寺北街、成寿寺南街、嘉园东路、角门南小街、丰彩南路、安榴南街、西铁营路、跑马场街、大李窑街、芳塔路、芳青路、芳春路、陈留东路、郑常庄路、双林北路、文东路、马家堡南小街、和义庄北街、成于街、新宫西路、新宫南小街、双欣路、石榴庄西二街、庄怡南街、庄怡北街、文西路、文云南街、文云北街、安康西路、得秀南街、得秀北街、张郭庄西路、西罗园东路、鑫福西路、春成路、青塔南街、葆台东路、葆台西路、葆台中街、葆台南街、莲宝中街、诚苑路、角门北路、宋庄路、丰桥路、葆台路、葆台北路、晓月东路、晓月中路、西三条

石景山区（13 个）：金府路、金府南路、模式口北路、模式口南路、模式口北小街、模式口南小街、模式口南街、模式口中街、冰川馆南街、承恩寺东街、冰川馆路、石河东街、东下庄路

门头沟区（32 个）：新城大街、潭柘新区、龙兴路、白庄子桥东路、绿溪北环路、绿溪南环路、花谷一街、花谷二街、花谷三街、花谷四街、烟树街、京潭西路、桃花溪路、桃花溪东路、桃花溪西路、云影东街、京潭东二路、京潭中路、耸翠路、朱砂岭街、坡山南路、锦屏北街、锦屏南街、锦屏街、千峰街、上林路、上林北路、上林南路、龙泉路、迎宾东街、曹各庄北路、曹各庄中路

昌平区（79 个）：松兰路、于辛庄中路、于松路、桃峪口水库路、华电南街、东台路、上苑路、兴寿工业园路、火炬街、秦麻路、顺驰南路、老牛湾南街、土楼东路、土楼路、北楼路、东坨村路、清河南路、清河北路、永安热力北街、流研所路、北沙河南路、丰松路、王于路、东顺街、宏奋路、秦城路、文博路、芳华东路、永旺商城北路、永旺商城南路、永旺商城西路、永旺商城东路、新西广街、交通街、南口村路、辛立庄路、雪山北路、南站村路、响潭路、杨角东路、虎峪路、太平庄中路、辛平路、陈庄中街、红泥沟中路、龙虎路、雪山南路、南农南路、新元路、李前路、长檀路、檀峪中街、马坊中街、东李庄路、双李路、东李庄东路、桃水路、前沙路、新元东路、古刘路、水台路、小水峪路、新元西路、镇辽门南路、太歇路、八辛路、棉辛路、西峪路、崔村路、香堂南路、温水峪路、阳坊村北横街、阳坊新一街、东贯市东路、马池口街、卓兴路、卓胜路、卓悦路、小汤山南路

大兴区（50 个）：宏旭东路、欣宝街、宏康东路、宏丰路、欣伟街、欣寿街、欣昌街、宏业东路、兴贤路、贺贤路、知礼街、祥礼街、庆贤路、榆盛路、祥瑞街、榆瑞路、知新巷、康泰街、福义路、福仁路、德仁街、广仁街、

福智路、福礼路、太福路、明和南路、辅永路、义锦南街、义和庄东路、义和庄北路、义和庄南街、安源巷、义锦北街、源和路、明和中路、明和北路、智和东路、智和西路、德祥路、德庆路、德芸街、德才路、天富街、永旺路、永大路、永兴路、民和路、天华街、天贵街、天荣街

房山区（46个）：公园南路、广阳路、哑叭河路、北广南路、长永路、星火街、紫燕北路、健德中路、东风大街、辰星路、张家场路、月秀街、良宝路、青秀街、盛湖路、高佃一路、高佃二路、大宁一路、大宁二路、大宁三路、阎安西路、阎安中路、龙湖东街、翠柳南街、依山路、德润南路、永安路、兴暖路、恒通路、学成路、环城西大街、东燕路、燕山中路、天宝西街、紫云南路、紫瑞南路、金水洼街、紫瑞路、昊天大街、昊天北大街、独义南路、稻田二路、稻田三路、稻田四路、长阳北大街、金宁北大街

延庆区（26个）：恒安中街、格兰路、燕水西路、高塔西街、胜芳南路、东雪路、鸿川北路、润川路、团结路、圣百街、圣百西街、世园路、世园村中路、世园村东路、世园村西路、世园村北一街、世园村北二街、世园村南一街、世园村南二街、博园北街、博园南街、博园东路、博园中路、博园西路、庆园街、西顺城街

通州区（10个）：后北营家园、潞阳大街、畅和东路、大营东街、七星北里、孝行西里、孝行东里、孝行南里、七星南里、含英园

顺义区（24个）：大江洼路、军营街、军营南街、时骏街、时骏南街、时骏北街、西马坡北街、信中北街、禾美东街、安平北街、焦各庄街、竺安街、保联五街、天瑞路、天祥路、裕美路、裕满街、恒通街、杨吉路、恒达街、兴吉路、格吉路、庄吉路、信达路

亦庄经济技术开发区（11个）：康博路、双四路、迪兴路、定海园南街、安定营北街、安定营南街、崔家窑西街、经海八路、孟庄南路、富兴巷、地泽南街

跨区道路（5个）：木樨园路（东城区、丰台区）、龙津路（西城区、丰台区）、北沙河南路（海淀区、昌平区）、宝怡街（海淀区、丰台区）、西三旗北路（海淀区、昌平区）

轨道交通车站命名（15个）

金鱼胡同站、东高地站、五福堂站、瀛海站、德茂站、火箭万源站、和义站、天桥站、木樨园站、大红门南站、海户屯站、杨庄站、廖公庄站、田村站、西黄村站

桥梁及隧道命名（73个）

亭自庄桥、新建村桥、古将村桥、营城子隧道、石峡隧道、佛岩寺隧道、梯子峪隧道、梯子峪桥、白羊城隧道、白羊城桥、营城子南桥、帮水峪一号桥、帮水峪二号桥、佛岩寺桥、北禾路桥、西峰山桥、温南路桥、葛村桥、高崖口桥、南流村桥、小营村东桥、平家疃桥、平家疃西桥、京秦潮白河桥、西赵村桥、京秦中坝河东桥、京秦中坝河桥、京秦中坝河西桥、采育韩营桥、采育后甫桥、采发路桥、采业路桥、肖家林桥、西集安辛庄桥、和合站桥、首环北运河桥、石小路桥、凌庄桥、毛庄桥、军屯桥、漷县东黄堡桥、首环潮白河桥、尹家河桥、小沙务桥、杜店桥、漷县西黄堡桥、首环永乐一桥、首环永乐二桥、北堤寺桥、于家务王各庄桥、张凤路桥、东堡桥、张采路桥、采育前甫桥、育祥街桥、采育京福路桥、再城营桥、岳街桥、采育凤河桥、永通新桥、大浮坨南桥、小丰营桥、西屯南桥、西屯北桥、辛家堡南桥、妫水河隧道、辛家堡桥、付余屯桥、西屯桥、西白庙桥、延崇东红寺桥、大浮坨桥、延康铁路桥

附表 2　2018 年北京市发放商品房预售许可证

序号	项目名称	销售证号	开发商	地址
1	九章花园	京房售证字(2017)185 号	北京诚通华亿房地产有限公司	朝阳区首都机场高速
2	丰锦苑	京房售证字(2017)187 号	北京中铁永兴房地产开发有限公司	海淀区永丰产业基地
3	西山天璟家园	京房售证字(2017)188 号	北京骏宇房地产开发有限公司	门头沟区龙泉镇
4	天润·和丽嘉苑	京房售证字(2017)186 号	北京天润诚泽房地产开发有限公司	延庆区新城 05 街区
5	檀香嘉园	京房售证字(2018)1 号	北京京投瀛德置业有限公司	门头沟区潭柘寺
6	铭品嘉苑	京房售证字(2014)限 26 号	北京金阳置业有限公司	房山区长阳镇
7	E-3#住宅楼(安向安置房)	京房售证字(2017)定 9930 号	北京国隆置业有限公司	朝阳区高碑店北花园
8	E-1#住宅楼(安向安置房)	京房售证字(2017)定9928 号	北京国隆置业有限公司	朝阳区高碑店北花园
9	碧桂园	京房售证字(2016)限 18 号	北京天资置业集团有限公司	房山区长阳镇哑叭河
10	未来融尚家园	京房售证字(2018)4 号	北京未来科技城昌金置业有限公司	昌平区北七家镇
11	凯盛时代中心	京房售证字(2018)3 号	北京达成光远置业有限公司	顺义区新城 26 街区
12	和悦园	京房售证字(2018)2 号	北京知泰房地产开发有限责任公司	朝阳区东坝南区
13	金科嘉苑	京房售证字(2018)5 号	北京金科展昊置业有限公司	大兴区生物医药基地
14	平悦园	京房售证字(2018)6 号	北京城建兴顺房地产开发有限公司	顺义区仁和镇
15	燕西华府家园	京房售证字(2018)7 号	北京西海龙湖置业有限公司	丰台区王佐镇怪村
16	清苑嘉园	京房售证字(2018)9 号	北京万年基业长阳置业有限公司	房山区长阳镇
17	景逸苑	京房售证字(2018)8 号	北京安泰兴业置业有限公司	石景山区北辛安棚户区
18	西仪佳园	京房售证字(2018)经 1 号	北京运潮和房地产开发有限公司	通州区西集镇
19	侨禧名苑	京房售证字(2018)12 号	北京侨禧投资有限公司	丰台区南苑乡槐房村和新宫村
20	观唐云鼎小区	京房售证字(2018)11 号	北京世纪光华房地产开发有限公司	密云区溪翁庄镇密溪路西侧
21	观承顺园	京房售证字(2018)10 号	北京万科东方置业有限公司	顺义区高丽营镇于庄村西
22	天成家园	京房售证字(2018)16 号	北京城建万科天运置业有限公司	延庆区沈家营镇东王化营村西侧
23	十里春风嘉园	京房售证字(2018)15 号	北京永乐花园发展有限公司	通州区永乐经济开发区
24	悦府家园	京房售证字(2018)17 号	北京京投银泰尚德置业有限公司	昌平区东小口镇
25	公园懿府小区	京房售证字(2018)13 号	北京金天恒置业有限公司	丰台区南苑乡南苑村

（续附表 2）

序号	项目名称	销售证号	开发商	地址
26	华瞰墨园	京房售证字(2018)18 号	北京瞰融房地产开发有限公司	海淀区田村路 39 号
27	万创慧谷	京房售证字(2018)20 号	北京友泰房地产开发有限公司	通州区台湖镇
28	拾景家园	京房售证字(2018)21 号	北京昌基鸿业房地产开发有限公司	昌平区南邵镇
29	尚北家园	京房售证字(2018)22 号	北京仁和燕都房地产开发有限公司	顺义区仁和镇梅沟营村
30	海棠苑	京房售证字(2018)开 1 号	北京首开住总房地产开发有限公司	开发区河西区 X13 街区
31	璟秀欣苑小区	京房售证字(2018)26 号	北京首开万科房地产开发有限公司	通州区台湖镇
32	元熙华府	京房售证字(2018)19 号	北京卓丰投资有限公司	丰台区东铁匠营横一条 15 号
33	璟秀欣苑小区	京房售证字(2018)25 号	北京首开万科房地产开发有限公司	通州区台湖镇
34	十里春风嘉园	京房售证字(2018)23 号	北京永乐花园发展有限公司	通州区永乐经济开发区
35	学府树家园	京房售证字(2018)24 号	北京华润新镇置业有限责任公司	海淀区清河镇
36	远洋春秋嘉园	京房售证字(2018)14 号	北京远奥置业有限公司	石景山区刘娘府
37	东方贝弗利花园	京房售证字(2018)27 号	北京森润房地产开发有限公司	朝阳区南皋乡
38	永丰嘉园	京房售证字(2018)28 号	北京德成兴业房地产开发有限公司	海淀区永丰产业基地
39	亦庄逸家园	京房售证字(2018)开 2 号	北京方兴拓赢房地产开发有限公司	开发区河西区 X91 街区
40	中骏四季家园	京房售证字(2016)限 25 号	北京骏达房地产开发有限公司	昌平区百善三角地项目
41	芳锦园	京房售证字(2018)32 号	北京首城置业有限公司	平谷区马坊镇
42	翡翠长安家园	京房售证字(2018)29 号	北京捷海房地产开发有限公司	门头沟区永定镇
43	通用博园	京房售证字(2018)30 号	北京通润博园房地产开发有限公司	密云区十里堡镇双井村北侧
44	嘉泽生态小区	京房售证字(2018)31 号	北京香江盛富房地产开发有限公司	昌平区百葛路 366 号院二区
45	翡萃家园	京房售证字(2016)限 10 号	北京昌业房地产开发有限公司	昌平区北七家镇
46	翡萃家园	京房售证字(2017)限 3 号	北京昌业房地产开发有限公司	昌平区北七家镇
47	翡萃家园	京房售证字(2016)限 22 号	北京昌业房地产开发有限公司	昌平区北七家镇
48	澜茵山庄	京房售证字(2018)33 号	北京新博城房地产开发有限公司	密云区东智东路 18 号院
49	国瑞熙墅家园	京房售证字(2018)34 号	北京文华盛达房地产开发有限公司	昌平区北七家镇

（续附表 2）

序号	项目名称	销售证号	开发商	地址
50	西汇商业中心	京房售证字(2018)38 号	北京兴佰君泰房地产开发有限公司	门头沟区新城
51	悦欣嘉园	京房售证字(2018)35 号	北京宝驰通置业有限公司	密云区檀营乡
52	瑞福园	京房售证字(2018)36 号	北京国瑞德恒房地产开发有限公司	大兴区瀛海镇
53	都会尚苑	京房售证字(2018)37 号	北京招商局铭嘉房地产开发有限公司	昌平区南邵镇
54	房山新城良乡组团(梅花庄旧村改造项目南区)08-05-01、08-05-03 地块限价住房项目	京房售证字(2017)限 5 号	北京首开晟安置业有限责任公司	房山区新城良乡
55	世外桃苑	京房售证字(2018)39 号	北京八通房地产开发有限公司	平谷区黄松峪乡世外桃苑
56	西山燕庐家园	京房售证字(2018)40 号	北京绿城中交房地产开发有限公司	门头沟区永定镇
57	绿湾星苑	京房售证字(2018)42 号	北京天恒乐活城置业有限公司	房山区拱辰街道
58	方恒时尚中心	京房售证字(2018)41 号	北京方恒源阳房地产开发有限公司	海淀区大钟寺太阳园
59	平悦园	京房售证字(2018)43 号	北京城建兴顺房地产开发有限公司	顺义区仁和镇
60	未来融尚家园	京房售证字(2018)44 号	北京未来科技城昌金置业有限公司	昌平区北七家镇
61	裕龙君享家园	京房售证字(2018)限 2 号	北京市大龙房地产开发有限公司	顺义区仁和镇
62	成大中心	京房售证字(2018)50 号	北京富润万嘉房地产开发有限公司	通州区运河核心区
63	稻香悦家园	京房售证字(2018)45 号	北京稻香四季房地产开发有限公司	房山区长阳镇 02 街区
64	舒朗苑	京房售证字(2018)48 号	北京盛鹏置业有限公司	房山区良乡镇
65	尚锦佳苑	京房售证字(2018)47 号	北京金良兴业房地产开发有限公司	房山区良乡镇
66	西山燕庐家园	京房售证字(2018)46 号	北京绿城中交房地产开发有限公司	门头沟区永定镇
67	万科滨水中心	京房售证字(2018)51 号	北京万科汇通置业有限公司	通州区运河核心区
68	林悦和苑	京房售证字(2018)52 号	北京和信金泰房地产开发有限公司	大兴区旧宫镇
69	绿海家园	京房售证字(2017)限 12 号	北京汇超房地产开发有限公司	昌平区城南街道旧县村
70	润昌科创中心	京房售证字(2018)54 号	北京未来科技城润昌置业有限公司	昌平区小汤山镇
71	棠韵家园	京房售证字(2018)53 号	北京兆福房地产开发有限公司	平谷区山东庄镇西沥津村
72	瀛锦苑	京房售证字(2018)49 号	北京海盈房地产开发有限公司	大兴区瀛海镇
73	亦庄逸家园	京房售证字(2018)开 3 号	北京方兴拓赢房地产开发有限公司	开发区河西区 X91 街区

（续附表2）

序号	项目名称	销售证号	开发商	地址
74	观唐云鼎小区	京房售证字(2018)55号	北京世纪光华房地产开发有限公司	密云区溪翁庄镇密溪路西侧
75	北京经开·壹中心	京房售证字(2018)开4号	北京经开工大投资管理有限公司	开发区路东区D1街区
76	意墅商业中心	京房售证字(2018)56号	北京良誉房地产开发有限公司	房山区拱辰街道办事处
77	翡萃家园	京房售证字(2018)57号	北京昌业房地产开发有限公司	昌平区北七家镇
78	金逸嘉园	京房售证字(2018)58号	北京平筑房地产开发有限公司	平谷区马坊镇梨羊村
79	西汇商业中心	京房售证字(2018)59号	北京兴佰君泰房地产开发有限公司	门头沟区新城
80	瀛锦苑	京房售证字(2018)61号	北京海盈房地产开发有限公司	大兴区瀛海镇
81	和怡嘉园	京房售证字(2018)62号	北京中铁华兴房地产开发有限公司	大兴区旧宫镇
82	苏锦佳苑	京房售证字(2018)60号	北京中海兴良房地产开发有限公司	房山区西潞街道
83	辋川西园	京房售证字(2018)63号	北京金隅房地置业有限公司	丰台区长辛店张郭庄地区
84	未来融尚家园	京房售证字(2018)66号	北京未来科技城昌金置业有限公司	昌平区北七家镇
85	东方瑞平家园	京房售证字（2018）定10078号	北京东方瑞平房地产开发有限公司	朝阳区崔各庄乡崔各庄村
86	尚鑫家园	京房售证字(2018)64号	北京仁和燕都房地产开发有限公司	顺义区仁和镇梅沟营村
87	溪水花园	京房售证字(2018)65号	北京市潮云房地产开发有限公司	密云区溪翁庄镇溪翁庄村
88	世茂江山和府	京房售证字(2018)67号	国泰土地整理集团有限公司	海淀区上庄镇镇都海田园山庄
89	理想新苑	京房售证字(2018)71号	北京梓文房地产开发有限公司	昌平区北七家镇
90	万和斐丽家园	京房售证字(2018)69号	北京远创兴茂置业有限公司	大兴区瀛海镇
91	燕西华府家园	京房售证字(2018)70号	北京西海龙湖置业有限公司	丰台区王佐镇
92	复地中心	京房售证字(2018)68号	北京复地通盈置业有限公司	通州区运河核心区
93	峻秀家园	京房售证字(2018)72号	北京金科金碧置业有限公司	平谷区夏各庄镇
94	拾景家园	京房售证字(2018)74号	北京昌基鸿业房地产开发有限公司	昌平区南邵镇
95	碧桂园中心	京房售证字(2018)73号	北京京碧置业发展有限公司	怀柔区怀柔镇张各长村
96	林悦和苑	京房售证字(2018)78号	北京和信金泰房地产开发有限公司	大兴区旧宫镇
97	悦府家园	京房售证字(2018)77号	北京京投银泰尚德置业有限公司	昌平区东小口镇

（续附表 2）

序号	项目名称	销售证号	开发商	地址
98	瑞悦家园	京房售证字(2018)75 号	北京正德丰泽房地产开发有限公司	朝阳区孙河乡西甸村
99	绿地慧谷中心	京房售证字(2018)76 号	北京远腾置业有限公司	昌平区北七家镇
100	汀塘家园	京房售证字(2018)开 5 号	北京经开投资开发股份有限公司	开发区路东区 G1 街区
101	林湖家园	京房售证字(2018)79 号	北京中海宏业房地产开发有限公司	昌平区沙河镇丽春湖
102	洳景家园	京房售证字(2018)80 号	北京京投兴平置业有限公司	平谷区平谷镇
103	上城小区	京房售证字(2018)86 号	北京大成昌润置业有限公司	昌平区小汤山镇马坊村东南
104	天悦名苑	京房售证字(2018)87 号	北京悦恒置业有限公司	丰台区南苑乡槐房村和新宫村
105	首开华润家园	京房售证字(2018)89 号	北京万信房地产开发有限公司	丰台区花乡白盆窑村
106	翡翠长安家园	京房售证字(2018)81 号	北京捷海房地产开发有限公司	门头沟区永定镇
107	东惠家园	京房售证字(2018)经 3 号	北京正阳恒瑞置业公司	通州区两站一街 E5、E6 地块
108	昭泰典尚家园	京房售证字(2018)90 号	北京昭泰房地产开发有限公司	朝阳区孙河组团 C 地块
109	金瑞裕雅苑	京房售证字(2018)85 号	北京金隅空港开发有限公司	顺义区天竺镇第 22 街区
110	惠通中心	京房售证字(2018)83 号	正元置业有限公司	通州区通惠北路八里桥市场南侧
111	熙悦安郡家园	京房售证字(2018)88 号	北京首开住总安泰置业有限公司	朝阳区小红门乡肖村
112	榆滨芳苑	京房售证字(2018)84 号	北京海港房地产开发有限公司	通州区宋庄镇
113	都丽嘉园	京房售证字(2018)91 号	北京天利海房地产开发有限公司	平谷区新城 05 街区
114	阳光花庭	京房售证字(2018)92 号	北京鑫博泰来房地产开发有限公司	通州区台湖镇 B-07 地块
115	洺悦尚品嘉园	京房售证字(2018)93 号	北京海赋丰业房地产开发有限公司	丰台区槐房村和新宫村
116	龙祥誉景花园	京房售证字(2018)94 号	北京中投创展置业有限公司	顺义区天竺空港商务区
117	景熙苑	京房售证字(2018)96 号	北京安泰兴业置业有限公司	石景山区北辛安棚户区
118	辋川西园	京房售证字(2018)95 号	北京金隅房地置业有限公司	丰台区长辛店张郭庄地区

（续附表 2）

序号	项目名称	销售证号	开发商	地址
119	艾迪理想中心	京房售证字(2018)99 号	北京花宇置业有限公司	顺义区汽车生产基地顺西南路西侧
120	中创芯中心	京房售证字(2018)97 号	北京中关村集成电路设计园发展有限责任公司	海淀区永丰产业基地
121	西翠佳苑	京房售证字(2018)82 号	北京凯华房地产开发有限公司	房山区周口店镇 02 街区
122	兴瀛嘉苑	京房售证字(2018)经 4 号	北京市大兴城镇建设综合开发集团有限公司	大兴区瀛海镇
123	平悦园	京房售证字(2018)98 号	北京城建兴顺房地产开发有限公司	顺义区仁和镇
124	兴韵雅苑	京房售证字(2018)100 号	北京金地兴晟房地产开发有限公司	大兴区黄村镇
125	禧瑞嘉苑	京房售证字(2018)开 6 号	北京创远亦程置业有限公司	开发区路东区 G2 地块
126	阅园	京房售证字(2018)104 号	北京嘉源京大房地产开发有限公司	丰台区卢沟桥乡
127	定福家园北里	京房售证字(2018)107 号	北京城建房地产开发有限公司	朝阳区平房乡黄渠村
128	昭泰典尚家园	京房售证字(2018)105 号	北京昭泰房地产开发有限公司	朝阳区孙河组团 C、D 地块
129	万和颐璟雅苑	京房售证字(2018)102 号	北京融德房地产开发有限公司	大兴区黄村镇
130	云景中心	京房售证字(2018)108 号	北京绿地京瑞房地产开发有限公司	大兴区生物医药基地
131	华锦佳苑	京房售证字(2018)开 7 号	北京博睿宏业房地产开发有限公司	开发区河西区 X94R1 地块
132	亚林时代中心	京房售证字(2018)111 号	北京茂瑞置业有限公司	丰台区西铁营村
133	远洋春秋嘉园	京房售证字(2018)101 号	北京远奥置业有限公司	石景山区刘娘府
134	和玺苑	京房售证字(2018)106 号	北京创世瑞新房地产开发有限公司	昌平区北七家镇东三旗村
135	湖岸嘉园	京房售证字(2018)110 号	北京腾泰亿远置业有限公司	平谷区金海湖镇韩庄村
136	智享中心	京房售证字(2018)103 号	北京神州数码置业发展有限公司	海淀区北部整体开发
137	绿海家园	京房售证字(2016)限 26 号	北京汇超房地产开发有限公司	昌平区城南街道旧县村
138	天润·和丽嘉苑	京房售证字(2018)112 号	北京天润诚泽房地产开发有限公司	延庆区新城 05 街区
139	四季盛景园	京房售证字(2018)113 号	北京碧和信泰置业有限公司	大兴区魏善庄镇
140	兴悦家园	京房售证字(2018)114 号	北京城建兴业置地有限公司	大兴区瀛海镇区

（续附表 2）

序号	项目名称	销售证号	开发商	地址
141	云赋家园	京房售证字(2018)116 号	北京正德瑞祥房地产开发有限公司	顺义区后沙峪镇马头庄村
142	复地中心	京房售证字(2018)115 号	北京复地通盈置业有限公司	通州区运河核心区
143	永定翠庭	京房售证字(2018)117 号	北京谊建信置业有限公司	海淀区永定路 15 号
144	清河嘉园	京房售证字(2018)119 号	北京强佑房地产开发有限公司	海淀区清河危改一期 1#-7#
145	文龙家园四里	京房售证字(2018)118 号	北京城建兴华地产有限公司	海淀区小营（C7 地块）
146	华锦佳苑	京房售证字(2018)开 8 号	北京博睿宏业房地产开发有限公司	开发区河西区 X94R1 地块
147	天悦名苑	京房售证字(2018)120 号	北京悦恒置业有限公司	丰台区南苑乡槐房村和新宫村
148	亚林家园	京房售证字(2018)133 号	北京亚林西房地产开发有限公司	丰台区亚林西居住一期
149	西府海棠雅苑	京房售证字(2018)123 号	北京景西房地产开发有限公司	石景山区五里坨建设组团一
150	金茂城苑	京房售证字(2018)132 号	北京鋆庄房地产开发有限公司	丰台区南苑乡石榴庄村
151	熙悦安郡家园	京房售证字(2018)130 号	北京首开住总安泰置业有限公司	朝阳区小红门乡肖村
152	鲁美芳苑	京房售证字(2018)124 号	北京顺义新城建设开发有限公司	顺义区后沙峪镇古城村南
153	锦安家园	京房售证字(2018)129 号	北京厚泰房地产开发有限公司	朝阳区东坝乡驹子房村
154	翡翠山晓家园	京房售证字(2018)122 号	北京万越辉置业有限公司	石景山区五里坨建设组团二
155	远洋五里雅苑	京房售证字(2018)125 号	北京景西房地产开发有限公司	石景山区五里坨建设组团一
156	观承文园	京房售证字(2018)121 号	北京万龙华开房地产开发有限公司	顺义区高丽营镇于庄村西
157	湖畔佳苑	京房售证字(2018)127 号	北京青龙湖盛通房地产开发有限公司	丰台区王佐镇怪村
158	东惠家园	京房售证字(2018)经 5 号	北京正阳恒瑞置业公司	通州区台湖镇两站一街

(续附表2)

序号	项目名称	销售证号	开发商	地址
159	泰禾丽景家园	京房售证字(2018)128号	北京泰禾锦绣置业有限公司	朝阳区孙河乡北甸西村、西甸村
160	云锦佳园	京房售证字(2018)126号	北京中海兴达房地产开发有限公司	大兴区庞各庄镇
161	都汇中心	京房售证字(2018)131号	北京未来科技城保昌置业有限公司	昌平区北七家镇
162	玺萌壹号院	京房售证字(2018)136号	北京玺萌置业有限公司	丰台区星河城
163	景熙苑	京房售证字(2018)135号	北京安泰兴业置业有限公司	石景山区北辛安棚户区
164	云汇中心	京房售证字(2018)134号	北京绿地京懋房地产开发有限公司	大兴区生物医药基地
165	泰禾西府玉苑	京房售证字(2018)137号	北京中维房地产开发有限公司	丰台区卢沟桥乡西局村
166	悦享和苑	京房售证字(2018)139号	北京和信兴泰房地产开发有限公司	大兴区旧宫镇
167	和锦园	京房售证字(2018)143号	北京致泰房地产开发有限公司	朝阳区常营乡
168	熙和汇中心	京房售证字(2018)142号	北京锦昊方圆置业有限公司	丰台区樊家村危改项目3号地
169	平悦园	京房售证字(2018)138号	北京城建兴顺房地产开发有限公司	顺义区仁和镇
170	槐悦佳苑	京房售证字(2018)144号	北京南悦房地产开发有限公司	丰台区槐房村新宫村
171	西翠佳苑	京房售证字(2018)145号	北京凯华房地产开发有限公司	房山区周口店镇02街区
172	和怡嘉园	京房售证字(2018)140号	北京中铁华兴房地产开发有限公司	大兴区旧宫镇
173	金茂世纪中心	京房售证字(2018)141号	北京金丰置业有限公司	丰台区花乡四合庄
174	檀香嘉园	京房售证字(2018)146号	北京京投瀛德置业有限公司	门头沟区潭柘寺
175	雅筑佳苑	京房售证字(2018)147号	北京上筑置业有限公司	顺义区仁和镇第5街区
176	兴景苑	京房售证字(2017)159号	北京绿地京翰房地产开发有限公司	大兴区黄村镇四街、五街、六街村项目
177	洺悦尚品嘉园	京房售证字(2018)150号	北京海赋丰业房地产开发有限公司	丰台区槐房村和新宫村
178	坤玉酒店	京房售证字(2018)148号	北京匠心置业有限公司	丰台区马家堡东路168号院
179	龙之湾嘉园	京房售证字(2018)149号	北京英才房地产开发有限公司	顺义区天竺开发区21号地
180	金铸阳光苑	京房售证字(2018)限6号	北京首钢房地产开发有限公司	石景山区首钢铸造厂南区

（续附表 2）

序号	项目名称	销售证号	开发商	地址
181	悦享和苑	京房售证字(2018)151 号	北京和信兴泰房地产开发有限公司	大兴区旧宫镇
182	金丽嘉苑	京房售证字(2018)152 号	北京融丰置业有限公司	丰台区卢沟桥乡周庄子村
183	智享中心	京房售证字(2018)155 号	北京万毓房地产开发有限公司	海淀区 HD－0303－0062 地块
184	智享中心	京房售证字(2018)154 号	北京神州数码置业发展有限公司	海淀区 HD－0303－0031 地块
185	湖岸嘉园	京房售证字(2018)153 号	北京腾泰亿远置业有限公司	平谷区金海湖镇韩庄村
186	花香东苑	京房售证字(2018)165 号	北京万信房地产开发有限公司	丰台区花乡白盆窑村
187	保利都汇中心	京房售证字(2018)164 号	北京茂丰置业有限公司	丰台区花乡四合庄
188	亚林上苑	京房售证字(2018)156 号	北京亚林东房地产开发有限公司	丰台区亚林西居住区一期
189	远创合景苑	京房售证字(2018)160 号	北京远创兴城置业有限公司	朝阳区孙河乡北甸西村、北甸东村、西甸村
190	华萃西山家园	京房售证字(2018)163 号	北京西元祥泰房地产开发有限公司	门头沟区永定镇岢罗坨、秋坡、石佛村
191	金茂城苑	京房售证字(2018)157 号	北京鎏庄房地产开发有限公司	丰台区南苑乡石榴庄村
192	国瑞熙墅家园	京房售证字(2018)162 号	北京文华盛达房地产开发有限公司	昌平区北七家镇
193	当代嘉园	京房售证字(2018)159 号	北京润锦房地产开发有限公司	通州区玉桥西路东侧
194	世茂江山和府	京房售证字(2018)161 号	国泰土地整理集团有限公司	海淀区上庄镇都海田园山庄
195	联星中心	京房售证字(2018)158 号	北京联星房地产开发有限责任公司	朝阳区北小营商务综合楼
196	琅辉小区	京房售证字(2018)174 号	北京碧桂园文化发展有限公司	密云区新城 0102 街区
197	云锦佳园	京房售证字(2018)172 号	北京中海兴达房地产开发有限公司	大兴区庞各庄镇
198	优活嘉园	京房售证字(2018)173 号	北京恒乐置业有限公司	房山区阎村镇
199	承文家园	京房售证字(2018)167 号	北京泰禾嘉兴房地产开发有限公司	昌平区南邵镇
200	城志畅悦园	京房售证字(2018)169 号	北京城志置业有限公司	朝阳区管庄乡塔营村
201	洳景家园	京房售证字(2018)166 号	北京京投兴平置业有限公司	平谷区王辛庄镇
202	悦欣嘉园	京房售证字(2018)171 号	北京宝驰通置业有限公司	密云区檀营乡

（续附表2）

序号	项目名称	销售证号	开发商	地址
203	侨禧名苑	京房售证字(2018)170号	北京侨禧投资有限公司	丰台区南苑乡槐房村和新宫村
204	佑安家园	京房售证字(2018)168号	北京茂瑞置业有限公司	丰台区西铁营村
205	琅辉小区	京房售证字(2018)175号	北京碧桂园文化发展有限公司	密云区新城0102街区
206	乐学景苑	京房售证字(2018)176号	北京天恒立信置业有限公司	房山区周口店镇中心区二街区
207	兴念雅苑	京房售证字(2018)177号	北京融筑房地产开发有限公司	大兴区黄村镇
208	永靓家园	京房售证字(2018)178号	北京建邦中铁房地产开发有限公司	海淀区西北旺镇亮甲店村
209	湖畔馨苑	京房售证字(2018)179号	北京青龙湖盛通房地产开发有限公司	丰台区王佐镇怪村
210	美澜苑	京房售证字（2018）定10293号	北京首创华业房地产开发有限公司	大兴区团河
211	雍德尚苑	京房售证字(2018)180号	北京招合房地产开发有限公司	大兴区黄村镇三合庄
212	玉景阳光里	京房售证字(2018)181号	北京中实置业有限公司	石景山区玉泉西一路
213	观岭家园	京房售证字(2018)182号	北京金科德远置业有限公司	平谷区兴谷街道
214	亦庄逸家园	京房售证字(2018)开9号	北京方兴拓赢房地产开发有限公司	开发区河西区X91街区
215	金融街园中园	京房售证字(2018)186号	金融街(北京)商务园置业有限公司	通州区永顺镇
216	将台水岸家园	京房售证字(2018)188号	北京亮马置业有限公司	通州区将台乡驼房营村
217	金融街园中园	京房售证字(2018)187号	金融街(北京)商务园置业有限公司	通州区永顺镇
218	天汇梧桐苑	京房售证字(2018)193号	北京香醍房地产开发有限公司	顺义区牛栏山镇
219	九龙阅璟园	京房售证字(2018)191号	北京西局置业有限公司	丰台区西局村
220	天悦名苑	京房售证字(2018)196号	北京悦恒置业有限公司	丰台区南苑乡槐房村和新宫村
221	智汇艺诚商厦	京房售证字(2018)190号	北京房开韩建置业有限公司	房山区拱辰街道
222	锦绣瑞苑	京房售证字(2018)184号	北京远创中辉房地产开发有限公司	朝阳区孙河乡北甸西村
223	华润智慧中心	京房售证字(2018)197号	北京未来科技城润昌置业有限公司	昌平区小汤山镇
224	将台水岸家园	京房售证字(2018)192号	北京亮马置业有限公司	朝阳区将台乡驼房营村

（续附表 2）

序号	项目名称	销售证号	开发商	地址
225	金悦景苑	京房售证字(2018)185 号	北京远和置业有限公司	大兴区黄村镇饮马井、义和庄村
226	懋源璟禧园	京房售证字(2018)194 号	北京懋源宏展房地产开发有限公司	朝阳区孙河乡西甸村
227	西山梧桐嘉苑	京房售证字(2018)189 号	北京嘉达置业有限公司	门头沟区永定镇
228	中交富力雅郡	京房售证字(2018)183 号	中交富力(北京)置业有限公司	延庆区新城 03 街区会展中心东侧一期
229	绿地朗山产业园	京房售证字(2018)195 号	绿地集团北京京纬置业有限公司	密云区水源路南侧
230	同和中心	京房售证字(2018)200 号	北京宜化恒业科技发展有限公司	大兴区新城核心区 I 组团
231	西山燕庐家园	京房售证字(2018)198 号	北京绿城中交房地产开发有限公司	门头沟区永定镇
232	云熙佳苑	京房售证字(2018)199 号	北京中海兴盛房地产开发有限公司	大兴区魏善庄镇
233	禧瑞嘉苑	京房售证字(2018)开 11 号	北京创远亦程置业有限公司	开发区路东区 G2 街区
234	金林家园	京房售证字(2018)开 10 号	北京金隅兴大房地产开发有限公司	开发区河西区 X90R2 地块
235	翡翠长安家园	京房售证字(2018)207 号	北京捷海房地产开发有限公司	门头沟区永定镇
236	万和斐丽家园	京房售证字(2018)204 号	北京远创兴茂置业有限公司	大兴区瀛海镇
237	远洋五里雅苑	京房售证字(2018)206 号	北京景西房地产开发有限公司	石景山区五里坨建设组团一
238	西府海棠雅苑	京房售证字(2018)205 号	北京景西房地产开发有限公司	石景山区五里坨建设组团一
239	尚林家园	京房售证字(2018)202 号	北京隆源房地产开发有限公司	房山区阎村镇
240	亚林上苑	京房售证字(2018)203 号	北京亚林东房地产开发有限公司	丰台区亚林西居住区一期
241	都会尚苑	京房售证字(2018)201 号	北京招商局铭嘉房地产开发有限公司	昌平区南邵镇
242	锦绣瑞苑	京房售证字(2018)208 号	北京远创中辉房地产开发有限公司	朝阳区孙河乡北甸西村

* 本表预售证发证时间以确认时间为依据。

附表3　2018年北京市住房租赁分区域成交均价

单位：元/（平方米·月）

区	区域	2018年1季度	2018年2季度	2018年3季度	2018年4季度
东城区	安定门外	105	113	119	117
	东直门外	131	134	138	146
	东北二环内	120	127	130	132
	花市、前门	106	112	116	119
	天坛、龙潭、体育馆路	96	101	104	102
	永定门外	85	87	89	91
西城区	新街口、什刹海	125	132	138	137
	金融街	153	160	161	160
	德胜门外	108	117	123	122
	展览路、月坛	115	123	130	131
	大栅栏、广内	112	117	128	124
	陶然亭、白纸坊	96	101	107	106
	广外	90	95	100	98
朝阳区	孙河				
	来广营、清河营	89	98	101	103
	机场高速五环外沿线	64	79	77	65
	北苑	82	87	90	90
	奥运场馆周边	97	104	108	107
	亚运村	102	108	112	113
	望京、酒仙桥	100	106	111	111
	太阳宫	123	128	133	130
	柳芳、左家庄	104	108	113	111
	CBD	118	127	131	130
	朝阳公园	109	118	120	122
	姚家园	115	126	131	129
	东八里庄、青年路	94	101	101	101
	四惠、甘露园	88	94	96	96
	东坝	70	73	77	77
	定福庄、管庄	72	76	76	75
	双桥农场	58	57	58	57
	双井	116	123	123	125
	劲松	87	90	94	92

（续附表 3）

区	区域	2018 年 1 季度	2018 年 2 季度	2018 年 3 季度	2018 年 4 季度
朝阳区	东南三至四环	89	96	100	97
	松榆、磨房	95	100	104	104
	东南四至五环沿线	68	69	71	72
	豆各庄、黑庄户	56	57	58	58
海淀区	上庄、苏家坨	58	63	65	63
	温泉	64	64	65	63
	西三旗	79	84	85	85
	清河	83	88	91	91
	上地	90	100	100	101
	马连洼	84	89	94	94
	西北旺	70	75	79	74
	圆明园、颐和园	108	113	123	110
	香山	90	94	116	148
	杏石口路	91	93	93	93
	学清路	99	103	107	105
	学院路	110	116	122	120
	万柳	107	117	120	117
	中关村	126	135	141	129
	北太平庄	106	112	120	119
	紫竹院、甘家口	111	120	123	124
	羊坊店、五棵松	100	105	108	110
	定慧寺	97	100	105	106
	永定路	84	88	91	91
丰台区	方庄	87	92	96	95
	菜户营、西罗园	77	78	81	81
	六里桥	78	81	86	85
	京石高速三四环沿线	69	72	76	76
	梅市口路	66	68	70	70
	丰台镇	70	73	75	75
	马家堡、西马场	76	79	81	81
	刘家窑、大红门	74	78	79	80
	南苑	58	60	59	61
	新发地	62	62	64	64

（续附表3）

区	区域	2018年1季度	2018年2季度	2018年3季度	2018年4季度
丰台区	世界公园、宛平	72	75	76	77
	长辛店、王佐	53	46	46	48
石景山区	鲁谷、八宝山、老山	77	81	83	78
	苹果园、八角、金顶街	67	69	70	70
	五里坨	53	55	55	52
昌平区	昌平城区	47	47	51	48
	回龙观镇	69	74	74	72
	东小口镇	65	69	72	70
	温榆河周边地区	48	50	52	51
	昌平城区南侧	48	51	54	48
昌平区	昌平西北部				
	昌平东北部				
大兴区	西红门	64	57	59	58
	旧宫	56	57	57	57
	大兴城区	52	54	55	55
	大兴东部	52	51	49	49
	大兴南部	46	48	50	51
通州区	新华、中仓、永顺	52	52	54	53
	通州北苑、玉桥、梨园	52	55	56	55
	马驹桥、台湖	46	47	46	47
	通州东南部	39	44	39	44
	宋庄、潞城	44	49	47	47
顺义区	顺义城区	46	47	49	48
	后沙峪、天竺	72	76	75	75
	马坡、牛栏山、高丽营	40	41	45	44
	赵全营、北石槽				
	顺义东南部	43	41	43	42
	顺义东北部	34	38	38	30
房山区	良乡	37	38	39	38
	长阳	68	64	63	44
	京周路周边	26	27	28	28
	房山东南部	25	25	26	25
	房山西部	29	29	31	37

（续附表3）

区	区域	2018年1季度	2018年2季度	2018年3季度	2018年4季度
门头沟区	大峪、龙泉、城子	48	48	48	45
	门头沟城区周边	50	49	49	48
	门头沟西部				
怀柔区	怀柔城区	30	32	33	31
	怀柔城区周边	28	27	29	29
	怀柔北部				
平谷区	平谷城区				
	平谷南部				
	平谷城北部				
密云区	密云城区	24	25	28	26
	密云城区周边	24	21	27	27
	密云北部				
延庆区	延庆城区				
	京包铁路沿线				
	延庆东北部				
北京经济技术开发区	亦庄	70	72	74	73

注：表中租赁数据是根据北京市主要经纪机构提供的交易数据测算。

附表 4　2018 年北京市商品房备案项目商品住宅情况

区	企业名称	项目推广名	本年度申请规模（万平方米）
西城区	北京金嘉房地产开发有限公司	0110-634 地块	4.0
朝阳区	北京鸿坤新业房地产开发有限公司	鸿坤花语花园	0.7
	北京城建房地产开发有限公司	定福家园北里	2.2
	北京亮马置业有限公司	壹·亮马	2.5
	北京正德丰泽房地产开发有限公司	瑞悦府	6.2
	北京城志置业有限公司	城志畅悦园	6.4
	北京懋源宏展房地产开发有限公司	懋源璟玺	6.6
	北京远创兴城置业有限公司	远创合景苑	9.9
	北京远创中辉房地产开发有限公司	天瑞宸章	10.7
	北京泰禾锦绣置业有限公司	北京院子	12.3
	北京厚泰房地产开发有限公司	锦安家园	18.6
	和记黄埔地产（北京朝阳）有限公司	逸翠园	25.3
海淀区	北京瞰融房地产开发有限公司	华瞰墨园	0.5
	北京谊建信置业有限公司	永定翠庭	1.7
	国泰土地整理集团有限公司	世茂江山和府	3.7
	北京市御水苑房地产开发有限责任公司	西钓鱼台嘉园	4.2
	北京锐达置业有限公司	温泉倚翠嘉苑	4.9
	北京万永房地产开发有限公司	箐筌雅园	7.1
	北京万沣房地产开发有限公司	画眉庭院	7.7
	葛洲坝（北京）发展有限公司	紫翠兰园	13.4
	北京建邦中铁房地产开发有限公司	永靓家园	37.1
丰台区	北京中维房地产开发有限公司	泰禾西府玉苑	1.6
	北京侨禧投资有限公司	金府大院	2.3
	北京海赋丰业房地产开发有限公司	洺悦尚品嘉园	3.4
	北京悦恒置业有限公司	天悦名苑	3.6
	北京鎏庄房地产开发有限公司	金茂城苑	3.9
	北京南悦房地产开发有限公司	愧悦佳苑	4.1
	京合保成（北京）房地产开发有限公司	和光逸景	4.2
	北京融丰置业有限公司	融府	4.3
	北京西海龙湖置业有限公司	燕西华府	5.0
	北京悦恒置业有限公司	天悦壹号	5.0
	北京唯逸房地产开发有限公司	中国府	5.2

（续附表 4）

区	企业名称	项目推广名	本年度申请规模（万平方米）
丰台区	北京青龙湖盛通房地产开发有限公司	翡翠西湖	7.2
	北京瑞茂房地产开发有限公司	黄庄九雅嘉园	7.6
	北京西局置业有限公司	九龙阅璟园	8.4
	北京茂瑞置业有限公司	亚林时代中心	11.4
	北京青龙湖盛通房地产开发有限公司	湖畔佳苑	12.0
	北京侨禧投资有限公司	新著东方	16.7
石景山区	北京景西房地产开发有限公司	远洋五里雅苑	3.8
	北京安泰兴业置业有限公司	中海寰宇天下	8.2
	北京万越辉置业有限公司	翡翠山晓家园	8.7
	北京中实置业有限公司	玉景阳光	9.5
	北京安泰兴业置业有限公司	景熙苑	11.4
	北京景西房地产开发有限公司	西府海棠雅苑	12.9
通州区	北京首开万科房地产开发有限公司	翡翠四季	3.5
	北京润锦房地产开发有限公司	通州万国城 MOMA	3.7
	北京海港房地产开发有限公司	格拉斯小镇	4.7
	北京黄海房地产开发有限公司	永顺西街住宅小区	7.3
	北京上阳置业有限公司	京铁潞园	8.9
	北京住总通和房地产开发有限公司	通合家园	9.5
	北京永乐花园发展有限公司	K2 十里春风	23.1
大兴区	北京中铁华兴房地产开发有限公司	和怡嘉园	1.1
	北京中铁华兴房地产开发有限公司	中铁华侨城·和园	1.9
	北京海盈房地产开发有限公司	瀛锦苑	2.4
	北京融德房地产开发有限公司	万和颐景雅苑	3.9
	北京融筑房地产开发有限公司	兴念雅苑	5.4
	北京招合房地产开发有限公司	招商雍和府	5.9
	北京和信兴泰房地产开发有限公司	熙悦林语	6.6
	北京金地兴晟房地产开发有限公司	兴韵雅苑	6.7
	北京中海兴盛房地产开发有限公司	中海云熙	8.6
	北京远创兴茂置业有限公司	万和斐丽	9.0
	北京中海兴达房地产开发有限公司	中海云筑	11.7
	北京碧和信泰置业有限公司	四季盛景园	12.0
	北京和信金泰房地产开发有限公司	林悦和苑	14.5

（续附表 4）

区	企业名称	项目推广名	本年度申请规模（万平方米）
昌平区	北京昌基鸿业房地产开发有限公司	拾景家园	1.1
	北京未来科技城润昌置业有限公司	润昌科创中心	1.6
	北京泰禾嘉兴房地产开发有限公司	承文家园	1.7
	北京香江盛富房地产开发有限公司	香江别墅	3.2
	北京昌业房地产开发有限公司	翡萃家园	3.2
	北京京投银泰尚德置业有限公司	悦府家园	3.4
	北京远腾置业有限公司	绿地中央广场 2 期	4.2
	北京中海宏业房地产开发有限公司	林湖家园	4.7
	北京大成昌润置业有限公司	金隅上城郡	5.4
	北京创世瑞新房地产开发有限公司	和玺苑	5.7
	北京招商局铭嘉房地产开发有限公司	都会尚苑	6.5
	北京梓文房地产开发有限公司	理想新苑	7.4
	北京大成昌润置业有限公司	上城小区	11.8
顺义区	北京福兴晟房地产开发有限公司	阳光峰景家园	1.5
	北京香醍房地产开发有限公司	天汇梧桐苑	2.2
	北京金隅地产开发集团有限公司	上城庄园	2.6
	北京仁和燕都房地产开发有限公司	中海国际城	3.3
	北京上筑置业有限公司	雅筑佳苑	5.9
	北京城建兴顺房地产开发有限公司	平悦园	8.1
	北京正德瑞祥房地产开发有限公司	云赋家园	9.8
	北京金隅空港开发有限公司	金瑞裕雅苑	10.7
	北京万龙华开房地产开发有限公司	观承文园	15.7
门头沟区	北京绿城中交房地产开发有限公司	西山燕庐家园	2.9
	北京骏宇房地产开发有限公司	中骏西山天璟	4.6
	北京嘉达置业有限公司	西山梧桐嘉苑	5.2
	北京西元祥泰房地产开发有限公司	华萃西山家园	6.8
房山区	北京盛鹏置业有限公司	旭辉城	2.1
	北京中海兴良房地产开发有限公司	京西里	2.4
	北京至道房地产开发有限公司	众美锦绣里、众美大厦	3.2
	北京恒乐置业有限公司	04 街区	3.7
	北京稻香四季房地产开发有限公司	稻香悦家园	4.5
	北京鑫博置业有限公司	慧园	9.6

（续附表 4）

区	企业名称	项目推广名	本年度申请规模（万平方米）
房山区	北京凯华房地产开发有限公司	万科·七橡墅	13.0
	北京隆源房地产开发有限公司	尚林家园	15.1
密云区	北京碧桂园文化发展有限公司	琅辉小区	0.7
	北京新博城房地产开发有限公司	首创·澜茵山	1.1
	北京市潮云房地产开发有限公司	溪水花园	1.5
	北京世纪光华房地产开发有限公司	观唐云鼎	6.9
	北京京投兴檀房地产有限公司	锦悦府	8.3
	北京宝驰通置业有限公司	悦欣汇	15.2
延庆区	北京天润诚泽房地产开发有限公司	天润·和丽嘉苑	3.3
	北京世园投资发展有限责任公司	世园村	5.7
	中交富力(北京)置业有限公司	中交富力雅郡	21.8
平谷区	北京平筑房地产开发有限公司	金逸嘉园	4.5
	北京腾泰亿远置业有限公司	湖岸嘉园	7.2
	北京京投兴平置业有限公司	泇景家园	8.0
	北京金科金碧置业有限公司	峻秀家园	8.1
	北京金科德远置业有限公司	观岭家园	11.8
	北京兆福房地产开发有限公司	棠韵家园	12.4
怀柔区	北京京碧置业发展有限公司	碧桂园中心	2.4
开发区	北京方兴拓赢房地产开发有限公司	亦庄金茂悦	4.8
	北京金隅兴大房地产开发有限公司	金麟府	6.5
	北京创远亦程置业有限公司	禧瑞嘉苑	7.7
	北京创远亦程置业有限公司	禧瑞天著	8.3
	北京博大新元房地产开发有限公司	亦城亦景家园	12.6
	北京博睿宏业房地产开发有限公司	华锦佳苑	16.5

附表5　2018年北京市保障房备案项目保障住房情况

区	企业名称	项目推广名	本年度申请规模(万平方米)
朝阳区	北京东方瑞平房地产开发有限公司	惠泽园	20.8
丰台区	京合保成(北京)房地产开发有限公司	和光逸景	2.3
石景山区	北京中实置业有限公司	玉景阳光	0.5
通州区	北京京铁房地产开发有限公司	京铁潞园	12.6
	北京永乐花园发展有限公司	K2十里春风	6.2
大兴区	北京国瑞德恒房地产开发有限公司	瑞福园	9.8
	北京市大兴城镇建设综合开发集团有限公司	兴瀛嘉苑	9.8
昌平区	北京未来科技城润昌置业有限公司	润昌科创中心	2.6

附表6 2018年北京市商业、办公备案项目情况

区	企业名称	项目推广名	本年度申请规模（万平方米）
西城区	北京金嘉房地产开发有限公司	0110-634地块	0.1
朝阳区	北京泰禾锦绣置业有限公司	北京院子	0.0
	北京懋源宏展房地产开发有限公司	懋源璟玺	0.0
	北京城建房地产开发有限公司	定福家园北里	0.1
	北京致泰房地产开发有限公司	和锦园	2.7
	北京联星房地产开发有限责任公司	北小营商务综合楼	3.4
	北京朝金房地产开发有限公司	财金中心	5.3
	北京知泰房地产开发有限责任公司	和光尘樾	7.0
	华瀚投资集团有限公司	华瀚大厦	8.4
海淀区	北京旭嘉置业有限公司	首创·天阅西山	3.1
	北京神州数码置业发展有限公司	智享中心	5.9
	北京方恒源阳房地产开发有限公司	方恒时尚中心	6.2
	北京万毓房地产开发有限公司	智享中心	6.7
丰台区	北京南悦房地产开发有限公司	愧悦佳苑	0.1
	北京青龙湖腾实房地产开发有限公司	西山湖文苑	0.2
	北京鋈庄房地产开发有限公司	金茂城苑	1.5
	北京茂瑞置业有限公司	亚林时代中心	1.5
	北京金丰置业有限公司	金茂广场	4.3
	北京茂丰置业有限公司	佲悦大都汇	5.8
通州区	北京永乐花园发展有限公司	K2十里春风	0.3
	正元置业有限公司	惠通中心	2.7
	北京友泰房地产开发有限公司	云创天地	3.0
	北京首都开发股份有限公司	缇香郡	4.6
	北京远新房地产开发有限公司	远洋新光中心	6.0
	北京恒城房地产开发有限公司	合景万汇中心	6.2
	北京复地通盈置业有限公司	复地中心	12.3
	北京华恒业房地产开发有限公司	新光大中心	18.1
	金融街（北京）商务园置业有限公司	金融街园中园	18.5
大兴区	北京国瑞德恒房地产开发有限公司	瑞福园	1.7
	北京远和置业有限公司	金悦府	2.1
	北京海盈房地产开发有限公司	瀛锦苑	2.6
	北京融筑房地产开发有限公司	兴念雅苑	2.6

（续附表6）

区	企业名称	项目推广名	本年度申请规模（万平方米）
大兴区	北京招合房地产开发有限公司	招商雍和府	4.3
	北京绿地京懋房地产开发有限公司	云汇中心	7.1
	北京绿地京瑞房地产开发有限公司	云景中心	14.4
昌平区	北京香江盛富房地产开发有限公司	香江别墅	0.3
	北京大成昌润置业有限公司	金隅上城郡	0.3
	北京骏达房地产开发有限公司	中骏四季家园	2.3
	北京昌基鸿业房地产开发有限公司	拾景家园	3.8
	北京未来科技城昌信置业有限公司	未来国际中心	4.0
	北京未来科技城润昌置业有限公司	华润智慧中心	6.6
	北京未来科技城润昌置业有限公司	润昌科创中心	10.4
	北京未来科技城昌融置业有限公司	未来时代中心	11.4
	北京未来科技城保昌置业有限公司	都汇中心	18.8
顺义区	北京上筑置业有限公司	正商雅筑佳苑	0.6
	北京金隅空港开发有限公司	金瑞裕雅苑	1.3
	北京中投创展置业有限公司	龙祥誉景花园	2.1
	北京花宇置业有限公司	艾迪理想中心	7.7
	北京仁和燕都房地产开发有限公司	尚鑫家园	9.1
门头沟区	北京骏宇房地产开发有限公司	中骏西山天璟	2.5
	北京兴佰君泰房地产开发有限公司	西汇商业中心	6.3
房山区	北京金良兴业房地产开发有限公司	金樾和著	2.8
	北京至道房地产开发有限公司	众美锦绣里、众美大厦	3.2
	北京中海兴良房地产开发有限公司	京西里	7.5
密云区	北京宝驰通置业有限公司	悦欣汇	0.4
	北京市潮云房地产开发有限公司	溪水花园	2.3
延庆区	北京世园投资发展有限责任公司	世园村	7.8
平谷区	北京兆福房地产开发有限公司	棠韵家园	0.1
	北京京投兴平置业有限公司	洳景家园	4.2
怀柔区	北京京碧置业发展有限公司	碧桂园中心	3.7
开发区	北京创远亦程置业有限公司	禧瑞天著	4.0

附表 7　2018 年北京市房地产开发企业名录

序号	企业名称	资质等级
1	华纺房地产开发公司	一级
2	中国电建地产集团有限公司	一级
3	北京龙湖中佰置业有限公司	一级
4	北京通州房地产开发有限责任公司	一级
5	北京首都开发股份有限公司	一级
6	北京鸿坤伟业房地产开发有限公司	一级
7	中国新型房屋集团有限公司	一级
8	中冶置业集团有限公司	一级
9	北京广安置业投资公司	一级
10	京能置业股份有限公司	一级
11	北京翔峰房地产开发有限公司	一级
12	北京金泰房地产开发有限责任公司	一级
13	北京和裕房地产开发有限公司	一级
14	北京新华联置地有限公司	一级
15	保利（北京）房地产开发有限公司	一级
16	北京金隅地产开发集团有限公司	一级
17	北京电子城有限责任公司	一级
18	金融街控股股份有限公司	一级
19	中国房地产开发集团有限公司	一级
20	北京金隅嘉业房地产开发有限公司	一级
21	北京城建投资发展股份有限公司	一级
22	北京市华远置业有限公司	一级
23	北京富力城房地产开发有限公司	一级
24	北京佰嘉置业集团有限公司	一级
25	中国葛洲坝集团房地产开发有限公司	一级
26	北京城建房地产开发有限公司	一级
27	京汉置业集团有限责任公司	一级
28	北京威凯建设发展有限责任公司	一级
29	北京万科企业有限公司	一级
30	北京城建兴华地产有限公司	一级
31	北京润丰房地产开发有限公司	一级
32	北京瑞雪春堂房地产有限公司	一级
33	中铁置业集团有限公司	一级

（续附表7）

序号	企业名称	资质等级
34	茂华控股集团有限公司	一级
35	北京金第房地产开发有限责任公司	一级
36	北京金远房地产开发集团有限公司	一级
37	北京三元嘉业房地产开发有限公司	一级
38	中国铁建房地产集团有限公司	一级
39	北京首都开发控股（集团）有限公司	一级
40	华通置业有限公司	一级
41	永泰房地产（集团）有限公司	一级
42	北京正阳恒瑞置业公司	一级
43	北京嘉源置业投资有限公司	一级
44	北京科技园建设（集团）股份有限公司	一级
45	北京中筑置业有限公司	一级
46	隆泰实业（北京）有限公司	一级
47	北京市大兴城镇建设综合开发集团有限公司	一级
48	北京天润置地房地产开发（集团）有限公司	一级
49	北京君合百年房地产开发有限公司	一级
50	北京金源鸿大房地产有限公司	一级
51	国奥投资发展有限公司	一级
52	华润置地（北京）股份有限公司	一级
53	北京首钢房地产开发有限公司	一级
54	中信房地产集团有限公司	一级
55	北京市大龙房地产开发有限公司	一级
56	北京顺义新城建设开发有限公司	一级
57	北京万通地产股份有限公司	一级
58	北京华融金晖置业有限公司	一级
59	当代节能置业股份有限公司	一级
60	北京国锐房地产开发有限公司	一级
61	和泓置地集团有限公司	一级
62	北京城市开发集团有限责任公司	一级
63	泛海控股股份有限公司	一级
64	北京乾景房地产开发有限公司	一级
65	华瀚投资集团有限公司	一级
66	北京京投银泰尚德置业有限公司	一级

（续附表 7）

序号	企业名称	资质等级
67	北京住总房地产开发有限责任公司	一级
68	北京经济技术投资开发总公司	一级
69	北京京铁房地产开发有限公司	一级
70	北京腾航房地产开发有限公司	一级
71	中铁嘉业（北京）投资有限公司	一级
72	北京天恒房地产股份有限公司	一级
73	北京融创恒基地产有限公司	一级
74	北京泰福恒投资发展有限公司	一级
75	北京建工集团有限责任公司	一级
76	北京天鸿置业有限公司	一级
77	北京国瑞兴业地产股份有限公司	一级
78	北京永同昌房地产开发集团有限公司	二级
79	北京经开投资开发股份有限公司	二级
80	北京京投银泰置业有限公司	二级
81	中铁房地产集团海外地产发展有限公司	二级
82	北京华油房地产开发有限公司	二级
83	北京房地置业发展有限公司	二级
84	国开东方城镇发展投资有限公司	二级
85	北京顺华房地产开发有限公司	二级
86	北京龙庆房地产开发有限公司	二级
87	北京房开控股集团有限公司	二级
88	北京正浩置业有限公司	二级
89	北京金兰甫房地产开发有限公司	二级
90	北京市保障性住房建设投资中心	二级
91	北京腾龙嘉华房地产开发有限公司	二级
92	北京市基础设施投资有限公司（原北京地铁集团有限责任公司）	二级
93	北京国信嘉业房地产开发有限公司	二级
94	北京景旭房地产开发有限公司	二级
95	北京鹏睿房地产开发有限公司	二级
96	北京隆泰祥房地产开发有限公司	二级
97	北京润通房地产开发有限责任公司	二级
98	北京正华永恒置业有限公司	二级
99	北京国安东坝投资有限公司	二级

（续附表 7）

序号	企业名称	资质等级
100	北京天利海房地产开发有限公司	二级
101	纳帕地产开发集团有限公司	二级
102	中奥（北京）房地产开发有限公司	二级
103	北京亚通房地产开发有限责任公司	二级
104	北京昆泰房地产开发集团有限公司	二级
105	北京东亚新华投资有限公司	二级
106	中建一局集团房地产开发有限公司	二级
107	北京极富房地产开发有限公司	二级
108	江河创新地产股份有限公司	二级
109	北京中鑫源房地产开发集团有限公司	二级
110	北京海开房地产集团有限责任公司	二级
111	北京兆泰集团股份有限公司	二级
112	北京天瑞金置业集团有限公司	二级
113	北京国际商务中心区开发建设有限公司	二级
114	北京中铁诺德房地产开发有限公司	二级
115	中铁建设集团房地产有限公司	二级
116	北京京西北房地产开发集团有限公司	二级
117	山水文园凯亚房地产开发有限公司	二级
118	北京京投置地房地产有限公司	二级
119	北京华清安平置业有限公司	二级
120	北京中关村软件园发展有限责任公司	二级
121	首创置业股份有限公司	二级
122	北京江南投资集团有限公司	二级
123	北京博大新元房地产开发有限公司	二级
124	中信和业投资有限公司	二级
125	北京牛栏山房地产开发有限责任公司	二级
126	北京华融基础设施投资有限责任公司	二级
127	北京西海龙湖置业有限公司	二级
128	北京远坤房地产开发有限公司	二级
129	北京顺鑫佳宇房地产开发有限公司	二级
130	长城国富置业（北京）有限公司	二级
131	北京八大处房地产开发集团有限公司	二级
132	北京正宏置业集团有限公司	二级

（续附表 7）

序号	企业名称	资质等级
133	北京城市副中心投资建设集团有限公司	二级
134	北京懋源房屋开发有限公司	二级
135	北京昊泰房地产开发有限公司	二级
136	中信置业有限公司	二级
137	北京龙冠房地产开发有限责任公司	二级
138	北京怡昌投资有限公司	二级
139	北京市文化置业有限公司	二级
140	中合置业有限公司	二级
141	北京春光置地房地产开发有限公司	二级
142	北京裕昌置业股份有限公司	二级
143	北京长安置地房地产开发有限公司	二级
144	北京盛邦基业房地产开发有限公司	二级
145	北京北控城市开发有限公司	二级
146	北京林河兴业房地产开发有限公司	二级
147	凤凰城科技集团有限公司	二级
148	北京亚胜置业有限公司	二级
149	北京方兴亦城置业有限公司	二级
150	顺天通房地产开发集团有限公司	二级
151	北京弘轩鼎成房地产开发有限公司	二级
152	北京新华联伟业房地产有限公司	二级
153	中昂地产（集团）有限公司	二级
154	中铁十六局集团置业投资有限公司	二级
155	中和正茂置业发展有限公司	二级
156	北京铭嘉房地产开发有限公司	二级
157	中铁二十二局集团房地产开发有限公司	二级
158	北京春光伟业置业有限公司	二级
159	旭阳置业有限公司	二级
160	北京朝林置业有限公司	二级
161	北京安宝房地产开发有限公司	二级
162	中交置业有限公司	二级
163	北京北控置业集团有限公司	二级
164	北京首都机场房地产有限公司	二级
165	中铁房地产集团北方有限公司	二级

（续附表7）

序号	企业名称	资质等级
166	北京合生绿洲房地产开发有限公司	二级
167	中核房地产开发有限公司	二级
168	北京市丰台区城市建设综合开发公司	二级
169	北京建机房地产有限责任公司	二级
170	北京世纪鸿城置业有限公司	二级
171	北京科技园置地有限公司	二级
172	北京市天竺房地产开发公司	二级
173	北京仁和日升房地产有限公司	二级
174	北京兴创房地产开发有限公司	二级
175	北京慧诚房地产开发有限公司	二级
176	北京市广厦房地产开发公司	二级
177	北京佳源投资经营有限责任公司	二级
178	北京东方依水源房地产开发有限公司	二级
179	首都机场地产集团有限公司	二级
180	北京京奥港房地产开发有限责任公司	二级
181	北京盛创恒达房地产开发有限公司	二级
182	北京崇文·新世界房地产发展有限公司	二级
183	北京中加伟业房地产开发有限公司	二级
184	北京东方瑞平房地产开发有限公司	二级
185	北京联合置业有限公司	二级
186	北京中联置地房地产开发有限公司	二级
187	北京润泽庄苑房地产开发有限公司	二级
188	北京昊远隆基房地产开发有限公司	二级
189	北京中实恒业房地产开发有限责任公司	二级
190	泛华城市投资有限公司	二级
191	北京市昌平房地产开发有限责任公司	二级
192	北京天旭运河房地产开发有限责任公司	二级
193	北京市丰台区鸿华房地产开发经营有限公司	二级
194	北京中建地产有限责任公司	二级
195	北京城建兴云房地产有限公司	二级
196	北京兴展房地产开发有限公司	三级
197	北京津华通达房地产开发有限公司	三级
198	北京兴集房地产开发有限公司	三级

（续附表 7）

序号	企业名称	资质等级
199	北京英才房地产开发有限公司	三级
200	北京紫石房地产开发有限公司	三级
201	北京市永联房地产开发有限责任公司	三级
202	北京天资置业集团有限公司	三级
203	北京中关村石景山园发展有限公司	三级
204	北京建升房地产开发有限公司	三级
205	北京盛达兴业房地产开发有限公司	三级
206	北京玉泉新城房地产开发有限公司	三级
207	北京珠江投资开发有限公司	三级
208	北京海意联房地产开发有限公司	三级
209	北京建工置地有限责任公司	三级
210	北京绿地京华置业有限公司	三级
211	北京田家园房地产开发有限公司	三级
212	北京三元置业有限公司	三级
213	北京京投兴业置业有限公司	三级
214	北京国隆置业有限公司	三级
215	北京城建兴泰房地产开发有限公司	三级
216	北京华恒兴业房地产开发有限公司	三级
217	北京市利锦荣房地产开发有限公司	三级
218	北京通瑞兴盛置业有限公司	三级
219	北京东方阳光房地产开发有限公司	三级
220	北京中关村电子城建设有限公司	三级
221	华电工程集团创业投资有限公司	三级
222	北京首开亿信置业股份有限公司	三级
223	金融街（北京）置地有限公司	三级
224	北京罗顿沙河建设发展有限公司	三级
225	北京远豪置业有限公司	三级
226	招商局嘉铭（北京）房地产开发有限公司	三级
227	北京中关村科学城建设股份有限公司	三级
228	北京京创投资有限公司	三级
229	北京静水园房地产开发有限公司	三级
230	北京天正华特房地产开发有限公司	三级
231	北京市东湖房地产有限公司	三级

（续附表7）

序号	企业名称	资质等级
232	北京星光拓诚投资有限公司	三级
233	北京东隆房地产开发有限公司	三级
234	北京硕和房地产开发有限公司	三级
235	北京世纪景房地产开发有限公司	三级
236	中铁房地产集团创新产业投资有限公司	三级
237	北京合景房地产开发有限公司	三级
238	中车置业有限公司	三级
239	北京城建远东地产投资有限公司	三级
240	北京珠江房地产开发有限公司	三级
241	北京青远房地产开发有限公司	三级
242	北京实创房地产开发有限责任公司	三级
243	北京新领域房地产开发有限公司	三级
244	北京金宝房地产开发有限公司	三级
245	北京雍锦房地产开发有限公司	三级
246	北京枫树置业有限公司	三级
247	北京上善恒盛置业有限公司	三级
248	北京合生愉景房地产开发有限公司	三级
249	北京柏豪置业有限公司	三级
250	中铁房地产集团北京丰昊置业有限公司	三级
251	北京住总置地有限公司	三级
252	北京高顺投资有限公司	三级
253	北京中关村国际商城发展有限公司	三级
254	北京天伦房地产有限公司	三级
255	北京市新时特房地产开发有限公司	三级
256	北京众美房地产开发有限公司	三级
257	北京泛海东风置业有限公司	三级
258	北京京南住房开发有限责任公司	三级
259	天通泰文化数码科技园有限公司	三级
260	北京华贸奥苑房地产开发有限公司	三级
261	北京经开工大投资管理有限公司	三级
262	国测地理信息科技产业园集团有限公司	三级
263	北京未来科学城发展集团有限公司	三级
264	中化方兴置业（北京）有限公司	三级

（续附表7）

序号	企业名称	资质等级
265	北京亿来置业有限公司	三级
266	北京万方置业有限公司	三级
267	北京将台房地产开发有限公司	三级
268	北京韩建房地产开发有限公司	三级
269	北京德成兴业房地产开发有限公司	三级
270	北京万年基业房地产开发有限公司	三级
271	富力（北京）地产开发有限公司	三级
272	北京亦庄移动硅谷有限公司	三级
273	北京首创华业房地产开发有限公司	三级
274	中铁房地产集团北京金达世纪房地产开发有限公司	三级
275	北京市凯龙房地产开发有限公司	三级
276	北京首开仁信置业有限公司	三级
277	北京金隅程远房地产开发有限公司	三级
278	北京京北鑫民房地产开发有限公司	三级
279	北京军洋鑫业房地产有限公司	三级
280	新能（北京）国际房地产开发有限公司	三级
281	招商局地产（北京）有限公司	三级

附表8　2018年北京市房产测绘备案单位名录

序号	测绘企业名称	资质等级	资质证书编号
1	北京市房地产勘察测绘所	甲级	甲测资字 11002001
2	建设综合勘察研究设计院有限公司	甲级	甲测资字 11002032
3	中兵勘察设计研究院	甲级	甲测资字 11001014
4	北京时正兴测绘工程技术有限公司	甲级	甲测资字 11001033
5	北京鼎春德正测绘中心	甲级	甲测资字 1101040
6	北京新兴华安智慧科技有限公司	甲级	甲测资字 11001042
7	北京华星勘查新技术有限公司	甲级	甲测资字 1100264
8	航天建筑设计研究院有限公司	甲级	甲测资字 1100453
9	中航勘察设计研究院有限公司	甲级	甲测资字 11001024
10	苍穹数码技术股份有限公司	甲级	甲测资字 11001008
11	北京市地质工程勘察院	甲级	甲测资字 11001022
12	北京金房兴业测绘有限公司	甲级	甲测资字 1101272
13	北京城建勘测设计研究院有限责任公司	甲级	甲测资字 11001019
14	北京市测绘设计研究院	甲级	甲测资字 11001010
15	北京帝测科技股份有限公司	甲级	甲测资字 1100140
16	北京国政恒信测绘技术服务有限公司	甲级	甲测资字 1101158
17	北京道济测绘有限公司	甲级	甲测资字 11002111
18	北京力佳图测绘有限公司	甲级	甲测资字 1100237
19	北京勘察技术工程有限公司	甲级	甲测资字 11000660
20	北京海地人资源咨询有限责任公司	甲级	甲测资字 1111030
21	中勘天成（北京）科技有限公司	甲级	甲测资字 1101194
22	九成空间科技有限公司	甲级	甲测资字 1100017
23	北京伟泽测绘股份有限公司	甲级	甲测资字 1101301
24	沐城测绘（北京）有限公司	甲级	甲测资字 1101310
25	北京市通州区住房和城乡建设委员会测绘所	乙级	乙测资字 11012001
26	北京京密鸿图测绘有限公司	乙级	乙测资字 11016001
27	北京中瑞嘉业测绘有限公司	乙级	乙测资字 11005007
28	北京龙泰经纬测绘有限公司	乙级	乙测资字 11005011
29	北京威远图易数字科技有限公司	乙级	乙测资字 11007011
30	北京京昌工程测绘技术有限公司	乙级	乙测资字 11013002
31	北京通图信息科技有限公司	乙级	乙测资字 1110022
32	北京大地宏图勘测有限公司	乙级	乙测资字 11000009
33	北京中天路通工程勘测有限公司	乙级	乙测资字 11013005

（续附表8）

序号	测绘企业名称	资质等级	资质证书编号
34	北京中海地理信息测绘有限公司	乙级	乙测资字1112126
35	北京大地万川测绘有限公司	乙级	乙测资字1111409
36	北京富地勘察测绘有限公司	乙级	乙测资字11012004
37	北京地矿工程建设有限责任公司	乙级	乙测资字11007013
38	北京同创达勘测有限公司	乙级	乙测资字11020003
39	北京三友宇天测绘有限公司	乙级	乙测资字11009003
40	北京市勘察设计研究院有限公司	乙级	乙测资字11005045
41	北京市房山区测绘所	乙级	乙测资质11010002
42	北京新兴环宇测绘有限公司	乙级	乙测资字1111686
43	北京国测信息科技有限责任公司	乙级	乙测资字11005088
44	中兆恒基（北京）工程管理有限公司	乙级	乙测资字1110281
45	北京亿科瑞土规划设计有限公司	乙级	乙测资字1110777
46	北京瀚博林遥感测图信息工程研究院	乙级	乙测资字1111300
47	中测新宇（北京）测绘技术有限公司	乙级	乙测资字1111596
48	北京万兴宏盛建筑勘测技术有限公司	乙级	乙测资字1110957
49	北京汇达城数科技发展有限公司	乙级	乙测资字1112315
50	北京意诚远耀勘测设计有限公司	乙级	乙测资字1110362
51	北京华测测绘有限公司	乙级	乙测资字1112592
52	北京奥腾岩石科技有限公司	乙级	乙测资字1112135
53	众信成勘测设计（北京）有限公司	乙级	乙测资字1112321
54	北京市通州区城乡测绘所	乙级	乙测资字1112144
55	北京迅联图业科技有限公司	乙级	乙测资字1112664
56	北京鑫测科技有限公司	乙级	乙测资字1113001
57	北京万维世创测绘科技有限公司	乙级	乙测资字1111389
58	北京市西城区房地产测绘一所	丙级	丙测资字11002001
59	北京市东城区房屋管理局测绘二所	丙级	丙测资字11004001
60	北京市朝阳区房屋测绘事务所	丙级	丙测资字1120520
61	北京市丰台区房屋经营管理中心测绘队	丙级	丙测资字11006001
62	北京市海淀区房屋土地经营管理中心测绘队	丙级	丙测资字11007001
63	北京市石景山区房地产测绘队	丙级	丙测资字11008001
64	北京市顺义区住房和城乡建设委员会测绘所	丙级	丙测资字11014001
65	北京市大兴区房地产测绘所	丙级	丙测资字11011001
66	北京天地鸿图测绘有限公司	丙级	丙测资字11010001

（续附表 8）

序号	测绘企业名称	资质等级	资质证书编号
67	北京京怀信房产测绘有限公司	丙级	丙测资字 11017001
68	北京华夏经纬测绘技术有限公司	丙级	丙测资字 11005002
69	北京中兴兆业房屋面积测绘有限公司	丙级	丙测资字 11007012
70	北京昌房房地产测绘技术服务有限责任公司	丙级	丙测资字 11013001
71	北京京恒实测绘技术有限公司	丙级	丙测资字 11011002
72	北京首益佳房地产经纪有限公司	丙级	丙测资字 11019005
73	北京赛博时代测绘有限公司	丙级	丙测资字 11010003
74	北京慧智蓝图测绘有限公司	丙级	丙测资字 11017004
75	北京首佳联诚房地产测量有限公司	丙级	丙测资字 11019002
76	北京望唐数码测绘有限公司	丙级	丙测资字 11017003
77	北京华夏合众土地科学技术有限公司	丙级	丙测资字 1120557
78	北京鑫海厦测绘有限公司	丙级	丙测资字 11007007
79	北京浩宇天地测绘科技发展有限公司	丙级	丙测资字 11007028
80	北京智环成测绘有限公司	丙级	丙测资字 11011008
81	中泽嘉汇（北京）测绘中心	丙级	丙测资字 11006004
82	北京檀州经纬测绘有限公司	丙级	丙测资字 1120520
83	北京粤富华测绘测量有限责任公司	丙级	丙测资字 11005015
84	北京经纬久度测绘有限公司	丙级	丙测资字 11005034
85	北京泾渭冠宇测绘有限公司	丙级	丙测资字 11009004
86	北京市怀柔测绘所	丙级	丙测资字 11017002
87	北京君仁慧智测绘有限公司	丙级	丙测资字 1120539
88	中材地质工程勘查研究院有限公司	丙级	丙测资字 1120223
89	北京智慧宏图勘察测绘有限公司	丙级	丙测资字 1120505
90	北京天时地利测绘科技有限公司	丙级	丙测资字 1120548
91	北京宇达同盛勘测技术有限公司	丙级	丙测资字 1120476
92	北京京电文华勘测设计有限公司	丙级	丙测资字 1120604
93	北京科远广宇勘测技术有限责任公司	丙级	丙测资字 1120737
94	北京红坊工程测量有限公司	丙级	丙测资字 1120674
95	北京久城测绘科技有限公司	丙级	丙测资字 1120712
96	北京市东城区房屋管理局测绘一所	丁级	丁测资字 11019004
97	北京市西城区房地产测绘二所	丁级	丁测资字 11003001
98	北京市门头沟区房地产测绘所	丁级	丁测资字 11009001
99	北京市延庆区房地产勘察测绘所	丁级	丁测资字 11018012

（续附表8）

序号	测绘企业名称	资质等级	资质证书编号
100	北京市平谷区房地产测绘队	丁级	丁测资字 11015001
101	北京市房屋面积计量站	丁级	丁测资字 11005004
102	北京赛杰新时代房屋测绘有限公司	丁级	丁测资字 11005005
103	北京源恒天地测绘有限公司	丁级	丁测资字 11006003
104	北京泰达克房地产测绘咨询有限公司	丁级	丁测资字 11013004
105	北京中鼎衡测绘事务所	丁级	丁测资字 11007008
106	海天方圆（北京）科技有限公司	丁级	丁测资字 11007020
107	北京国勘房地产测绘有限公司	丁级	丁测资字 11007025
108	北京中天新图测绘有限公司	丁级	丁测资字 1130027
109	北京阳光华翰测绘有限公司	丁级	丁测资字 11004002
110	北京天天友联测绘有限公司	丁级	丁测资字 11015003
111	北京京海纵横测绘有限公司	丁级	丁测资字 11005016
112	北京荣驰测绘技术有限公司	丁级	丁测资字 11007031
113	北京永佳达测绘有限公司	丁级	丁测资字 11007042
114	北京丰华方圆测绘工程技术有限责任公司	丁级	丁测资字 11005014
115	北京欣通佳信测量有限公司	丁级	丁测资字 11012003
116	北京京建恒信房地产测量技术有限公司	丁级	丁测资字 11007044
117	北京世规测量技术咨询有限公司	丁级	丁测资字 11007047
118	北京创天烨测绘有限公司	丁级	丁测资字 11011013
119	北京百星达测绘工程有限公司	丁级	丁测资字 11010005
120	北京新兴宏图测绘有限公司	丁级	丁测资字 11005026
121	北京米拉测绘有限公司	丁级	丁测资字 11009005
122	北京顺至宏图测绘有限公司	丁级	丁测资字 1130513
123	北京金伟诚业测绘有限公司	丁级	丁测资字 1130574
124	北京森源宏勘测科技发展有限公司	丁级	丁测资字 1130199